狮子老爸讲历史

狮子老爸 著

莳歌 绘

上

中华书局

图书在版编目（CIP）数据

狮子老爸讲历史/狮子老爸著;莳歌绘. —北京:中华书局,
2025.6. —ISBN 978-7-101-17063-4

Ⅰ.K209

中国国家版本馆 CIP 数据核字第 2025JL2499 号

书　　名	狮子老爸讲历史（全三册）
著　　者	狮子老爸
绘　　图	莳　歌
责任编辑	杨旭峰　刘　三　刘晶晶
文字编辑	贾晰涵
封面设计	毛　淳
责任印制	管　斌
出版发行	中华书局
	（北京市丰台区太平桥西里 38 号　100073）
	http://www.zhbc.com.cn
	E-mail:zhbc@zhbc.com.cn
印　　刷	中煤（北京）印务有限公司
版　　次	2025 年 6 月第 1 版
	2025 年 6 月第 1 次印刷
规　　格	开本/880×1230 毫米　1/32
	印张 28　字数 620 千字
印　　数	1-5000 册
国际书号	ISBN 978-7-101-17063-4
定　　价	199.00 元

来自狮子老爸的一封信

亲爱的读者朋友：

你们好！我是姚金明，是你们熟悉的"狮子老爸"。我为什么有"狮子老爸"这个称呼呢？作为三个孩子的父亲，我希望传达出的声音和笔下的文字像"狮子守护幼崽"一样，既能给予孩子探索世界的勇气，又能为他们提供安全的精神港湾。在喜马拉雅平台，我的广播连载节目《上下五千年：秒懂中国史》付费版和免费版的总播放量已经突破1亿次。或许你们已经熟悉我的声音，而在这套书里，你们将领略到文字的独特风格。

我以喜马拉雅平台《上下五千年：秒懂中国史》广播连载节目的文字稿为底本，修改润色，用幽默风趣的文字，为大家讲述从盘古开天辟地到清朝的精彩历史故事。这套书的诞生，其实源于我的一个执念——让历史从竹简中活过来，成为孩子们爱读的故事、成长的阶梯和思考的源泉。

在人类文明的漫漫长河中，浩如烟海的典籍记录着先祖的智慧与历史的源流。但对大多数读者，尤其是青少年来说，传统历史书籍总被文言文的门槛、枯燥的年份罗列和刻板的评述困住，使得精彩的历史故事变成了遥不可及的化石。

在这个信息随手可得的时代，真正适合孩子阅读的历史读物却少之又少。十年的教学经验告诉我：孩子们不是讨厌历史学科，而是需要用能打动他们的方式讲述历史。因此，我花费数年时间，精心打磨出这套读起来轻松、越读越想读的历史书——这就是《狮子老爸讲历史》创作的初心。

这套书涵盖了从远古时代到清代的漫长历史进程。依次讲述了远古、夏、商、西周、春秋、战国、秦、汉、三国、两晋、南北朝、隋、唐、宋、元、明、清等各个朝代的历史变迁。每个时期精选重要事件与人物，如讲汉朝必谈丝绸之路的开辟，说宋朝必提宋太祖的杯酒释兵权……这样，孩子们能了解各个朝代的主要特征和历史贡献，从而构建起一个系统、完整的历史知识体系。

我希望通过以下三个维度激活历史：

一、让历史成为沉浸式的剧场

孩子们抗拒的不是历史学科本身，而是死记硬背的学习方式。本书彻底抛开学术化的表达，带读者"回到"历史现场：当你读到荆轲刺秦王时，会瞬间置身于咸阳宫殿，看清地图中徐夫人匕首的寒光，听见秦舞阳紧张的喘息……商鞅变法时贵族的愤怒咆哮、李清照写下"生当作人杰"时的泪痕、郑和船队起航时的号角……都好像可倾听、可触摸。

二、让历史回归真实的重量

鲜活的故事必须建立在真实之上。创作中最大的挑战，莫过于在"故事性"与"真实性"间找到平衡。本书所有内容均以正史为根基：从《史记》《汉书》到历代官方档案，在海量史料中寻找可靠依据。如"玄武门之变"参考了《新唐书》与《资治通鉴》

等不同史料；于谦守卫北京的故事源自《明史》和《明实录》……
唯有真实的土壤，才能让读者把握历史发展的真正脉络。

三、让历史照进现实的思考

读历史的重要意义，在于从过去关照当下：鸿门宴不仅是宴
会上的博弈，更让我们思考"关键时刻该如何取舍"；"玄武门之
变"不仅是兄弟相残，还启发我们讨论"遭遇不公时如何理性应
对"……引导孩子从历史中汲取智慧，为现实生活提供借鉴。深
度理解历史，能够提升对现实问题的洞察力，从而更好地面对人
生的风雨波折。未来的日子里，无论面对什么，希望都有着生动
的"历史案例"指导你们如何去做。

现在，请翻开这本书。那些课本中遥远的名字将变成与你对
话的朋友，史书里模糊的记载将化作清晰的生活智慧。让我们一
同走进历史——读懂过去的长河如何流淌，才能更清醒地走向未
来的江海。

目录

2

战国

远古

中华文明源远流长，生生不息。中华文明在形成和早期发展的过程中，出现了很多神话传说。天、地、人是怎么来的？文字是谁创造的？先民是如何在黄河流域定居并生活的？……我们将打开中华文明的大门，通过一个个有趣动人的故事，了解中华文明的起源。

盘古大神开天辟^{pì}地

人类诞生之前，世界是什么样子的？浩瀚（hàn）无垠（yín）的宇宙又是怎么形成的？在远古神话里，有一位盘古大神，就是他创造了世间万物……

中华文明的诞生，据文字记载，可以追溯（sù）到五千年前。人类一直在思考世界的成因、人类的起源等问题，并且从这些思考中产生了许多的神话传说。

比如，为了解答世界从何而来，就有了盘古开天辟地的传说；为了说明人类从何而来，就有了女娲（wā）抟（tuán）土造人的传说；为了解释天上为何只有一个太阳，就有了羿（yì）射九日的故事……

我们就从盘古创造天地的故事讲起吧。

盘古劈(pī)开天地

在宇宙万物诞生之前，天地间只有一团混沌（hùn dùn）。这个叫混沌的东西，谁也说不出它有多大，因为它无边无际；谁也说不出它的样子，因为无人得见。

在这片混沌之中并非空无一物，有一个人一直沉睡在其中，那就是创造世界的始祖——盘古大神。

据后世民间传说，经过了一万八千年的沉眠，盘古终于苏醒了。他睁开双眼，打了个哈欠，想要伸个懒腰来舒展身体。可是，他的双臂被阻碍；他的头被迫低垂，无法抬起；他的双腿蜷（quán）曲着，无法站直；即使用力瞪大了眼睛，他眼前也只是一片灰蒙蒙。没有东南西北，没有其他生灵，在一片混沌之中，只有他。

盘古心想：这里怎么如此糟糕，我什么也看不见，也站不起来。这不行，我必须改变这混沌！但是他要怎么做呢？

仿佛有心想事成的法力，盘古手中突然出现了一柄巨斧，这柄巨斧像是专为盘古而存在，盘古注定就是那破开混沌之神。

盘古当即两手握紧斧柄，只一下，混沌就被劈开，分成了上下两部分。于是盘古就能站起来了。

可是还没来得及高兴，他就发现上面的部分在往下落，下面的部分在向上合。眼瞅着混沌又将归于一处，盘古着急了，他两手上撑，顶住那上边的混沌，两脚踏实，踩住那下边的混沌，手脚一起用力，硬是撑开了天地！

混沌之间顿时风沙骤起，电闪雷鸣，在盘古力量的作用下，天向上升，地向下降。这才是天地正式分开的时刻。

可是这初生的天地太过脆弱，只要盘古手稍微一放松，天就要沉下来。一旦天沉下来，地也别想"独善其身"。如果天地一相撞，世界又将回到一片混沌。

用身体创造了美丽世界

盘古下定决心不能让天地再合在一起，因此他保持着双手抬起天、双脚踩住地的姿势，丝毫不敢松懈（xiè）。

又是一万八千年过去了，盘古一直保持着这个顶天立地的姿势。在这一万八千年里，随着天不断升高，他的手也不断生长；随着地不断下降，他的腿也不断生长。

这一天，他低头看，脚下的土地漫无边际；抬头看，即使他松了手，天也不会再掉下来了。天与地已经彻底分开了，盘古这才如释重负地微微一笑。随即"轰"的一声巨响，他庞大的身躯倒在了大地上。

——盘古已经奄奄（yǎn）一息了。

在生命即将走到尽头时，他把身体的一切全部给了天地：他呼出的气体形成了云彩，他的吼声化作雷电；他的左眼变成了太阳，右眼变成了月亮；他的四肢化作高山，血液化为河流，身上的肌肉变为肥沃的土地，胡子、头发变成茂密的森林，汗毛则变成了草地；而他所有的汗水都化作甘霖（lín）雨露，滋润天地万物。从此刻开始，一个生机勃勃的世界诞生了。

这就是创造世界的始祖盘古开天辟地的故事。

（故事源自《三五历记》）

女娲抟土造人

在神话传说中，人类的创造者是女娲。在盘古开天辟地、创造万物后，女娲发现天地间空空荡荡，于是创造了人类。她是如何创造人类的呢？

说到女娲，首先要说说她的身份，她其实是一位女神。在上古时期，出现女性的天神或创世神非常正常。

为什么呢？因为中国的原始社会最先是母系社会，那时候，女性不但有生育的能力，而且从事相对稳定的采集业，可以说是族群里的核心劳动力。所以那时候的社会是建立在母系血缘关系上的，女性具有主导地位和支配地位。

在上古时期，人类社会有母性崇拜，因此出现女娲造人的传说不足为奇。

女娲造人的传说是怎样的呢？

用泥捏出了人

没人知道女娲从何而来，据说盘古开天辟地之后，女娲就出现了，她独自在盘古创造的世界里过得道（xiāo）遥自在。就这样过去了几千年，突然有一天，她觉得自己长久地、孤独地生活在世间，实在是太无聊了。她来到一条小河边，蹲在河边看那潺潺（chán）流淌的清澈（chè）河水，看着河水中自己的倒影。"这世上能不能有其他像我这样的人存在呢？"女娲自言自语道。

她一边说，一边顺手从河边抓起一块黄泥，然后轻轻捧了一点河水，倒在泥土上。泥土瞬间变得松软，女娲就用手去捏这块泥。

湿泥的可塑性很强，就像现在玩的彩泥一样，女娲捏着捏着，发现手里的泥不知不觉变成了一个人的形状。

女娲觉得有趣极了，她想：我要给这小人儿画上眼睛。于是就照着自己眼睛的样子，用手指甲在这小泥人儿的脸上刻出一双眼睛来。

"嗯，再给他做一个鼻子。"女娲又照着自己鼻子的样子，两个手指一掐（qiā），掐出个高鼻梁。"这就有点儿人模（mú）样了，再来个嘴巴、耳朵，还有眉毛……"就这么捏着捏着，女娲把这黄泥小人儿捏成了自己的模样，十分漂亮。

女娲把小泥人儿放在地上，只见小泥人儿活动活动胳膊，活动活动脑袋，踢了踢脚，抬了抬手，然后抬头看见女娲，大叫一声："妈妈！"

这可把女娲乐坏了："好，好！"

女娲高兴之余，也明白了：自己所在的这个世界，天地间灵气充沛（pèi）——河水之中充满灵气，土地之中充满灵气，她自己更是充满灵气。用她灵巧的双手捏出来的人，自然也有了灵气，所以一落地就成了活人。

创造男人和女人

女娲一高兴，干脆坐在河边不走了，三下五除二又捏出一个来。她捏来捏去，不知不觉捏出一百多个人，这一百多个小人儿围在她身边，高声大叫："妈妈，妈妈！"

这下女娲再也不感到孤独了，她从白天捏到晚上，又从晚上捏到白天，一连捏了四五天。到最后，女娲捏得胳膊也酸了，手也疼了，怎么办呢？

她发现旁边有个悬崖，悬崖上垂下一根藤条，心想：正好，我就省点事，用它来造人。

女娲把那根藤条拽（zhuài）下来，用藤条蘸（zhàn）了蘸河水，然后在土地上滚一滚，再放进河水里搅一搅，河水就成了泥汤。

她将藤条在泥水中一蘸，然后往地上轻轻一甩，泥水被挥洒出去，滴落在地，转眼变成了无数个小人儿，与她亲手捏的别无二致，一个个蹦蹦（bèng）跳跳地喊着："妈妈，妈妈！"

女娲从白天甩到黑夜，再从黑夜甩到白天，一连甩了七天，终于，天地之间布满了人类。

可是，当新的一批人被造出来的时候，女娲发现前面被造出来的那些人里有一个已经奄奄一息。

女娲心想：如果死一批，我造一批，再死一批，我再造一批，那太麻烦了。有没有能解决这个问题的办法呢?

"有了!"女娲想出个好办法。她把创造出来的人分成两类,一类是女人,一类是男人。男人和女人结合起来就可以生育后代,这样人类就可以一代一代地延续下去。

女娲心满意足地飞到天空中,她看着地上的人类不断增多,高兴极了。

这就是神话传说中女娲抟土造人的故事。不过,我们人类仅仅有生命、会繁衍还不够,我们还要有生存所需的各种技能,才能在自然环境中立足,并不断壮大族群。所以接下来就有了领袖带着人类学习生存本领的故事……

(故事源自《太平御览》《风俗通义》)

原典再现

俗说天地开辟,未有人民,女娲抟黄土作人。剧务,力不暇(xiá)供(gōng),乃引绳缒(gēng)于泥中,举以为人。

——《风俗通义》

大意:民间传说,在天地开辟之初,没有人类存在,女娲就用黄土捏成人形来创造人类。这项工作太繁重,她的精力不足以应对,于是就把绳子放到泥浆中,举起绳子一甩,溅落的泥点变成了人。

燧人氏钻木取火

sui zuàn

女娲创造人类之后，人类在远古世界里艰难求生。远古时期的生活条件有多艰苦？是谁站了出来，带领人类摆脱重重困境？

原始人类的生活

在远古时期，人类时刻面临着自然环境和凶猛野兽的致命威胁，意识到"单打独斗"不利于生存，他们就结成了一个个群落，生活在一起。那时候没有衣服，他们就寻找巨大的树叶，把两三片叶子系在一起，遮挡住自己的身体，这就是衣服的雏（chú）形。

但是这些叶子只能起到遮羞的作用，无法从物理上抵御恶劣的气候。烈日炎炎晒得人浑身冒热气，刮风下雨时又特别阴冷，冬天里水还会结成冰。人类为了遮风挡雨，就搬进山洞里居住。

原始人吃饭的方式也非常"原始"：发现树上结了果子，他们就摘下来，也不洗，直接放到嘴里就吃；在河边抓了鱼，也是放到嘴里"嘎（gā）吱嘎吱"地嚼；如果抓到野兽，一样直接放到嘴里嚼，连毛都不拔，成语"茹（rú）毛饮血"说的就是这样的场面。

远古时期的人类怎么会这么"惨"？主要是因为他们缺少了一样东西——火。人类想吃点熟食、喝点开水，都离不开火。

人类是怎样学会生火的？这要从"三皇五帝"讲起。为了改变恶劣的生活环境，人类族群中出现了英雄领袖，他们带领人类学习各种生存本领，利用和制作各种工具，极大地提升了生活水平。因此人们尊称这些领袖为"三皇五帝"。

"三皇"分别指天皇、地皇和人皇。在历史文献中，三皇有很多不同版本，其中接受度比较高的版本是天皇伏羲（xī）氏、地皇神农氏和人皇燧人氏。传说正是人皇燧人氏意外发现了生火的方法，才使人类的生活水平有了质的飞跃。

闪电带来了"神物"

传说，有一天，族群的一个青年外出采集食物。他走在路上，天色突然暗了下来，就像太阳落山了一样。他抬头一看，天上乌云一片。"要下雨了！"青年说道。

只见朵朵乌云聚集在一起，越来越密，越来越浓。突然，天空中出现了一道又一道闪电。即使是远古人也知道闪电是致命的。青年赶紧往回跑，他在前面跑，闪电就在后面追。

青年非常幸运，一道闪电都没有击中他。他回头一看，只见刚刚穿过的森林已经被闪电劈得不成样子，很多大树倒了下来。在东倒西歪的树干上，红彤彤（tóng）的火焰张牙舞爪地肆虐（sìnüè）着。青年加快速度往前跑。跑了好一会儿，终于跑回了山洞。

他大口喘着粗气，远远地看着电闪雷鸣。过了半天，闪电停止了，大雨也变成了蒙蒙细雨。

就在这时，青年听到肚子里响起了"咕噜（lū）咕噜"的声音。他摸摸肚子，感到饿极了。"唉，还没吃饭呢，如果今天再没饭吃，我很可能就……不行，我得去找吃的！"

终于，饥饿战胜了恐惧，他勇敢地踏出山洞，向森林走去。此时，森林里的树木有的还燃着火，有的火焰已经被雨水浇灭了。

在树林的焦煳味中，青年隐约闻到一股香味儿。香味儿勾得他的肚子叫得更欢了。

"这是什么香味儿啊？"他顺着香味儿走过去，走到一棵树下，发现了一只被大火烧死的兔子。兔子身上的毛已经被烧干净了，虽然看起来黑乎乎的，但闻起来很香。

他蹲下身子，试探性地伸手触摸兔子。"哎哟！"他猛地收手——这只兔子实在是太烫了。他拿起木棍翻了翻兔子，然后用木棍叉起兔肉，拂（fú）去上面的黑灰，放在嘴边，使劲儿吹气。过了好一会儿，他才用牙齿轻轻咬了一丝兔肉。

"真好吃呀！"他一口接一口，没过一会儿，就把一整只兔子全部吃掉了。青年赶紧回到山洞，把这个消息说给所有人听。大家全部出发去森林里寻宝，有人发现了一只烤野猪，有人发现了一头烤鹿……大家找到了各种各样烤熟的动物，真是天赐（cì）的一顿美餐！人们纷纷跪在地上，感谢上天的恩赐。

但是青年没有跪下，他走到一边，看着那团红彤彤的火焰，然后伸手摸了摸。"好烫！"而当他把手放在这团火焰上方，却感受到了温暖。他把一点儿生肉放在火焰上，很快就闻到了烤肉的焦香。

原来就是这个东西让人感到温暖，让食物变得美味！他恍（huǎng）然大悟，于是轻轻地把燃着火的树枝掰（bāi）断，又收集了很多树枝，一并带回山洞，顿时，山洞里也明亮、暖和起来。这一团火焰被山洞里的所有人视为神物，每个人轮流照看着，生怕它熄（xī）灭。只要发现火焰有一点点微弱，人们就赶紧往里加木头，火焰又会继续燃烧起来。

可好景不长，突然有一天，一股大风吹进山洞，把火焰吹灭了。人们看着熄灭的火焰，看着冰冷黑暗的山洞，难过极了，纷纷哭泣。

青年并不气馁（něi），他坚信："我能找到第一团火焰，就一定还能找到第二团。"

找到取火的方法

从那以后，每次下雨打雷，他都跑到森林旁守候。但总是刚见到火苗，就眼看着火苗被雨水浇灭。火苗无数次被雨水浇灭，他都快心灰意冷了。

直到他在一棵树上发现了一只神奇的鸟，这只鸟的嘴又细又长，"嘟（dū）嘟嘟，嘟嘟嘟"地在啄（zhuó）树木。就在鸟喙（huì）啄击树木的瞬间，他看到了一丝火星，他突然意识到，如果鸟可以用嘴啄出火星，那人是不是也可以凿出火星呢？自己是不是可以制造出火焰呢？

说干就干，他找到一块木头，然后拿木头使劲敲击树皮。"咚

咚咚，咚咚咚，咚咚咚"，一连敲了好几天，把树皮都敲烂了，也看不见一丝火星。

于是他换了个方法，按照鸟嘴的样子，先把一根木棍磨出一个尖头，把一个木块放在地上，然后两手拿着木棍，用尖头在木块上快速旋转、摩擦。慢慢地，火星越来越多，木头被钻的地方也变黑了，冒起烟来，眼看着就要出现小火苗了！不巧，这时吹来一阵风，风中还裹挟（guǒ xié）着四五根干草。火苗被风吹灭了，青年难过极了。但是转眼他又笑了起来，因为火苗虽然灭了，但是那吹来的几根干草却燃起了小火苗。原来有了干草火更容易燃烧。

他赶紧找来一束干草，放在木块上，然后再一次转动木棍，摩擦，摩擦，摩擦。果然，青烟冒起，干草一会儿就燃烧了起来，第一簇（cù）由人类制造的火焰出现了！

就这样，人类学会了利用火焰，再也不用茹毛饮血，生病的人也越来越少了，大家的寿命越来越长。火光照亮了黑夜，让人们有了更多时间从事生产活动。后来，人们把这个青年叫作"燧人氏"，意思是"教会人取火的人"。

这就是燧人氏钻木取火的故事。人们有了火，就能烤肉吃了。不过原始人打猎的效率比较低，怎么才能获取更多的肉呢？这就要看天皇伏羲（xī）氏的本领了。

（故事源自《韩非子》）

伏羲氏启发民智

人皇燧人氏发现了钻木可以取火，人们从此便可以吃熟的食物了。天皇伏羲氏则启发人们用智慧去获取肉等生存资源。伏羲氏是怎么做的呢？

爱发明的伏羲

伏羲氏的故事，要先从一个上古神国华胥（xū）国讲起。传说，在华胥国有一位女子，有一天，她外出寻找食物，走到一片沼（zhǎo）泽地，看见地上有一个大脚印，比三个成年人的脚加起来还要大。她从没见过这么大的脚印，所以有些好奇，于是抬起自己的脚往脚印里一放。突然，她感到脚上一阵麻，这感觉就像触电一样，不久之后，她的肚子渐渐鼓了起来——她怀了一个孩子。孩子出生后，她给孩子取名叫伏羲。

伏羲从小就特别聪明。有一天，他来到河边，发现河边站着七八个大人，河里面还站着十几个男人。"他们在干什么？"小伏羲心中好奇，就走了过去。

原来这些人是在抓鱼，只见水里站着的一个男人"扑通"一声钻到水里，然后两手一抓，抓出一条鱼来；另一个人也"扑通"一声扎到水里，两手一抓却什么都没有。小伏羲看了好一会儿，心想：这么多人一起抓，才抓了几条鱼，这样就算抓一整天，也不够他们吃的，这也太慢了吧！

小伏羲左顾右盼，发现头顶的树上有一只苍蝇停在了半空中一动不动。他正纳闷，就看到一只蜘蛛从旁边爬了过来。原来是蜘蛛结了网，把苍蝇粘住了。

小伏羲灵机一动，找来几根藤条，横着七根、竖着七根，编成了一个方形的网。他又找来四个大人，对他们说："你们用这个捕鱼，看看方不方便。"

这四个大人拿着网下了水，把网往下一放，再往上一提，真的网住了七八条鱼。大家看到这个工具既便利又高效，纷纷称赞小伏羲。就这样，伏羲教会了大家如何结网、如何网鱼，人们打渔的效率提高了一大截。

但伏羲没有满足，因为如果遇到了刮风下雨的恶劣天气，人们就无法出去捕鱼，只能饿肚子了。有没有一劳永逸的办法呢？

思来想去，伏羲联想到：如果网能够把鱼困住，那么能不能用网困住别的动物，然后把它们养起来呢？于是伏羲又找来几个大人，把几根木条按照结网的方式做成一道道栅（zhà）栏，最后用栅栏围成一个圆圈。男人们捉来几只野鸡和几只羊，把它们放到圆圈里。

过了一段时间，伏羲发现羊生了小羊，鸡孵出了小鸡。就这样，他又教会了人们如何驯（xùn）养动物。从此人们不仅能更轻松地获得肉类，食谱也越来越丰富。

有一天，伏羲在森林里走路，听到树洞里传来"呜呜"的风声；他走到小河边，听到"哗啦哗啦"的水声；他走到山林里，又听到风的声音、鸟的鸣叫……伏羲听到各种各样的声音互相交融，感到心情愉悦，便根据这些大自然的声音发明了一种乐器，叫伏羲琴。每天晚上，他就在山洞里为大家抚琴。听着琴声，人们的心情都愉悦起来，一天的疲惫（bèi）全都消失了。

后世的人们说伏羲"启发民智"，不仅仅在于他用智慧帮人们解决了"吃"这个难题，还在于他使人们有了休闲娱乐的活动。不过伏羲最伟大的发明还要数阴阳八卦（guà）。

观天象　分八卦

伏羲为什么要发明八卦呢？远古时期的气候和环境都比较恶劣，无论是来自大自然的威胁，还是野兽的袭击，都能对人类造成致命的伤害。所以每当有不好的事情发生时，人们都会惶惶（huáng）不安，生怕接下来还有更大的灾难。

伏羲不希望这样，他要改变这一切，他想让大家明白，大自然的变化是有规律的：何时打雷下雨，会有天象征兆；何时发洪水，也会有地象变化。于是，每天星星出来的时候，伏羲就抬头观察天象变化，再记录下第二天的天气等情况；白天外出时，他就去四面八方探察地形，观察水文，也记录下来。

这一天，他来到黄河边的山上，突然看到前方的河水波涛翻滚。正当他惊讶之时，河水中突然跃出一只神兽。这只神兽看上

去又像马又像龙，它有着马的四肢和龙的头颅（lú）。

只见那只神兽一声猛啸（xiào），然后飞落到伏羲身前。伏羲吃了一惊，仔细观察，他发现这只"龙马"的背上有一幅图案。伏羲就把这图案临摹（mó）下来。等伏羲临摹完，再想看看那只"龙马"时，神兽已经不见踪影了。

伏羲研究了很久，发现图案阴中有阳，阳中有阴，大自然中所有的事情，好像都与这阴阳有关。他按照总结来的规律，把这阴阳图案分成了八块，对应的也就是阴阳八卦了。

阴阳八卦分别是什么呢？第一个叫作"乾（qián）"，代表天；第二个叫作"坤（kūn）"，代表地；第三个叫作"震"，代表雷；第四个叫作"巽（xùn）"，代表风；第五个叫作"坎（kǎn）"，代表水；第六个叫作"离"，代表火；第七个叫作"艮（gèn）"，代表山；最后一个，也就是第八个，叫作"兑（duì）"，代表泽，泽就是湖泊的意思。"乾坤震巽，坎离艮兑"，这就是阴阳八卦。

（故事源自《三皇本纪》《帝王世纪》）

神农氏遍尝百草

燧人氏教会人类生火，伏羲氏推演出阴阳八卦，人们的生活越来越好了。可人们还是会生病，有时还会吃到有毒的果子，怎么办呢？这就轮到"三皇"的最后一位——地皇神农氏出场了。

吃到有毒的红蘑菇

很多植物或者植物的种子都是有毒的。不过植物有毒对远古人来说可不是常识，传说中是谁最先发现了这件事呢？那就是地皇神农氏。

有一天，神农氏出去寻找食物，他看到一棵大树下长着红彤彤的蘑菇。"哎呀，真是太漂亮了，一定也很好吃！"神农氏高兴极了，但是他随即发现蘑菇旁边有一只小兔子，他有点儿着急："万一小兔子把红蘑菇吃掉了，我岂不是吃不到了？"神农氏赶紧往大树那边跑。没想到小兔子看了看红蘑菇，并没有吃掉它，反而蹦蹦（bèng）跳跳地离开了。神农氏很惊喜，兴冲冲地把蘑菇拔下来，掰了一块儿就往嘴里塞。可还没高兴够，神农氏就觉得头晕目眩（xuàn），天地好像都颠倒（dǎo）过来了……"咚"的一声，神农氏重重地摔倒在地。

不知道过了多久，神农氏才睁开眼睛，他发现自己回到了山洞中。原来部落里的人看到他摔倒在地，赶紧把他抬了回来。神农氏这才明白：怪不得兔子不吃红蘑菇，因为它有毒，人吃了会晕倒。但是，兔子怎么会知道呢？想必是动物们在森林里住久了，已经知道什么能吃，什么不能吃。

云游四方　遍尝百草

神农氏想弄清楚究竟什么植物能吃，什么植物不能吃，他开始云游四方。他带着一根木棍和两个口袋就启程了，打算将有毒和无毒的植物分别放进两个口袋。

他云游多年，发现了很多神奇的植物，比如茶。那是一个寒冷的日子，神农氏觉得身体都快冻僵（jiāng）了，于是架起火堆，准备煮点汤喝。旁边一棵低矮的树上飘下几片绿叶，恰好掉进热水里。还没等把树叶捞出来，他就闻到水里飘出一股香气。神农氏尝了一口，刚开始觉得有点苦涩（sè），回味时又有些甘甜。"这可是个好东西啊！"神农氏赶紧从树上摘了好多叶子，还掐（qiā）断一小节树枝放进口袋里，并且给这种植物取了个名字，叫作"茶"。

还有一次，神农氏路过火山脚下，发现一块黄澄澄（dèng）的石头，与平时见到的那些灰不溜秋的石头完全不同。神农氏闻了闻，发现这石头散发出非常刺鼻的味道，就把它放进装毒物的口袋里，继续往前走。走了没多远，神农氏听到一个奇怪的声音："嘶——嘶——嘶——"他左顾右盼，却什么都没发现。神农氏奇怪极了："难道是我太累了，累出幻觉了？"

他想靠在树上歇会儿，马上发现了异样——这棵大树滑溜溜的，还有些软。神农氏向身后一摸，不对，这不是树皮，而是动物的鳞（lín）片！神农氏急忙跑开，回头一看，竟然是一条大蛇！只见那条大蛇目露凶光，露出两颗毒牙，还吐着蛇信子，好像下一秒就要把神农氏吃掉。神农氏赶紧抄起木棒往毒蛇身上打，结果木棒反被毒蛇一尾巴打飞。

"哎呀，这，这……"神农氏惊慌失措，两个袋子掉落在地上，黄色的石头从装毒物的袋子里滚出来。毒蛇一见到黄色石块，就开始不安地扭动，好像难受极了。毒蛇慢慢招架不住了，只好

瞪起蛇眼，狠狠地看了看神农氏，然后逃走了。危机解除，神农氏捡起黄色的石头，心想：难道是这块石头救了我的命吗？原来，这块石头就是硫黄石，它可以驱逐毒蛇。

神农氏继续走啊走，走遍了五湖四海，他一路上尝遍了各种各样的植物，后人称作"尝百草"。在这个过程中，他发现了许多有毒的东西，也发现了不少能治病的药材。

神农氏在遍尝百草的旅途中特意去寻找那些可以大规模种植的可食用植物，想借此解决人们吃饭的问题。

功夫不负有心人，还真被他找到了符合要求的植物——小麦、稻子、谷子、高粱，等等。他把这些植物的种子分送给部落里的人，让他们播种下去。为了让粮食产量更高，神农氏还向人们介绍这些植物的习性，比如哪些耐旱，哪些需要多浇水，哪些需要除虫……人们在神农氏的指导下不断摸索，终于种出了五谷。从此，部落里的人都可以填饱肚子了。

神农氏并没有停下脚步，他继续寻找新的草药。直到某一天，他不幸吃到了一种毒草，他吃下去后立刻感到腹痛难忍，肠子好像一寸寸地断裂了，这才明白这是一味毒药。神农氏记录下这味药，给它取名叫"断肠草"。

然而，等他记录完，毒性已经入侵五脏六腑（fǔ），再也没有解药可以救他性命，神农氏就这样去世了。后人感念他的功德，代代传扬他的事迹，称他为"农耕之祖"和"医药之祖"。

（故事源自《淮南子》《三皇本纪》）

炎帝、黄帝与炎黄部落

说罢三皇，咱们来讲讲五帝。第一位是黄帝，第二位是颛顼（zhuān xū），第三位是帝喾（kù），第四位是尧（yáo），第五位是舜（shùn）。

我们现在自称"炎黄子孙"。"炎黄"是什么呢？"黄"指黄帝，要注意可不是"皇帝"；与黄帝同一时期，还有另一个人，叫炎帝。炎帝和黄帝合起来，就是"炎黄"了。他们为什么是咱们的老祖宗呢？这得从头说起。

炎帝和黄帝

先说炎帝，他跟三皇中的神农氏有关系。神农的部落以神农的名字命名，而炎帝是神农部落的一位首领。炎帝带领部落里的人辛勤耕作，让大家吃得饱、穿得暖。有人生病，他也能用神农氏留下来的医学和药物知识来医治。

在离神农部落不远的地方，还有一个部落，这个部落有一位非常有才能的首领，他不仅从神农部落学来了各种各样的知识，比如蓄养动物、结网捕鱼，再如采集草药、医治百病，还去其他部落学习新的知识，比如学习怎么打造武器，如何布置兵阵，怎样捕猎大型野兽。就这样，他的部落渐渐壮大起来，部落里的人都很尊敬这位首领，称他为"黄帝"。

随着部落的蓬勃发展，人口越来越多，需要的资源也越来越多，因此部落和部落之间难免会发生一些冲突。黄帝的族人开始扩大耕地面积，在原有的耕地四周播撒种子，种植更多粮食，捕猎捕鱼的范围也越来越大。炎帝的族人同样需要扩大耕地面积。一来二去，两个部落的领地越来越近，有时候，为了一块耕地、一片森林、一条河，两个部落会争吵不休，争吵又演变成打斗，打斗演变成战争。

经过了漫长的战争，终于，黄帝在阪（bǎn）泉之战中战胜炎帝，两个部落合并为一体。黄帝的部落占据优势，炎帝部落中的人都合并到黄帝的部落中来，炎帝也成了这个大部落中的第二号人物。合并后的大部落，我们就称为炎黄部落。为了获得更多的生存资源，炎黄部落选择了一处宝地——涿（zhuō）鹿居住，这里水土肥沃，凶猛野兽少，非常适合生存。

新的敌人

就在炎黄部落快速发展的时候，另一个部落眼红了，他们心底的贪念愈演愈烈，特别是这个部落的首领，一直对炎黄部落虎视眈眈（dān）。

　　这个首领在中国很多古代神话中出现过。传说这个人非常凶狠，他的部落人不多，有族人81人。但是这81人个个铜头铁额。他们的腿也和普通人的腿不一样，是牛的腿，力量非凡。并且每个人都有一项特异的技能——能吃石头、嚼沙子。

　　这个部落叫九黎（lí）部落，部落首领叫蚩尤（chī yóu）。九黎部落与炎黄部落可以说完全相反，他们一处耕地都没有，所以自己不耕种粮食。但这不意味着他们没有粮食吃，因为他们可以抢劫。发现粮食不够吃了，他们就去抢劫别的部落，任何部落面对他们的时候，都无力反抗。他们也不会饲养家禽和牲畜，想吃肉的时候就去打猎。

　　因为炎黄部落人口多、粮食多、牲口多，有粮有肉，比其他的小部落富有多了。于是蚩尤果断出击，准备攻打炎黄部落……

（故事源自《史记》《太平御览》）

涿鹿之战　大败蚩尤

炎黄部落虽然人多，但完全不是蚩尤的对手。蚩尤为什么这么强大呢？炎黄部落会坐以待毙（bì）吗？

凶悍的九黎部落

黄帝多次与蚩尤作战，都以失败告终，"九战九不胜"。毕竟炎黄部落都是肉体凡胎，跟蚩尤带领的那些凶恶而有"异能"的人作战，自然没有胜算。

当然了，这些都是上古的传说，有很多神异色彩。现代也有学者尝试用科学的方式来解释炎黄部落和九黎部落的战力差距，认为九黎部落的人之所以是铜头铁额，可能是因为他们率先进入了"青铜时代"，使用的都是金属兵器，而且还拥有先进的防卫护具。而炎黄部落还停留在"石器时代"，使用的都是石斧、木棍一类的武器。石头、木头跟金属当然没法比，所以炎黄部落才会屡（lǚ）战屡败。

九黎部落旗开得胜，尝到了甜头，从那以后，只要缺了粮食和肉，就来攻打炎黄部落。九黎部落的生活没有了烦恼，炎黄部落却越来越烦恼！可是他们对九黎部落无计可施。

炎黄部落的人们认为这样下去不行，如果一直受九黎部落骚（sāo）扰，那还不如搬回原来的地方。虽然原来的居住地不如涿鹿水土肥沃，但至少没有九黎部落那样的"悍匪（hàn fěi）"。但是，一个大部落举族搬迁不容易，而且他们也舍不得放弃涿鹿这片宝地。为了家园，为了生存，炎黄部落下定决心要和九黎部落进行一场大决战。

决战涿鹿

炎黄部落刚下定决心，蚩尤就率领九黎部落来袭（xí）击，很快，他们发现炎黄部落和以往不太一样。炎黄部落这次是举族出战，个个士气高昂。

两个部落冲杀到一起，双方都倾尽全力，战斗很快陷入了僵局。但蚩尤还有后招。传说蚩尤是巫族的鼻祖，会巫术，他口念咒（zhòu）语，开始施展巫术。

刹那间，整个战场都被大雾笼罩，九黎族人可以看清炎黄部落的人在哪儿，但是对方的眼前只有一片白茫茫。炎黄部落的人感觉到身边有人就挥着兵器去打，结果发现那竟然是自己的人。

炎黄部落节节败退，退回到浓雾外面，不敢再往前走，但浓雾却步步紧逼。这怎么办呢？

就在这时，黄帝手下一位叫风后的发明家推来了一辆独轮车，这辆车的造型非常别致，上面有一个金属做的小人儿，小人儿的

一只手抬起来，指向前方。风后对黄帝和炎帝说："这辆车叫指南车，不管车轮如何转动，小人儿手指的方向一定是南方。无论雾多大，只要有这辆车，就能找准方向。有此车助阵，一定可以大破蚩尤！"

黄帝一听，大喜过望，带领大军跟着指南车直冲而去，果然一下子就冲破了浓雾的封锁。

打败蚩尤

接下来就是黄帝反击的时刻了，他手下有两员大将，一位叫应（yīng）龙，一位叫旱魃（bá）。应龙会喷水，他制造出滔天巨浪将蚩尤军队淹没。蚩尤见状请来了风伯和雨师，天地间顿时狂风大作，天降大雨。

黄帝见状大怒，立刻派出了自己的撒手锏（jiǎn）——旱魃。传说中旱魃是引起旱灾的怪物，旱魃一出，天地之间一滴水都不会有，直接大旱三年。奇妙的是，旱魃还有个好听的名字，叫天女魃。

黄帝派出天女魃参战，天女魃一到战场，九黎部落的人就浑身酸软，因为天女魃带来了极强的光和热。她在阵前施展神力，笼罩在九黎族上空的风雨迷雾完全消散，九黎部落暴露在极强的日光下，一个接一个晕死过去，最终黄帝杀死了蚩尤。

就这样，炎黄部落打败了九黎部落。周边的小部落看到炎黄部落的威风，纷纷前来投靠，于是炎黄部落成了最大的部落。

（故事源自《史记》《山海经》）

原典再现

　　同样是关于涿鹿之战的记载，《史记》和《山海经》的记述风格却不相同，《山海经》的记述更具有神话色彩。

　　蚩尤作乱，不用帝命，于是黄帝乃征师诸侯，与蚩尤战于涿鹿之野，遂禽杀蚩尤。

——《史记·五帝本纪》

　　大意：蚩尤发动叛乱，不遵从黄帝的命令。于是黄帝便征集诸侯的军队，与蚩尤在涿鹿的郊野展开大战，最终擒获并杀死了蚩尤。

　　蚩尤作兵伐黄帝，黄帝乃令应龙攻之冀州之野。应龙畜水，蚩尤请风伯雨师，纵大风雨。黄帝乃下天女曰魃，雨止，遂杀蚩尤。

——《山海经·大荒北经》

　　大意：蚩尤兴兵攻打黄帝，黄帝于是命令应龙在冀州的郊野迎战蚩尤。应龙积蓄了大量的水，蚩尤请来风伯和雨师，顿时狂风大作、暴雨倾盆。黄帝就降下名叫魃的天女，止住了风雨，最终杀死了蚩尤。

仓颉发明汉字

炎黄部落越来越壮大，人口越来越多，人们衣食富足，文化发展非常迅速。那这些文化是怎么被记录下来的呢？又是谁发明了记录文化的方法呢？

麻烦的计数工作

随着炎黄部落不断发展，人口越来越多，粮食和圈（juàn）养的牲畜也越来越多。仓颉是黄帝时代负责管理后勤的人，部落里有多少羊、多少猪、多少牛、多少鹿，粮仓里有多少谷子、多少稻子，等等，都由他来记录和管理。不过那时候文字还没被创造出来，计数不像现在这么方便，仓颉的工作也就非常繁琐（suǒ）。

起初，他找来一根长绳子，开始数粮食和牲口：有一大桶米，就打一个大结，有一小桶米，就打一个小结；有一头大羊，就打一个大结，有一头小羊，就打一个小结……很快绳子就不够用了。

仓颉又找来一根长长的木头，插在羊圈（juàn）的门前，一边数羊一边在木头上面刻横线，一横、两横、三横、四横……刻了四五百条横线了，结果木头也不够用了——羊圈里的羊远不止四五百头——这可怎么办？而且每天都这样数来数去也太麻烦了，有没有更加便利的计数方法呢？

图画一样的文字

仓颉回到家就开始苦思冥（míng）想，却一直没想出办法来。他走出家门，一边观察沿途的事物，一边继续思考，希望得到启发。想不到，这一趟出行真的给他带来了灵感。当时，仓颉正走到一个路口，就看到三个中年人在那里争吵不休。

"你应该听我的，往东边走！"

"不对不对，你怎么能往东边走呢？东边可有老虎啊！"

"那你说该往哪边走？"

"我觉得要往南边走。"

"不行不行，南边有鹿。听我的，该往北边走，北边有很多羊！"

三个人互不相让，谁也说（shuì）服不了谁，争吵的声音越来越大。仓颉赶紧跑到他们三个身边，问道："三位，你们为什么说东边有老虎，南边有鹿，北边有羊呢？"

"你看看地面！"

仓颉低头一看，恍然大悟，原来地面上赫然印着三种动物的脚印：老虎的脚印又大又宽，鹿的脚印又小又轻，羊的脚印方方正正，而且深度适中。这些脚印分别朝东、南、北三个方向延伸。

"原来是这些脚印告诉你们的。"

"当然，看到脚印，我们就知道对应的方向有什么动物了。"

听了这番话，仓颉脑中灵光一闪，有了个好主意。他蹲在一边，拿起地上的一根树枝，想象着羊的样子，就在地上画了起来。羊的脚、羊的脸、羊的身子、羊的腿，画完一看，这就是一只简化的"羊"啊。

发现办法可行，仓颉又用虎来试验，他仔细回想老虎的样子，画出了一只"虎"；接着又想象着鹿的样子，画出了一头"鹿"。

经过这件事的启发，仓颉无论走到哪儿，都拿着一根小木棍，看到山就画一个"山"，看到水就画一个"水"。晚上躺下休息，他看到天上的星星和月亮，又画出了"星"，画出了"月"。

有一次，仓颉在河边喝水，突然看到了自己的倒（dào）影，他一拍脑门儿："哎呀，我怎么把最重要的东西给忘了，还有人呢！"仓颉侧过身，河水中就映出了他的侧影，于是他就临摹（mó）出一个侧面的"人"。看着画出来的"人"，仓颉满意极了。

他继续云游四方，走到哪儿就画到哪儿，画出来的形象越来越多。仓颉发现自己这样边走边画，特别容易忘记，于是他找来一块树皮，用石头把自己想画的图案刻在树皮上。最后，他把所有刻画过的树皮收集起来，放到一个大袋子里，扛（káng）到黄帝面前给他瞧。这些"图画"就是中国最古老的象形文字。

黄帝看了树皮上刻画的图案，高兴极了，重重地奖赏了仓颉，并且派仓颉把这些象形文字教给所有人，让大家都认识这些符号。象形文字就在炎黄部落里流传开来。

这就是仓颉造字的故事，仓颉创造文字后，人们就能够记录自己的历史与文化了。

（故事源自《韩非子》）

女娲炼石补天

自从盘古开天、女娲造人之后，人类的生活越来越好了。但是，天地间突然发生了一场大灾难——支撑天空的天柱竟然断了……

天漏了个洞

"五帝"的第一位是皇帝，第二位叫颛顼（zhuān xū），颛顼是黄帝的孙子，他聪明智慧、擅（shàn）长谋略，在民众中非常有威望。当时，部落里还有另一位了不起的人物，叫共工，是炎帝的后裔（yì）。共工和颛顼争夺首领之位，但共工稍逊（xùn）一筹，输给了颛顼，他一怒之下，一头撞在了一座山上，将这座山撞断了。这座山叫作不周山。

不周山是什么山呢？在上古传说中，不周山是世间唯一能够到达天界的路径，但它却是一座"不周全"的山。这座山的形状有残缺，西北方向凹进去一大块儿，是不完整的，所以叫"不周山"。据说，不周山的东面可以看到渤（yōu）泽，《山海经》中说黄河的水流从那里的地下喷涌而出，而且发出"咕噜咕噜"的响声。

不周山上还有一种特别珍贵的果树，结出的果子看起来有点儿像桃子，但是叶子跟桃树的叶子不一样，更像枣树的叶子；树上开出来的花是黄色的，花萼（è）是红色的。为什么这种果树特别珍贵？因为传说人只要吃下它的果实，就不会感到疲劳。

传说不周山是盘古身体的一部分，盘古开天辟地之后，他身上的每个部分都化作了天地间的星辰（chén）、山河等，而不周山据说是盘古的骨骼（gé）所化，用来稳固他辛辛苦苦撑开的天地。

就是这样一座又神异又重要的山，被共工一下撞断了。

不周山一断，整个天就开始往下压，不过天毕竟是盘古用了一万八千年才撑起来的，所以也不会一下子就落下来，天下降到一半就停下来了。但是人们却不能就此安心，因为天在下落的过程中破了个大窟窿（kū long），如果这个窟窿不堵上，天地间的灵气就要从中逸散出去，这样天也会不断地、慢慢地降低。

女娲补天

就在人类面临大危机时，当初创造了人类的女娲又登场了。女娲知道天破了会有怎样的后果，所以她当机立断，决定尽快把天补上。但是天要怎么补，又要拿什么来补呢？女娲思来想去，最后选择了石头，她要把石头炼化，然后补到天上去。

炼石和补天都需要一个合适的地点，为此，女娲来到天台山。天台山上有很多石头，而且这座山非常高，离天上的窟窿特别近。

女娲在天台山耗尽所有法力，把石头炼成了五色神石。据说，女娲一共炼化了三万六千五百零一块石头。

石头准备好了，接下来就要择日补天，传说那一天正好是正月二十。这天，女娲带着三万六千五百零一块五色神石飞到天上，然后把它们逐一填补到窟窿里，才把天补齐了。

补完天，女娲飞了下来，突然感觉到身后有一块石头掉下去了。女娲赶紧去检查天有没有漏。还好，多一块儿少一块儿问题不大，天确实已经被补好了。

不过没有了支撑天的不周山，女娲还是担心天会塌陷。这时，有一只大海龟游来，献出了自己的腿做柱子。女娲过意不去，就送给海龟一件衣服，从此海龟游水不用腿，而是用鳍（qí）。

女娲用海龟的四条腿来做天地间的支柱，天地之间回归宁静，天没有完全塌陷下来。

虽然女娲补天成功了，但天柱断裂造成的大地向东南方塌陷、天空向西北方倾斜却没有改变。可以说，古人用共工怒触不周山的传说，解释了日月为何东升西落，也解释了大江大河为何向东奔涌；而女娲补天的传说，或许体现了古时候人们对于自然灾害成因的探索。

这就是女娲炼石补天的故事。

（故事源自《淮南子》《论衡》）

金乌乱世　羿^{yì}射九日

女娲补天之后，又过去了好多年，天地间又出现了一场灾难，一位善用弓箭的英雄，站出来拯（zhěng）救了苍生。这场灾难被称为"金乌乱世"，而那位英雄的故事，就叫"羿射九日"。

这个故事发生的时候，炎黄部落的领袖已经不是颛顼了，经过了帝喾（kù）的统治，传承到了五帝中的第四位——尧（yáo）。

十个太阳

在盘古开天地的故事中，太阳是盘古的眼睛化成的，而在这个故事中，太阳其实是一种叫"三足金乌"的上古神鸟。

三足金乌很有来头，《山海经》中说，它们是帝俊和羲（xī）和的孩子。上古大神帝俊掌握着天地间的事情，太阳何时升起，月亮何时升起，风怎么刮，雨怎么下……全都归他管；羲和则是上古神话里的太阳女神，是制定时历的神。

帝俊和羲和有十个儿子，也就是三足金乌十兄弟。帝俊对十个儿子说："你们记好，每日只可有一个登上天空，照耀大地，不可多一个，不可少一个。你们记住了吗？"

"记住了！""记住了！"十兄弟叽叽喳喳（zhā）地回应着，"您放心吧，父亲，我们都听您的。"可是帝俊一走，十兄弟就吵起来了。

"父亲说让我们到天空上照耀大地，但是他没说谁第一个上，谁第二个上，咱们得商量商量！"

"这有什么好商量的，当然我第一个上啊！"

"不行不行，我第一个上，我要第一个！"

"你还是歇着吧，我才是第一个！"

三足金乌们吵吵嚷嚷、争执不休，最后只得按高矮排序，最高的第一天去，第二高的第二天去……就这样周而复始，每天一只金乌在天上照耀大地。

可惜好景不长，十兄弟很快又有了争执。因为排高矮的话，有时候两只金乌身高差不多，"今天该我了！""不，今天该我！"两兄弟吵起来了。他们俩一吵不要紧，其他八个兄弟也吵起来了。十兄弟嚷嚷着乱作一团，他们想去找父亲帝俊评理，可是帝俊不知道跑哪儿去了，找也找不到。

眼看着到了太阳该升起的时候。"天上又不能没太阳，干脆咱们十个一块儿去吧！"兄弟们一听就同意了，高高兴兴地集体去天上照耀大地。

天下大旱

本来一个太阳的光照正好适合人类生存，现在十个太阳同时挂在天上，人类就如同被放到了烤箱里。田地很快就变了样，土壤全都干裂了，庄稼全都枯死了。更重要的是，河流、小溪全都因蒸发而干涸（hé），大海的水位也明显下降。

白天天气炎热，人们不敢出门；河流干涸，人们没有水喝，水里的鱼也全都死了；庄稼都死了，粮食绝收。人们在烈日下苦苦哀求："苍天啊，快让太阳落下去吧，不然我们都得死啊！"

好不容易熬到了黄昏，十个太阳落山了，天地间终于一片清凉，人们才敢出去找食物、水源。这样痛苦的日子，人们熬了很久。终于，有一个人忍不住了，他和部落首领尧商议，想要改变这一切。

这个人名叫羿，是个神射手，百发百中。尧想让他用弓箭把太阳射下来，可是普通的弓箭没有用，因为箭刚飞到半空就会被烧焦焚（fén）毁，根本无法攻击到太阳。

羿四处探访，终于找到了帝俊，他对帝俊诉苦："您是天神，现在您的儿子们危害人间，您不能出手管管吗？"

帝俊摇了摇头，叹了口气说："哎呀，他们现在翅膀硬了，不听话了，我也管不住了。"

但是帝俊也知道现在人间的情况，接着说道："如今十日在天，炙（zhì）烤大地，百姓不得安生，万物因此凋（diāo）零，射日势在必行。羿，我知道你是神射手，请你射下多余的太阳。"

羿很为难："我的弓箭是凡间兵器，根本伤不到三足金乌。"

听了这话，帝俊点点头，将射日弓和十支射日箭给了羿。弓箭一拿出来，天地万物都被一层红霞沾染。弓是红色的，隐隐之中透出几丝金光；羽箭都是白玉色的，光彩照人。

后羿射日

有了射日弓和射日箭，羿开始了与三足金乌的决斗。他引弓搭箭，拉满弓弦，朝天上瞄准，只听"嗖（sōu）"的一声，一支羽箭射向天空，正中一只三足金乌。天空中传来一声惨叫，一个太阳落下了。

剩下的九只三足金乌慌乱起来，他们还没找到敌人的位置，羿已经射出了第二支箭，又一只三足金乌坠（zhuì）落了。此时天空中还剩八个太阳。只见羿像连珠炮般又射出七箭，不一会儿，天上已经少了九个太阳。

羿每射下一个太阳，天地间的温度就下降一些，等到第九个太阳掉下来，温度已经非常适宜了。人们纷纷从屋子、山洞里走出来，鸟兽们也从隐蔽处钻出来，大家感受着久违的舒适气温，欣喜着，感慨着。

羿拿出最后一支羽箭，搭在弓上，要射向最后一只三足金乌。此时，有个人站了出来，挡在羿身前，这个人就是部落首领尧。

尧认为最后一个太阳被射下绝不是好事。"天上太阳多不是好事，但是没有也不行。没有了太阳，天地间将归于黑暗，植物无法生长，人类失去光明，这样不行。"

羿听后点了点头，说："对，留下一个太阳吧，我除掉了九个太阳，这剩下的一个，谅它也不敢为非作歹（dǎi）。"

　　羿猜得一点儿没错，剩下的那只三足金乌吓坏了，他眼看着十兄弟只剩下了自己，心想：不好，羿还有一支羽箭没用呢，万一我哪天睡懒觉，延误了日出的时间，羿一生气，岂不是要杀了我！从此，太阳每天准时从东方升起，准时从西方落下，温暖人间，滋养万物生长。

（故事源自《楚辞》《淮南子》）

原典再现

　　羿焉（yān）彃（bì）日？乌焉解羽？

——《楚辞·天问》

大意：羿是怎样射落太阳的呢？金乌是怎样散落羽毛死去的呢？

许由不愿当首领

羿射下了九个太阳后，天上只剩下一个太阳，之后炎黄部落在尧的带领下继续发展壮大。但是尧渐渐年迈，在他之后谁将继承部落首领之位呢？

当年黄帝老去的时候，发现炎黄部落中最有文化、最有才能的人是颛顼，颛顼恰好是黄帝的孙子，黄帝就把首领之位传给了他。颛顼老去的时候，又把首领之位传给了部落中最有才干的人，他就是帝喾。说来也巧，帝喾是黄帝的曾孙、颛顼的侄子。后来，帝喾也把首领之位传给了部落中最有才干的人，也就是尧。现在，尧年迈了，他觉得自己的精力越来越不足，还经常忘事。

唐尧让贤于许由

于是，尧开始寻找部落中最有才干的人，将其培养成继承人。他四处打听，发现大家一致推举同一个人。此人名叫许由，从小就非常聪明。尧心想：如果他来当首领，治理部落，一定能让部落更加繁荣昌盛。

尧找到许由，对他说："如今我年岁已大，精力大不如前，我愿把部落首领之位传给你，你意下如何？"

"首领，万万不可！许由无才无德，怎能统领部落？"

"你莫要谦虚，打个比方，我治理部落所能发出的光热，只是火把之光；我能浇灌的土地，只有一桶水所灌溉的范围。而你不同，如果你来治理部落，你所能发出的光热，像太阳一样闪耀；你能灌溉的土地，就如同天降甘霖（lín），能滋养全部土壤。我跟你相比，能力差得远了。现在我年纪老迈，更是不堪重负。许由，你应该接过首领之位呀！"

许由听后连连摆手："不行，不行。首领，您已经将部落治理得非常好了，我来接替您，岂不是平白占有了您的功绩，增加了我自己的虚名。我就像森林里的鸟儿，给我一根树枝，让我在枝头不断鸣叫，我就非常满足了；就像林间的一只松鼠，在河边喝一点点水，我就心满意足。我对统领部落这样的重任没有丝毫兴趣，只想做个普通人。首领，请您不要再提此事。"

"唉！"尧失望地叹了口气，"好吧，希望你早日想通，愿意接过首领之位。"

许由躲进山洞

尧走后，许由赶紧收拾东西，把吃的、用的、穿的通通打包。他把包裹一背，离开了家。为什么许由要匆匆离开呢？首先，虽然尧觉得他才能非凡，但他自己不这么想，他非常谦虚，认为部落中还有比自己更适合成为首领的人；其次，许由对权力没有任何向往，他只想做自己喜欢做的事情。如今，尧亲自前来劝他接任首领之位，下一次或许还会有别人来劝他。为了避免这些麻烦事，许由干脆离开了部落。

许由来到不远处的一座山上，这座山叫箕（jī）山，山间还有一条小河，叫颍（yǐng）水。他在临近河边的一处山洞里住了下来，一住就是三个多月。果然如他所料，三个月里尧派了各种各样的人来拜访他，劝他接任部落首领。可是劝说的人去了好几次都没见到许由，许由的家里早已空空如也。

尧四处打听，终于打听到许由搬到了箕山的山洞里，于是立刻派人带着礼物前往箕山。

但不管来人怎么劝说，许由都坚决反对："不，无论你说什么，我也不当这个首领，我的才能不足以统领部落。"

一听此言，来劝说许由的人就笑了："首领知道你不会同意，所以这次不再劝你接任了，而是希望你能做九州长。"九州长可以理解为掌管天下的宰相。

然而许由连九州长也不想当，他心想：做了九州长，我就要参与权力的纷争，何况我也没有这样的能力。不行，我得想个办法，让他们彻底死了这条心，不要再来烦我了。

许由洗耳

打定了主意，许由就带着那人来到颍水边。他趴（pā）伏在河边，伸手捧起河水，轻轻地洗起自己的耳朵来。使者不明白许由此举是何用意，他只能莫名其妙地看着许由洗了左耳又洗右耳，

洗完右耳再洗左耳……

洗了好一会儿，许由终于站起身，擦干耳朵上的水，对尧派来的使者说道："请你回去告诉首领，此番心意许由心领了，但是许由能力不足，难以接受。如今首领几次三番派人来说要让位于我，这些话已经玷（diàn）污了我的耳朵。我用清水洗耳，将这污浊洗去，希望以后不要再听到这些言论了。许由只可为良民，不可为高官。"

使者见许由如此坚决，只好回去如实禀（bǐng）告尧。尧先是摇摇头，随后又点点头，赞叹道："许由真乃高洁之士！"

后来，许由洗耳的这条河变得清可见底，水质甘甜，成为著名的"洗耳河"。洗耳河如今就在河南汝州和登封交界处的箕（jī）山之上。

既然许由不愿做首领，尧只好继续寻找有才能的人。那么最后他将首领之位传给了谁呢？

（故事源自《庄子》）

唐尧禅位于虞舜

shàn yú shùn

许由无论如何也不肯接任首领之位，但是尧确实已经年老，需要找到合适的继任者。这时，他发现了舜。舜为何能得到尧的赏识呢？

唐尧无私让贤

炎黄部落在发展过程中，有许多小部落陆续来投靠。首领需要宣布一些事情或者有任务交付给大家时，就会通过小首领传达消息。

有一天，尧把部落里的小首领全都召集起来，对大家说："诸位，眼下我年岁已大，已经不适合作为炎黄部落的首领。之前我去找过饱受赞誉的许由，但他誓（shì）死不肯当首领。如今，只能再找大家来，共同推举另一位能担大任的人。"

小首领们你看看我，我看看你，纷纷议论起来。最终，有个人略显迟疑地开口了："首领，我有一个人选，不知合不合适。"

"但说无妨！"

"首领，我看您的儿子丹朱就很适合继任首领啊！"

此话一出，小首领们就分成了两派，一派对丹朱赞不绝口："对，没错，让丹朱当首领最合适了。"另一派则冷眼旁观，不言不语，还死死盯着尧。

尧听说要让丹朱继任首领，眉头就皱起来了："我那儿子丹朱不行，他整日里娇生惯养、不务正业，怎能担起如此重任？让丹朱任首领一事，不必再议了。"

尧话音刚落，刚才不说话的人纷纷竖起了大拇指："首领果然不是自私的人，他心怀天下！"于是大伙再次议论起来，有的推举这个，有的推举那个，推举到最后，大家发现被提名最多的人叫舜。

舜是什么人呢？为什么他能得到大家的推崇？

舜美名远扬

原来，舜的身世非常可怜，在他很小的时候，母亲就病死了，只剩下父亲照顾他。他的父亲叫瞽（gǔ）叟，母亲去世后不到一年，瞽叟又娶了一位妻子，也就是说舜有了一位后母。

最初，一家人相处和睦，其乐融融。但是后来，后母和父亲生下了舜的弟弟，取名叫象。从此舜的生活就悲惨起来了，所有好吃的、好玩的，全都归象，舜什么好东西都得不到。

后母看舜也越发不顺眼，无论舜做什么她都觉得不高兴，总认为舜做了错事。一来二去，舜心里很难过，但是他非常孝顺，既没有和后母顶嘴，也没有还手。

终于有一天，舜实在撑不住了，只好从家里逃了出去。

舜逃到一座叫历山的地方，在山脚下搭起草棚，开垦荒地，住了下来。舜待人谦和，而且大公无私，种了粮食会分给别人吃。时间一长，人们觉得和舜做邻居真好，一旦有什么急事，相互也有个照应。舜吸引了越来越多的人在历山脚下定居，这里逐渐形成了一个大村落。此后舜无论去哪里定居，总能让一开始荒无人烟的地方慢慢形成村落。

舜的名气口口相传，最终传到了尧的耳朵里。尧心想：舜这孩子，从小受尽苦难，但待人至诚，实为贤士。然而，他能不能撑起炎黄部落的未来还是个未知数，需要好好考察一番。

于是尧对众首领说："舜这孩子确实不错，但是耳听为虚，眼见为实。我要将两个女儿娥（é）皇和女英嫁给舜，让她们帮助舜劳作，同时暗暗考察他。如果舜真是一位品德高尚之人，我便将首领之位传给他。"

就这样，尧把两个女儿都嫁给了舜，而且还为他们建好了粮仓和房舍，又分给他们很多牛羊和粮食。

品德高尚　成为首领

舜的后母和他的弟弟象看到舜过上了好日子，非常嫉妒（jí dù），想方设法要谋害舜，以获得舜的家产。

这一天，舜的父亲瞽叟找到儿子，说："儿呀，我的粮仓漏了个大洞，你快去给我修补一下。否则一下雨，粮食都受潮了，我就吃不上饭了啊！"

舜是个孝顺的人，马上就答应了。这天他爬到粮仓顶部去修补漏洞。时值正午，太阳高悬，炙热的阳光晒得舜身上火辣辣。

"不行呀，我得去拿个斗笠（lì）来遮住阳光。"舜就回到了屋里，随手拿了两个斗笠，再爬回屋顶。一个斗笠戴在头上，另一个就顺手放在一边。

此时，瞽叟悄悄接近粮仓，趁舜不注意，把用来爬上粮仓的梯子搬走，然后在粮仓底下放起了火。很快，舜觉察到刺鼻的浓烟，他往下一瞧，不好，整个粮仓燃起了熊熊大火！

舜想快点顺着梯子爬下去，但发现梯子不见了踪影。没办法，舜只好拿起两个斗笠，猛地往下一跳！此时正好刮来一阵大风，舜双手死死抓住两个斗笠，模仿飞鸟挥动翅膀的样子。风将舜吹了起来，他慢慢地、安全地降落在了地面上。

舜明白了，这应该是后母和弟弟的毒计，或许父亲也想置自己于死地。舜摇摇头，孤独地离开了。

回到家，舜把这件事告诉了妻子娥皇和女英，两位妻子都担心极了，叮嘱他说："你以后一定要小心，千万不要再听他们的话了，日后他们无论让你干什么，你都不要去。"

没过几天，瞽叟又来了："儿子，我家中那井底下冒出了沙子，我喝不了水了。你去帮我把沙子挖出来吧！"

"好，父亲，我这就去。"

这一次，舜出门前特意对娥皇和女英说了一声："我现在要去井底挖沙子，你们在家里千万注意安全。"

娥皇和女英一人拉着他的一条胳膊，死活不让他去。但是舜还是坚持要去，毕竟父亲年事已高，如果连口水都喝不上，他于心不忍。

娥皇和女英见状，只得放手，却在他耳边悄悄叮嘱，让他下

井之后要依言而行。舜点头答应，就拿着铲子去了父亲家里，二话不说就下到井底挖沙子。

舜没日没夜地挖，一连挖了两天，沙子终于快要挖干净了。瞽叟和象又突然出现在了井口，他们往井里扔石头，舜猛地一躲，幸好躲开了，但巨大的落石让舜害怕极了："你要干什么？"

"哼！"象没有理会舜的大喊大叫，不停地往井里扔石头，眼见井口已被巨石塞满。没有阳光，没有水，舜又能坚持多久呢？

象和母亲两人哈哈大笑，以为舜真的死了。于是两人兴高采烈地来到舜的家里，要告诉娥皇和女英，她们的丈夫已经死了。没想到他们敲门后，来开门的人竟然是舜！

原来，出发前，娥皇和女英对舜说："你到了井底，一定先要在井的侧面挖出一条地道，一旦遇到危险，你便顺着地道逃回家中。"舜听从了妻子的建议，这才逃出生天。

见到舜，后母和弟弟尴尬（gān gà）极了，不知道说什么好。没想到舜既不生气，也不恼怒，只是摇了摇头，把门关上了。

从此，舜的后母和弟弟再也没有行过不轨之事，舜则像什么事情都没有发生过一样，依旧善待父亲一家。这件事在百姓中传开，大家纷纷赞叹舜的胸襟（jīn）。尧也确定了，舜确实是一个品德高尚之人，于是就把首领之位传给了他。人们把这个举动称为"禅让"。

这就是唐尧禅位于舜的故事。舜是心怀天下的人，他下定决心要做个像唐尧一样的明君，他为百姓做了什么呢？

（故事源自《史记》）

禹三过家门而不入

yǔ

舜当部落首领期间有一个重要的贡献——找到了合适的人来治理水患，保护了中华大地上的人们。而这位治水的人，就是禹。

大洪水

要讲禹治水的故事，得先从尧说起，因为治水故事的源头发生在尧统治时期。

尧在位时，一场洪水就肆虐（sì nüè）在中华大地上。水灾肆虐的每一天，老百姓的生活都不得安宁，别说耕地劳作，就算是出门，也有生命危险。人们只好爬到树上躲避洪水，眼睁睁地看着自己的家园变成一片汪洋。

尧明白，面对天灾不能坐以待毙，必须想个办法治一治这洪水。于是尧开始在部落里寻找治水的人才。这时，有人向他推荐了鲧（gǔn）。鲧很有信心，他主动请求承担重任："请让我来治理水患吧！"

鲧修大坝　无功而返

鲧是如何治水的呢？他召集百姓，让大家用石头、沙子、泥土等材料，在部落周围筑成一堵又一堵的高墙，想把洪水牢牢地隔绝在高墙之外。然后他又带领大家在河边筑起一座又一座大坝，洪水来时被大坝挡住，就不会淹没庄稼与土地了。

治水工程告一段落，人们看着宏伟的城墙和高高的大坝欢呼雀跃："有了大坝，有了城墙，我们再也不用害怕洪水啦！"

没过多久，一场暴雨抬高了河水的水位，人们担心地到河边观察，只见水位虽高，但大坝更高，牢牢挡住了不断抬升的河水。大家纷纷称赞鲧。

可惜好景不长，到了夏季，不仅降雨量大，而且次数频繁。大雨经常毫不停歇地下半个月，河道里的水位越涨越高，水流越来越急，鲧开始担心了：万一水位比堤坝更高了，该怎么办呢？

"堤坝还不够高，那就再筑高些！"鲧召集人们来到大坝边，冒着大雨，继续往大坝顶上垒（lěi）石头、填沙土、堆泥巴，不断加高大坝。

大家劳累了一天，晚上都早早回家休息了。屋外是哗啦哗啦的雨声，降雨完全没有要停止的迹象。大家正睡得香甜，突然"轰"的一声巨响，所有人都被惊醒了。

"怎么了？""怎么了？"人们纷纷走出屋外，全都一脸茫然，不知道发生了什么事。这时，地面震动起来。"哎呀！是地龙翻身了！"人们恐慌起来，乱作一团。

什么是地龙翻身呢？原来，远古时期，人们不知道地震是什么原因造成的，就以为地底下有一条龙，龙在翻身的时候造成了大地震动。伴随着震动，大家能听到一些奇怪的声音。突然，他们看见远远的天边，好像出现了一层白浪。

"大坝决堤啦！""大坝决堤啦！"人们恍然大悟，终于明白鲧修建的大坝并不能彻底控制洪水。转眼间，奔涌的洪水淹没了土地，吞没了人群，毫无戒备的人们甚至没有时间逃跑，无数良田也毁于一旦。幸运地保住生命的人，还要面对接下来的饥荒。

最难过的人还要数尧，治水方案不仅毫无成效，甚至造成了更多伤亡，这可怎么办呢？尧继续让鲧改进方案、治理水灾，鲧在治水的事业上奋斗了九年，然而每年仍然会发生洪水。

尧年迈后，传位给舜。舜发现鲧治理洪水没有功绩，于是下令罢免了鲧，把他流放到羽山，开始寻找新的治水人才。

疏通水道 大禹成功

苦心寻找之下，舜发现了一个合适的人选，只不过这个人跟鲧有非常密切的关系，因为他是鲧的儿子——禹。舜将禹找来，积极地鼓励他，期待他能够彻底解决水患。

禹临危受命，从父亲治水失败的教训中汲（jí）取经验。鲧治理水患的方法是堵住水，因此禹决定用疏导的方法治水。禹背上包裹离开了部落，从此风餐露宿，探察水情，寻找治理水患的方法。

没有精密的仪器，他就用双脚去丈量山川，记录下山有多高、河流有多长。他看到山里汇集的水流逐渐泛滥，有形成洪水的趋势，就赶紧让人凿开山石，让出一条通路，让河水从山间流过，洪水便得以避免。

再往前走，禹又发现一处地方，水流越来越大、越来越急，但是河道却非常狭窄，以至于水位不断抬高——这里也有暴发洪水的隐患。禹派人挖宽河道，又引导附近其他狭窄河道里的水流，使它们汇聚到最宽阔的那条河里。就这样，他再次排除了危机。

禹沿着大河，一直走到海边，亲眼见证这股水流涌入大海，才终于放心，想道：这样一来，应该就不会有水患了吧？禹高兴极了，他马不停蹄地返回部落，发现河道中的水畅通无阻地奔流，不再向河道之外蔓（màn）延——果然，洪水没有再次发生。

但是，禹没有认为治水已经大功告成。现在并不是夏季，降雨不是特别多。如果夏季下暴雨呢？河道能承受暴雨带来的水量吗？

三过家门而不入

于是禹继续奔波在治水的道路上。那时，禹和妻子刚结婚没多久，禹为了治水长期离家。他的妻子怀了身孕，快要生宝宝时，禹正好路过家门口。他很想推开门，回到家里看看妻子。但此时正值夏季，雨水正多，禹一抬头，看到天上突然阴云密布，要下雨了，他只好放弃回家，赶紧跑到河边监视水位的变化。

还有一次，禹路过家门口，听到妻子正撕心裂肺地哭喊，他知道妻子正在生育他们的孩子。禹很想回家陪在妻子身边，见证孩子的诞生。但是天上又飘起了小雨，没办法，他再一次赶到河边，观察水位变化。

第三次，禹来到家门口，听见屋里有孩子牙牙学语的声音，似乎在叫"爸爸妈妈"。他刚想推开门看看自己的孩子，一股冷风吹来，天上乌云开始聚集——唉，又要下雨了！禹又一次放弃了回家的机会。

就这样，禹三过家门而不入，成为流传后世的佳话，也用来形容人做事认真，具有舍小家而为大家的精神。

禹在治理洪水的道路上奔波了十三年，从一个年轻壮硕（shuò）的小伙子，变成了弯腰驼背的中年人。但值得欣慰的是，洪水的隐患终于被彻底清除了。

等禹终于回到部落，舜的年纪也大了，需要大家推选出新的部落首领。禹的功绩如此巨大，人们一致推举他，所以禹成了新一任首领。

这就是禹为了治水三过家门而不入的故事。禹也是一位明君，他老去后，下一任首领的交替成为中国历史上的一个重要节点，这是怎么回事呢？

（故事源自《史记》）

原典再现

禹伤先人父鲧功之不成受诛，乃劳身焦思，居外十三年，过家门不敢入。

——《史记·夏本纪》

大意：禹为父亲鲧因治水无功而受罚感到难过，而不顾劳累，苦苦思索，离家在外生活了十三年之久，几次从家门前路过都没敢进去。

夏朝

夏朝是我国历史上第一个奴隶制王朝，从夏启开始，世袭（xí）制代替了禅让制，"公天下"变成了"家天下"。

夏启即位 废除禅让

禹倾尽心力治理水患，赢得了人们的尊敬，成为部落首领。当禹年老后，下一任部落首领进行交接时却发生了变故，至此，五帝时期的禅让制被废除了……

"公天下" 变为 "家天下"

随着禹的年龄越来越大，他觉得该把首领之位传给更优秀的人了。于是禹召集了各位小首领，共同商议下一任首领的人选。

有一个叫皋陶（yáo）的人，比禹的年纪稍微小一点儿。禹治理水患时，皋陶也曾经出谋划策，为禹提供帮助，因此皋陶在部落中也很有声望。

禹决定将首领之位传给皋陶。可惜皋陶虽然比禹年轻，身体却不太好，还没接任就去世了。

禹和小首领们又发愁了：这回该选谁做继承者呢？大家思来想去，终于找到了新的人选——伯益。

禹去世后，伯益着手准备继任首领的事宜。就在此时，一个消息传来，宛如晴天霹雳（pī lì）。"伯益，你不用当首领了，新任首领是禹的儿子——启。"

"什么，这怎么可能？首领说过要传位于我呀！"伯益大惑不解。

"现在，我就来正式通知你，你不能做首领了。"

原来，禹的儿子启不甘心让伯益继任首领，他心想：我父亲辛勤治水，才得到首领之位，怎么能平白无故地便宜了那个和他没有血缘之亲的家伙？

启找到众多小首领，宣布道："我才是应该成为新任首领的人，你们以后都要效忠于我！"老首领刚刚去世，新首领还没有继任，而部落里群龙无首就会出大乱子，因此所有事情都要听从启的安排。

就这样，启取代伯益继位。对于中国历史而言，启的继位标志着禅让制向君主世袭制的转变，也标志着"公天下"向"家天下"的转变。启登位后，建立了夏王朝，尊禹为夏王朝的开国君主，因此禹也被称为"夏禹"，启也被称为"夏启"。

不过夏启的行为并不能得到所有人的支持，特别是许多小部落的首领，非常不满意他的做法。

"既然他能做首领，那我们也能做！"

"就是，我们也可以做首领！"

"对呀，我们为什么不能做首领呢？"

他们的怨气越积越重，渐渐形成了一个联盟，其中势力最强的一个部落叫有扈（hù）氏。

有扈氏叛乱

有扈氏部落的首领把其他诸位首领召集起来，然后一起找到启，大声怒斥他："启，你的做法已经违背了你父亲的命令。你的父亲——我们尊敬的禹，他早就说过让伯益继任首领。现在你却给天下人做了个坏榜样，我们不接受你做首领！"

启十分愤怒："为什么不接受我？如果没有我父亲，整个天下早就覆灭在洪水之中了，你们也早被洪水淹死了。我作为禹的儿子，理应继承这天下！"

"无耻（chǐ）！无耻啊！"

"哼，你们给我等着！"

启发动整个部落的军队去攻打有扈氏部落，而有扈氏部落则不慌不忙地召集了联盟中的其他小部落，共同抵抗夏启的军队。在战争中，有扈氏不断派人游说（shuì）夏启的军队："你们现在效忠的启，并不是老首领指认的继任者，你们都被他骗了！"

在有扈氏的游说下，很多士兵心生犹豫，渐渐的，启的军队人越来越少，而有扈氏联军却人越来越多。眼见胜利无望，启只得撤回军队，固守城池。他从失败中认

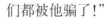

真反思，终于明白，如果他想成为首领，必须要像他父亲一样赢得人心。

悔过自新　成为明君

从此，启非常严格地要求自己，每顿饭只吃清淡的蔬菜，睡觉只盖一张粗糙（cāo）的薄被；除了祭祀（jìsì）神灵和祖先外，他不许演奏音乐。启不仅严于律己，还任用贤臣，广纳贤士，发现有才能的人就请来委以重任；发现武艺高强的人，立刻请他来带领军队。

就这样，大家对他的态度有了改观，认为他跟禹一样是个贤明的君主，值得被拥护。

启看到自己的努力有了成效，燃起了战胜有扈氏的希望，再次向有扈氏发起进攻。这次，启的军队斗志非常坚定，而有扈氏联军根本毫无准备，被打得四散而逃。最后，整个有扈氏部落被流放到广阔的大草原去放牧，再也不能回到富饶的中原地区。

击败了有扈氏的联盟，启坐稳了王位，而他死后，又把王位传给了他的儿子。从此，过去那种推举贤德的禅让制被废除了，取而代之的是按血缘关系父死子继的世袭制。夏王朝的建立也标志着中国古代奴隶社会的形成以及原始社会的土崩瓦解。

这就是夏启继位废除禅让制的故事。虽然夏启努力成为贤明的君主，但他的子孙们却不是个个都和他一样优秀……

（故事源自《史记》）

酒池肉林 始于夏桀^{jié}

自夏启建立夏王朝，王位在夏启的后裔中代代传承，时间一久，世袭制的弊端就显现出来了。这些弊端不断积累，到夏朝的最后一任君主夏桀时，危机终于爆发了。

昏君夏桀

夏桀继位后，每日只知道纵情享乐，不理政务。老百姓能不能吃饱穿暖，天下哪里发生了旱灾或涝（lào）灾，他一概不管。而且夏桀乐于征伐，有哪个小国不按时进贡，或者让他不高兴了，他就带兵打过去，连年征战造成天下动荡。为了维持军队的消耗，夏桀又提高了赋税，这样一来更使得百姓不堪重负，天下怨声载道。

夏桀还是个好色之徒。他的手下就投其所好，四处搜寻，找来了一名美丽的女子献给夏桀，这名女子名叫妹（mò）喜。

自打有了妹喜，夏桀更加不理朝政了，每天只顾着带妹喜四处游玩。

妹喜待在宫里没什么可消遣的，每天只能听宫廷乐师弹奏乐曲，天天听下来，再好听的乐曲也变得无聊了。

有一天，夏桀正和妹喜一起听乐师奏乐，突然外面传来"刺啦"的声音。妹喜听见了，"噗嗤（pū chī）"一声就笑了出来："这是什么声音呀？"

夏桀看到妹喜被逗笑，连忙命人寻找声音的来源，结果发现是一个宫女在跨过门槛（kǎn）的时候不小心裙子被门撕裂了一个口子，刚刚的声音就是丝帛（bó）撕裂的声音。

"原来美人喜欢听这个声音，那再简单不过了。来人啊，将府库之中的丝帛一一搬来，就在这里给我撕！"

侍卫们不敢怠（dài）慢，赶紧从王宫的仓库里搬来许多丝帛，在夏桀和妹喜面前一一撕裂。在古代，丝帛生产起来很不容易，非常珍贵，是可以当作钱来使用的，夏桀的命令就相当于撕钱呀。

夏桀还有更多荒唐的主意，比如建造酒池、肉林。他命人挖出一个大坑，将一坛又一坛的美酒往坑里倒，就成了酒池。这酒池有多大呢？据说大到可以在里面划船。而肉林呢，就是将一根根木棍插在地上，再把一扇一扇的肉挂上去。可以想象，花天酒地的夏桀浪费了多少粮食和财富！

夏桀的这种做法惹得天怒人怨。哪里有压迫，哪里就有反抗，百姓的愤怒积累到一定程度，政局就不稳定了。

商国兴起　商汤被囚（qiú）

在夏朝旁边有一个小国家——商国，这时候在位的国君叫汤。商汤不仅有才能，而且德行高尚。夏桀用苛（kē）捐（juān）杂

税盘剥百姓，商汤则和夏桀相反，他不收百姓的税，还主动为百姓提供粮食和各种帮助。这样一来，商国百姓都特别爱戴商汤。商汤还广纳贤才，但凡是有才德之人，无论出身如何，都可以当官任职。如此一来，商国汇集的人才越来越多了。可以这么说，只要商汤一声令下，人们就愿意跟随商汤去推翻夏桀的统治。

商汤饱受赞誉，夏桀也察觉到了异常，他听大臣说，周边小国君主商汤似乎有谋反之心。于是夏桀命令道："去把那个商汤给我'请'到国都来，我要亲自见他。"

夏桀说的是"请"，于是夏桀的臣子就毕恭毕敬、客客气气地把商汤请到了国都。没想到，商汤一到，夏桀就翻脸了："来人，将他囚禁起来。"原来这是夏桀的毒计，他心想：把商汤囚禁起来，就没人能造反了。

听说商汤被囚禁，商国人都十分焦急，要想办法营救商汤。危急时刻，商国著名的宰相伊尹（yǐn）想出了一条妙计。他带着大批礼物找到深受夏桀宠信的大臣赵梁，希望赵梁能劝说夏桀放了商汤。为什么找赵梁呢？因为赵梁善于搜刮民脂民膏，得到了宝物就献给夏桀，为此深得夏桀欢心，大权独揽。

伊尹贿赂（huì lù）完赵梁，又去找妹喜。他也向妹喜进献了大量的金银珠宝、绫（líng）罗绸缎，对她说："娘娘，眼下大王只听您一个人的话，只要您开口，这事儿准能行。我们商国对大王绝无二心，只要您能说动大王，无论您想要什么，我们一定办到。"

就这样，在赵梁和妹喜的接连劝说下，夏桀释放了商汤。商汤回到商国后暗下决心，绝对不能再受这样的屈辱，必须要用武力打败夏桀。

商汤灭夏

但是灭夏大计从何做起呢？商汤明白，他不能直接攻打夏桀，因为夏朝周边有很多小国，这些小国都拥护夏朝。如果他去攻打夏朝，就会被这些小国截断粮草和兵源，甚至自己的大本营也会被他们乘虚攻入，那就大事不好了。

既然如此，不如先把周围的部落和小国全部征服吧！商国周围有一个葛国，国王被称为葛伯，是一个贪得无厌之人。他不断压迫百姓去耕地和劳作，将生产出来的粮食据为己有，转换成金银珠宝供自己享乐，葛国的百姓也是怨声载（zài）道。商汤听闻此事，心想这正是天赐（cì）良机，于是决定带兵帮助葛国百姓奋起反抗。不久后，商汤率领大军征讨葛国，推翻了葛伯。至此，商汤开始了他的征伐之路，一个接一个地吞并夏朝周边的小国，不断扩充自己的实力。

但是，现在仍然不是攻打夏桀的时机。因为攻打夏朝与攻打其他周边小国是不同的，夏朝毕竟是天下公认的"共主"，如果没有迫不得已的理由，商汤出兵就不占公理，这叫师出无名。

夏桀是个目光短浅之人，他早就知道商汤越来越强大，但只要商汤按时进贡，他就可以当这件事没有发生。

然而这次，大臣向夏桀汇报说："商汤已经一年没有纳贡了。"夏桀这才坐不住了："真是养虎为患！立刻调（diào）遣大军，随我出征，讨伐商汤！"

听说夏桀带领大军来攻打自己，商汤十分高兴，因为时机终于到了！为了自保而反击，商汤便师出有名。面对众志成城的商国军队，夏桀的军队根本没有战斗力，被打得四散而逃。原来夏朝的国力早被耗空，军队更是缺乏供给（jǐ），连装备都不齐全，有人没兵刃（rèn），有人没盔（kuī）甲，平时又疏于训练，这样的军队怎么可能打胜仗呢？

最终，双方军队在鸣条展开决战，商汤胜利，夏桀逃往了南巢。但是夏桀最终还是没活下来，他病死在了南巢。

商汤灭夏后建立了商王朝。

（故事源自《史记》《竹书纪年》）

原典再现

桀不务德，而武伤百姓，百姓弗堪（kān）。

——《史记·夏本纪》

大意：夏桀不致力于修德，用武力伤害百姓，百姓无法忍受。

商朝

商朝建立后基业不稳，商朝统治者为了稳固基业，做了哪些努力呢？商朝后期，统治者暴虐无比，又是谁来拯救百姓于水火之中呢？

奴隶宰相伊尹治国

伊尹为商汤出谋划策，在商汤灭夏朝、建立商朝的过程中做出了巨大贡献。不过他原本是一名地位低下的奴隶，这又是怎么回事呢？

出身低微　勤于学习

商汤的宰相伊尹曾经是一个身份卑微的奴隶，他是怎样一步一步成为宰相的呢？

伊尹是有莘（shēn）国人，由于是奴隶，从小就要干很多活，无论砍柴伐木，还是烧火做饭，他都得学着去做。

伊尹从小在厨房里长大，每天看着厨师用各种食材做菜。他非常聪明，很快就领悟了做菜的技巧。别人只想着把菜做熟了就行，伊尹却每天都在尝试新花样。一来二去，他做的菜又好吃又好看。

于是伊尹就成了专门给国君做饭的奴隶，他还利用闲暇（xiá）

时间学会了很多字，积累了很多知识。

抓住机会　获得赏识

俗话说，机会总是留给有准备的人。这一天，有莘国的公主要出嫁了，她要嫁给谁呢？正是商汤。伊尹作为陪嫁的奴隶跟公主一起到了商国。公主嫁给商汤后，按理说每天的餐食应该由商汤的厨子烹饪（pēng rèn），公主却说："你们的厨子手艺太差了，我吃不下，不如瞧瞧我们厨子的手艺吧。"公主就命令伊尹去做饭。

伊尹早就怀有治理天下的远大志向，他接到命令，知道机会来了。他早就听说商汤是个贤明的君主，如果自己能用别出心裁的烹饪技巧吸引商汤的注意，就有机会得到商汤的赏识。于是伊尹费尽了心力，动用各种各样的香料，烹制了一道佳肴（yáo）。然后他用一个大碗扣住这道菜，让人把它呈给公主和商汤。

倒扣的大碗一掀开，瞬间香气四溢，在场的所有人都愣住了，从来没有闻到过如此香味：蜜桃香、杏花香、桂花香、菜香、鱼香、肉香……各种各样的香气汇聚在一起，让大家的嗅觉沉浸在难以言表的美妙享受中。

公主一勺接一勺地吃，商汤也一勺接一勺地吃，吃完之后，商汤说："我想见见厨子。"便命人把伊尹叫出来。

商汤见到伊尹，就问他："你的菜为什么能做得这么好？"

伊尹不慌不忙，慢慢道来。他一边说一边展示，双手捧起一把菜刀，给他们看了看，然后又拿出了一个砧（zhēn）板，把菜刀放到了砧板上。接下来，他又拿来一捆（kǔn）菜，当着商汤的面切起菜来。

"要想做一道好菜，连切菜都是有讲究的。用劲儿不能大，也不能小。劲儿大伤砧板，菜也被切得太碎；劲儿小了又切不断菜。您刚刚吃的那碗菜，如果放了太多盐，它就太咸；放了太多糖，它又太甜。必须一文一武、一阴一阳，相互交融，方是美味呀。"

商汤一听此言，眼睛都亮了，他看着眼前的伊尹，仿佛见到了稀世珍宝。

"此人有安邦治国的大才，绝不该仅仅当个奴隶，这是埋没了人才啊！"他立刻将伊尹招到自己麾（huī）下，提拔伊尹做自己的治国助手。

伊尹得到重用后，果然不负众望。他给商汤出谋划策，精心安排军事演练，打点朝政事务。没过多久，伊尹就当了宰相。后来发生的事咱们都知道了：伊尹用计把商汤从夏桀的囚禁中解救出来，又辅佐商汤灭掉了夏朝，建立了商朝。

伊尹最值得后人敬佩的，不仅在于他从奴隶变成宰相的励志经历，也不仅在于他运筹帷幄（wéi wò），帮助商汤灭掉夏朝、建立商朝，更在于商朝建立之后他的所作所为。

一心为国　辅佐商王

商汤去世后，商朝的政治格局经历了几番变化，王位几经交替。最后，商汤的孙子太甲继承了王位。

但是太甲继任时年龄尚小，容易受到诱惑，比如贪玩。他心想：每天听大臣汇报事情，多枯燥无聊啊，要是去听听曲子，看看山野美景，那多开心呢！一来二去，政务就被太甲荒废了。伊尹作为宰相，每日在太甲耳边劝说："您要向您的爷爷汤学习。他日夜处理朝政，才能让百姓安居乐业呀！"

有个人每天在耳边念叨（dao）这些烦人的事情，太甲怎么可能不厌烦呢？时间一长，太甲就不愿再听老宰相的话了。伊尹一看，这可不行，事关天下苍生，哪能由着太甲的性子胡来！

伊尹一不做二不休，将太甲软禁起来，由自己代理朝政。

伊尹是一个真正高尚的人，他软禁太甲不是为了篡（cuàn）权，只为了让太甲每天读书学习。他自己则在每日退朝之后，将朝堂上所有事情汇报给太甲，告诉他自己如何安排每件事情，为什么要这样安排，这样安排的好处和坏处分别是什么……

就这样坚持了三年，太甲终于幡（fān）然醒悟："是我做得不对，宰相真正是一心为国啊！"

于是，太甲对伊尹说："宰相，眼下我已然悔过了，您愿意把权力交还给我吗？"

如今伊尹已主理朝政多年，得到了所有人的信任，他的威信举国无双。如果此时伊尹不想将权力交还给太甲，太甲也无能为力。

但是伊尹听了太甲的话后，笑了笑，没有任何迟疑，当即把所有权力交还给太甲。伊尹用心辅佐太甲，太甲去世后，伊尹继续辅佐他的儿子沃丁，直到去世。

伊尹去世后，商王朝又经历了几番动荡，王室内部为权力和利益争斗不休，直到一位商王将国都迁到了殷（yīn）……

（故事源自《史记》）

商王盘庚迁都至殷

gēng

伊尹协助汤建立了商朝，商朝的基业一辈一辈传下来，却始终危机四伏、动荡不安。直到盘庚登上王位后，将都城迁至殷，这才让商王朝真正安定、兴盛起来。

混乱的传位制度

商朝早期，国君死后，王位将首先传给国君的弟弟；如果死去的国君没有亲弟弟，王位才会传给儿子。

这就出现了一个问题：王位由上一任国君的弟弟继承，但上一任国君可能有好几个弟弟，那么王位是传给二弟、三弟，还是四弟、五弟呢？而且即使上一任国君没有弟弟，他可能有好几个儿子，那么王位是传给大儿子、二儿子，还是三儿子、四儿子呢？这些都没有明确的规定。一来二去，无论将王位传给谁，其他兄弟、儿子中一定有人不满意，于是这些贵族之间就有了纷争，朝堂上也不安宁。

盘庚继位之后，看到天下如此纷乱，决定想个办法打破这个局面。他还没想出办法，就有大臣来报告黄河水患来了。

洪水泛滥的都城

商朝国都所在的地方叫奄，在如今山东的曲阜（fù）。这里地势比较低洼，处于黄河下游。上游的黄河水一路奔涌而来，到了下游就泛滥了，因此奄地时常发生洪涝灾害。

盘庚听了臣子的禀（bǐng）报，更加烦恼了："唉，又有天灾，又有人祸，这地方绝不能再待下去了，我必须将都城迁得远远的。"盘庚之前的几任国君迁都，都是近距离搬迁，非但不能彻底摆脱政治纷争，也摆脱不了水患。每次水患到来，国家和百姓的生活都受到极大影响。

想到这儿，盘庚长长地叹了一口气，他知道迁都这件事还不能让很多人知道，因为那些有资格与他争夺王位的人一定会想方设法地阻拦。于是盘庚就把这个心思埋在心里，悄悄地考察了很多地方，寻找适合做都城之处。

什么样的地方适合做都城呢？第一，土地要肥沃，适合人们耕种；第二，附近不能有大部落居住，如此才能避免和其他部落产生冲突；第三，要远远地避开黄河水患，必须找一个从来没有发生过黄河水灾的地方。

找来找去，还真让盘庚找到了这样的地方。这个地方位于黄河以南，叫殷，在如今河南安阳。按照现代中国的版图，奄和殷分别位于山东和河南两个省，距离足足有三百多千米，即使从奄开车到殷，也需要约四个小时。古代可没有汽车和高速公路，人们只能徒步翻越山路，其中的艰难可想而知。要迁移这么远的距离，百姓会愿意吗？大臣们会支持吗？

盘庚思虑良久，终于下定决心——既然是为了天下百姓，再艰苦、再困难，也要坚持实行！于是他召集大臣，把自己的想法公之于众："诸位爱卿（qīng），我已决定将国都迁至殷地，不久之后，我们举国迁移。"

盘庚的决定一公布，朝堂上顿时议论纷纷。"不可以呀，殷在那么遥远的地方，我们的百姓怎么可能搬过去呢？""祖宗定下的国都不可迁呀！""就是，迁都至殷，万万不可！"反对声一浪高过一浪。

借助"神力" 迁都于殷

古时候，人们十分看重上天的旨意，所以古时候有一种人非常受百姓尊敬，那就是巫（wū）师。

据说巫师能够跟上天沟通，上天则会借一些器具来传达旨意，巫师就相当于翻译，为人们解读上天的旨意。于是盘庚对大家说："迁都的事我已经请巫师占卜过了，说我们必须要迁都至殷，否则将大难临头。先祖留下来的基业，我们要努力发展而不是舍弃。"大家听了盘庚的话，这才同意跟着盘庚一起迁都。

盘庚带领大家一路从奄至殷，足足走了好几个月，路上也有不少人员伤亡，好在，最后大家终于来到了殷地。一到殷地，人们就发现这真是一片宝地，这里土地肥沃、鸟语花香，没有洪灾和旱灾。就这样，盘庚将都城定在殷地，百姓们在这里建起城池，定居下来。殷很快发展成整个商朝的新中心，商朝因此也称殷朝。

商朝在盘庚迁都之后逐渐稳定下来，快速发展，最终在盘庚的侄子——武丁统治时，国力达到鼎盛。然而每一个兴盛的王朝，都有衰败的一天，那么商朝又是没落在哪个君主手中呢？

（故事源自《史记》《尚书》）

原典再现

根据《史记》记载，盘庚迁都是商朝第五次迁都，百姓都不愿意，盘庚便用一番话来劝说诸侯大臣们。

盘庚乃告谕（yù）诸侯大臣曰："昔高后成汤与尔之先祖俱定天下，法则可修。舍而弗勉，何以成德！"

——《史记·殷本纪》

大意：盘庚于是告诫诸侯大臣们说："从前先王成汤和你们的祖先共同平定了天下，他们传下来的法度和准则是应该被遵循和发扬的。如果舍弃这些不努力践行，又怎么能成就德业呢？"

姜太公专钓有心人

　　商朝最后一个君主商纣（zhòu）王暴虐无比，激起了很多人的不满。这时，出现了一个抛弃商朝、投奔明主，最终为周朝的建立立下汗马功劳的千古名人——姜子牙。

　　一说到姜子牙，就会让人联想起一个个神奇的故事。有人说，姜子牙只是一个普通人；也有人说，姜子牙是大政治家、大军事家；还有人说，姜子牙是求仙得道的神仙，还掌有分封诸神的权力呢。那么在有据可查的历史记载中，姜子牙究竟是什么样的人呢？

　　姜子牙，姓姜，名尚，字子牙。出生在商朝末年。他自幼酷爱读书，但由于家境贫寒，所以只能一边养家糊口，一边学习知识。后来，当他年迈的时候，才终于得到了贵人的青睐（lài）。这位贵人是谁呢？就是周文王姬（jī）昌。

弃商奔周

姜子牙在遇到周文王之前，经历非常丰富。相传他当过卖肉的屠夫，开过酒店，还做过给人占卜的生意。最后，他在机缘巧合之下，在商朝得到了一个官职。当时商朝的统治者就是历史上著名的暴君——商纣王。

虽然商纣王非常昏庸（yōng），但是他手下有很多赤胆忠心又有见识的臣子，比如比干（gàn）、商容。姜子牙就在这些臣子手下任职，他从这些德才兼备的人身上汲（jí）取智慧。一来二去，他拥有了很多独到的学问，经验更加丰富，眼界更加开阔。

眼看商纣王统治下的百姓处于水深火热之中，姜子牙认为不能继续这样下去。百姓生活不安宁，总有一天会造反，到时候天下动荡，一切就无法挽回了。可是，那些职位比姜子牙高、能力比姜子牙强、见识比姜子牙广的臣子，都被纣王毫不犹豫地杀掉了，如果姜子牙去劝谏（jiàn）纣王，那不是自寻死路吗？

姜子牙摇摇头，放弃了劝谏的念头，同时决定离开商朝。因为他知道在商朝绝无出头之日。

姜子牙开始留心各个诸侯的情况，经过长期观察，姜子牙发现了一个很有发展潜力的诸侯——西伯侯姬昌。姬昌的领地叫周国。与整个商王朝比起来，周国国土面积小，人口不多，百姓的生活也算不上多么富足。但是作为统治者的姬昌心胸宽广，为人处世非常仁德，颇有明君风范。

姜子牙认为如果自己投奔姬昌，辅佐他建设周国，周国定然会兴盛，有朝一日或许能够取代商朝。说干就干，姜子牙选了个合适的时机，趁着夜色悄悄离开了商朝国都，然后跋（bá）山涉水，直奔周国而去。

愿者上钩

姜子牙来到了一个离周国国都不远的地方，叫磻（pán）磎（xī）。这里是个风水宝地，近处有一条清澈（chè）见底、游鱼四布的小河；远处一座座高山耸立，层峦叠嶂（zhàng）；山间还有缥缈（piāo miǎo）的云雾，宛若人间仙境。

姜子牙对这里十分满意："我就在这里等吧！"

　　为什么姜子牙要在磻溪等待呢？为什么不直接去周国找姬昌呢？因为姜子牙这时已经七十岁了，他心想：我这一大把年纪找上门去，别人会认为我是无能之辈，让他来寻我，方为妙计。

　　姜子牙就在磻溪住了下来，他把蓑（suō）衣披在身上，把斗笠戴在头上，然后在河边盘腿坐了下来，拿着鱼竿开始钓鱼，一钓就是两个多月，但是一条鱼都没钓到。

姜子牙的目的并不是钓鱼，而是"钓"姬昌，他在等姬昌出城游玩。磻磎是个风景优美的地方，姬昌如果出门，定然要到磻磎来，所以姜子牙就在这里耐心等待。

功夫不负有心人，姜子牙在磻磎等候两个多月，终于把姬昌等来了。这天姬昌外出打猎，看到河边有个老翁在钓鱼。姬昌心中很得意："在我的治理下，百姓丰衣足食，还有人在这儿钓鱼。"

姬昌再定睛一瞧，却发现情况不对："这位老人家莫非有些老糊涂了？"他手中的鱼竿没有鱼钩，也没有鱼饵（ěr）。没钩又没饵，这鱼怎么能被钓上来呢？

姬昌十分纳闷，他又仔细打量姜子牙，发现这位老人家年纪很大，头发全都白了，但是模样周正，衣着整齐，实在不似痴傻之人。姬昌越想越好奇，不自觉地往前走了走，靠近姜子牙，想看看他究竟在做什么。

姬昌一靠近，才注意到姜子牙口中低声念叨着什么，侧耳细听，原来是在唱歌："世人垂钓以诱饵，老夫泪眼视空钩。王公卿士无人识，面对流水度春秋……"

姬昌听清了老人口中的句子，立刻感到十分兴奋，觉得自己可能遇到了高人。

姬昌最近正在为国事发愁，急切渴望招纳有才有德之人辅佐自己。他四下招募（mù）人才，却没能遇到满意的人，没想到今天竟然在这山野之间有了意外的收获。

姜子牙唱的歌是什么意思呢？大意是说："世人钓鱼皆以鱼饵诱之，而我满腹才华，不愿用这作为诱饵。纵使我满腹经纶（lún），无论是君主还是大臣，也没有一人识得我的才能，纷纷轻视于我。

唉，罢了，我此生不如面对流水耗费光阴吧。"

姬昌已经确定了，眼前的老者绝非寻常人物，他赶紧走上前，拱手施礼："老人家有礼了。我有一事不知，别人垂钓都将鱼钩和鱼饵放入水中，可是像您这样，能钓得到鱼吗?"

"哈哈哈哈哈哈，"姜子牙闻言大笑，"我钓鱼，愿者上钩而已。"

姬昌听后恍然大悟，姜子牙暗示他便是这自愿上钩的鱼。

姬昌十分高兴，也坐下来，继续与姜子牙攀谈。两人从白天谈到黑夜，从家常便饭谈到国家大事，上至天文，下至地理，前五百年，后五百载，无话不说。说到最后，太阳落山，月亮升起，天上星星点点。姬昌恍若隔世，待他缓过神来，当即下拜，把姜子牙请回国都，任用为最重要的谋臣。

姜子牙确实也不负众望，在他的治理下，周国蒸蒸日上。商王朝日益腐朽，姬昌则得到众诸侯的拥戴，于是姬昌顺势称王，史称周文王。

周文王临终前，把王位传给了儿子姬发，也就是周武王。周文王让武王拜姜子牙为"师尚父"，这个称呼表示姜子牙对于周武王，既是老师，又是半个父亲，还是他的臣子。

在姜子牙的辅佐下，周武王推翻了商纣王，灭了商朝，建立了周朝。周武王建立周朝后，姜子牙已经九十多岁了，周武王分封土地，把姜子牙封到了齐国，这里是个非常富饶的地方。这就是姜子牙传奇的一生。

（故事源自《史记》）

西周

　　周武王建立周朝后，为了稳定政局，实行了分封制，即根据血缘关系和功劳大小，分给宗亲和功臣土地和百姓。周朝虽然有周公旦这样的能臣辅佐，但也有周厉王、周幽王这样的昏君误国。

周公辅政　殚精竭虑

周武王去世后，他的儿子姬诵继位，也就是周成王。周成王继位时年纪尚小，多亏武王的弟弟周公姬旦尽心辅佐，才将国家治理好。

辅佐侄子　却遭怀疑

周武王姬发去世前，成王姬诵还是个孩子，相当于现在的小学生。周武王为此深深忧虑：如果新君不能掌握朝政，大臣和百姓都不听他的命令，那该怎么办呢？

思来想去，武王叫来了自己的弟弟姬旦，也就是成王的叔叔，对他说："如今相父年纪太大了，已经不适合辅佐新王了。眼下朝中数你威望最高，我只能把新君托付于你。盼你好好辅佐他。"

姬旦也就是后世所称的周公。武王去世后，周公就把国家的大权全都抓在手里。如此一来，朝中大臣和其他诸侯就感到有些不对劲，他们都在暗地里猜忌：周公一手把持朝政，是不是想谋权篡（cuàn）位呢？这些流言，大多是从武王的另外两个弟弟管叔和蔡叔那里传出来的，这两个家伙早就不服周公大权独揽，阴谋叛乱。

责难和质疑的声音不断传入朝中，自然也传到了周公耳朵里，周公对此不理不睬。但上至王公大臣，下至普通百姓，都在说这件事，后来也就传到了周成王的耳朵里。

成王听到传言就着急了，心想：坏了，叔叔这是取我而代之啊，这可怎么办呢？成王也是个机灵的人，他偷偷写了一封信，寄到齐国。不错，这封信正是寄给了姜子牙。据说姜子牙当时已经年过百岁，他颤颤巍巍（wēi）地从齐国赶到周朝的国都，准备面见周公。

姜子牙将周公找来，又把好几位大臣以及管叔和蔡叔召集到一块儿，打算将国事、家事一并讨论，弄清楚周公到底怎么想的。

姜子牙待大家到齐，率先开口："老臣从齐国赶来，只因听闻一些传言，说如今幼主无知，您竟有取而代之之心。我等定然不会相信这种捕风捉影的诽谤（fěi bàng），却奈何不了天下人议论纷纷，不知您对此事可有耳闻？"

周公当即跪倒在地，朝着哥哥周武王陵墓的方向叩（kòu）首三次，泪如雨下，诚恳地说："我之所以代天子行使权力，皆因先王临终之托。等新君可以自行料理政务时，我必然将权力尽数归还于他，并且立刻离开都城，返回我的封地鲁国。为此我可以对天起誓（shì）!"

在场的诸侯、王公和大臣明白他说的话皆是出自真心，不由得为他感到一丝委屈。很快，所有对周公的猜忌都平息下来了。

周公吐哺　尽心尽力

周公得到了满朝君臣的信任，此后更加为了周王朝殚精竭虑，在他的领导下，周朝平定了管叔、蔡叔的叛乱，巩固了统治。为了壮大周王朝，周公广泛招揽天下贤才。

有一天，周公正在清洗头发。他刚把头发放进水盆里浸湿，就有侍卫禀报有位贤人来访。周公赶紧把头发从水盆里捞出来，稍微一拧（nǐng），用手抓着头发就去见客人，待结束后，再回去继续洗头发。刚洗了没一会儿，又有人来拜见周公。周公再次捞出头发出去了。就这样，周公洗头发被打断了好几次。

还有一次，周公正在吃饭，吃着吃着有一位贤人来访。周公刚夹了一片肉放进嘴里，一听有客到来，赶紧把肉吐到碗里，出去接待访客，等访客走后，周公回来继续吃饭，刚吃了两口，还没嚼碎呢，又有人有要事禀报。没办法，周公又放下了碗筷……一顿饭被打断了四五次。

周公不但对自己要求很高，对儿子要求也非常高。周公的儿子伯禽到了可以继承爵位的年纪，即将动身前往鲁国封地居住。临行前，周公对儿子说："孩子，你去封地居住，将享有一定的管辖之权。那你当如何治理你的封地呢?"

伯禽一听，笑道:"父亲放心，我要大兴土木，把房舍道路全部建设一新，让百姓都过上好日子，我自己也过得舒坦点儿。"

周公一听，摇了摇头:"孩子，你父亲我地位如何呀?"

"地位? 您的地位太高了，您是周文王的儿子，是周武王的弟弟，还是当今周王的叔父!"

"没错，我这般地位，尚且要谨（jǐn）小慎微，你到了封地之后，也要像我一样精心治理领地，为人谦逊（xùn），生活朴质，切莫骄奢（shē）淫（yín）逸!"

在周公的治理下，周王朝的发展取得了质的飞跃，政治清明，经济发达，有了一整套完备的礼乐制度，上上下下秩序井然。就这样过了七年，周成王长大成人了，周公依照当初的承诺，主动把权力全部交还给周成王，然后退回臣子的位置，辅佐成王，直到去世。

周公死后，有人向周成王禀告说，在周武王还未去世时，周公举行过一次祭祀，他向上天祈祷（qí dǎo），想以自己的生命换取周武王的生命，让周武王多活几年。周成王想起当年众人议论周公，说他有造反之心，现在更加确信这实属污蔑（miè）。

周成王亲自大办丧事，祭奠（diàn）忠心耿耿（gěng）的周公。

这就是周公殚精竭虑辅佐成王的故事。

（故事源自《史记》）

厉王暴政　国人造反

　　周王朝在历任明君贤臣的治理下，国势蒸蒸日上，但几代君主之后，又遇到了误国的昏君。周王朝第十代君主周厉王就是这样一个昏君。

　　商朝末期，因纣王暴虐，大量有识之士投奔周文王，才使得周朝取代商朝。周朝王位传到第十代君主周厉王手中的时候，天下百姓觉得日子仿佛又回到商纣王时期。

国人造反　驱逐暴君

　　周厉王特别贪婪（lán）。本来，山上的树木和野味是大自然的恩赐，怎么会收费呢？到周厉王就不一样了，人们上山砍柴得交钱，打猎也要交钱。

　　于是人们也不上山打猎了，也不下水摸鱼了，种地耕田就更加不可能了。百姓没有粮食吃，只好饿肚子，时间一长，食不果腹、衣不蔽体，大家都恨透了周厉王。

周朝时，生活在都城里的人被称为"国人"。国人们早上起床睁开眼，先骂一句周厉王"无道的昏君"，晚上临睡觉前，再骂一句周厉王"无道的昏君"，睡着了做梦的时候，嘴里还得嘟囔（dū nang）两句。

百姓的骂声很快就传到大臣的耳朵里，大臣就把这些事情一一禀报给周厉王。周厉王听说后非常生气："敢骂我？我要查明是谁在骂我，派人把他抓起来。不，还不够，我要把他的全家都抓起来，好好折磨他们！"他专门找来巫师，由巫师来监视百姓。

每天早晨，巫师就在百姓的家门口巡查，监视着他们有没有骂周厉王；每天晚上，巫师也趴在百姓的家门口，听听有没有骂人的声音；睡到半夜的时候，还要竖着耳朵，看看有没有说梦话骂周厉王的……

没过几天，就抓了很多人，有一些人真的骂了周厉王，有一些人其实没骂周厉王，是被冤枉（yuān wang）的。

天下人纷纷陷入了惊恐："这究竟是什么世道啊，连句话都不能说了！"后来人们在路上相遇，都不敢交谈，只能互相使个眼色。

周王朝的都城陷入了一片死寂，国人都成了"哑巴"。

周厉王大喜过望，立刻召集文武百官宣扬他的功绩："在我的治理之下，没有人对我们的法度不满！"

朝中总管天下政事的召（shào）穆公听不下去了，他说："臣曾闻大禹治水时言道'堵不如疏'。堵住水患，则水患日盛，等到决堤之时，灾祸不可避免。但若是疏通开来，让洪水流到安全的地方，则灾祸可避免。"

　　召穆公的意思是：国君不让国人说话，国人就会憋（biē）一肚子怨气，等火气积攒（zǎn）起来，到了爆发的那天，可就控制不住了。不如让大家说话，把他们心中的火气疏散开来。

　　周厉王当然不听："休要胡说，听我的就是。"他根本不把召穆公的话放在心里。

　　事实证明，召穆公所言非虚，国人心中的怨气越积越多，终于到了爆发的那天。

　　公元前841年，周朝国都爆发了动乱。驻守都城的官兵根本无法抵挡百姓的袭击，暴乱的国人把王宫围了起来，大声呼喝（hè）："驱逐昏君！"

　　厉王在宫中可吓坏了，在一众士兵的拼死保护下，好不容易才逃了出去。他一直逃过黄河，到了一个叫彘（zhì）的地方，才停了下来，保住了小命。

"共和"的来源

　　周王跑了，暴动的国人更生气了，他们决定找到周厉王的儿子，也就是太子，让太子代替他的父亲受过。他们找到了召穆公家，听说太子藏在召穆公府上。

　　召穆公对国人说："太子确实在我这儿，但是请大家不要愤怒，君王的错该由君王承担，太子可是无辜（gū）的呀。"

　　这些愤怒的国人根本不听召穆公的话，召穆公没有办法，只好把自己的儿子当成太子送了出去。太子这才保住一条命，此后一直住在召穆公家里。

　　暴乱过后，周厉王继续躲在彘地。但是厉王还没死，如果让太子继承王位，又不合规矩。国家要运转，政策要制定和执行，没有周王主政，怎么办？那就只好让召穆公和周公姬旦的后人周定公一起主持国家大事了。召穆公和周定公一起治理国家，暂时代替周王行使职权，这在历史上还有一个特别的说法，叫"共和行政"，那一年就叫"共和元年"。

共和行政一共持续了十四年，十四年后，周厉王在彘地去世了，大臣们赶紧安排太子继位，成为新的周王，后世称为周宣王。周宣王把周厉王制定的所有苛（kē）刻的政令全部取消，用非常温和的政策治理天下。

尽管如此，周王朝的气数已将尽，周宣王最终也无法挽回周王朝的衰败。那么周王朝究竟败落在谁手中呢？

（故事源自《史记》）

原典再现

王行暴虐侈（chǐ）傲，国人谤（bàng）王。召公谏（jiàn）曰："民不堪命矣。"王怒，得卫巫，使监谤者，以告则杀之。

——《史记·周本纪》

大意：周厉王行为暴虐，奢侈傲慢，国都里的人都在议论他的过失。召公劝谏说："百姓已经忍受不了您的政令了。"厉王发怒，找来一个卫国的巫师，让他去监视那些议论他的人，巫师报告谁在议论，厉王就杀掉谁。

周幽王烽火戏诸侯

在夏、商、周三朝中，周朝有一点特别，那就是它被分成了西周和东周两段。本篇故事，就与西周和东周之间的重要人物周幽王有关。

周幽王是周宣王的儿子，也是西周的最后一个王，他是个地道的昏君，每日只讲究吃喝玩乐，而且还贪恋美色。周幽王宫中也有一个美人，叫褒姒（bāo sì）。

千金买笑

褒姒是从哪里来的呢？当时有一个小诸侯国叫褒国，褒国的国君知道周幽王不务正业，于是拜见周幽王，劝谏他说："大王要好生料理政务，不可只顾贪玩享乐啊！"

他没完没了地在周幽王耳边唠叨（láo dao），周幽王也只好摆出一副贤明君主的样子，仔细听褒国国君的话。但是听着听着，周幽王实在是烦了："行了行了，别说了，烦死了。"他这一厌烦，就把褒国国君关进了牢狱。

这下褒国乱套了。褒国的大臣们商量对策，想出了个主意："史书里常写，无道昏君见到美女，就会在美女的游说（shuì）下把忠臣良将释放。要不，咱们也学上一学？"

就这样，整个褒国的美女都被找来了，其中有一位美若天仙的女子，名叫姒。因为她是褒国人，所以后人叫她褒姒。褒国的臣子将褒姒进献给周幽王，期盼褒姒能劝说周幽王放了褒国国君。

果不其然，周幽王一见到褒姒就龙颜大悦。于是褒国国君顺利回到了褒国，褒姒则被纳入了周幽王的后宫。

褒国国君回到国都，就对手下大臣说："完了，周朝将亡，咱们只能做好准备，迎接这天翻地覆的巨变吧！"

那褒姒在王宫中过得如何呢？表面上看，褒姒过得舒服极了，周幽王每天都赏赐她金银珠宝，她的吃穿用度都是天底下最好的。但是褒姒心里却不怎么高兴——背井离乡，远离父母，怎么能高兴得起来呢？一来二去，褒姒每天心里装着无数心事，从来不笑。这可把周幽王急坏了，他想：这样一个美人，怎么不笑呢？不行，这样太丑了，我得想办法让她多笑笑。

周幽王下令："谁能让褒姒一笑，我赏黄金千两！"

悬赏令一出，就有一个叫虢（guó）石父的人应召前来，这人带着一脸谄（chǎn）媚的笑容，对周幽王说："大王，褒姒娘娘之所以闷闷不乐，皆因在王宫之中抑郁所致。您若把她请出王宫，看看自然风光，她定然会心情舒畅，这笑容也就回来了。"

"出宫走走？嗯……那依你之见，要去哪儿呢？"

"以微臣之见，不如往骊（lí）山走走，骊山可是风景秀美之地，离王都又不是很远。"

"嗯，那就依你所言，咱们去骊山瞧瞧，正好我也很久没出去游玩了。"

戏耍诸侯

打定了主意，周幽王带领大队人马和爱妃褒姒，浩浩荡荡出了王城，直奔骊山而去。来到骊山脚下，果然鸟语花香，风景秀丽。不管褒姒高兴不高兴，反正周幽王挺高兴的："这山，这水，好地方，真是好地方啊！"

周幽王再看向褒姒，此时她脸上的神色也舒缓了一些，至少不是苦着脸了，只是依然面无表情，不见一丝笑容。

肯定是此处的景色还不能让褒姒满意，周幽王心想。于是他下令上山。到了山顶，周幽王发现褒姒好像对远处的烽火台感到好奇。

褒姒站在山顶上，看着每一个山头上都垒（lěi）着一个方台，方台周围驻守着士兵。褒姒没见过这样的场景，确实有点儿好奇，就问周幽王："大王，那是什么呀？"

周幽王听见美人开口，心中大喜："这东西叫烽火台。烽火台是用来传递消息的，比如一座烽火台的守军发现外族入侵，就在烽火台上点起狼烟。邻近山峰上的守军看到狼烟，就知道有军情，然后也点起狼烟。这么一来，消息能够很快传到城里，人们就能及时应对。而在骊山的烽火台点起狼烟，说明有敌军攻打王都，附近的诸侯会立刻派兵前来支援。"

听了周幽王的解释，褒姒"噗嗤（pū chī）"一笑，用手轻轻捂（wǔ）住了嘴，显得异常妩媚（wǔ mèi）。她眨眨双眼，对周幽王说："大王，战争都在边关之地，都城却少有征战，不如咱们点燃一次狼烟，看看烽火台究竟能不能把诸侯召唤来，考验一下他们对您的忠心？"

"好，好！只要美人想看，我立刻让他们点燃。来人，点燃烽火台。"周幽王立刻兴奋起来。

"大王，这烽火台非战时不可轻启啊！"周幽王身边的大臣和烽火台的守军纷纷劝阻。

"我让你点，你就点，哪来这么多废话！"

"可是大王……"

"快点，否则我就杀了你！"

臣子和守军只好向周幽王妥协了。

　　狼烟燃起，漆黑如墨，直冲云霄（xiāo）。旁边山峰上的守军发现骊山上的情况，当即也点起了狼烟。就这样，烽火台的狼烟一个接一个陆续燃起。没过多久，只听马蹄声响起，号角齐鸣，十几路诸侯带着大队人马，来到了骊山脚下。

　　"敌军在哪儿?"

诸侯的军队得知有敌人攻打王都，都非常焦急，他们身穿盔甲，手持兵器，驾驶战车来到骊山脚下集结，准备迎击敌军。但是找了半天，一个敌人的影子都没有，各路诸侯的大军面面相觑（qù），都不明白这是什么情况。

诸侯们都很纳闷，决定上山看看，结果遇到了周幽王。

褒姒在周幽王身边"噗嗤"地笑了出来，周幽王也跟着哈哈大笑。这时诸侯才明白，原来周幽王点燃狼烟，就是为了博这美人一笑。

只见周幽王摆了摆手："你们回去吧，我就想看看这烽火台好使不好使。"

"无道的昏君！"诸侯们心里有气，但也只好率领大军掉头离去。

周幽王带着褒姒回到了王宫，重重奖赏了虢石父。后来，只要想看褒姒的笑容，他就去骊山点燃烽火台，让诸侯大军前来。来来回回玩了好几次。周幽王屡（lǚ）次戏耍诸位诸侯，终于，诸侯们互相商量好，如果下次周幽王再点燃骊山烽火台，他们所有人都不来。

自取灭亡

没想到，正是周幽王三番两次戏耍诸侯，最终导致了自己的灭亡。

当时周朝领土以西有一个非常强大的部落，叫犬戎（róng），他们生活的地方环境恶劣，耕地稀少而且土地不肥沃，那里的人光靠种地无法填饱肚子。所以犬戎部落的人只好四处征伐掠夺，靠其他国家和部落的资源来养活自己。正因如此，犬戎部落拥有异常强大的战斗力。后来周幽王废掉了申后和太子宜臼（jiù），立褒姒为后，伯服为太子。申后的父亲申侯非常生气，于是联合犬戎部落一起攻打幽王。

这一天，犬戎大军趁着夜黑风高，大队人马兵临骊山，翻过骊山就可以直奔周朝的国都。骊山烽火台上的守兵很警觉地听到山脚下有人马之声，赶紧点燃狼烟，大火熊熊燃起，浓烟直冲云霄，旁边的山峰一个接一个地也燃起烽火。

很快，国都附近的诸侯都看到了烽火台上燃起的火光和狼烟，但是这一次他们毫不犹豫地按兵不动。因为他们都觉得这半夜三更，肯定是周幽王又闲得无聊，点燃烽火台戏要大家。

诸侯都不出兵，犬戎大军畅行无阻，不费吹灰之力就攻入了王都。最后，周幽王身死，褒姒被劫走，犬戎一把大火烧了周朝的都城镐（hào）京。

一年后，也就是公元前770年，周幽王的儿子周平王迁都洛邑（yì）。镐京在西，洛邑在东，所以历史上把迁都之前的周朝称"西周"，迁都之后的称"东周"。东周又分为两段，那就是春秋和战国。

（故事源自《史记》）

春秋

　　东周分为春秋和战国两个时期，是一段动荡混乱的时期。春秋时诸侯林立，其中，齐桓公、晋文公、秦穆公、宋襄公和楚庄王实力强大，积极争夺霸主地位，被称为"春秋五霸"。同时，处在东南地区的吴国和越国也在迅速崛起。

郑庄公掘地见母

春秋时期的郑国，有一个人为了见自己的母亲，挖了一条地道，这是怎么回事呢？

有句俗语叫"儿不嫌母丑，狗不嫌家贫"，也有句俗语说"虎毒不食子"，这两句俗语都用来形容父母和子女之间的关系和感情。而这个故事却要讲一个极度厌恶（wù）儿子的母亲，和一个非常有孝心的儿子，那就是武姜和他的儿子郑庄公。

母亲偏心

郑庄公的故事还得从西周灭亡时讲起。周幽王昏庸无道，结果犬戎大军攻进都城镐京，当诸侯们意识到真有敌情的时候，救驾已经来不及了，只能在周幽王死后率军把犬戎大军赶出国都。在这些诸侯国里，郑国的实力尤其强大，当时郑国的国君是郑武公。郑武公救下太子宜臼，并和其他诸侯共同辅佐太子登基，也就是周平王。因此周平王十分倚（yǐ）重郑武公。

郑武公的妻子叫武姜，武姜怀胎十月生下了一个孩子，就是后来大名鼎鼎（dǐng）的郑庄公。

郑庄公出生时难产。正常来说，孩子出生，都是头先出来，郑庄公却是脚先出来，头迟迟不肯出来。

足足花了一天一夜的时间，郑庄公才降生，此时武姜已经脸色惨白，流了很多血，浑身上下虚弱无力，好在母子都保住了性命。

不过因为孩子是脚先出来的，武姜认为孩子是不祥的，还给他取名叫"寤（wù）生"，意思就是"逆生"，脚先出来。

武姜不喜欢寤生，不代表武姜不喜欢孩子。后来武姜又生了一个儿子，取名叫段。段的出生非常顺利，所以武姜很喜欢他。

寤生虽然得不到母爱，却是郑国的合法继承人。按照长子继承制度，等郑武公去世后，应该由长子寤生继位。

郑武公年老时，武姜每天给郑武公吹枕边风，劝说他传位给二儿子段。郑武公虽已病入膏肓（gāo huāng），但他还没有糊涂，坚决不肯答应。他知道这样一来兄弟之间一定会产生隔阂（hé），就此反目成仇。但郑武公没想到的是，在武姜的挑拨下，兄弟两人之间早就已经有隔阂了。

兄弟反目

郑武公去世后，郑庄公继位，这时就有人找上门来了。郑庄公一瞧来人，赶紧跪下施礼，原来是母亲武姜。武姜也不说话，只是一味地哭。

郑庄公知道母亲绝对不会平白无故来找自己，赶紧询问："母亲，您有何事，只要您说，我都答应。"

"好，那就给你弟弟赐个封地吧。"武姜听郑庄公这么说，赶紧说道。

"可是弟弟不是有封地吗？他在共城啊。"

"共城地小物薄（bó），你弟弟以后会饿死的。这样吧，我看制邑不错，你把制邑分封给你的兄弟吧。"

郑庄公听到这儿，眉头一皱。因为制邑是郑国的重要地带，地势险要，易守难攻。若将此地给了弟弟，一旦弟弟有了谋逆之心，将会十分棘（jí）手。

郑庄公不同意，但他没法直接拒绝母亲，毕竟刚刚都许诺了，怎么办呢？他只好把自己的父亲搬出来："母亲，父亲在世的时候曾经说过，制邑不可分封。要不，您换个地方？"

"那就京地吧，我看这个地方也算富饶。"看来武姜早有准备，马上抛出了"备选方案"。

郑庄公依然不愿答应，但是他看着母亲一直哭泣，无奈之下只能答应了。但是郑庄公知道，弟弟绝对不会感激他，反而会跟他作对，甚至生出造反之心。

果然，段到了京地，立刻给周边小国发了通知："你们以前给郑国国君交税，现在都交到我这儿来。"其他小国的国君想反抗，但是不敢，因为此地距离郑庄公远，但是距离段近，万一段兴兵来讨伐他们，他们就完了。

于是周边的小国只好听从段的命令，一时间，大量财富汇聚到段的手中。有了钱，段果然心生反意。他铸造兵刃甲胄（zhòu），训练兵将战马。

很快，段大肆（sì）操练兵马的事情就传到了郑庄公耳朵里。郑庄公听后，没有干预段，反而派人注意母亲武姜的动向。假如段真想造反，宫中定然要有内应。谁愿意做这个内应呢？恐怕只有武姜了。

果然，这天郑庄公拦截了一封信，是母亲和段的密谋信，他们约定三日之后要兴兵造反，到时候武姜作为内应打开国都城门，帮段一举夺了郑国。郑庄公看到这封信，失望地摇了摇头，他担心的事情真的发生了。

三日之后，段带领大军出了城门，准备向都城进发。但他没想到的是，他刚离开封地京，立刻有大队人马攻入京地，占领了这片城池。

等段反应过来，京邑已经城门紧闭，无法再进入了。段立刻慌了，心想：坏了坏了，难道哥哥对我的进攻早有防备吗？这可怎么办呢？

段正犹豫应该带兵夺回自己的京邑，还是带兵去攻打国都，只见大队人马直奔他而来。一时间，段的军队阵脚大乱，四散奔逃。

段终于认清了自己的实力远远不及哥哥郑庄公，只好逃跑，跑到一个叫鄢（yān）的地方。但是郑庄公的军队很快追上来，段往哪里跑，追兵就往哪里追。最后段跑到了一个叫共国的小国家。

段谋反的事情解决了，郑国总算安定下来。可是这场叛乱的主谋之一武姜还在宫中，郑庄公一想到偏心的母亲，就不禁怒从心中起。他对母亲发誓说："要是没有你，我兄弟二人何至于此。你哪是我的母亲，分明是我的仇敌呀！我不到黄泉，誓与你不相见！"

黄泉是人死后才会去的地方，郑庄公的意思就是再不与母亲相见。他把母亲送到颍（yǐng）城居住，不肯见她，也不允许她来见自己。

"黄泉"相见　母子和好

没过多久，国内流言四起，说郑庄公不孝顺，对自己的母亲不好。人们普遍认为，不孝之人就是无德之人，无德之人怎么能做国君呢？

郑庄公确实后悔了，他很思念自己的母亲，可是他许下了誓言，不到黄泉不相见，怎么办呢？

这时，有一个叫颍考叔的官员从颍地前来，他听说了郑庄公的事情，特意前来。他向郑庄公进献了礼物。郑庄公说："你今日就同我一起用膳（shàn）吧。"

吃饭时，颍考叔夹起盘子里的肉放到碗里，然后又夹起一只鸡腿放到碗里，没一会儿，他又夹了一条鱼放到碗里。最后，颍考叔没有吃碗里的食物，反而把碗小心地装了起来。

郑庄公十分纳闷，问道："你为何要将这些肉收起来呢？"

"国君有所不知，我家中有年老的母亲，她从没吃过君主赏赐的饭食。我想给她带回去，让她也沾一沾国君的恩惠。"

郑庄公一听，长长地叹了口气："唉！你有母亲可以尽孝，我有母亲却不能尽孝。你可知道我的苦楚？我曾经许下誓言，与我母亲不到黄泉不相见，现在悔不当初，却如何是好？"

没想到，颍考叔听后却笑了。郑庄公很生气，心想：我正说着伤心事，你怎么还笑了？

"启禀国君，微臣有一计，既不让您违背誓言，又可以见到母亲。您可以挖一条直通地下泉水的地道，过地道去拜见母亲，再把她接出来。这样，既圆了誓言，也成全了孝心。"

"好计策，好计策！就依你所言。"

郑庄公立即派人找了一处泉眼，在泉眼下打通一个地道。他让母亲从另一头进入地道，自己则从这一头进入，两人在泉水冒出的地方相见。

在"黄泉"之下，郑庄公见到了母亲，武姜见到了儿子，两人都流下泪来，紧紧相拥，尽弃前嫌。就这样，郑庄公既安定了国内的局势，也落下了孝子的好名声。此后，他励精图治，使郑国越来越强大，实现了"小霸"于诸侯。

这就是郑庄公掘地见母的故事。

（故事源自《史记》《左传》）

原典再现

公入而赋："大隧（suì）之中，其乐也融融！"姜出而赋："大隧之外，其乐也泄泄（yì）！"遂为母子如初。

——《左传·隐公元年》

大意： 郑庄公进入地道时赋诗道："地道当中，心中快乐融和！"武姜走出地道时赋诗道："地道之外，心中快乐舒畅！"于是母子二人和好如初。

公子小白和公子纠争夺君位

　　春秋时期有五位非常了不起的君主，合称"春秋五霸"，我们先来讲讲春秋第一位霸主齐桓（huán）公的故事。

齐国君位空缺

　　在齐桓公成为国君之前，齐国的国君是齐襄（xiāng）公。这个齐襄公是个昏君，特别喜欢听人溜须拍马，吹嘘（xū）他的"丰功伟业"。但是那些真正的贤臣不会拍马屁，只会对齐襄公说："国君，您万万不可如此，您应该励精图治啊！"对此，齐襄公一句都听不进去，还把劝阻他的大臣全部罢免了。

　　齐襄公有两个弟弟，分别是公子小白和公子纠。有两位足智多谋的臣子分别跟随公子小白和公子纠，尽心尽力地辅佐他们。其中辅佐公子小白的叫鲍（bào）叔牙，辅佐公子纠的叫管仲。

　　昏君当道，管仲带着公子纠跑到鲁国，公子纠的母亲是鲁国人，且鲁国与齐国是邻居；而鲍叔牙则带着公子小白躲到莒（jǔ）国，莒国离齐国很近，如果发生变故，可以第一时间赶回去。他们分别潜伏着，等待齐国的大变故——有齐襄公这么个昏君在，齐国不可能不动荡。

果然没过多久，就有人看不惯齐襄公的所作所为，这个人叫公孙无知（zhì）。公孙无知没有劝谏（jiàn）齐襄公，而是一不做二不休，谋逆篡（cuàn）位，杀死了齐襄公，夺得了齐国国君之位。

但是还没等公孙无知把君位坐热，他就遇刺身亡。这样齐国国君之位就空缺了。管仲和鲍叔牙都知道了消息，公子纠和公子小白将要竞争这国君之位了。

于是，分别潜伏在鲁国和莒国境内的两拨人马迅速集结，准备火速前往齐国国都，夺取君位。

管仲射中公子小白

公子小白得到消息，抢先一步出发了。

管仲带着公子纠正要从鲁国出发，还没出门就被拦住了。原来是鲁国国君鲁庄公决定亲自率军护送公子纠前往齐国，并对管仲说："你就不必随行了。你现在赶紧上路，阻截公子小白，把他拦下来。只有拦下公子小白，才能除掉当下最大的威胁。"

于是管仲带领人马前去拦截公子小白。

鲍叔牙和公子小白一路快马加鞭，不敢停歇，正赶往齐国国都。即便他们日夜兼程，还是被管仲追上了。

"停下，停下，我乃管仲，前来求见公子小白。"管仲见到公子小白，便问道："公子，您这是上哪儿去？"

"我去料理先君的丧事。"

"您不必辛劳，先君去世，公子纠已前去办理丧事了，毕竟他比您年长，此事当由他来负责，您速速回去吧。"管仲一边说，一边抬了抬手，示意他身后的士兵。

士兵们一见管仲抬手，纷纷抽出半截刀，刀一出鞘（qiào），明晃晃的一片，晃得公子小白连眼睛都睁不开。

就在公子小白胆战心惊时，一个声音从他身后传来："管仲兄，此言差矣。"

管仲抬头一看，说话的正是辅佐公子小白的鲍叔牙。鲍叔牙瞪圆了双眼，狠狠地盯着管仲："管仲，速速退下，休要从中插手！"

"这……"管仲看着鲍叔牙，鲍叔牙也示意身后的一众士兵，让他们拿出武器，蓄势待发。

眼看一场大战一触即发，管仲摇了摇头，示意士兵们退下："我们走。"

见管仲和身后的士兵退下，鲍叔牙也示意士兵把刀剑收回鞘中，放松下来。想不到，公子小白刚喘了一口气，就听见耳边传来一声箭鸣，然后一支羽箭直直地射了过来。

公子小白来不及躲闪，大喝（hè）一声，摔倒在地，口中还喷出了鲜血。

"坏了，快保护公子！"鲍叔牙大喊大叫，再抬头一看，果然是远远退去的管仲射出了这一箭。

佯（yáng）装中箭　桓公即位

管仲见这一箭命中，心想公子小白必死无疑，于是带着人马

立刻跑得无影无踪。管仲回到公子纠身边，向鲁庄公报告："公子小白已被我一箭射死，您放心吧。"

"好，好，好！我要重重赏你！"鲁庄公大悦，对公子纠说："今日寡（guǎ）人要大宴宾客，公子回国继位之后，齐鲁两国定能修万世之好！"

管仲闻言，心里一惊："完了，这话外之音是公子纠即位，恐怕真正的掌权人却是鲁君。"

酒足饭饱后，鲁庄公亲自带领人马护送公子纠前往齐国继位。

那公子小白真的死了吗？没有！管仲这一箭确实命中了，可是他射中的是公子小白的腰带钩。古时候腰带的带钩是玉或金属做的，箭头打在带钩上被挡住了，公子小白没事。

而公子小白之所以口吐鲜血，是因为他反应很快。他明白管仲用箭射他，是决心要杀他，他必须表演一番，装死来逃过一劫。所以公子小白立刻把舌尖咬破，喷出了一口鲜血，这才躲过了管仲的杀手。

"迟则生变，咱们得速去都城！"公子小白和鲍叔牙当即轻装简行，只带了少数护卫，驾车直奔都城。

没过几天，公子小白已经到了齐国国都，他面见齐国诸臣，成为新的齐国国君，也就是齐桓公。

终于坐上了君位，齐桓公心里可算踏实了。而鲁庄公此时才带着公子纠赶来，却发现本该已经死去的公子小白，早就成了齐国国君。

鲁庄公气坏了，当即和齐桓公展开一场大战。齐桓公刚即位，意气风发，三下五除二就打败了鲁庄公，公子纠也被杀死了。

公子纠死后，管仲成了俘虏（fú lǔ）。齐桓公对管仲可是恨得牙痒痒："要是当时管仲的箭偏了一点儿，我早就命丧黄泉了。来人，把他给我杀了！"

管仲是一个有大才能的人，齐桓公真的会因为这一箭之仇而处死管仲吗？

（故事源自《史记》）

原典再现

鲁闻无知（zhì）死，亦发兵送公子纠，而使管仲别将（jiàng）兵遮莒（jǔ）道，射中小白带钩。小白详（yáng）死，管仲使人驰报鲁。鲁送纠者行益迟，六日至齐，则小白已入，高傒（xī）立之，是为桓公。

——《史记·齐太公世家》

大意：鲁国听说公孙无知死了，也派兵护送公子纠回齐国，并派管仲另外率领军队在莒国前往齐国的道路上拦截公子小白。管仲射中了公子小白的衣带钩。公子小白假装死去，管仲派人快马加鞭地回鲁国报信。鲁国护送公子纠的队伍行进得越发缓慢，六天之后才到达齐国，公子小白却已经进入齐国都城，高傒拥立他为国君，这就是齐桓公。

管仲鲍叔牙情谊深

管仲和鲍叔牙分别辅佐公子纠和公子小白争夺齐国国君之位，最终公子小白获得了胜利。对于这个与他有一箭之仇的管仲，公子小白会痛下杀手吗？

齐桓公小白战胜兄弟公子纠，夺得齐国国君之位后，如何处理射了他一箭的管仲成了一个难题。按照齐桓公的想法，定要除之而后快。然而这时，一个意想不到的人站了出来，恳请齐桓公饶了管仲，此人便是帮助齐桓公成为国君的鲍叔牙。

知己难得

管仲和鲍叔牙年轻时就相识，他们是一对好朋友。两人的家庭条件有些差异，管仲家中比较贫寒，有年迈的母亲需要赡（shàn）养。

一天，鲍叔牙找到管仲，对他说："我想做个小生意，只是我时间有限，所以咱俩各自出些本钱，你多出些力，收入里也多分你些钱，如何？"

管仲一听，十分高兴，于是他就为二人的生意忙碌起来了。到了年底，管仲一算账，发现真的赚了不少钱。他先把两人的本钱分别取回，然后和鲍叔牙商量如何分账。

管仲认为，鲍叔牙出钱多，应该多分一些，但是鲍叔牙坚决不同意："我确实多出了钱，但你出的力更多，没有你的功劳，咱们哪能赚那么多钱？这钱该分你多一点，分我少一点。"

管仲非常感激，把钱收下了。可是后来，这消息传了出去，人们议论纷纷："你们听说了吗？那个管仲真是贪得无厌，出钱少，拿钱却多。"

消息传到两人耳中，鲍叔牙当众说道："你们千万不要误会管仲，其一，管仲出力多，理应多拿。其二，我家中富足，而管仲急需贴补家用。作为好朋友，本就不该斤斤计较。"一听这话，人们都夸赞鲍叔牙和管仲的友情。

后来，鲍叔牙也找管仲办过事情，但管仲好几次都把事情办砸了。鲍叔牙从来不怪他："没事，没事，我自己也不懂，办错事很正常。"

再后来，管仲和鲍叔牙一同上了战场。鲍叔牙身先士卒（zú），冲在最前；管仲则把自己保护得非常好，虽然他也很英勇，但是他总在队伍的最后面，处于相对安全的位置。

仗打完了，人们又议论纷纷："你们看看那个管仲，真是贪生怕死之辈。""是啊，再瞧瞧鲍叔牙，每次都冲在最前面。"

鲍叔牙一听，立刻为管仲辩解："不是的，事实绝非你们所想的那样。管仲家中母亲年迈，他一个人赡养母亲，若不幸伤亡，那他的母亲岂不是无人照料了吗？所以他才小心翼翼。"

大伙儿听着，纷纷点头，而且还把鲍叔牙为管仲辩解的话一一告诉了管仲。管仲听后十分感动。

就这样，两人的情谊越发深厚，成了生死之交。

无私荐贤

齐桓公继位后，要杀掉管仲。鲍叔牙心中焦急，赶紧来到齐桓公面前为管仲求情："国君息怒！得管仲如得一宝，您怎可把宝物轻易舍弃呢？"

"舍弃宝物？那管仲算什么宝物，你才是真正的宝物！我早已想好，你是我诸多大臣之中最忠心耿耿的一位，多年来一心辅佐我，而且你德才兼备，我封你做国相，治理齐国。"

"您若要治国安邦、称霸天下，非要用到管仲不可，他治理天下的本事，我远远不如。"

"他当真如此有才德？"

"当真如此！"

"好，那依你所言，把他放了吧，然后让他来见我。"

"国君，管仲乃是名士，怎可随意召见，您需要亲自去请。"

"还要我去请？"

"欲称霸天下，必须礼贤下士！"

于是齐桓公选了一个黄道吉日，亲自出城迎接管仲，然后封他做了国相，让鲍叔牙和他一同治理国家。管仲知道这件事后，十分感动，说道："生我者父母，知我者鲍叔也！"管仲也没有辜（gū）负齐桓公的期望，在他的治理之下，齐国愈发昌盛，很快成为国力最强的诸侯国。

这就是管仲与鲍叔牙的友情，后人常用成语"管鲍之交"来形容朋友之间情谊深厚、彼此信任的关系。齐桓公听从了鲍叔牙的建议，从此拥有了两员极具才能的贤臣，后来才能成就一番霸业，成为"春秋五霸"之首。

（故事源自《史记》）

曹刿三鼓之计破齐

gui

齐桓公记恨当初鲁庄公干涉齐国国君人选，对鲁国再次发动了战争，那么鲁国能抵挡得了强大的齐国吗？

曹刿自荐

齐桓公继位第二年，就派鲍叔牙带领大军再次讨伐鲁国。鲁庄公急坏了，心里还有愧，因为他之前有挟（xié）持公子纠来控制齐国之心。如今齐国出兵来攻，名正言顺，他该怎么抵挡呢？齐国是大国，鲁国却是小国啊。

正当鲁庄公焦急万分时，有一个人求见鲁庄公。

此人姓曹，名刿，识文断字，博古通今，很有见识。

鲁庄公听说有个叫曹刿的人前来献计，说道："献计？死马当活马医吧，我倒要看看他有几分本事。"自己推荐自己的人，往往会被低看一眼，等着别人来求的，更能得到优待。但是曹刿不像姜子牙，他等不及了，齐国大军很快就要打到家门口了，他没有那么多时间。而且，他觉得鲁国那些当政的大臣都没什么远见，不如自己替国君出主意。

见到鲁庄公，曹刿语出惊人，直接发问："请问国君，您打算如何抵御齐国大军呢？"

"吃穿用度这一类的东西，我从来不敢自己专有，都把它分给我身边的大臣，我的大臣自然会为我抵抗大军。"

"可是您这些吃穿用度的东西，不能惠及百姓，百姓得不到您的恩惠，怎会帮您抵抗齐国大军？"

"这……也无妨，祭祀用的猪、牛、羊、玉器、丝织品，我从来不敢向上天的神明夸大数目，都是一五一十据实禀报，天地神灵会庇（bì）佑我取得胜利的。"

"这小小的信用，恐怕也不会得到神灵的庇佑。"

"这……全国上下，大大小小的案件，我都公平公正地决断，这可是惠及臣民的呀。"

"不错，这是尽忠职守的体现，确实能惠及臣民，凭此可抵御齐国大军。国君，请让曹刿与您一起迎战齐军，战场上有我在，可助您随机应变。"

"好，你随我去便是。"

"一鼓作气，再而衰，三而竭"

很快，齐鲁两军在长勺摆开阵势，要轰轰烈烈大战一场。长勺在如今山东的莱芜（wú）。

齐国大军的统帅鲍叔牙下令擂（léi）鼓进攻，齐国大军浩浩荡荡冲杀过来，人马如潮水一般直逼鲁军阵前。鲁军看见如天崩地裂一般的攻势，心里都有点打怵（chù）。曹刿立刻大喊："全军戒备，不得出战！"

"为何不出战？敌军已经攻来了！"鲁庄公马上问道。

"国君，现在不行，您听我的便是。"曹刿胸有成竹。

"全员戒备，不得出战，在原地防守！"将士们听到鲁庄公的命令，纷纷攥（zuàn）紧手中盾牌，只在原地等待。见鲁军没有擂鼓，齐军冲锋片刻，便退回原地。过了一会儿，鲍叔牙再一次来到阵前："敌军怯（qiè）战，我们一举将其攻下，冲啊！"

紧接着战鼓声响，号角齐鸣，齐国将士们再次向前冲杀。鲁庄公干脆不说话了，将全部的指挥权都交给曹刿，曹刿当即下令："全员戒备，不得出战，原地防守！"

鲁军还是不肯擂鼓应战，只在原地严防死守。这让齐军的将士们都有些摸不着头脑，回头看向鲍叔牙，只见鲍叔牙摇头："算了，算了，回来吧。"齐军再次鸣金收兵。

又过了一个多时辰，鲍叔牙知道齐军的将士们经过两次冲锋，都有些疲惫（bèi），但他坚持要攻打鲁国，于是说道："诸位将士，鲁军已怯懦（nuò）不堪。我们一鼓冲锋，定然可以将其一举击溃，将士们，冲啊！"

"冲啊！""冲啊！""冲啊！"

虽然齐军都听从鲍叔牙的指挥，但他们的冲杀之声明显比前两次小多了，气势也比前两次弱多了。毕竟他们远道而来，进攻两次，士气已经被消耗掉很多。

然而，此时鲁军战阵的指挥官曹刿却笑了："大军听令，准备出击！"等齐国大军逼近阵前，曹刿一声令下："杀！"

鲁国大军顿时杀声四起，战鼓声响，号角齐鸣。一时间，齐军乱了阵脚，他们对鲁军的猛烈攻势毫无防备，而且鲁军之前两次严阵以待，没怎么消耗体力，此刻正士气高昂、精力充沛。因此，鲁军一发动攻势，齐军便抵挡不了了。战场被黄沙笼罩，鲍叔牙在战阵后面看不清局势，心里急坏了。等到能看清楚战场的时候，鲍叔牙发现大事不好——齐兵纷纷往回跑，手中的兵刃（rèn）也丢了，身上的甲胄（zhòu）也脱了，一个个都没命地逃。

"撤退，撤退！"鲍叔牙一声令下，后队改前队，大军狼狈而逃。

鲁庄公十分高兴："好，好，好！曹刿，你做得很好！来呀，大军追击！"

"且慢！"曹刿当即制止。

"怎么了？"鲁庄公大惑不解。

"国君，待我查看一下。"曹刿说罢跳下战车，察看齐军逃跑时留在地上的车辙（zhé）。看到一道道车辙纵横交错，非常杂乱，曹刿又抬头望向齐军看了一会儿，这才点了点头："好了，大军可以追击了。"

等到大军前去追击，鲁庄公才问道："你刚刚在看什么呀？"

"回禀国君，齐国乃是大国。我唯恐这是鲍叔牙的计谋，他假意撤退，实则设下了埋伏。所以我仔细观察他们撤退时留下的车辙，若车辙杂乱，军旗东倒西歪，说明他们真的溃败了。"

"好，好！得曹刿真是鲁国之幸！"

果真如曹刿所料，鲍叔牙率领齐国大军慌不择路地逃跑。这一次，鲁军大胜而归。

不过，鲁庄公心中还有一个疑惑，便问曹刿道："在战场上为何第一次、第二次都不冲锋，反倒第三次要冲锋呢？"

曹刿说出了一句流传千古的话："一鼓作气，再而衰，三而竭。作战靠的是士气，第一次击鼓能够振奋士气，所以第一次冲锋最为凶猛，我们不可力敌；第二次击鼓，士气便有些低落，我们只需严加防守，就可摧（cuī）毁他们的信心；第三次击鼓，士气已经耗尽，力气也小了，速度也慢了，而此时我军士气正旺，所以才能一举战胜他们。"

鲁国国力弱小，而齐国国力强盛，但是利用曹刿的计谋，鲁国却以少胜多，以弱胜强，一举击溃了齐国大军。不过齐国终究是大国，一次败仗算不得什么，接下来咱们再讲一个齐桓公和管仲带兵出征的故事。

（故事源自《左传》）

原典再现

既克，公问其故。对曰："夫战，勇气也。一鼓作气，再而衰，三而竭。彼竭我盈，故克之。"

——《左传·庄公十年》

大意：战胜齐军之后，鲁庄公询问曹刿取胜的原因。曹刿回答说："作战，靠的是勇气。第一次击鼓，能够提振士气，第二次击鼓，士气就开始回落，第三次击鼓，士气就耗尽了。敌人的士气耗尽了，我方却士气正盛，所以能够战胜他们。"

老马识途　逃离迷阵

齐桓公统治下的齐国，军事实力和综合国力最强，不过这并不意味着他们能威慑（shè）到周边的游牧民族。这一次，齐桓公和管仲率军讨伐游牧民族，发生了什么故事呢？

救援燕国　讨伐山戎

这一天，齐国收到了一封来自一个叫燕国的诸侯国的战报。

齐桓公和管仲打开战报，原来是山戎部落侵犯了燕国领土，在燕国境内烧杀抢掠，无恶不作。燕国的国君燕庄公在信中向齐国求救。

齐桓公接到消息，准备亲自出征。管仲心想：此战必须一战而胜！若国君亲自率军，却打了败仗，颜面何存？各方诸侯和天下百姓都会质疑齐国的实力，不相信齐国能够护佑（yòu）他们。

管仲在军队中经过一番安排，做好了出征前的准备。随后大军浩浩荡荡地往燕国而去，齐桓公和管仲在军中压阵。

路上急行十多天，这才到达燕国。这么一来，距离燕庄公发出战报已经过去了一个多月。齐军到达燕国时，燕庄公出城二十里相迎。

可是齐桓公看了看燕庄公和左右大臣的衣服，发现他们都穿得破破烂烂，看起来灰头土脸的。齐桓公问道："这是怎么回事？"

燕庄公痛哭流涕（tì）："您来晚了呀！山戎人听说您带领大军前来，抓紧时间在燕国烧杀抢掠，把我们的财物粮食全都抢走了。眼下您虽然来了，可他们也逃走了，这可怎么办呀？万一您走了，他们又要杀回来，我们可就遭殃（yāng）了呀！"

齐桓公与管仲商议后，决定帮燕国彻底击垮（kuǎ）山戎人。燕庄公说："好！那我们也派出军队，一并前去剿（jiǎo）灭山戎人，给我燕国子民报仇雪恨！"

燕庄公想了想，又说："附近还有一个小国叫无终国，他们也跟山戎人有仇，不如跟他们组成联盟，一起讨伐山戎人。"

齐桓公点了点头，心想：多一些兵力，就多一分胜算，而且齐军也少一分损失。

于是，齐国、燕国、无终国组成的联军，浩浩荡荡直追山戎而去。

而山戎人此刻的行军速度很慢。他们来燕国掠夺的时候，轻装简行，行军速度快极了。但是现在他们已经在燕国抢了不少东西，有一大堆粮食和金银珠宝不说，甚至还绑（bǎng）了一些活人回去。有这么多"行李"拖累着，山戎人的速度哪能快得起来？

没过多久，齐桓公追上了山戎人，展开了一场大战。齐桓公带领的军队都是管仲精心挑选的精兵良将，在管仲的指挥下，杀得山戎人大败而归。

齐桓公让燕国和无终国的军队把战利品和投降的士兵带回燕国——降兵不能杀。齐桓公自己则和管仲一起，带领大军追击那些负隅（yú）顽抗的山戎人。

齐国大军继续追击，不久，就看见山戎人残部带着新的军队迎面而来。这支新的军队正是山戎人的援兵，来自附近一个叫孤竹国的小国家。不过这支援军也不是齐军的对手，被打得七零八落，落荒而逃。

追击敌军　山谷迷路

齐桓公下令全军追击，誓要将他们一一擒（qín）杀。他们春天出征，冬天才返回，却在返回的道路上迷失了方向。大军浩浩荡荡向前疾行，走着走着，管仲发现情况不对。他让大军停了下来，赶紧报告齐桓公："启禀国君，这山谷颇（pō）有玄机，大军已经在这里兜（dōu）了三次圈子。"

"兜圈子？"

"没错，您看旁边这株矮树，我已第三次见到。我们恐怕是在山谷里迷路了。"

齐桓公派人到各个方向去探路。过了一会儿，第一个探子返回了，他灰头土脸、满头大汗："怎么……怎么又回到这里了？"

话音刚落，其他三个人也回来了，每个人的表情都惊恐异常："不对啊，我怎么竟然绕回来了？"

齐桓公暗暗心惊："管仲，这到底是怎么回事？"管仲也是一脸茫然。

其中一个前去探路的士兵突然浑身哆嗦（duō suo），摔下车来："有鬼，有鬼，这山谷里有鬼，我们都要死了，跑不出去了！"此言一出，其他三个探路的小兵脸上骤然变色。齐桓公和管仲脸色一冷。

齐桓公立即下令将这个小兵当场斩（zhǎn）杀："乱军心者，杀无赦（shè）！我齐军乃正义之师，何来鬼怪拦路一说？大军听令，原地休息，生火做饭，待修整之后再出发。"

齐桓公一声令下，所有人原地休整。过了一夜，齐桓公再次派人去探路，结果还是一样，找不到任何出路。齐桓公有些慌了。

管仲站起来，走到齐桓公面前弓下身子，小声在齐桓公身边耳语。齐桓公一听，心中疑惑："此法可行吗？"

"老臣也不敢断定，不过眼下也没什么好办法。"管仲答道。

"那就依你之计。"

"是！"管仲站起身，大声下令，"大军听令，准备出发。"

齐军得到命令，以为管仲有了离开山谷的办法，立即整装待发。

众人的眼睛盯在管仲身上，管仲心里直打鼓，毕竟他也不知道办法可行不可行，一旦失败，恐怕将失去全军的信任。但现在骑虎难下，原地等待也不是办法，管仲只好硬着头皮执行自己的计划。

老马识途　脱离险境

管仲把军中燕国的马都挑选出来，然后在燕国马匹中选出三匹

老马，再把三匹老马赶到大军最前面。管仲把马身上的马鞍（ān）解下来，缰（jiāng）绳也拆下来，然后轻轻抚摸马背，在马的耳边轻声说："眼下，我们的性命可都交给你了，莫要让我们失望，去吧！"

管仲轻轻一拍马屁股，三匹老马就走了起来。管仲让大家不要大声说话，跟在三匹老马后面。

三匹老马不疾不徐地走着，走了好一阵子，居然真的走出了山谷。管仲终于如释重负，长长地舒了口气。

回到了燕国国都，齐桓公问管仲："你怎么知道马儿能将咱们带出这山谷呢？"

管仲回答："臣也是猜测而已。本地人熟悉道路，本地马自然也该熟悉道路，我让这些老马回它们自己的家，它们凭借记忆，自然能找到出路。"

"这还真是老马识途啊！"齐桓公拍掌大笑。

这就是齐桓公和管仲依靠老马识途脱离迷谷的故事。后来，齐桓公经过多场战役，威信不断提升，终于得到周天子认可，成为春秋时期第一位霸主。

（故事源自《韩非子》）

晋文公退避三舍

齐桓公是"春秋五霸"之首，而"春秋五霸"中的第二位晋文公，则有一段不寻常的流浪经历……

流浪各国的公子

晋文公的名字叫重（chóng）耳。他的父亲晋献公晚年昏聩（kuì），动了废长立幼的心思，太子申生被迫自尽，重耳和夷（yí）吾两兄弟也被迫逃出晋国。

最初，重耳躲在西北方的一个小国——翟（dí）国。在重耳逃到翟国五年后，晋献公死了，权臣里克派人接重耳回国，但重耳担心被杀，拒绝了。于是夷吾被接回晋国，成为晋惠公。可夷吾继位之后便要除掉重耳。

重耳知道夷吾不会放过自己，于是离开翟国，去了齐国，也就是齐桓公那里。齐桓公很大方，供重耳吃喝，还赏赐重耳钱财和美女。重耳在这里生活得太快乐了，没有了复国之心。他身边辅佐的大臣意识到这样下去不行，太安逸的生活会消磨重耳的意志，便把重耳从齐国带走了。

离开齐国，重耳又去了宋国。但是宋国国力很弱，虽然宋国国君想帮助重耳，却没有这样的能力。最后，重耳来到了楚国，投奔楚成王。

楚国国力强盛，而且楚成王十分看好重耳，认为重耳日后能够成为晋国国君。到时候晋国和楚国可以结盟，横扫其他国家。就这样，重耳留在楚国，住了小半年。

有一天，楚成王宴请重耳，在席上试探他的口风："公子，在我眼中，你绝非凡人，有朝一日定能成为晋国国君。若到了那一天，公子如何报恩于我？"

"这……若日后楚国与晋国交战，我一定会退避三舍，以此报答您的恩德。"重耳施了一礼，回答道。

楚成王身边有个叫子玉的大臣，闻听此言，眉头一皱，当即站起来，质问道："我们国君将您敬为上宾，您为何要口出狂言，侮（wǔ）辱我们呢？"是啊，楚成王用佳肴美酒招待重耳，还帮助重耳抵挡刺客，重耳却提出了日后两国交战的事情，这谁听了能开心呀？

"重耳乃是无心之言，我的意思是，我定要让晋国和楚国世世代代交好。即便真有交战的一天，我定当退避三舍，兵退九十里，以示尊敬。"重耳连忙解释，"重耳有些醉意，先行告退。"

等重耳离开，子玉对楚成王说："大王，这重耳虽有大志向，但今天看来他同样也是个忘恩负义之人。眼下他羽翼未满，待到他羽翼已丰，只怕会反噬（shì）我们啊。不如现在就将他除掉！"

"晋公子品行高尚，但在外遭难很久，他的随从都是国家的贤才，这是上天安置的，怎么可以杀了呢？"

虽然楚成王没有听取子玉的建议，但重耳明白自己不能长久待在楚国，否则必有后患。恰好，没过多久，秦国的国君秦穆（mù）公派人来接重耳了。秦穆公心里的小算盘十分精明：我支持他招兵买马，给他钱粮，助他夺回晋国，他若当上国君，日后好处定然少不了我的。

重耳顺势接受了秦国的帮助，招兵买马，广纳贤才，收罗旧部，很快，重耳的势力壮大起来。后来，夷吾死了，新君不能服众，重耳趁机兵渡黄河，攻入晋国，当上了晋国国君，也就晋文公。

晋文公如今是一国国君，不再是任人宰割、四处流浪的公子重耳了。他派兵把周边的小国"敲打"了一遍，周边小国纷纷表示愿意归附晋文公。而当时楚国国力强盛，也有争霸中原的野心，于是，晋、楚两大国之间就渐渐产生了冲突。

晋楚交战　信守承诺

公元前632年，楚国与晋国兵戎（róng）相见，列阵在卫国的城濮（pú）（今山东鄄（juàn）城）地区。楚国领兵的将领是子玉，晋军则由晋文公亲自率军。子玉看见晋文公，气得直咬牙："都说你是狼子野心，我们果然是养虎为患。早知如此，当时就该在国都中将你杀了！"

晋文公却非常谦虚谨慎，心想：当日我受楚王恩惠，眼下便是我兑（duì）现诺言之时。

"大军听令，退三十里！"晋文公一声令下，晋军后退了一舍（shè）。

子玉还以为晋文公怕了，命令楚军前进。晋文公见状，命令晋军再退一舍。子玉便带军又前进了一舍。

晋文公正准备再退，身边的臣子拦住了他："国君，您这是做什么？为何一而再，再而三地后退？"

"我要遵守承诺，当日我在楚国国都许下退避三舍的诺言，不能失信于人。"

晋国的大臣和士兵们你看看我，我看看你，既然如此，那就退吧！晋军又退了一舍，终于完成了当年退避三舍的诺言。

这时，晋文公不再令军队后退了，晋军列开阵势，准备开战。

子玉大笑："好，好，好！将士们，晋军一退再退，显然是怕了咱们楚国大军。现在，全军听令，我们要一举击溃晋军！"子玉一声令下，楚军浩

浩荡荡直奔晋军而去。晋文公把较弱的兵力放在最前方，最后方则是最强大的兵力。

晋军与楚军刚一交战，晋军最前面的士兵就丢盔（kuī）弃甲，四散奔逃，一边往回跑，一边大喊："逃命啊，打不过！"

子玉见状，越发自信，忙令大军追赶，不可失了战机："大破晋军就在今日，冲啊！"

没想到，这是晋文公的计策。晋文公一路后退，既是遵守退避三舍的诺言，也是一个疲兵之计；前线一遇楚军便大败而逃，这是骄兵之计；如今，楚军心中正得意，定然料不到晋军后方排布着精兵，就等着一举击溃楚军，这是伏兵之计。三计齐出，几十万楚军被晋军一举击垮（kuǎ），只剩下一些残兵败将，护送子玉撤出了战场。晋文公见好就收，下令停止追击。

由于晋国和楚国交战处在卫国城濮地区，因此历史上称这一战为城濮之战。经此一战，楚国元气大伤，子玉回国后羞愧难当，自杀了。从此，晋文公逐渐确立了霸权。

（故事源自《史记》）

商人弦高舍命救国

晋文公打败楚成王后，夹在晋国和楚国中间的郑国就成了晋文公的"眼中钉"……

秦晋结盟　攻打郑国

晋文公打败楚成王，确立了霸主的地位，周边的小国都顺服晋国，但是郑国却有些不同。郑国原本与楚国关系较密切，晋国打败楚国后，郑国便与晋国结了盟。但是郑国又惧怕楚国，背地里也跟楚国结了盟，共享关于晋国的军事情报。

晋文公听说了这件事，感到非常生气，决意讨伐郑国。不过他要先通知秦国一声，再与秦国一同讨伐郑国。

为什么要通知秦国呢？因为晋文公与秦穆公有约——讨伐其他国家时，两国一起出兵，这样兵力多了一倍，可以减少风险，提高战胜的几率，而且胜利后都能分得战利品，对两国都有好处。

晋文公通知秦国后，秦国果然也出兵了，而且晋国和秦国的地理位置占据了优势——秦国的军队驻扎在郑国东边，晋国的兵马则驻扎在郑国西边，两国联手，对郑国形成夹击之势。

郑国国君郑文公见到晋秦联军，惊慌不已："这可如何是好？大军压境，郑国要亡！"

烛之武退秦师

当此危难之际，郑国有一个叫烛之武的小官站了出来，自愿前去劝说秦国退兵。烛之武半夜用绳子从城墙上爬下来，跑到秦营求见秦穆公，对秦穆公动之以情、晓之以理，深入剖析秦晋联手灭郑国的利弊："郑国距离秦国这么遥远，中间还隔着一个晋国。即使郑国灭亡，您也难以越过晋国来掌管郑国的领土，最后郑国的土地不都便宜晋国了吗？您为何要浪费自己的兵力财力，去增强您邻国的实力呢？如果您不灭掉郑国，让它成为你在东方的盟友，以后秦国的使者来到郑国，会受到郑国的热情招待，对您来说，有利而无害。何况您虽然对晋君有恩，但晋国实力越来越强，必然会继续侵占周围的领土，就像今天来攻打郑国一样，总有一天也会损害您秦国的利益呀！"

秦穆公虽然想扩张自己的地盘，但是烛之武说的话很有道理，于是秦穆公权衡利弊，和郑国签订了盟约，留下几个将领留守在郑国，然后就单方面退兵了。

这下晋文公头痛了，自己请来的帮手不但抛下自己走了，还给自己的敌人提供了帮助。又一想，秦穆公对自己有恩，如果去攻打秦国的军队，会被人戳（chuō）脊梁骨的；但是就这么放弃郑国，退兵回国，又实在不甘心，这可怎么办呢？

晋文公灵光一闪，想起了一个人——公子兰。

公子兰是郑文公的庶（shù）子之一，他聪明有才，流亡到晋国，对晋文公非常尊敬，得到了晋文公的欢心。晋文公将公子兰带回郑国，对郑国使臣说："公子兰是郑国人，也是郑文公的儿子，是名正言顺的储君。依我看，就让他在郑国当太子吧。"

将一切安排妥当，晋文公带领大军返回晋国。两年后，郑文公就去世了。郑文公一死，公子兰立刻继了位，就是郑穆公。郑穆公与其说是一国君主，不如说是晋文公的傀儡（kuǐ lěi），所有事情都要听晋文公的，郑国变成了晋国的附庸。

秦国偷袭郑国

退兵回国的秦穆公听说了公子兰回到郑国的消息，心中非常不舒服，他想：以后郑国所有的财富都变成晋国的了，这……我还真是丢了西瓜，捡了芝麻啊！不行，这口气我可咽不下去，我要去攻打郑国！

但是秦穆公转念一想，觉得这样也不行。如今攻打郑国，晋国不仅不会和他结盟，还会帮着郑国打秦国。到时候秦国岂不是首尾难顾，自讨苦吃？

秦穆公摇了摇头："不能打，莫说难敌两国，单只晋国，兵强马壮，大臣智勇双全，我拿什么跟人家打呢？不过也不是没有办法，我能等得起，总有等到晋国露出破绽（zhàn）的一天！"

秦穆公这一等，真的等来了一个大好时机——郑文公死，郑穆公继位，同一年，晋文公也去世了。

晋文公和秦穆公曾经是盟友，现在晋文公死了，秦穆公不仅没有满怀悲怆（chuàng），甚至还满心欢喜。他心想，晋文公死了，郑国自然就落到他手里了，现在已经没有人能阻拦他了。

打定了主意，秦穆公召集众大臣商议攻打郑国。

秦穆公手下的两个老臣——百里奚（xī）和蹇（jiǎn）叔强烈反对："国君，这郑国打不得呀。郑国也好，晋国也罢，国君刚去世不久，咱们不去吊唁（yàn），反倒趁火打劫，这样不得人心，为天下人所不齿。而且就算打下郑国的土地又能如何？郑国与咱们秦国之间路途遥远，不能直接管辖。这一战如果打输了，那损失可就大啦！"

"你们两个人，怎么如此畏畏（wèi）缩缩，难道我们秦国就在这西北边境老老实实待一辈子？那我们还怎么图谋中原？行了，这事你们就不要再说了，我心中已有决定。"秦穆公完全听不进两人的意见，"百里奚，就让你儿子孟明视做此次讨伐郑国的大将。蹇叔，你的两个儿子——西乞术和白乙丙做副将，带领十万大军，前去攻打郑国。"

秦穆公下了命令，二人不得不从。

百里奚和蹇叔回去对自己的儿子说："国君让你们领兵攻打郑国，你们要万万小心，尤其要注意隐蔽，千万不能让郑国有所察觉，否则必败无疑。"为什么他们会这样说呢？因为郑国一旦察觉，会立刻向晋国求助，郑国和晋国两国军队联合，秦军定然有去无回。

在百里奚和蹇叔的千叮万嘱下，孟明视带着西乞术和白乙丙以及大军直奔郑国而去。一路上，秦军不敢走大道，专走人烟稀少的小道，花了几个月的时间，才来到了郑国旁边的国家——滑国。

弦高救国

滑国地少人稀，非常偏僻（pì），但是通过滑国可以直入郑国境内。孟明视想带领大军继续前行，却被牛群拦住了——一只只肥壮的牛排成了长长的一排，拦在路中间。这荒野之地，哪儿来这么多牛？

孟明视正在纳闷，听到士兵来报，说有人求见："那人说，他奉郑国国君之命前来，是郑国的使臣。"

孟明视和两员副将对视一眼，心想：糟糕，秦军一路上千小心、万小心，到底还是走漏了风声。现在郑国国君派使臣前来，想必是来警告他们的，只怕郑国现在已经布好埋伏，等着秦军前去送死。

"算了，管不了那么多了，咱们先看看来人是谁。"孟明视他们决定见招拆招。

这位郑国使者身着锦衣华服，趾高气扬地走进秦军营帐，行了个礼："小人弦高，见过三位将军。"

"你怎知我们在此？"

"小人并不知道，是我们国君听说将军您要到郑国来，专门派我给您送上一份贺礼。这是四张熟牛皮，最适合制作皮甲了，刀剑刺不透，弓箭射不透，韧（rèn）性极好。至于牛，是我们国君准备的，犒（kào）劳各位将军长途跋（bá）涉。

"我们国君还说，将军率领大军前来，是为了帮我们郑国抵御边关之敌，对此我们感激不尽。另外，在将军的提点下，我们郑国也勤加练兵，小心戒备，日夜巡视边关，唯恐有人袭击。"弦高说得头头是道。

"原来如此，那还请你回去通禀，其实我们不是去郑国的，贵国无须费心了。"孟明视见计谋确实已经败露，只好就坡下驴。

"不是来郑国吗？那您这是……"

"你没见我们驻扎在滑国边境吗？此番我们是来讨伐滑国的，滑国国君对秦国不敬，所以我们要灭了滑国。"

"那……哎呀，不管是不是来郑国，熟牛皮和十二头肥牛都给您留下。"弦高回答道，"那，小人就先告退了。"弦高施了个礼，转身离开营帐。

弦高一走，孟明视立即与西乞术和白乙丙商议："完了，这下糟了，郑国已然有了戒备，偷袭是不可能成功了。要不……咱们回去吧？"

"可若是就这样回去，国君定要责怪我们。"西乞术说。

"是啊，我们大军远征，最后空手而回，于情于理都说不过去呀。"白乙丙说。

"不如这样吧，这滑国是一个小国，总比郑国和晋国好对付。我们便如刚才所说，打败滑国，回去也好有个交代。"孟明视提议道。

"如此甚好。"西乞术和白乙丙都同意了。

"好！大军听令，讨伐滑国！"孟明视当即下令。

孟明视带领的军队由精兵组成，三下五除二就把滑国灭了，然后返回秦国复命。

说回刚刚那个郑国的使臣弦高，弦高出了秦军大营，浑身上下的衣服都被冷汗浸透了。其实他根本就不是郑国的使臣，仅仅是一个商人。弦高正赶着牛要去洛邑做买卖，路上发现滑国旁边有大队人马聚集，看样子应该是军队，而且这些人还有秦国口音。

弦高很敏锐，他十分奇怪秦国的军队怎么跑到了郑国附近，再联想此前秦国同晋国一起攻打郑国的事情，恍然大悟：这支秦军很可能是来偷袭郑国的！

弦高是个爱国的人，他既然看穿了这件事，就不能让秦军得逞（chěng），于是豁（huō）出性命，冒充郑国使臣，上演了这么一出犒劳秦军的戏码。

去秦军营中假扮使臣的同时，弦高又派人赶紧跑回郑国，将秦军来袭以及自己的应对之策一五一十地禀告郑穆公。郑穆公听后，吓出一身冷汗，赶紧命令军队进入警戒状态。

（故事源自《左传》）

楚庄王不鸣则已，一鸣惊人

　　齐桓公和晋文公的故事告一段落了，接下来是楚庄王的故事。楚庄王不仅在国内复杂的局势下夺回了权力，而且励精图治，成了"春秋五霸"中的第三位霸主……

　　有一个成语叫"不鸣则已，一鸣惊人"，说的就是楚庄王。不过这个成语说的本不是人，而是鸟，鸟的叫声才叫"鸣"。那为什么要拿形容鸟的词语来形容楚庄王呢？

没有实权的楚庄王

　　楚庄王继位时年纪很小，而文武百官在朝堂上历练已久，无论朝中关系还是见识、阅历，都远远超过楚庄王。

　　而且不少大臣都有野心，他们不仅不听楚庄王的话，还逼迫楚庄王："大王，这份命令您务必要签署，否则百姓遭殃（yāng），可就是您的过失了。"

另一个大臣又拿过一份军报："大王，这份军报请您速速签阅，尽快将军费和粮草运送到边境，否则边境被他国侵犯，可就是您的过失了。"

一个个文臣武将都来欺压楚庄王，虽然楚庄王心头火起，但是他不动声色，把火气吞进肚子里，只是将这一笔一笔的账都记在心上。他知道自己现在实力太过弱小，如果硬要跟这些大臣对抗，肯定会被架空。

韬光养晦

楚庄王干脆摆出一副玩世不恭的样子，每日饮酒作乐，不理政务。

一来二去，大臣们心中窃喜："这小国君什么都不懂，我的权力就更大了，甚好，甚好。"

大臣们都没想到，楚庄王一直在韬光养晦。就这么过去了三年，三年里，楚国百姓苦不堪言，税赋一年比一年高，老百姓种不起田，吃不起饭。边关将士也很生气，他们为国驻守边疆，但军饷（xiǎng）却老是拖欠，这是怎么回事？

国家不安宁，有大臣来劝谏，虽然大部分人不敢指着楚庄王的鼻子骂，但也无非是这个意思：请大王改弦更张，亲贤人，远小人，专心国事。

一个人劝谏，两个人劝谏，越来越多的人都来劝谏楚庄王，楚庄王又急又气，怒道："好，你们来烦我，那我就立一块牌子：进谏者，杀无赦！"

一看这块牌子，想劝谏的人都退缩了。

这天，有个叫伍举的臣子来面见楚庄王。在来之前，他已经写好了遗书，和家里的妻子和孩子交代好，让他们给他打造一口棺（guān）材。他说："我今日要上朝劝谏大王，但是恐怕不能活着回来了……你们找个地方，安稳地度过余生吧。"

就这样，伍举抱着必死的决心来到朝堂。楚庄王此时正拥着妃子欣赏舞蹈，楚庄王用眼睛瞥（piē）着伍举："伍举啊，你来做什么？"

"启禀大王，微臣前来……"

楚庄王瞪圆了眼睛，看着伍举，用眼神告诉他："你要是敢说你来劝谏，我当场就把你杀了！"

伍举话到嘴边，又咽回去了，他换了个说法："微臣有一事不解，特来求教。"

"求教？那你说说吧。"

"大王，是这样的，有人给我出了一个谜语，我想了好久，还是猜不出来。臣想这楚国境内，唯有您智力超群，所以我特来向您请教。"

楚庄王没听过这种新鲜话，来了兴趣："你且把谜面说来，我倒要听听！"

"大王，谜面是这样的：'楚境有大鸟，独立在朝堂，历时三年整，不飞不鸣响，令人好难解，到底为哪桩？'请问大王，这谜语是什么意思呀？"伍举说道。

这个谜面是说楚国有一只大鸟，这只鸟每日生活在朝堂之上，已经生活了三年，但是既不叫也不飞，令人费解。

"伍举，你这谜面有深意啊。"

"大王才智过人，定能猜出。"伍举觉得楚庄王八成明白了自己的意思。

"好！那我告诉你到底为哪般。此鸟非凡鸟，乃是神鸟。三年不飞，是为了有朝一日，一飞冲天；三年不鸣，为的是有朝一日，一鸣惊人。这些时日，都是在韬光养晦呢！"

"原来如此。伍举明白了，谢大王。"伍举施了礼，兴高采烈地离去了。

伍举为何这般高兴呢？楚庄王的回复又是何意呢？

一鸣惊人

几个月后，楚庄王把那块"进谏者，杀无赦"的牌子砸了，然后亲自上朝，主持朝政。楚庄王已经三年没上朝了，他这天突然上朝，把文武百官吓了一跳，还以为太阳打西边出来了呢。

楚庄王一上朝，立刻将三年里不断上书劝谏的人委以重任，让他们执掌国家大权，把朝堂上当政的权臣们撤下来，对他们一一审问，定罪惩（chéng）处。

楚庄王这一番改革，印证了他当初给伍举的回答——他就像一只神鸟，之所以三年不飞，是为了有朝一日可以一飞冲天，让天下人惊叹；之所以三年不鸣叫，是为了只要他说话，就让所有人都听从指挥！

在楚庄王的治理下，楚国国力日渐强大，政治清明，百姓安居乐业。在军事上，楚庄王训练精兵，扩充军用储备，军事实力不断攀升。楚庄王最终成为"春秋五霸"之一。

（故事源自《史记》）

孙武治军　女子练兵

在这些大国纷纷发展的时候，有两个相对较小的国家陷入了一段恩怨中，那就是吴国和越国。伍子胥（xū）辅佐吴王阖闾（hé lǘ）振兴吴国，急需有才能之人统管吴国军队。伍子胥找到了孙武，也就是备受后世崇敬的兵法鼻祖——孙子，他著有一部奇书，就是大名鼎鼎的《孙子兵法》。

孙武又被称为"孙子"，在古代，只有非常杰出的人，才会被人们在名或者姓后面加上一个"子"字，比如"孔子"。由此可见，孙武是一个非常厉害的人。除了"孙子"之外，后世对孙武的尊称还有"兵圣"等。那么，孙武究竟是何许人也？

伍子胥荐孙武

孙武是齐国人，自幼头脑聪明，勤于读书，长大后写出了十三篇兵法。但是孙武的才华没能引起齐国国君的重视，齐国也没有给他操练兵马的机会。孙武隐居在深山中，等待赏识他的人出现。

这时，楚国的伍子胥因为楚平王残害忠良，杀害了他的父兄，只身逃到了吴国，他扶持公子光成为吴王（阖闾）。吴国想要继续发展，还需要更多的人才。而此时的吴国还缺少一个能领兵打仗的人才。

伍子胥就在为吴国寻找这样一个能治军的将帅之才，说来也巧，伍子胥碰巧得到了孙武的十三篇兵书，读后十分惊叹，连忙调查这兵书出自何人之手。有人告诉他兵书是齐国的孙武所写，伍子胥当即派人去请孙武，并将此事禀报吴王阖闾。

孙武同意去吴国统领军队，便随伍子胥来到吴国面见吴王。

女子练兵

阖闾和孙武纵论军事，发现他的兵法确实绝妙，但不知实际操作起来效果如何，便提出让孙武亲自训练一队精兵，证明自己的实力。

于是阖闾说："先生的兵法可以小试一下让我见识见识吗？"

孙武说："当然可以，听从大王安排。"

阖闾说："可以用女眷（juàn）来操演吗？"

"那再好不过。"

阖闾想了想："好，来人！选后宫中一百八十名女子，前往演武场，随孙统帅练兵。"

到了演武场，孙武把这一百八十名女子分成左右两队，分别为左军和右军，其中左军的队长为夏妃，右军的队长为姜妃。

孙武向左军和右军下达了军令："你们知道你们的心口、左手、右手和后背的方向吗？"

女眷们说："知道。"

孙武说："向前，就看心口所对的方向；向左，就看左手所在的方向；向右，就看右手所在的方向；向后，就看后背所对的方向。"

女眷们点了点头："嗯，我们都听明白了。"但是她们一个个都嬉（xī）笑不已，把这当成了一场游戏。

孙武面无表情，特意强调道："你们可要听好，谁若不听军令，将会受到惩处。你们记住了吗？"

"记住了。"女眷们一一答应，不过这回答的声音有快有慢，别说整不整齐，简直就是乱成一团。围观的百官和众将领都在偷笑："这伍大人请来的到底是什么人，这些女眷怎么可能训练成军队，简直是天大的笑话！"

孙武仿佛没听到这些声音，他转向阖闾，向他请示是否可以开始演练。阖闾点了点头："孙统领，请！"

"好，擂（léi）鼓！"孙武一声令下，"左！"接着他抬起手向左一指，女眷们笑嘻嘻地往左走，虽然不是很整齐，但是大伙儿都依照命令往左走了一步。

接下来，孙武的手又往右一挥："右！"

这个命令一出，女眷们就乱了套了。因为其中不乏左右不分的人，听到孙武说"右"，脚下却往左走。还有一些人干脆愣在原地，不知道该往哪里走。

孙武见状，说道："可能是我讲得不清楚。"于是又把军法重复了几遍，命令大家继续操练。但接下来大家笑得更厉害，再看看左军队长夏妃和右军队长姜妃，这两人本该起到带领其他人的作用，但此时却自顾自地站在原地聊天，根本没理孙武的命令。

孙武不禁大怒，眉头一皱，喝（hè）道："不遵守军令者，杀无赦，行刑！"

孙武一声令下，当即把夏妃和姜妃摁（èn）倒在地，然后抽出了刀，高高举起，就要往下斩。

阖闾和文武百官都看傻了。阖闾急忙说："孙统帅，孙统帅，住手，快住手！我已经相信你的能力了，你的能力甚至可以指挥女子作战，到此为止吧，莫要杀我爱妃！"

"大王，您有言在先，这吴国军士皆要听从我的号令。如今军令已经下达，两名妃子却不遵守，依法当斩。斩！"孙武毫不动摇，抬手一挥大刀，毫不犹豫地砍了下去，夏妃、姜妃立刻香消玉殒（yǔn）。这两人一死，其他人都吓得花容失色。只见孙武眼睛一瞪："谁还敢不遵守军令？"

只一句话，妃子们都握紧兵器，立正站好。虽然这些女子从来没有接受过军队的训练，但此刻她们肃然而立，看上去气势不比正规军队差。

孙武气定神闲，大喝一声："擂鼓！"手往前一指，"前！"这次，妃子们整整齐齐往前迈步。"后！"孙武换了个指令，妃子们毫不懈怠（xiè dài），又齐齐向后迈步。在孙武的指挥下，妃子们的动作整齐划一。

这下，阖闾看呆了，那些对孙武不服气的将领们更是张大了嘴巴。他们都没想到，这些久居在深宫中的妇人，竟然真的能演

练阵法!

吃惊归吃惊，阖闾的脸色却黑如锅底——他最喜欢的两个妃子被孙武杀了，他咽不下这口气。

军令如山　令行禁止

等到演练完毕，孙武来到阖闾身旁，恭恭敬敬地施礼道："大王，兵家之道，必须赏罚分明、令行禁止，只有这样，将领的计策才能够顺利施行，这是克敌制胜的不二法门。"

阖闾听后若有所思，伍子胥也在一旁劝道："大王，您虽然失去了两位妃子，却换来了一位良将，这难道不是吴国之幸吗？"

吴王的脸色几番变换，终于长长地叹了口气，又重重地点了点头："孙统帅，吴国的军队就托付给你了！"

孙武接管吴国的军队，训练兵马、改良装备、制定攻城和防守之策，全都安排得井井有条。吴王阖闾能够西破强楚，攻入郢（yǐng）都，又北上威震齐、晋，显名于诸侯，这都有孙武的功劳。

（故事源自《史记》）

原典再现

知彼知己，百战不殆（dài）。

——《孙子兵法·谋攻篇》

大意：既了解对方，也了解自己的情况，这样无论打多少次仗也不会有危险。

越王勾践卧薪尝胆

　　随着吴国势力越来越强，兵力越来越充足，吴王阖闾越来越暴戾（lì），也不再愿意听从老臣的劝谏。终于，阖闾惹了祸，被邻国越国打败，甚至连自己的性命都丢了。

　　在吴国旁边，有一个叫越国的诸侯国。这一年，越国发生了件大事——国君允常去世了，允常的儿子勾践继位。勾践年轻，没有掌管国家政务的经验，也没有带兵打过仗。

　　吴国与越国积怨已久，阖闾听说这个消息，激动得两眼放光："此乃天赐良机啊，吞并越国指日可待。"于是决定亲率大军攻打越国。而越国早就派了重兵在边关驻守，时刻防备他国来犯。阖闾率领的吴国大军，正好遇上精锐的越国大军，这一场仗打下来，阖闾的军队大败而归，连阖闾都受了重伤。临死前，阖闾把太子夫差（fú chāi）召到床前，告诫他千万不能忘记这国仇家恨，夫差连连答应，发誓永不忘记。

越王自大　吃了败仗

虽然夫差很年轻，但是他非常明事理，知道自己还不通晓政务，所以干脆放权给信任的大臣处理政务。他也没有急着出兵为吴王阖闾报仇，反倒韬光养晦，休养生息，把阖闾出兵伐越造成的损失一点一点弥补回来。就这样过去了两年，两年里，吴国休养生息，越国却不然。越王勾践因为打败了吴王阖闾，心态就膨胀起来，心想：我刚成为越王之时，就能把吴王阖闾击败，听说这两年夫差加紧练兵，要为父报仇，不如我先下手为强。

成为越王三年后，勾践打算率领大军攻打吴国。对于这次出征，勾践手下有两位大臣不同意，一个叫文种（zhǒng），一个叫范蠡（lǐ），他们都是对越国忠心耿耿的良臣。

两位忠臣对勾践说："上一次，阖闾骄纵自大，带兵千里来攻打我们，而我们以逸待劳，提前屯兵在边境，所以才能一举将他们击溃。但是如今吴国休养了两三年，兵力早就恢复了，咱们要是去攻打吴国，那吴国就可以以逸待劳。所以此仗不能打。"

"休要说这些动摇军心的话，我偏要去试上一试！"勾践带领大军直奔吴国而去。夫差领精兵迎敌，把越军打得大败而逃。这一战，越国损失惨重，只剩五千兵马，勾践被吴军围困在会稽（kuài jī）山上。而且如今越国国内空虚，兵马粮草全无储备，只要吴国派出一万精兵，就可以让越国彻底亡国。这可怎么办？

勾践找来文种和范蠡两位曾经竭力劝阻他的忠臣，在二人面前不住地悔过："都怪我，都怪我！是我骄纵自大，不听二位之言。

如今大祸临头，还请两位先生教我如何拯救越国！"

范蠡和文种对视一眼，思虑良久，终于定下一策。

自愿为奴　忍辱负重

第二天，文种带着一车绫（líng）罗绸缎（duàn）、金银珠宝，下山直奔吴军大营，求见夫差，向夫差传达勾践的忏（chàn）悔和请求：他愿意向吴国投降，并亲自充当夫差的仆人，服侍于夫差左右。

夫差仰头大笑："一国之君，要来做我的仆役，哈哈哈！"夫差光是想一想这个场面，就觉得扬眉吐气，当即要应允下来，"我倒想看看这越王做仆役，究竟是什么样子的。"

一旁的老臣伍子胥连忙阻止，他此时已经头发花白，还不住地咳嗽："大王，万万不可，切莫养虎为患！"

伍子胥不同意，夫差就有点犹豫，毕竟伍子胥殚精竭虑，就为了吴国，不可能害他。正在夫差犹豫不决时，朝堂上一个叫伯嚭（pǐ）的臣子说话了。这伯嚭是什么人呢？他原本是楚国名臣之后，但是因为政治利益的斗争成了牺牲品，差点被楚国的仇人杀害，所以逃到了吴国，因为立有军功而在吴国当上大官。

这伯嚭虽然很有才能，很有智慧，但是品性上却有致命的弱点：这个人自私贪婪，不会为国家考虑，不会为百姓考虑，只会为自己的利益考虑。

伍子胥不同意勾践的求和之举，伯嚭却反对伍子胥的意见："启禀大王，依臣之见，勾践是诚心相投。若我们不同意，怕是给天下诸侯留下了话柄，别人会说我们吴国赶尽杀绝。这样一来，吴国再与他国产生争端，他国定会以死相拼，伤我吴国将士，这是不智之举。况且将勾践留在吴国，假如他有二心，将他杀了便是。大王以为如何？"

夫差听后深以为然，心想：把勾践留在我身边，要是他不听话，就杀了他；他听话，就留着他一条命，这有何妨呢？伍子胥毕竟老迈，太过慎重了。

"好，那我就答应越王勾践的求和。"夫差最终听取了伯嚭的建议，罢兵解围。勾践脱险了。

文种十分高兴，心想自己准备的另一车宝贝，果然没有白费。

这是怎么回事呢？原来伯嚭不是无缘无故替勾践说话的，文种早就准备了一车绫罗绸缎、金银珠宝，送给了伯嚭。文种还对伯嚭说："您帮我们说说好话，有朝一日，我越国定有厚报。"所以伯嚭才会在夫差面前帮勾践说话。

此事已定，勾践带着自己的夫人和臣子范蠡，来到了吴国，成为吴王的仆从。文种则留在越国，代替勾践管理整个越国的事务。

勾践如约前来，夫差很高兴："哈哈哈，越王果真成了我的奴仆！我已经给你们准备好了房舍，你们就住在我父亲的坟边吧。"

夫差让勾践住在这里，是为了羞辱他，同时给父亲出气，报当年吴国战败、阖闾身死的仇。

不仅如此，夫差还把最低贱的工作分配给勾践来做，比如夫差出行时，勾践要牵马；夫差上车时，勾践就得跪趴在地上，让夫差踩着登车。

勾践的一系列表现，令夫差非常高兴："勾践在为我服务期间，承担了所有脏活累活，对于我故意羞辱他的安排，也通通接受，看来他是真心向我投降的。既然如此，那就将他放回越国吧，不要再羞辱他了。只要以后越国诚心服从于吴国，吴国定然会保证他们世世安宁。"

至此，勾践已经在夫差身边做了三年仆役，这才终于等到了被放回越国的一天。

卧薪尝胆　不忘耻辱

回到越国，勾践并没有回到自己的宫殿中居住，而是在宫殿外搭了一座茅草屋。茅屋里也没有床，只是将一些杂草铺在地上，充当床铺。他还在屋里悬挂了一颗苦胆。

勾践每天晚上就睡在茅草席上，睡醒时浑身都湿透了，而且背特别酸痛。因为地上特别凉，茅草阻隔不了地上的寒气。勾践每天醒来，先要舔（tiǎn）一舔苦胆，这苦胆又酸又涩又苦；每次喝水前，也舔一舔苦胆，喝下去的水都成了苦水；每天吃饭的时候，还是要舔一舔苦胆，吃下去的饭也变成了苦的。每一次品尝苦味之时，勾践都逼迫自己回忆三年里在吴王夫差身边受的那些屈辱。

自从回到越国，勾践每天早起晚睡，勤奋地处理政务和训练军队。一晃十年过去，越国经济、人口和军事实力慢慢恢复了，还储备了大量的人才。

勾践在耐心等待着报仇的机会，这一天，机会终于来了。

那是公元前482年，吴王夫差亲自率领吴国大军北上，和诸侯会盟。吴国的精兵良将大部分被带走了，这是越国伐吴的天赐良机啊！

越王勾践带领大军直奔吴国，瞬间击垮了守军，占领了吴国国都，而且杀死了吴国太子。消息传到正在北方的夫差耳中，夫

差急坏了，赶快领兵折回吴国，并送厚礼给勾践，请求勾践罢兵。

勾践看夫差领兵赶回，原本想一鼓作气打败夫差，以报羞辱之仇。但他忍住了，派使者去对夫差说："勾践此前深受吴王厚待，如今便把吴国还与吴王，只求两国交好。"

勾践是真心要归还吴国吗？当然不是。勾践知道以自己现在的军事实力根本无法彻底打败夫差，继续打下去，只会是两败俱伤的结局。

又过了几年，夫差统治的吴国日渐衰落，国力一天不如一天。而越王勾践治理的越国，国力愈发昌盛。勾践又一次带兵攻打吴国。吴军抵挡不住越国大军，兵败如山倒。最后，夫差派遣大臣向勾践请降，希望勾践放过吴国，夫差愿意当勾践的侍从，在勾践身边伺候。

勾践听后心中不忍，就想下令答应求和。这时范蠡说话了："大王，您忘了您是如何剿（jiǎo）灭吴国的吗?"

勾践一拍脑袋，是呀！如果夫差学了自己的做法，休养生息之后，也会再度攻打越国。可是他见夫差如此可怜，心还是软了，答应把夫差安置在偏远的海边。

直到此时，夫差才懊（ào）悔不已，后悔当年听从了伯嚭，却没有听从伍子胥的话。倘若他当年杀掉勾践，就不会有今日之事了。夫差一声长叹，谢过勾践宽容自己，说："我已经老了，无法再侍奉君王了。"然后拔出宝剑自刎（wěn）而死。

至此，越国彻底覆灭了吴国。这就是越王勾践卧薪尝胆，忍受屈辱后报仇雪恨的故事。

（故事源自《史记》）

赵氏孤儿终报大仇

虽然晋文公是"春秋五霸"之一，但后来晋国内部逐渐出现了"卿（qīng）族势大"的现象，威胁了晋公室的统治，并由此产生了一个历史上著名的"孤儿"。

什么叫"卿族势大"呢？就是说真正掌握权力的是诸位卿大夫。这些卿大夫长期把持朝政，慢慢地形成了家族势力，将权力代代传承下去。比如说，一个姓赵的官员是朝堂上最有权势的人，等他年纪大了，不能处理政务了，他的职位不会移交给其他有才能的人，而是优先从他的家族中找一个适龄的人来接替。如此一来，权力总是被几个家族的人把持，朝堂上就形成了一股一股的势力。

屠岸贾设计害赵家

在晋景公执政时期，晋国有一个世家大族掌控着朝中大权，这个家族姓赵，赵家已经历经了好几代君主，可谓权倾朝野。

赵家曾经有一个很厉害的人物，叫赵盾，此人英武异常，武艺超群，大臣们和天下百姓无人不知此人名号。可惜，在晋景公当上国君之前，赵盾就去世了，不过他的子孙仍然在朝中身居高位。

晋景公三年，有一个人想要覆灭整个赵氏家族，把他们的权力夺走，这个人叫屠岸贾，是晋国的大夫。

用什么名目才能除掉赵家呢？屠岸贾绞（jiǎo）尽脑汁，终于有了个主意——造反。

可千万别以为是屠岸贾要造反，屠岸贾是打算诬（wū）陷赵家造反，借晋景公之手除掉赵家。

这件事还得追溯（sù）到晋灵公时期。晋灵公当上国君的时候，还很年幼，晋国大权被赵盾掌控。后来晋灵公长大了一些，行事残暴，生活奢侈（shē chǐ），还不听赵盾的劝说。晋灵公不想受制于人，就打算暗杀赵盾，但是赵盾逃脱了。赵盾一路逃亡，在还没有逃出晋国的时候，他的兄弟赵穿就把晋灵公杀了，又将赵盾接了回来。

赵盾回国后，扶持晋灵公的叔叔当了国君，是为晋成公。晋成公十分倚（yǐ）重赵盾，因此赵盾连同赵家仍然手握大权。直到公元前601年，赵盾去世了，紧接着第二年，晋成公也去世了，他的儿子晋景公当上了国君。

这件往事给屠岸贾制造了一个机会，虽然晋灵公是被赵穿杀掉的，但赵盾回来之后，并没有惩治杀害晋灵公的凶手。屠岸贾当年很受晋灵公的宠信，于是他就宣称要惩治杀害晋灵公的凶手，并且向其他大臣、将领们说："这个赵盾即便当时不知情，也是谋害国君的逆贼之一，他的子孙后代怎么能继续在朝中为官呢？"

屠岸贾打着诛（zhū）灭逆贼的旗号，没有请示晋景公，就带着一队兵将围攻了赵家，把当时赵家的家主、赵盾的儿子赵朔（shuò），还有赵盾的其他兄弟都给杀了，几乎灭绝了整个赵氏家族。

赵家门客　不忘旧主

在这场灭门惨案中，赵朔的妻子逃脱了。她是晋国王室的血脉，当时还怀有身孕，在赵家遭难的时候，她逃到了晋景公的王宫里，躲藏了起来。

这时候，还有两个人在密切关注着赵朔妻子的动向，一个叫程婴，一个叫公孙杵臼（jiù），这两人是赵朔的门客。这两人之所以既没有去刺杀屠岸贾给赵家报仇，也没有自尽殉（xùn）主，都是为了赵朔这个尚未出生的孩子。如果这孩子是个男孩儿，他们就可以抚养这孩子长大，为赵家留下血脉，日后替赵家讨回公道。

没过多久，赵朔的妻子躲在王宫中生下了一个男孩。赵朔曾经对妻子说过，如果生了男孩儿，就给他取名叫赵武，希望他武功盖世，能够成为一名武将。

屠岸贾听说赵朔的妻子生了孩子，想要斩草除根，当即前来搜查。

俗话说"为母则刚"，赵朔的妻子一心要保住这个孩子。她将小婴儿赵武藏在了裤子里，祈祷（qí dǎo）说："如果上天注定赵家要就此灭绝，那么一会儿坏人来搜查的时候，你就尽管哭泣；倘若老天保佑赵氏家族仍能延续下去，那么你就安安静静的，千万不要发出声音。"或许是赵氏命不该绝，在搜查的时候，小婴儿果真没有发出一点儿声音，这才逃过了屠岸贾的毒手。

然而此时还不能真正安心，公孙杵臼和程婴找到赵朔的妻子，打算带着孩子逃进深山里，隐姓埋名，把孩子抚养长大。

程婴对公孙杵臼说："虽然老天爷保佑，让这孩子躲过了屠岸贾的一次搜查，可是屠岸贾必定不会善罢甘休，只要一天没找到这孩子，他哪怕是掘地三尺（三尺等于一米，一尺约等于0.33米），也会继续搜查下去。我们带着孩子躲在哪里都不安全，这该怎么办呢？"

公孙杵臼心中有了一个主意，他就对程婴说："程兄，你深受赵氏先人的恩情，日后就由你来承担抚养赵氏后人的艰巨任务吧，这孩子便托付给你了！"

义士程婴　抚育孤儿

为了保护赵氏孤儿，程婴和公孙杵臼找来另一个差不多大的婴儿，给他包上华丽的襁褓（qiǎng bǎo），伪装成赵氏的孩子，由公孙杵臼带着他，躲进了深山里。

一切准备就绪，程婴故意从深山里出来，前去找屠岸贾告密："大人，我曾经是赵家的门客，我知道赵朔的儿子在哪里，赵家的另一个门客公孙杵臼带走了那个孩子。如果我带您去找公孙杵臼，您能不能给我千金作为赏钱呢？"

"当然，当然，我一定会给你赏钱，你立刻带我去吧！"一听说有赵家孤儿的下落，屠岸贾大喜过望，区区一点赏金算得了什么？

程婴带着屠岸贾找到了公孙杵臼的藏身处，公孙杵臼一见程婴，假装破口大骂："程婴，你这个无耻小人，无耻小人！"

屠岸贾杀死了公孙杵臼和假冒的赵氏孤儿。他不晓得这是程婴和公孙杵臼联手演的一场戏，还以为已经顺利除掉了心腹大患，从此不再搜寻赵家的遗孤了。

程婴带着真正的赵氏孤儿——赵武隐姓埋名生活了许多年，直到赵武长大成人。这赵家唯一的血脉一表人才，英武异常。

恰在此时，晋景公身患重病，请了许多名医来医治，也没能治好，没有办法，只得请巫师来宫中驱邪。赵朔昔日的一位好友，名叫韩厥（jué），

他得到消息，便买通巫师，让巫师对晋景公说，这是当年蒙冤死去的大臣的冤魂在作怪，才导致晋景公生了重病，只要冤魂散去，这病就好了。

韩厥趁机对晋景公进言说："当年赵家是被冤杀的，万幸如今赵朔还有一个遗孤，叫赵武，今年已经十五岁了。他在原来赵府的门客程婴那里呢。"

晋景公当即说道："我就知道当日定有蹊跷（qī qiao），你快去把这个赵武找来，我要给赵家平冤！"

韩厥带着赵武面见晋景公，晋景公为赵家平反冤案，给赵武赐了官，让他做将军。后来，赵武在韩厥等人的帮助下，灭了屠岸贾，给赵家报了血海深仇。程婴看到赵武大仇得报，赵家沉冤得雪，欣慰地笑了，但笑着笑着，他又悲痛地哭了。

程婴抱着赵武哭诉："昔日赵家遭难，众人皆随家主而死。但我却不能死，因为我有重任在肩，要将你抚养成人。如今你长大成才，也为家主报仇雪恨了，我得去告诉他们啊！"

"父亲，您要怎么告诉他们啊？"

"孩子啊，这许多年来，你一直叫我父亲，我很欣慰。当日公孙杵臼先我而死，是因为他认为我能养育辅助你，如果我不去告诉他，他会认为我没有完成他的托付。别了，吾儿！"说完就自杀了。

赵氏孤儿的故事是晋国卿族势大引发的惨案。后来，赵家经历了很多年才真正恢复过来，而晋国的国力也在晋悼（dào）公执政时期达到了顶峰。可惜，传了几代后，晋国终于还是不可避免地走向了灭亡……

（故事源自《史记》）

战国

经过春秋时期将近三百年的纷争后，历史进入战国时期。这一时期的诸侯国中，齐、楚、燕、韩、赵、魏、秦七国的实力较强，被称为"战国七雄"。七个强国之间为了各自的利益展开了兼并战争。

三家分晋　七雄并立

晋国在春秋时期是个大国，国土面积广阔，国力十分强盛，是"春秋五霸"之一。特别是在晋悼公统治时期，晋国霸业达到顶峰，没有哪个诸侯国能与之抗争。然而，强大的晋国最后是怎么走向灭亡的呢？

在赵氏孤儿的故事里，屠岸贾把持朝政、祸乱晋国。可见在那个时候，晋国的各大世家和权臣的势力，就已经大到足以威胁晋公室的统治。晋悼公之后，国君的能力不足以制衡卿族，卿族的势力进一步巩固。

四个权臣　把持朝政

晋出公当上国君后，他每日都想努力管理朝政，但是大多数事务还没等他知道，就早已被诸位大臣议定了。他的命令，别人都不听。在朝中，真正掌事的是四位大臣——赵襄（xiāng）子、韩康子、魏桓（huán）子和智伯。这四个权臣把晋国的财富全部收入自家的金库，不断增加税赋，老百姓苦不堪言。

后来智伯与赵、韩、魏瓜分了范氏、中行（háng）氏的土地来作为自己的城邑。晋出公知道后非常愤怒，但是自己无法对抗卿族，只能找帮手，依靠别国力量来除掉四个祸害。

向哪国求助呢？晋出公想：求近不求远，远的国家帮助晋国，得不到任何利益，反倒损兵折将，一定不愿意来。而近处的国家帮助晋国，等我真正掌管晋国之后，可以分给他们一些土地和财宝，有利益诱惑，他们定能回应我的求助。

打定主意，晋出公将目标锁定在了晋国旁边的两个国家——齐国和鲁国。

四位权臣知道晋出公请求别的国家来除掉自己的时候，气得头上直冒烟："好啊，好啊，万万没想到，他居然不惜许给邻国好处，也要除掉咱们。他不仁，就休怪我不义，咱们干脆先除掉他！"

晋国四位权臣拿出金银财宝，收买齐国和鲁国国君，对他们说："请你们回去吧，这是我们晋国的事，我们自己解决，不劳齐国和鲁国动用兵力。"与齐、鲁两国议定之后，四个权臣就把晋出公赶出了晋国，然后立了一个新的国君——晋哀公。

智伯野心膨胀

在晋哀公取代晋出公这件事上，出力最多的人是智伯，所以智伯自然认为自己的功劳最大。智伯想侵占其他三家的土地，就对他们说："晋国本来实力强大，但现在越来越没落了。我提议咱们每个家族让出一万户的封地给晋国。"

韩、赵、魏三家一听就知道，背后的主使者肯定是智伯。智伯在四大权臣中势力最大，其他三人都不是他的对手。韩、魏二家本来不想给，但后来听从了谋臣的建议，最终韩家给了，魏家也给了。

但赵家却不想给。赵襄子听到命令后大怒，心道：谁不知这土地乃是世家之根基，若将土地给了智伯，赵家的仆役去哪里耕种？赵家的子民去哪里居住？有第一次便有第二次，我绝不开这个头，让智伯吃到甜头。

智伯知道后气坏了："赵家竟然敢忤逆我，好，那我便让你看看忤逆我的下场。"

智伯找来韩家和魏家的家主，对他们先威逼再利诱："如今赵家不听从命令，这是要造反啊，理应屠戮（lù）满门，如果你们也有附和赵家的心思，那也逃不掉满门抄斩的下场。不过，您二位也不必惊慌，等赵家被消灭后，赵家大片的良田，还有各种宝物，都会收归于国库。我已经请示过晋哀公，如果韩家和魏家愿意出兵讨伐赵家，那么赵家的土地就用于贴补两家所耗的军资。"

在智伯的威逼利诱之下，韩家和魏家明白，如果他们不去攻打赵家，自己也得变成智伯的攻击对象；但如果他们去攻打赵家，无非付出一些兵力而已，最后还能得到不少好处。

三家的军队当即组成联军，直奔赵家封地而去。赵家的封地在晋阳，晋阳城被赵家修筑得坚不可摧。而且赵家对晋阳城的百姓很好，从来不征收苛捐杂税，无论谁家有了不平之事，赵家一定会管，所以晋阳城的百姓都齐心维护赵家。

赵家占了地利，又占了人和，以很少的兵力就抵挡住了三家联军。可是后来，智伯见晋阳城久攻不下，就想出了一条毒计——水攻。

原来，汾水从晋阳城旁边流过，当时恰好是雨季，汾水水量暴涨。于是智伯便命令士兵挖开汾水的堤坝，大水瞬间决堤，涌入晋阳城。

房子被淹了，老百姓不得不跑到房顶避难；灶也被淹了，人们不得不把灶挂起来做饭。不过晋阳城的百姓宁死也不肯投降，所以晋阳城还能勉力支撑一阵。

韩、赵、魏联合对付智伯

赵襄子暗中派人求见韩康子和魏桓子，与二人分析当前的局势和利弊（bì），说："我们同朝为官，本应共享晋国利益。如今我赵家即将战败，很快就会被智伯吞并。只是智伯若吞并了赵家，你们韩家和魏家难道就能逃过智伯的毒手吗？还请你们好好想想。"

这一番话确实动摇了韩康子和魏桓子的心。因为他们亲眼见到智伯用水攻对付晋阳城，而韩家和魏家的封地旁边，同样有大河，如果有朝一日智伯想对付他们，难保不会再次用水攻毒计。

第二天，智伯证实了韩、魏两人的担忧。智伯听说晋阳城已被水淹没，赵家倾覆在即，十分高兴，当即把韩康子和魏桓子请来欣赏自己的杰作："这洪水真是异常凶猛啊，居然可以灭掉一座城池。我记得你们两家封地那里也有两条大河，不知你们的城池能不能抵御洪灾。"

韩、魏两人顿时心惊，智伯这是在明目张胆地威胁他们。二人手心里都开始冒冷汗。

智伯此时还没有料想到，正是因为他的贪婪，才导致他最终失败。

韩康子和魏桓子从智伯这里离开后，直接就去找了赵襄子。三人一致认为，当下最重要的就是三家兵和一处，把智伯灭了，要不然三家都得完蛋。

赵襄子派人杀了智军守卫堤坝的官吏，使大水决堤倒灌智伯军营，韩、魏趁机夹击智军，大获全胜。

智伯被杀后，韩、赵、魏三家将智家瓜分了。如今韩、赵、魏三家是晋国最大的三方势力，晋公室名存实亡。

于是，在公元前403年，韩家、赵家、魏家分别派使者求见周王，申请各自封侯。至此，韩、赵、魏三家拆分了晋国，各自建立了新的诸侯国，战国时期就此开始。

（故事源自《资治通鉴》）

原典再现

桓子曰：“无故索地，故弗与。”任章曰：“无故索地，诸大夫必惧；吾与之地，智伯必骄。彼骄而轻敌，此惧而相亲。以相亲之兵待轻敌之人，智氏之命必不长矣。”

——《资治通鉴·周纪一》

大意：魏桓子说：“（智伯）平白无故索要土地，所以不给。”任章说：“无缘无故地索要土地，各位大夫必定会畏惧；我如果给他土地，智伯必定会骄傲。他一旦骄傲就会轻视敌人，其他大夫因为畏惧而相互亲近。用相互亲近的联军来对付轻视敌人的人，智氏的命运必定不会长久了。”

商鞅变法　移木立信

战国时期，有一个人通过实行变法，用短短十几年的时间，就把秦国变成了第一强国。这个人，被认为是法家的代表人物之一，他的名字叫商鞅。

商鞅本名叫公孙鞅，他是卫国人，所以也叫卫鞅。因为他的变法措施在秦国推行，令秦国日渐强大，所以被秦孝公赐予商於（wū）十五邑，号"商君"，因此被后人称为商鞅。

一说到秦国，就会想到秦始皇横扫六合，一统天下，建立了中国历史上第一个统一的中央集权的封建王朝，也就是秦朝。但秦国的强盛是经历了几代秦王的努力才形成的。

秦王招贤　商鞅求见

春秋时期，秦穆公拓地千里，称霸西戎，是"春秋五霸"之一。秦穆公之后，秦国一度衰落下来。在战国初年，秦国还没有后来那么强大，它地理位置偏僻，在外交上长期被其他诸侯国孤立。当时秦国的国君秦孝公为了振兴秦国，向天下英雄豪杰放话说，秦国要吸纳天下最有才能的人，他将最大限度地提供支持。

这个消息一出，有识之士纷纷心动。商鞅听说后，就通过秦孝公的宠臣景监求见秦孝公。

商鞅第一次见到秦孝公的时候，说治理天下应该要遵循帝道。帝道就是帝王之道，应向远古时期的尧、舜、禹三位先贤学习……商鞅侃侃（kǎn）而谈，但是秦孝公眼中却失去了神采，没兴趣再听了。秦孝公听商鞅说了半个时辰，就让商鞅走了。

商鞅回去之后自我反思，意识到自己不该说这些长篇大论，也不应该讲这些书本上的套话。后来商鞅好不容易找到了第二次机会，又见到了秦孝公。这次商鞅向秦孝公说了王道——以礼乐仁义治天下。可是秦孝公听完，眼中还是没有神采，挥挥手，又让商鞅回去了。

但是商鞅不肯放弃，他找准时机，终于第三次见到了秦孝公。这次商鞅只是微微拱了拱手，然后对秦孝公说："大王要想秦国快速崛（jué）起，需以霸道治天下。"

秦孝公之前听什么帝道、王道，听得头晕眼花，直犯困。如今听到"霸道"两个字，秦孝公有些惊异，这霸道是什么意思？

商鞅见自己成功地吸引了秦孝公的注意，当即趁热打铁，给秦孝公介绍起来，大意是说，要想快速提升国力，依靠仁义道德是不行的，必须要用武力、刑法和权势治天下。商鞅和秦孝公一直谈到深夜，秦孝公还意犹未尽，让商鞅第二天再来。

就这样秦孝公连着听商鞅讲了几天的课，商鞅在霸道的基础上又提出了强国之术——依法治国。天下百姓不能各自随自己的想法做事，得按照国家的规定做事，国家要他们做什么，他们就得做什么。

商鞅说得眉飞色舞，秦孝公听得不住点头。最后，秦孝公认定商鞅就是他要找的能人异士。秦孝公当即任命商鞅为左庶（shù）长，实行变法。

商鞅把自己关在屋子里，苦思冥（míng）想，终于写出了一部粗略的第一版法典。

法典写好，准备公布的时候，商鞅想起了一个问题。那时候民智未开，老百姓对于新鲜事物的接受度不高，即使法典颁布，老百姓也未必遵守。如果不能执行，这法律法规就是一纸空文。于是商鞅想到了一个破解之法。

移木立信　推行新法

商鞅带着大队人马来到城内市场的南门，然后让士兵排成三排，围出一个方方正正的空地。附近的百姓看到左庶长带着这么多人，纷纷围过来看热闹，一时间，路都被堵住了。

人越聚越多，商鞅看到前后聚集了有几百人了，觉得差不多了，便令人立起一根三丈长的木头。

商鞅说道："众位乡亲，你们看到这根木头了吗?""看到了，左庶长。"大家连声回答，不明白左庶长要做什么。

商鞅轻轻拍拍手，身后立刻有两个士兵端出两个盖着红布的盘子。百姓的视线都聚集到这两个盘子上，不知道红布下面盖着什么东西。商鞅伸手掀开红布，人群中立刻出现一声声惊呼，原来这盘子里都是钱啊！

商鞅笑了，说道："诸位乡亲，谁能将这根木头从南门搬到北门去，我就赏谁十金。"

商鞅话音刚落，人群中就传出了议论声。

"你听说了吗？搬木头赏十金。"

"要搬多少木头啊？"

"怎么回事儿，快跟我说说。"

"你不知道吗？搬木头赏十金！"

大家都没把商鞅的话当真，反而当个笑话一样传来传去，连没在南门亲眼看见这件事的人，也听说了传言。"可是这木头又不难搬，从南门到北门也不远，怎么可能用十金作为赏金呢？这左庶长一定是逗大家玩儿呢，不能当真。"

商鞅当即又拍了拍手。接着两位士兵端出另外两个盘子，加起来足足有五十金了！

老百姓哪里见过这么多钱啊，一时间，整个都城都沸腾了，百姓纷纷往南门涌去。

这时，人群中突然传来一个声音："左庶长，把这木头搬到北门去，真的可以得五十金吗？"

"没错，将这根木头搬到北门去，赏五十金！"

"那我便来搬它一搬。"说完，人群中挤出一个壮汉，这壮汉一躬（gōng）身，轻轻一抓，就把木头抓在手中。连两只手都不需要，单手就能扛（káng）在肩上。

围观的人群不约而同地让开了一条通路，让壮汉能向北门走。壮汉走一步，大伙儿就跟着走一步。商鞅挥挥手，身后的士兵托着黄金，也往前走。

壮汉来到北门，回头看了看商鞅："大人，就放在这儿吗？"

"嗯，就在这里把木头放下，这钱就是你的了。"

壮汉把木头往地上一放，眼巴巴地看着商鞅。

商鞅一笑，伸手招呼身后的士兵，士兵当即将五十金端过来，但是没有直接交给壮汉。

商鞅大声说："诸位乡亲，我商鞅说话算话，有人能将这根木头从南门送往北门，便可得五十金，现在正是兑现之时。"说着他做了一个"请"的动作。

看着壮汉拿走了五十金，围观的百姓惊得下巴都快掉在地上了："这居然是真的呀，居然不是骗人的。"

"是真的，是真的！哎呀！"

一时间，有人惊呼，有人捶（chuí）打自己，纷纷懊悔为什么自己不去搬那根木头。

趁此良机，商鞅大声喊道："诸位！秦国即将颁布新法，请大家相信官府，遵法守法就会有奖赏，违法犯法就会有惩罚。"商鞅的话深深地刻进了所有人的脑海中。

没过多久，商鞅用五十金搬一根木头这件事，从都城传到全国。秦国所有的百姓都知道这件事了，也都明白了商鞅的用意：秦国要实行法治了。

很快，新法在全国推行。如果有人犯了法，不管他是什么官职，什么身份，一律按法律法规来惩处。就算国君犯了法，也得依法受罚。一段时间后，天下百姓都认可了商鞅的变法举措，认同了"天子犯法，与庶民同罪"。

商君虽死　秦法未亡

不过，商鞅的做法虽然得了民心，却得罪了太子。商鞅推行变法时，太子犯了法，他就拿太子当典型，严惩了太子的师傅。秦孝公在位的时候，商鞅自然平安无事，但是秦孝公去世之后，商鞅的祸事也来了。太子（即秦惠文王）即位后的第一件事，就是报仇。

商鞅得到消息，赶紧逃跑。他逃到边关，想要住店，店老板要求他出示身份证明。商鞅现在是逃犯，哪敢出示证明啊。店老板就摆了摆手，不允许商鞅在这里住宿，因为秦国法律规定，不能证明身份的人，不允许住店。

商鞅未曾想过，自己推行的变法措施、制定的法令，最后却把自己给害了。于是商鞅离开秦国，逃到了魏国。但是商鞅以前帮秦国攻打过魏国，魏国人也恨他，同时也怕得罪秦国，于是魏国就把商鞅送回了秦国。

商鞅回到秦国后，逃到自己的封地，想带着商地的人去攻打郑国，谋求生路。但是秦国派兵来攻打商鞅，不但杀死了他，而且还处以极刑示众。

秦惠文王虽然杀了商鞅，却没有废弃商鞅制定的新法，而是继续推行下去。因为事实已经证明了，商鞅变法之后，秦国国力不断攀升，为之后横扫六合、一统天下奠定了扎实的基础。

（故事源自《史记》）

孙膑庞涓兵家智斗

　　战国时期，兵家有两个有能耐的人物，这二人师出同门，却互为对手，其中一人不惜用毒计残害另一人，但最终遭到了报应。这两人，一个叫孙膑，另一个叫庞涓。

　　孙膑和庞涓智斗的故事，还得从两人拜师学艺说起。他们两年轻时拜在同一位老师门下，一起学习兵法。后来庞涓到了魏国当将军，施展自己的才能，但是他担心孙膑的才能会超过自己，就想出了个阴招——我比不过你，我就除掉你，没有你，我就是最厉害的那个人。庞涓暗中召孙膑来魏国，然后诬陷孙膑犯法，砍断他的双脚，还在他脸上刺了字，让他变成残疾人。孙膑因为脸上有字而不敢见人。

　　天无绝人之路，一天，齐国使者出使魏国。孙膑暗中求见齐国使者，齐国使者与孙膑交谈之后，发现他虽然身有残疾，但才华出众，是个奇人，于是偷偷把孙膑带回了齐国。

围魏救赵　击败庞涓

孙膑到了齐国，得到齐国将军田忌的赏识，并被田忌推荐给齐威王。齐威王向孙膑请教兵法，以礼相待。

后来，魏国攻打赵国，赵国无计可施，只能向齐国求援。齐威王想让孙膑当将军，前去支援赵国。但孙膑推辞不干，他说："我是受过刑罚的人，不能当将军。"于是齐威王让田忌做将军，孙膑作为军师，坐在车中，为田忌出谋划策。

田忌想率领大军直扑赵国，孙膑摇了摇头，说道："不可。赵国距离我们太远，直接出兵会耗费很多兵力和粮草，并非良策。而且路上耗时太久，只怕我们大军抵达时，赵国已经覆灭。依我之见，不如引兵攻打魏国国都大梁（今河南开封西北），到时候魏军定然撤兵自救，赵国之围自然可解，我们还能够重创魏军。"

田忌采纳了孙膑的建议，率领大军直奔大梁而去，在魏军归来的必经之路布下埋伏，一举击溃庞涓率领的魏国大军，这就是著名的围魏救赵之计。

假装逃走　迷惑庞涓

十三年后，魏国联合赵国进攻韩国，韩国也向齐国求援。齐国大将田忌故技重施，又一次率军直扑魏国国都大梁。庞涓作为魏国的将领，一直都在观望齐国的动态。齐国军队刚一出动，庞涓立刻率领大军回援大梁。但是庞涓的军队赶到时，齐军却向西撤退了。

庞涓见齐军撤退，心里乐开了花，想道："孙膑啊孙膑，多年不见，这次我必须叫你有来无回！"庞涓率领大军奋起直追，他一路上都很小心，生怕有埋伏。追击的过程中，他发现齐国的军队越来越少，眼看着就要散了。

庞涓是怎么发现这件事的呢？军队行军时会生火做饭，就是拿几块石头垒起灶台，然后把木柴放进去点燃，在灶上直接放锅做饭。庞涓发现齐军的灶台数量越来越少，意味着齐国军队的人数越来越少了。

庞涓掐指一算，齐军不过三日便逃走了一大半，人数远远少于自己的兵马。庞涓想：步兵走得太慢了，反正对方人少，干脆带着精锐骑兵，轻装快马前去活捉孙膑吧！

庞涓万万没想到，他一路千小心万小心，到这一步还是大意了。原来这是孙膑给田忌献的计。孙膑故意让士兵一路减少灶台的数量，显得齐军越来越少，好迷惑庞涓。

庞涓死于此树之下

这时，齐国的大军也已经埋伏好了。孙膑设伏的地方，位于两山中间，这里只有一条羊肠小道，是追军的必经之路。孙膑派人刮去一棵树的树皮，并在上面刻下了一行字："庞涓死于此树之下。"然后就坐等庞涓到来。

过了一段时间，马蹄声响起，孙膑探头一看，果然庞涓带着骑兵追了过来。孙膑抬了抬手，示意大家不要轻举妄动。此时天色已经暗下来了，周围一片漆黑。待庞涓的士兵燃起火把，庞涓便看到了旁边的那棵大树，也看到了上面的字。

"死于此树之下？孙膑！孙膑！"庞涓怒极，大喊大叫，但是无人应声。紧接着，庞涓听见耳边响起了羽箭的声音。

　　无数羽箭从天而降，这些正来自孙膑埋伏的弓箭手。顿时，魏军大乱，死伤殆（dài）尽。

　　待箭雨停止，庞涓看到黑暗中亮起了一支火把，火把映衬下，是一个目眦（zì）欲裂、双眼充血的人，那人正是孙膑。

　　庞涓自知败局已定，大喝一声："倒让你小子功成名就了！"随后，抽出腰间宝剑，自刎（wěn）而死。

　　魏国叱咤（chì zhà）一时的大将军庞涓，就这样死了，这就是孙膑、庞涓两人智斗的故事。

（故事源自《史记》《资治通鉴》）

原典再现

　　孙膑尝与庞涓俱学兵法。庞涓既事魏，得为惠王将军，而自以为能不及孙膑，乃阴使召孙膑。膑至，庞涓恐其贤于己，疾之，则以法刑断其两足而黥（qíng）之，欲隐勿见。

——《史记·孙子吴起列传》

　　大意：孙膑曾经和庞涓一同学习兵法。庞涓为魏国做事后，得以成为魏惠王的将军。但他自认为才能不如孙膑，于是暗中派人招来孙膑。孙膑来到魏国，庞涓害怕他比自己贤能，妒忌他，就（捏造罪名）对孙膑施以刑罚，砍断他的双脚并在他脸上刺字，想让他从此埋没，不为世人所知。

苏秦张仪纵横传奇

在风云变幻的战国时代，有两位著名的纵横家——苏秦和张仪，他们以卓越的智慧和非凡的雄辩口才，在历史舞台上留下了深刻的印记。

要讲纵横家的故事，先得明白什么叫合纵，什么叫连横。在地图上，上北下南左西右东。纵是"竖"的意思，合纵就是南北方向联合，相应的，连横就是东西方向联合。战国时期，有两位纵横家，为各个国家制定了合纵连横的策略。这两个人，一位叫苏秦，一位叫张仪，据说他们都是鬼谷子的得意门生。

苏秦合纵　张仪连横

自打商鞅变法之后，秦国军事实力迅速增强，经济实力不断攀升，老百姓手里的钱粮越来越多了，国家也越来越富足了。秦国很快傲视群雄，成了战国第一强国。秦国强大之后，国君嬴驷（yíng sì）

的欲望也膨胀了，他先攻打魏国，侵占了大片土地，然后宣布改"公"称"王"，他就是历史上的秦惠文王。

秦惠文王东征西伐的做法侵犯了别的诸侯国的领地，其他国家当然不愿意，那些国君都愁眉苦脸的，心想：秦王真是恬（tián）不知耻、贪得无厌，这样下去，早晚有一天他会发动大军侵略我们。不行，不能坐以待毙，咱们得联合起来。

就这样，战国七雄中，除了秦国之外的其他六国便联合起来了。燕国、赵国、齐国、魏国、韩国、楚国位于秦国的东边，大体上沿南北方向呈纵向排列。这几个国家联合起来，共同对抗西边的秦国，就叫合纵。

提出合纵策略的人是谁呢？是苏秦。苏秦认为，即便秦国再强大，兵力再多，也没法同时对付六个国家。如果六个国家同时对秦国发动进攻，秦国一定会顾此失彼，露出破绽。

秦惠文王当然也想到了这个问题，他一听说其他六国联合起来了，也很焦虑，秦国不能坐以待毙呀。就在秦惠文王焦急万分时，有一个人主动来求见，为秦国带来了应对之策。秦惠文王与他攀谈之后，心中大喜，真是踏破铁鞋无觅处，得来全不费功夫啊！此人来得太及时了！

这个人叫张仪，他与苏秦师出同门。苏秦为六国出谋划策，位高权重。张仪本来想去投靠苏秦，希望他能提拔提拔自己。但是苏秦不愿意，还奚（xī）落了张仪一番，把他赶走了。

张仪从苏秦那儿离开，便来到了秦国，求见秦惠文王，给他分析天下局势：如果六国联合起来攻打秦国，秦国必败。到时候别说一统天下了，可能连秦王的位置也保不住。如今秦国应该韬（tāo）光养晦，其他国家来攻打秦国，秦国就把自己的城池守护好。秦惠文王采纳了张仪的建议，开始实行暂避锋芒的策略。

然而在六国联盟中，每个国家都有自己的小算盘，张仪趁机从中挑拨，让合纵联盟出现了裂痕，六国为了各自的利益争吵不休，没法再同心协力对抗秦国了。这时，就到了推行连横政策的时候。所谓连横，就是秦国向其他六国抛出橄榄枝，进行结盟。秦国跟结盟国一起攻打结盟国的邻国，战胜之后，侵占的土地都归结盟国。俗话说"背靠大树好乘凉"，如今六国联盟濒临破裂，那些小国肯定愿意同强国为友，更何况送上门来的好处，绝没有拒绝的道理。这就是张仪的策略。

离间齐楚　秦国得利

秦国决定攻打齐国。张仪发现齐国和楚国兵力都十分强盛，两国相邻，关系却非常好。按理说两个强国相邻，应该纷争不断才对，齐国和楚国却能相互扶持，相互依托，当遇到别国侵袭的时候，还能互相派兵援助。于是张仪到楚国去游说楚怀王，他说："秦国要把商於的六百里土地送给楚国。"那可是兵家必争之地，这么好的土地当然不是白得的，条件就是楚国得抛弃和齐国的盟约。楚王答应跟齐国断交，并派使臣去接收商於之地。

齐王得到消息后，非常生气："楚王啊楚王，这个背信弃义的小人！罢了，断交便断交，长痛不如短痛，现在断交，总好过日后打起仗来，你在背后捅我一刀！"

齐王一气之下，转而和秦国结盟了。那么楚国拿到商於之地了吗？也没有，张仪怎么可能把六百里的商於之地白送给楚国？张仪回到秦国之后假装摔伤，等到秦国和齐国结盟后，他当场变卦，对楚国使臣说："你们楚王听错了，是六里地，不是六百里。这六里地是秦王给我的封地，送给你们也无妨。"

一听这话，楚国使者气坏了，这是用欺骗的手段来让楚国与齐国断交啊！"好啊，好啊！我这就回去向大王复命，秦国等着覆灭吧。"楚国使者撂（liào）下狠话。

楚王一听自己受了欺骗，十分恼怒，当即发兵攻打秦国。而张仪却早有准备，在秦国边境布下重兵，还派一队使臣前往齐国，邀请齐国一起攻打楚国。

齐王这时正在气头上，立刻答应下来："好，你们要打别的国家，与我无关，但是打楚国，我必须帮忙。"齐国派出大军，跟秦国大军一起攻打楚国。楚军大败而归。最终，楚国不仅没得到商於的六百里土地，反而失去了丹阳、汉中的土地，真是赔了夫人又折兵啊。楚王无计可施，只好割让两座城池，想跟秦国求和。

秦惠文王笑了，回复说："这倒是不必了，不过不知道楚国肯不肯答应我用武关以外的土地交换黔（qián）中之地呀？"

但是楚王不要土地，只要求用张仪来换。楚王心里憋着一口恶气，非得把张仪杀了，才能解他的心头之恨。

张仪主动请缨（yīng）去了楚国，他和楚国大夫靳（jìn）尚交好。靳尚能在楚王的宠姬（jī）郑袖面前说得上话，郑袖说的话，楚王都肯听。

张仪到了楚国后，马上就被楚王囚禁了起来。楚王本来决心要杀张仪的，但是靳尚和郑袖联手给他吹耳边风，一来二去，楚王的决心动摇了。张仪毫发无损地出了监狱，还成了楚王的座上宾。最终，张仪说服了楚王，楚国与秦国结盟亲善。

如此一来，秦惠文王对张仪的本事深信不疑，放心地把朝中大权交到张仪手里，允许他调用秦国军队，需要钱的时候也可以直接去国库取用。张仪没有辜负秦王的重托，他施展连横之策，软硬兼施，说服了韩王、齐王、赵王和燕王，让他们纷纷投靠秦国。至此，秦国的连横大计已成。

就在张仪完成使命，准备返回秦国时，噩耗传来——秦惠文王去世，新任的秦王——秦武王即位了。秦武王不太喜欢张仪。

张仪心里有数，回到秦国后，他立刻给秦武王出了一计，说："齐王非常憎恨我，我要是去了魏国，齐国定然会攻打魏国。等齐国和魏国交战，您就趁乱出兵，到时候一扫六国，您就是天下之主了。"秦武王一听，觉得有道理，于是对张仪说："好，就依你之计，那你就去魏国吧。"

其实这是张仪为了脱身想出的说辞，等他平安离开秦国后，又靠三寸不烂之舌平息了魏国和齐国的战争。后来张仪在魏国当了一年相国，最终在魏国去世。

（故事源自《史记》）

屈原被贬含恨投江

楚国有一位伟大的爱国诗人，他遭遇贵族排挤诽谤，空具一腔才华却无处施展。在国破之后，他自沉于汨（mì）罗江，以身殉国。这位诗人，就是楚国的屈原。

屈原与楚王同姓，是王室子弟。因而他从小锦衣玉食，不仅衣食住行是最上等的，他的学习条件也是最上等的。正因如此，屈原精通天文地理、历史农学等，是一位不可多得的人才。

那时，楚国渐渐衰落，屈原心系天下政事，认为自己该发挥所学，为国家献力。于是他带着一腔热血找到楚怀王，希望能凭自己的出身与学识得到楚怀王的信任，从而辅佐楚怀王治理国家。

屈原竭力辅佐楚怀王

在楚怀王面前，屈原丝毫不怯场，他侃侃（kǎn）而谈、出口成章，所提出的政治谋略深受楚怀王的赏识。随后，楚怀王任命屈原为左徒，协助楚怀王处理政务。左徒是楚国特有的官职，其他诸侯国都没有。有学者认为，这是仅次于丞相的大官，可见楚怀王当时非常信任屈原。

担任左徒后，屈原殚精竭虑，每天早上天不亮就起床，收集天下的消息。哪两个国家又开始打仗，哪个地方粮食歉收，哪里发生旱涝灾害等等，这些大事小情他都要关注，然后认真考量：对于打仗的国家，楚国应该趁机出兵参与，还是能从中得到一些好处？对于粮食歉收的地区，应该给予一些补助，还是应该免征税赋？屈原就这样从白天忙到晚上，夜以继日，废寝忘食。

过了一段时间，屈原发现了问题——光靠他一个人，不可能让楚国兴旺发达，楚国必须改革。第一，楚国需要的是人才，如今的楚国，朝堂上尽是酒囊饭袋，对楚国没一点儿益处。第二，如今秦国势大，虽然表面看来与其他国家都交好，实际上一直在蚕食他国土地。如果任由秦国继续发展下去，楚国定有灭亡之灾，甚至六国皆有灭亡之灾。

捋清了自己的思路，屈原就把变革之法一条一条地写下来：第一条，招贤纳士，把现在朝堂上位高权重的无能之辈撤职；第二条，与齐国以及周边其他国家结盟，共抗秦国，不能让秦国一家独大……

屈原将这些建议和前因后果都写清楚，呈给楚怀王。楚怀王看后点了点头："真是江山辈有才人出，这些建议着实不错，对楚国发展有益。我这便着手推行改革！"

奸臣当道　屈原被贬

楚怀王当即召集群臣，公布了屈原的改革建议。朝中的那些大臣，那些屈原口中的酒囊饭袋，发现屈原想要把他们撤职，当即联合起来，千方百计地排挤、陷害屈原。

一开始，楚怀王非常信任屈原，对屈原的建议无不采纳。后来，奸臣不断在楚怀王耳边说屈原的坏话，楚怀王渐渐对屈原产生了怀疑。

"大王，您这是要做什么？难道要退位让贤吗？您到底是怎么想的呢？难道我们这些老臣，您都不要了吗？"

楚怀王第一次听到这些谗（chán）言的时候，并没有猜忌屈原，只是安抚这些人："当然不是，我怎么会不要你们呢？我向来是很信赖、很倚重你们的。当然了，屈原也很有才能，我也想重用他。你们不要听信那些流言蜚语。"

听一次不信，听两次不信，架不住天天有人在楚怀王耳边说三道四。谗言听得多了，楚怀王心里就有了疙瘩，对屈原也有了猜忌之心，不那么信任他了。

于是，一怒之下，楚怀王把屈原贬成了三闾（lǘ）大夫。三闾大夫也是战国时期楚国特有的官职，主持宗庙祭祀，兼管贵族子弟的教育，是一个闲差。

到了公元前299年，楚怀王收到了一封来自秦国的信。这时候秦惠文王已经去世了，继任的秦武王也去世了，秦惠文王的另一个儿子秦昭襄（xiāng）王在位，是他给楚怀王送来的信。信中提道：秦国希望能与楚国结盟，所以邀请您到秦国边关相见，谈一谈结盟的事宜。

　　楚怀王拿不定主意，就去问屈原，屈原说："绝对不能去，秦国多的是阴险狡诈之徒。您不要忘记，张仪骗得楚国损兵折将，还丢失了土地。"

　　"有理有理，不能去。"楚怀王深以为然。

　　这时候，楚怀王的儿子子兰出来唱反调。说什么"这是秦国的一片厚意，咱们如果拒绝了，就会得罪秦国"，还有"您若是不去，岂不是让秦国看低了楚国"等等，把楚怀王唬得一愣一愣的。

　　楚怀王被子兰说服了："行，那我就去吧。"

　　结果，楚怀王这一去，就没能再回来。他被秦国扣押了，秦国要求楚怀王割让大片土地，楚怀王断然拒绝，于是秦昭襄王就把楚怀王扣留在秦国，不肯放他回去。

　　国不可一日无君，楚怀王的儿子太子横被立为新君，成为楚顷襄王。秦昭襄王见自己扣押楚怀王也得不到土地，当场大怒，派兵攻打楚国。被扣押在秦国的楚怀王想趁机偷偷溜走，但最终被秦国捉回，一代国君病死他乡。

惠心爱国　愤而投江

　　楚顷襄王亲小人而远贤臣。他对屈原的谋国之策一概不听，反而把屈原一贬再贬。

　　屈原这样的忠臣虽然被流放，但仍然心系楚国，期待着楚顷襄王有一天幡（fān）然醒悟，再把他请回朝中。可惜屈原这么一等，等了将近二十年，头发都白了，也没等来楚王的使臣，反而等来了噩耗——从公元前280年开始，秦国接连攻打楚国，而楚国节节败退，几次三番割地求和。

屈原听说这个消息，悲痛万分，夜不能寐（mèi）。他不喝水、不吃饭，头不梳、脸不洗，就在汨罗江边不停地走。鞋磨破了，就脱掉不穿，脚磨出泡了，流出鲜血了，那就流着血继续行走。屈原一边走，一边大声地诉说心中的悲愤，将这些悲愤化为诗歌，最终成就了楚辞的代表作之一——《怀沙》。

念完诗，屈原心中再无牵挂。他迎面遇到一位打鱼的老翁，老翁认出了屈原，向他行礼。

屈原把老翁扶起，说："您这是做什么？"

老翁说："我认识您，您是三闾大夫屈原。您为楚国百姓做了不少好事，我想向您说声谢谢。您怎么流落到这个地步了？"

屈原听后，长叹一声："放眼天下，浑浊不堪，唯独我一人清白；所有人都喝醉了，头晕眼花，唯独我一人清醒，所以我才落得个被流放的下场。"

老翁一笑，答道："既然天下人都浑浊，您就不必保持自身清白；既然大伙都喝醉了，那您也不妨喝上几盅（zhōng），别让自己这么清醒、这么痛苦。"

屈原又说："我常常听说，刚刚洗过头的人，一定要把帽子上的尘土全都掸（dǎn）干净了；刚刚洗过澡的人，一定要把衣服上的灰尘全部都抖掉。谁能让自己清白的躯体受到那些污浊之物的沾染呢？如果是这样，我宁可投身于大江，葬身于鱼腹之中，也不能让我清白高洁的品格，蒙受这世俗的污浊。"

老翁回复道："水清的时候，可以用来洗帽子；水浑浊的时候，那就用来洗脚。"说完，老翁扬长而去。

又过了一段时间，秦将白起一举攻破楚国的都城，楚顷襄王带着近臣仓皇逃窜，逃到了陈地，楚国亡国在即。屈原知道楚国大势已去，在农历五月初五，他来到汨罗江边，自沉于江中。

江边的百姓知道后，赶紧划船去救人，但是找来找去，怎么也找不到屈原的尸首。为了保护屈原的尸首，不被江中的鱼虾吃掉，家家户户都把米投放到江中，让鱼虾吃米，不要吃屈原的尸首，保他身体完整。

后来，人们为了纪念屈原，每年五月初五，都用箬（ruò）竹叶包好米粽，划着小舟投到江中。慢慢地，五月初五成了端午节，吃粽子和赛龙舟则成了端午节的传统习俗。

（故事源自《史记》）

原典再现

"楚辞"是战国时期楚地的一种诗歌体裁，相传由屈原首创。汉朝时，刘向将屈原及屈原之后的文人创作的楚辞作品汇编成集，即为中国文学史上第一部浪漫主义诗歌总集——《楚辞》。《楚辞》中有《渔父》《离骚》《九歌》等作品。

举世皆浊我独清，众人皆醉我独醒。

——《渔父（fǔ）》

大意： 整个世界混浊不堪，只有我一人是清白的；众人都迷醉了，唯有我一人仍然清醒。

亦余心之所善兮，虽九死其犹未悔。

——《离骚》

大意： 只要是我内心追求的东西，即使为之死去多次，我也不会后悔。

路漫漫其修远兮，吾将上下而求索。

——《离骚》

大意： 前方的道路遥远漫长，我将不遗余力地去追求理想。

赵武灵王胡服骑射

赵武灵王即位时，赵国面临着中山国的威胁。赵武灵王大力推行"胡服骑射"改革，推动了军事发展，增强了赵国实力，使赵国发展为战国中后期的强国……

中山国镶嵌在赵国北部与燕国之间，因而是赵国的心腹大患。中山国想扩充自己的实力，但是与赵国几次交战都难分高下，所以改为攻打另一个邻国——燕国。接连攻下燕国数十座城池后，中山国十分风光。这让赵武灵王感到危机重重，于是他开始强化赵国的军事力量。

学习胡人　推行改革

从过去赵国与中山国交战的经验中，赵武灵王发现赵军将士有诸多不足。穿宽大汉服无法骑马射箭，因此赵武灵王提出"着胡服""习骑射"的主张，建立骑兵部队。

赵武灵王找来辅政大臣肥义商议，提出赵国必须进行变革，向胡人学习，才能提升军队的战斗力。北方胡人射术精湛、骑术了得，而且他们的衣服大多是窄袖短袄，行动非常方便。赵武灵王提议学习胡人的骑射本领，并且穿胡人的衣服。

肥义想了想，觉得赵武灵王的建议有道理，但这两项改革必将在朝中和民间引发争议。于是肥义劝赵武灵王："大王，您乃一国君主，欲成大事者，切忌犹豫。您若认为变革对国家有利，那就不要惧怕众人的讥笑，坚决执行才是。"

赵武灵王摆摆手，笑道："愚蠢的人会嘲笑我的举措，但聪明的人自然能明白。即便天下人都嘲笑我，我仍旧要这样做，我一定要征服中山国和北方胡人的领土。"

见赵武灵王心意已决，肥义拱手道："大王，臣必全力支持。"

于是，赵武灵王开始在赵国推行服饰改革。他以身作则，上朝时，脱掉宽袖长袍，穿上胡人的窄袖短袄。大臣们第一次看到的时候吓了一跳，还以为有胡人刺杀大王，而且刺客还敢大摇大摆地来到大殿上。但大家定睛一看，发现这个穿着胡人衣衫的人正是赵武灵王本人。

朝臣不由得你一言我一语地指出赵武灵王的穿着有失体统，于礼法不合。赵武灵王对众人说："诸位别吵了，以后上朝的时候，所有人都要穿胡服，谁若不服从，那就不必上朝了。"

众人面露难色，有人壮着胆子站出来说："大王，这事是不是再商量商量……"赵武灵王铁心说道："穿胡服已成定局，必须执行，任何人都不能例外。"众人都唉声叹气，但又不得不服从。

说服公子成　推行胡服

赵武灵王有个叔叔，叫公子成。他与肥义共同辅佐赵武灵王处理国事，是朝中重臣。但他对改穿胡服非常不满。听说赵武灵王要变革服饰，改穿胡人的衣服，公子成干脆称病拒绝上朝。

这么一来，赵国人都盯着赵武灵王，看他怎么处理这件事。如果处理不当，他的变革就没法顺利推行。

赵武灵王并没有用刑罚来压制公子成，而是好言相劝，先是派人到公子成府上劝说："叔叔啊，家事要听命于父母，国事要听命于国君啊。我身为国君，提倡变革服饰，您若执意不肯穿胡服，全国上下都会议论纷纷。治国要有章法，要以国家、百姓利益为先；处理政务也要有原则，政策的执行必须到位，切不可朝令夕改，损害国家和国君的威仪。您身为王室宗亲，我希望能仰仗叔叔的大义，来成就改穿胡服的功绩。"

公子成叹了口气，说出了他的顾虑："自古以来，我们中原人才是世人的楷模。如今却去穿胡人的衣服，岂不是自甘堕落，有违于先人和古道吗？还望大王三思。"

赵武灵王听了使者的回复，亲自穿着胡服登门拜访公子成。

公子成见到赵武灵王，立刻跪伏于地："大王，您怎么来了？我实在是罪该万死。"

赵武灵王把叔叔搀扶起来，让他坐到一旁，然后说："我来这里并非是为了问罪，而是想要向您说明我推行胡服骑射的原因，您听了再做决定也不迟。如今赵国四周强敌环伺，如果我们不推行胡服骑射，不提升军事力量，如何能面对这些狼子野心的邻国？先前，中山国倚仗齐国的强兵，侵犯我们的领地，掠夺我们的子民，又引水灌城，若不是祖宗神灵护佑，恐怕我们的城池早就失守了。我决心推行胡服骑射，是为了抵御威胁，为了在日后的战争中一雪前耻啊！叔叔，如果您执意墨守成规，厌恶对服饰的改变，那就是忘记了我们赵国曾经遭受的耻辱啊！"

公子成听罢，再次跪伏于地。赵武灵王亲赐公子成一身胡服，说道："叔父，这是根据你的身材量身定制的胡服。"第二天，公子成就穿着这身胡服去上朝了。

至此，赵武灵王改革的政策推行于天下，赵国人不论贵贱，都穿起了胡服。接下来，赵武灵王又号召赵国人学习骑射，训练出了一支非常强大的骑兵部队。

赵国壮大

公元前305年，赵武灵王亲自率大军出征，击败中山国，大获全胜。中山国割让四座城池，向赵国求和，大大扩张了赵国的领土。不仅赵国人对赵武灵王的英明决策心悦诚服，周围各国都对赵国的发展壮大感到惊惧。战国中后期，赵国的军事实力不亚于秦国，可见一个英明的君主对于国家的发展是多么重要。

公元前299年，赵武灵王将王位传给儿子赵何，也就是赵惠文王，赵武灵王自己改称主父，即国君的父亲。

他真心实意地将赵国的政权交给了赵惠文王，但唯独没有交出军权。之所以留下军权，是因为赵武灵王还想跟秦国一较高下。如今赵国已经将周围的小国都打败了，战国七雄中唯有秦国能与之匹敌。赵武灵王决定亲自到秦国考察地形，并打探秦昭襄（xiāng）王的为人。

赵武灵王乔装打扮，伪装成使者出使秦国，拜见秦昭襄王，并献上丰厚的礼物。秦昭襄王见赵国如今这么强大，还能派使者恭敬地拜见他，心里非常高兴。

赵武灵王一边向秦昭襄王表达敬意，一边旁敲侧击地打探秦国国情，观察秦昭襄王为人处世的态度和方法。等到情报收集得差不多了，赵武灵王便以一路舟车劳顿为借口，要求先回去休息。

赵武灵王走后，秦昭襄王越想越觉得不对劲，这位赵国使者相貌伟岸、气度不凡。诸国使臣，都没有这样的人，只怕这人身份非比寻常。

秦昭襄王再派人去请赵国使者的时候，发现赵国使者已经不知去向。经过多方打听，秦昭襄王才知道，这位使者竟然是曾经的赵武灵王，如今的赵国主父。

秦昭襄王大吃一惊，知道他的心性、胆量天下无双，万万留不得，若让赵武灵王回到赵国，必将成为秦国最大的威胁。秦昭襄王当即调兵遣将连夜追赶，却已经来不及了。

（故事源自《史记》《资治通鉴》）

原典再现

胡服骑射不仅使赵国成为除了秦国之外最强大的诸侯国，而且对后世中原地区服饰的演变以及汉族和少数民族的交流融合都产生了深远的影响。

夫有高世之功者，负遗俗之累（lěi）；有独智之虑者，任鹜（ào）民之怨。今吾将胡服骑射以教（jiào）百姓，而世必议寡人，奈何？

——《史记·赵世家》

大意：凡是有着超越世人功绩的人，就要承受背离世俗观念的压力；有着独到智慧谋略的人，要承受傲慢的民众的怨恨。现在我打算穿胡人服装、学胡人的骑射之术，并以此来教导百姓，但是世人必定会议论我，该怎么办呢？

蔺相如完璧归赵

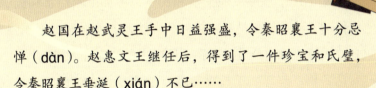

　　赵国在赵武灵王手中日益强盛，令秦昭襄王十分忌惮（dàn）。赵惠文王继任后，得到了一件珍宝和氏璧，令秦昭襄王垂涎（xián）不已……

　　和氏璧原本是楚人在楚国挖出的一块美玉，经历了一番波折后，最终被命名为"和氏璧"，并成了楚国的国宝。后来，楚国与赵国联姻，和氏璧被带到了赵国。

秦王求换和氏璧

　　秦昭襄王觊觎（jì yú）和氏璧已久，于是给赵惠文王写了一封信，表示秦国愿意用十五座城池交换和氏璧。

　　收到秦昭襄王的来信，赵国上下议论纷纷。十五座城池交换和氏璧，赵国亏吗？当然不亏，这和氏璧无论多么珍贵，都不如十五座城池实用。若是赵国得到十五座城池，国土面积将会扩大不少，这些土地能产出多少粮食，养活多少百姓啊！

赵惠文王召集文武百官商议："用和氏璧交换十五座城池，赵国是占便宜的，要不咱们答应了秦国的要求吧。"

当即有人反对，此人是赵惠文王手下的大将军，名叫廉颇，他力大无穷、武艺非凡，最重要的是对赵国忠心耿耿。廉颇说："启禀大王，此乃下下之策。秦王强横且不守信义，常常出尔反尔。他虽提出用十五座城池交换和氏璧，但如果咱们将和氏璧给了他，他却不给咱们城池，难道咱们要去攻打秦国吗？秦国强大，咱们必败无疑，恐怕公道讨不到，还会平白造成许多损失。"

此话一出，赵惠文王长叹一声："将军所说，又何尝不是我所担忧的呢？可是，若不同意给秦国和氏璧，也势必要派一名使者前去说明，万万不能让秦国找到借口来攻击我们，使赵国不得安宁。诸位，有谁愿意出使秦国？"

群臣闭口不言，大殿陷入了一片沉默。谁不知道秦国素来蛮横，秦王的脾气也不好，假如充当赵国使者前去拒绝秦国的要求，稍有不慎，惹怒了秦王，不仅赵王交代的任务完不成，连自己的小命都保不住。

赵惠文王见群臣默不作声，微微摇了摇头，心中无限悲凉，心想：偌大一个赵国，竟然找不出一个能臣吗？

这时有人说话了："启禀大王，臣想举荐一个人，他可以出使秦国，定不会辜负大王的期待。"奇怪的是，这个声音不是来自群臣，而是从赵惠文王身后传来的。赵王往后一瞧，原来说话的人是缪（miào）贤。他是赵国主管宫内宦官的头领。赵王心想，他能举荐个什么能人呢？

缪贤说："大王，我有位门客，叫作蔺（lìn）相如。他是位勇士，有智慧和谋略，您一见便知。反正如今也没有合适的人选，不如您见见他？"

赵王一想，这话也有道理："也罢，你且将他叫来，我看看他的本事。"

蔺相如来到大殿上，面见赵惠文王。赵惠文王问道："你说说看，秦国要拿十五座城池交换和氏璧，咱们要不要同意？"

蔺相如回答："秦国强大，赵国弱小，不能不给。"

赵惠文王问道："那若是给了秦国和氏璧，却得不到城池，该怎么办？"

蔺相如说："秦王用城池来换我们的璧玉，如果我们不应答，理亏的是我们；如果我们给了璧玉，而秦王不给我们城池，那理亏的是他们。比较这两种情况，宁可答应他，让秦国承担理亏的责任。"

赵惠文王不由得点点头："嗯，说得对。谁可以去出使呢？"

于是蔺相如拱手道："若大王信任，蔺相如愿带着和氏璧出使秦国。如果秦王当真肯把十五座城池给赵国，那蔺相如便把和氏璧留在秦国。如果秦王只是假意哄骗，那蔺相如保证把和氏璧完整地带回赵国。"

蔺相如智斗秦王

赵王便派蔺相如带着和氏璧出使秦国。到了秦国，面见秦昭襄王时，蔺相如从怀中拿出一个金光闪闪的盒子。

蔺相如把盒子轻轻放在地上，双膝跪地，两手小心翼翼地从

盒中捧出和氏璧，高高举过头顶，呈给秦昭襄王。

秦昭襄王一步步走到蔺相如面前，双手捧起和氏璧细细端详，只见玉璧通体柔润，晶莹透亮，光滑细腻。"绝世美玉！绝世美玉！"秦昭襄王从来没见过这么好的宝贝。他十分高兴，把美玉给爱妻、宠妾和左右侍从传看。大家都为秦王得到宝玉而兴奋，高呼万岁。

而蔺相如还跪在地上，他不卑不亢地说了一句："蔺相如已献上宝物和氏璧，请秦国也将十五座城池的地图交给蔺相如吧。"然而没人搭理他。难道他们没听见吗？于是蔺相如又说了一遍，还是没人搭理他。

蔺相如心里一凉，果然正如所料，秦国根本就没打算交出任何城池，就是想要强取豪夺，骗取赵国的和氏璧。所幸，蔺相如早有准备，他见秦王将和氏璧交给身边的大臣把玩，便冷静地对秦王说："启禀大王，这和氏璧尚有一处瑕疵（xiá cī），请让我为您指出来。"

秦王很吃惊："什么，这和氏璧还有瑕疵？"

蔺相如从容应答："这处瑕疵异常隐蔽，请容我指给您看。"

秦王赶紧把和氏璧交给了蔺相如。

蔺相如接过和氏璧后，往后退了两步，背部紧靠宫殿中的一根柱子，然后双手将和氏璧高高举起。

秦王一见，脸色大变："你要干什么？"

蔺相如不卑不亢地答道："回禀大王，赵国弱小，秦国强大，这是不争的事实。我带着和氏璧出使秦国，是相信秦国讲信义。眼下诸位已见到宝物，却迟迟不提交换城池的事，岂不是秦国失信？如果你们要强行留下和氏璧，那么我与和氏璧就共撞石柱！"

秦王当即安抚："你不要着急，这都是误会，只是这玉璧太过美好，我们一时忘记了。"秦王又对群臣说："你们……快快指出我们要交换的城池，我不是早就跟你们说过，等赵国使臣一来就把地图给人家吗？"

旁边的大臣心领神会，赶紧拿出地图。

但是蔺相如还是高高举起双手，看起来一点儿都不相信秦王的话："和氏璧是天下公认的宝贝。赵王斋戒了五天，才让我捧着和氏璧送往秦国。大王您要是想得到和氏璧，也要斋戒五天以示心诚，再在朝廷上设九宾之礼，然后我才能将和氏璧交付于您。"

"这……罢了，我答应便是。你不必如此惊慌，秦国泱泱（yāng）大国，说话算话，你且去吧。来人！好生招待赵国使臣。"秦王嘴里说的是招待，其实就是派人监视着蔺相如，生怕蔺相如带着和氏璧跑了。

不辱使命　完璧归赵

蔺相如倒不在乎秦王的小心思，他只求借机为自己争取时间。回到房间，蔺相如就把和氏璧裹在一块布里，交给自己身边的侍卫，交代他说："我很可能回不去了，但是和氏璧得完整地送回去。你立刻把和氏璧带回赵国，我继续留在秦国，与他们周旋。"

五天后，秦昭襄王把蔺相如再次请到大殿上："我已经应你的要求斋戒五天了，如今九宾之礼也设好了，将和氏璧交给我吧。"

蔺相如呵呵一笑，打开了金盒，给秦昭襄王一瞧。

"和氏璧呢？和氏璧呢?！"秦昭襄王一看，金盒子是个空盒子，他气坏了，当场大喝。

蔺相如不慌不忙，缓缓道来："回禀大王，秦国自秦穆公以来，有二十多位国君，没有一个是信守承诺的。我怕大王欺骗赵国，于是派人将和氏璧送回去了。现在秦国强大，赵国弱小，若秦国真心用城池交换和氏璧，那么不妨先将城池交付。待赵国获得城池，您只需派遣一位使臣到赵国，赵国定将和氏璧奉上。我们赵国不足以与秦国为敌，自然不敢欺骗您，不知大王意下如何？至于我，欺瞒大王，这是死罪，我已做好以死殉国的准备了，要杀要剐（guǎ），悉听尊便！"说罢，蔺相如低头不言。

这回轮到秦昭襄王为难了，他恨不得当场就把蔺相如斩成两半。但是，倘若他杀了蔺相如，就相当于告诉天下人，秦国就是想骗赵国的和氏璧，如今骗不到，就把蔺相如给杀了。这么一来，秦国的名声可就坏透了，还有哪个国家敢跟秦国交好呢？当年张仪定下的连横之策也将成为泡影。

秦王心想，罢了罢了，这蔺相如不仅不能杀，而且还得好生伺候着，派兵卒护送他回赵国。

等蔺相如平安回到赵国，赵惠文王喜出望外。前几天赵王还在发愁，虽然和氏璧平安回来了，可是赵国却失去了一件更珍贵的宝贝，就是那智勇双全的大臣蔺相如。如今蔺相如完好无损地回来了！

赵惠文王感慨不已："蔺相如真乃国师矣！"当即封蔺相如当了大官，让他统管赵国政务。

（故事源自《史记》）

廉颇蔺相如将相和

完璧归赵后，蔺相如又在渑池会盟中，凭借智慧和勇气巧妙应对秦王，维护了赵国的尊严与利益。蔺相如为赵国立了大功，越发得到赵王的倚重，位居上卿。这时候，赵国的另一位大臣对此感到十分不满，那就是将军廉颇……

蔺相如被赵王封为上卿，官位比廉颇还高。而廉颇将军多年来为国征战，身上全是刀伤、剑伤，为赵国立下了赫赫战功，现在却要被蔺相如压在头顶上。

顾全大局　相如忍让

廉颇当然不服，蔺相如不过区区一个文臣，哪有他为赵国出生入死立下的功劳大呢？凭什么蔺相如的职位比他高？

廉颇放出话去，"我廉颇为赵国呕心沥血，到头来却比不过一个巧言令色的人！以后见了蔺相如，我必定要好好羞辱他一番。"

廉颇这番话立刻传扬出去，于是赵国上下，都等着看蔺相如和廉颇要怎么共事，相见时又会有怎样的摩擦。廉颇要羞辱蔺相如，蔺相如怎么接招呢？人们都等着看一场好戏。

没想到，在上朝的时候，众大臣在大殿上左顾右盼地寻找，却始终找不到应该站在百官之首的蔺相如。原来，蔺相如称自己病了，不宜上殿朝见，所以请病假了。

今天称病不来，明天也称病不来，过了三五天，蔺相如还是称病不上朝，这下群臣都明白了，蔺相如这是躲着廉颇呢。只要是廉颇在的地方，蔺相如都尽量远远躲开，以免惹是生非。

但是廉颇和蔺相如都生活在国都邯郸（hán dān），无论蔺相如怎么避免，也总有相见的时候。

这一天，蔺相如有事要出城，赶车的车夫远远瞧见一辆马车，马车上还挂着帘子。

"主人，我看远处那辆车，好像是廉颇将军的。"车夫向蔺相如汇报。

蔺相如坐在车里，当即回答："廉颇将军的马车？那我们速速掉头，绕路而行。"

蔺相如的门客们听说这件事后，心想蔺相如被廉颇如此羞辱，却连一点反抗的行为都没有，这已经不是脾气好了，这就是没骨气呀。

门客不服　意欲离去

于是这些门客纷纷跪在地上，对他说："我们追随您，是因为仰慕您的高洁品质与优异才能，敬佩您这位忠臣义士。您和廉颇将军的官职都不小，廉颇要侮辱您，您居然这么躲着他。我们没有出息，不想追随一个没有骨气的人。您如此惧怕廉颇，我们都看不下去了。如今我们希望向您请辞回家。"

"众位，我且问你们，廉颇将军比秦王还厉害吗？"蔺相如不慌不忙，开口问道。

众人一听，把头抬起来，断然答道："廉颇将军很厉害，不仅武艺高强，而且精通阵战之法，是很了不起的将军。但是廉颇将军肯定比不上秦王！"

听大家这么说，蔺相如点了点头："那请你们再告诉我，我蔺相如面对如此强大的秦王，都敢呵斥威胁；为什么会害怕不如秦王的廉颇将军呢？"

大家都有些犹豫：难道有什么隐情？

蔺相如轻叹一声，这才道出实情："秦国强横，但是没有攻打赵国，这不是因为赵国的国力异常强大，令秦国不敢打；也不是因为赵国特别贫瘠（jí），让秦国认为不值得侵略。而是因为赵国文有我蔺相如，武有廉颇将军，我们两个人共同辅佐赵王，使赵国国力强盛，使秦王有所忌惮（dàn）。如果我们两人不和，那是赵国的损失。我怎么能把自己的个人恩怨置于赵国利益之上呢？所以我见了廉颇将军就躲，不与他争高低。那些人前显露锋芒的事情，尽管让廉颇将军来做。我甘愿退居幕后，力求与廉颇将军和睦相处。这是有益于赵国的事情，我个人受一点儿委屈，不算什么。"

听蔺相如这么一说，众人心中更加钦佩，原来蔺相如并非心中惧怕廉颇，并非胆小懦弱，而是心怀赵国、心系百姓，甘愿为国家利益牺牲自己的脸面。门客再次跪倒在地，恳请蔺相如不要将他们驱逐出去，希望能继续追随蔺相如。

蔺相如将门客一一扶起，对他们说："不知者无罪，你们无须担心。如今你们已经知道了我心中所想，就要跟我一样，遇到廉颇将军，要向他施礼问好；遇到廉颇将军的家丁，不要与他们争执。"众人纷纷点头答应。

廉颇悔悟　负荆请罪

时间一长，这些话传到了廉颇耳朵里。最初，廉颇以为这不过是蔺相如的惺惺（xīng）作态，但仔细观察后，廉颇发现蔺相如确实对自己谦让有加。但凡能得到好处的事情，蔺相如总往后

让；但凡能出风头的事情，蔺相如也从不争抢。而且蔺相如家中的家丁仆从，确实对自己的家丁礼让三分。

思来想去，廉颇感到十分羞愧。一番自省之后，廉颇意识到了自己的错误，于是亲自去城外的树林中砍了很多荆条。廉颇将荆条绑在背上，赤裸着上半身直奔蔺相如家而去。

到了蔺相如家，廉颇便跪在门前。蔺相如听说廉颇背着荆条跪在门外，赶紧跑出来。蔺相如双手挽着廉颇的双臂，想把他扶起来，"将军，您这是做什么，快快请起，快快请起！"

廉颇是武将，蔺相如一介文臣，力气当然比不上廉颇，廉颇执意跪在地上，双手抱拳，"我廉颇是个莽夫，之前冲撞了您。后来听说您一心为国，特意避让我，我这才知道自己罪孽深重。今日特来负荆请罪，祈求您的原谅。"

蔺相如忙答道："将军，您快快请起！我怎敢怪罪将军，我只愿与将军共同辅佐赵王，为赵国百姓谋福利。"

听到蔺相如这番话，廉颇微微抬起了头，瞪着蔺相如，"您……"

蔺相如连声说："当真不怪您。"

"既然如此，廉颇愿与您同心协力，为赵国鞠躬尽瘁，死而后已。"廉颇斩钉截铁地许下承诺。

"将军快快请起，快快请起。"蔺相如终于把廉颇扶起来了，又亲手把他背上的荆条卸下来，将廉颇请进府中。

至此，廉颇和蔺相如之间的隔阂（hé）化解。此后，两人相处得非常友好。蔺相如心系国家、不与廉颇争锋的美德，廉颇认识到自己的错误之后负荆请罪的美德，都被后世代代相传。

（故事源自《史记》）

范雎远交近攻

多亏了蔺相如和廉颇，及众多有才能的文武大臣，赵国政治清明，国力强盛。赵国在和秦国的交锋中，才能屡次占到上风。但秦国不会停止扩张的脚步，那秦昭襄（xiāng）王将如何推进一统天下的进程呢？且看他与手下的范雎制定的远交近攻的策略吧！

秦昭襄王的继位缘于一连串的变故。秦昭襄王的父亲秦惠文王不足50岁便去世了，秦惠文王的嫡子嬴（yíng）荡继任，即秦武王。但是秦武王在23岁的时候，却意外去世了。

那时，秦惠文王的另一个儿子、秦武王的异母弟弟嬴稷（jì）正在燕国做人质。秦武王去世后，嬴稷回到秦国，在母亲宣太后以及其他一些臣子的拥立下，继任秦王之位，即秦昭襄王。

秦昭襄王即位之初，由母亲宣太后当权，宣太后的弟弟魏冉为将军。秦国上下的政事，宣太后跟魏冉两人商量后就可以决定，根本不需要征求秦昭襄王的意见。

那范雎又是什么人呢？其实范雎不是秦国人，而是魏国人。范雎非常有才华，但是因为遭奸臣陷害，被诬陷私通齐国，对魏国有二心，结果差点死在魏国。后来，他想办法才逃离魏国。

范雎听说秦昭襄王手下权臣势大，秦王正缺乏有才能辅佐他的臣子，于是就跑到秦国去了。

秦王接见范雎

在范雎第一次有机会传话给秦昭襄王的时候，他让传话人对秦昭襄王说："秦王之国危于累（lěi）卵。"这是什么意思呢？就是说秦国形势非常危险，如同垒起来的鸡蛋，随时都有破碎的可能。

秦昭襄王听了这话，并没往心里去。因为秦国当时十分强盛，秦王讨厌天下的辩士，不相信他们。

后来，魏冉想越过韩、魏去攻打齐国的城市，以扩大自己的封地。范雎便向秦王上书，读完书信后，秦王便派专车去接范雎。范雎终于得到机会，能够进宫面见秦王了，他就思考：如何才能引起秦王的重视呢？思来想去，范雎想到了一个办法。

他假装不认识通向内宫的路，直接走了进去。这时秦王来了，宦官很生气，一边驱赶他，一边说："大王驾到！"范雎故意说道："秦王在哪里？我只知道秦国有宣太后，有魏冉将军，却不知道有什么秦王。"范雎一番猖狂的言论，果然引起了秦昭襄王的注意。秦昭襄王走上前去迎接范雎。与范雎交谈后，秦王意识到这个人是一个难得的有才能的人，确实有狂傲的资本。

范雎提出远交近攻

范雎提出秦国急需改变当前的外交政策，跨过韩国、魏国，去攻打齐国是没有意义的。秦国应该与齐国修好。紧接着，范雎又说出了下一步计策——攻打魏国和韩国。

秦昭襄王有点不明白，他问："不打齐国，这原因我是明白的，但是为什么要打魏国和韩国呢？是为了借机报仇？"

范雎一听，脸涨得通红。

他条理清晰地将自己的整个计划说了出来："大王，秦国的外交政策应该是远交而近攻。那些离得远的国家，比如齐国，咱们跟他们井水不犯河水，要与他们结盟，建立友好的关系。但是近处的国家，咱们表面上同他们交好，实际是要攻打他们。在这个过程中，秦国可以趁机扩张土地、提升国力，同时扩充自己的实力，削弱宣太后和权臣的势力。

"至于为什么要攻打韩国和魏国，因为攻下这两个国家，向北可以震慑（shè）赵国，往南能够讨伐楚国。把这四个国家一一吞并，最后再去攻打齐国。齐国面积大，兵力也强盛，不是一朝一夕就能打败的。等攻下其他国家，这一战才算稳妥。"

秦昭襄王恍然大悟："您的计策，高瞻远瞩，请恕我无礼之罪。"

范雎跪在地上，说："我一心为秦国，但望大王不要猜忌我。"

秦王收回实权

秦昭襄王采纳了范雎的计策，并且对他越来越信任了。

后来范雎又向秦昭襄王进谏（jiàn），说："秦王虽然是秦国的君主，但手里的权力却被分散了。宣太后当权，被称为"四贵"的穰（ráng）侯魏冉、华阳君芈（mǐ）戎、泾阳君公子芾（fú）、高陵君公子悝（kuī）辅佐，他们眼里根本没有大王。"

"这些人自己手握大权还不够，还在朝中培植自己的亲信，他们任用人的标准不是才华和品德，而是是否对他们忠心耿耿。所以真正的有识之士不能入朝堂，反倒是些擅长溜须拍马的昏庸之辈，以及跟宣太后和权臣有亲戚关系的人接连被提拔。长此以往，秦国朝中只怕要被庸才塞满。看到大王在朝廷上很孤立，我十分担心。只怕万世以后，统治秦国的就不是大王的子孙了。"

秦昭襄王深以为然。于是，他收回宣太后的权力，把四贵驱逐出国都。据说魏冉离开都城时，守城的官员检查他随身携带的物品，发现尽是些绫（líng）罗绸缎、奇珍异宝，比秦国国库里藏的宝贝还要多。

后来，秦昭襄王拜范雎为相。

（故事源自《战国策》《史记》《资治通鉴》）

原典再现

　　王不如远交而近攻，得寸则王之寸，得尺亦王之尺也。今释此而远攻，不亦缪（miù）乎！

——《战国策·秦策三》

　　大意：大王不如与远方的国家交好，攻打近处的国家，得到的每一寸土地，都是大王的，得到的每一尺土地，也是大王的。现在舍弃近的而攻打远的，不是犯了严重的错误吗？

赵括自大　纸上谈兵

秦昭襄王对赵国觊觎（jì yú）已久，但是廉颇和蔺相如两位大臣都在赵国担任重要官职，秦王确实不敢轻举妄动。蔺相如病危后，秦王等来了机会。

秦国攻打并占领了韩国野王（今河南沁阳），将韩国上党（今山西长治）与韩国本土的联系切断了，韩王想把上党献给秦国以求息兵。但是上党人不乐意成为秦国的子民，想归附赵国，利用赵国的力量抵抗秦国。于是，赵孝成王接受了上党，从而引起秦国不满，秦国决定出兵攻打赵国。

秦军在赵国边境排兵布阵，攻打赵国边关。赵孝成王见秦军来侵占赵国土地，怒火攻心，当即派廉颇将军率领大军，前去讨伐秦军。

但是，赵军战败了。不过廉颇并没有放弃，他转攻为守，任凭秦军怎么进攻，廉颇都把赵国边境守得固若金汤。虽然赵军打不过秦军，但是秦军大军压境，打了好几次，始终无法突破赵军的防线。

两军在边境长期对峙（zhì），对赵国来说，只要防线不被攻破，在边境对峙是最好的局面。但是对于秦王来说，征伐天下的脚步在赵国停下了，那还怎么一统六国？这绝对不行。秦国的当务之急，是在保存实力的前提下，尽快攻克赵国。

听信流言　启用赵括

于是秦国派出许多间谍潜入赵国。他们打听到一个消息：廉颇已经年老了，他这次带军镇守边关，已经是强弩（nǔ）之末；刚好赵国有一员小将——赵国名将赵奢的儿子赵括。当时赵奢已经去世，赵括在赵奢的熏陶下，学习了很多兵法。赵括在谈论战场局势方面，头头是道，颇有名将风范。但是赵括没有上战场的经验，他的理论都来自父亲的传授和兵法著作。

打听到这个消息后，范雎便有了计策。

范雎用重金派人在赵国散播流言，说秦军最害怕的就是将军赵奢的儿子赵括，对秦军来说，廉颇不足为惧。

这消息传到了赵王的耳朵里，赵王一想，觉得有道理。廉颇将军老迈，而且征战数年，多次受伤，于情于理，都该让年轻人代替他镇守边关，廉颇也可以回来安享晚年。至于赵括，他真的厉害到让秦国害怕吗？

赵孝成王想知道赵括是不是有真才实学："来人呀，把赵括传上殿来，我要看看他的本事。"

赵括来到殿上，赵王问起兵法韬（tāo）略，赵括自然对答如流。而且得益于赵奢的教导，赵括对于赵国以及秦国的兵力部署都非常了解。

赵王十分高兴："我现在就封你为将军，去接任廉将军的职位，镇守边关。"

但是赵括还没出城，赵王便迎来了一位稀客，那是许久不上朝的蔺相如。蔺相如拖着老迈的身躯，一瘸一拐、咳嗽着来到大殿上，面见赵王："启禀大王，请不要让赵括顶替廉颇将军。"

赵王很惊讶："爱卿啊，你安心回家养病，朝中大事，你尽管放心。"

然而蔺相如很执拗，一定要阻止赵王任用赵括："大王，赵括只会死读兵书，完全不知道随机应变。不能任用他啊！"

赵王有点儿厌烦了："好啦，此事已定，你就不要多说了。好好回家养病吧！"说完，赵王扭头就走，不理会蔺相如的劝谏（jiàn）。在他心里，廉颇和蔺相如虽然都是国家重臣，但是毕竟已经年迈，不明白世事变迁。

等到赵括要起程的时候，他母亲也上书劝赵王说赵括不能担任主将。但赵王不以为然，依旧决定任用赵括。赵括的母亲只好请求道："赵括要是不称职，我可以不受株连吗？"赵王答应了。

赵括轻敌　赵军大败

赵括率领大军到达边关，他掏出虎符，拿出赵王的手书，告诉廉颇："廉将军，您可以回朝休养了，边关之地将由我镇守。"

廉颇看了看赵括，心里有些许不安："赵将军，不知你要如何镇守边关？"

赵括的回答显示了他的野心："守？最好的防守就是进攻。我欲率领大军直攻秦军，将秦军打退五十里。这样一来，边关五十里内皆无战事。"

"你可知秦军强悍？赵军不能抗衡啊！"廉颇连忙阻止。

"老将军，你已经不是边关守将了，请速速回去吧。"赵括根本不听。

廉颇将军长叹一声，只好返回国都。赵括担任主将后，把廉颇制定的战术都推翻了。

廉颇防守，赵括就进攻；廉颇陈兵边境，赵括则大举出击。而秦军此时的将领已经换成了名将白起，他佯（yáng）装战败，令秦军撤退，实则切断了赵军的粮道，把赵军分割成两半。赵括不知有诈，带着赵军乘胜追击，没想到遭遇顽强抵抗。赵军的退路被堵住，边关向赵军运送粮草的运输线被切断，赵军陷入围困。

赵军被秦军围困四十多天，士兵们四十多天都没有粮食可吃，赵括走投无路，当即命令将士们强攻，无论如何也要杀出一条血路，让粮草送过来。

但是白起哪能让赵括称心如意，赵军的强攻，没一次能成功突围。赵括只好亲自率领大军，发起绝死冲锋，可是此刻赵军已经没什么战斗力了。将士们饿了这么久，根本没有作战的力气。这样的赵军与兵强马壮的秦军交战，无异于送死。

果然，赵军丢盔弃甲，溃不成军，赵括更是被秦军射杀。主将赵括战死，边关无人守护，白起率领大军冲杀上去，赵国边关尽失，四十多万赵军投降。

而白起丝毫没手软，他让秦军把这四十多万赵军都活埋了。

这一战，史称长平之战，称得上是中国古代军事史上最早、规模最大、最彻底的大型歼灭战。

经此一役，赵国损失惨重，元气大伤。

（故事源自《史记》《资治通鉴》）

原典再现

在《史记》中，赵括的父亲赵奢很清楚赵括的弱点，并预言了他的失败。

奢曰："兵，死地也，而括易言之。使赵不将（jiàng）括即已；若必将（jiàng）之，破赵军者必括也！"

——《史记·廉颇蔺相如列传》

大意：赵奢说："战争，是关系到生死存亡的凶险之地，然而赵括却把它说得如此轻松容易。假如赵国不让赵括担任将领便罢了；如果一定要让他当将军，使赵军惨败的人一定是赵括！"

毛遂自荐　有勇有谋

　　长平之战后，秦军继续攻打赵国，将赵国都城邯郸（hán dān）围住。赵国急忙寻求其他国家的援助，魏国援军迟迟不到，只好再向楚国求援。怎么才能说动楚国援助赵国呢？当然只有双手奉上城池，献上金银珠宝。现在还有一个难题，该派谁去向楚国求援呢？赵王想到了平原君赵胜。

　　如今赵国危在旦夕，如果不尽快求来援军，等秦军杀入都城邯郸，赵国将亡国。平原君赵胜果断领命。

　　出发前，平原君需要从门客中挑选二十名文武双全的人才随行。可是，平原君挑来挑去，只找到了十九个，还缺一个。

毛遂自荐遭质疑

　　这时，有一个人主动申请随平原君前往楚国，这个人叫作毛遂。

平原君很惊讶："我怎么从来没有见过你，你也是我府中的门客吗？你在我门下几年了啊？"平原君家中门客众多，但他并不是对每一个人都熟悉。

毛遂点了点头："回主人，毛遂在这里待了三年了。"

"来了三年啦，我都不知道你。那你……"后面的话，平原君有点不好说出口。他心想：你都来这三年了，拿了我三年俸（fèng）禄，吃了我三年的粮食，但我却仍然不认识你。你莫非是个庸碌无能之人？否则，我早该发现你的才能了呀！

平原君话是没好说出口，但是却叹了口气。毛遂再次跪地："请主人给我一次机会。"

平原君有点为难："不是我不想给你机会。你要知道，有才能的人在这世间，就好像尖锥放在口袋里，不费吹灰之力就能露出尖儿来。但是如今你在我门下已经三年了，三年的时间我没听到有人夸赞过你，也没听说过你，可见你没什么本事。你不能去！"

"主人，毛遂坚持要去。我只是今天才请您把我这把尖锥放进口袋的啊！"毛遂的意思是，他之前没有冒出尖儿来，并不是因为他不是人才，而是因为没有得到施展才能的机会。

平原君想了想，反正他现在也缺一个人，找不到合适的人选，不如就他吧。既然毛遂愿意跟随，那就带着他便是。

最终，平原君同毛遂及其他十九个门客，带着金银珠宝直奔楚国而去。

挺身而出劝谏楚王

到达楚国，见到楚王后，平原君苦苦请求楚王派军支援，救赵国于危难之中，并请求与楚国结为同盟。从清早谈到中午，楚王迟迟不肯答应。毛遂等一众门客就在外面等待，左等右等，还是等不到平原君出来。

　　毛遂心中很焦急，他知道赵国危在旦夕，求援一事分秒必争，毕竟秦军不知道什么时候就会攻破都城，一旦邯郸被攻破，即便他们能求得楚国援助，也为时晚矣。

　　想到这儿，毛遂站起来，手按剑柄直奔大殿而去。平原君说："出兵援赵的利害，两句话就能解释清楚。如今从早上说到中午还没定下来，是为什么？"

　　他这么一喊，殿内的楚王跟平原君都愣住了。楚王心想：这是什么人，竟然敢冲进大殿。楚国的侍卫冲到大殿中，要当场把毛遂拿下。

　　楚王挥了挥手，示意侍卫退下。他饶有兴致地看向毛遂："赵国在危亡之际，为什么我要着急出兵呢？再说了，赵国派出平原君与我商议，你又是什么人？"

　　一旁的平原君赶紧鞠躬施礼："这是我的门客毛遂，冲撞了大王，望大王恕罪。"

　　楚王呵斥道："我在跟你主人说话，你冲进来干什么？还不快快退下！"

　　"我有话想对大王说。您若不愿听，大王将命悬一线。"毛遂按着剑柄斩钉截铁地说。

　　楚王却笑了："平原君，你手下竟有如此勇士！罢了，你说吧。"

"谢大王。"毛遂一五一十地为楚王分析利害，"大王，楚国兵多将广，而且国土面积大，足以称霸诸侯。然而秦国的白起区区一个毛头小子，却带兵侵占了楚国的领土，令大王的先祖受到屈辱，连赵国都为你们感到羞耻，怎么大王您自己却能够无动于衷呢？楚国与赵国联盟，为的不是赵国，而是楚国啊！有赵国为您抵御秦军，您进可攻、退可守，才能立于不败之地。如今，我家主人已经与您讨论了半天，您怎么还犹豫不决呢？"

"你说得太对了，我们楚国愿意全力支援赵国！"楚王连连点头，同意出兵救赵。秦军被士气大振的赵国敢死队击败，赵国的危机被化解了。

（故事源自《史记》《资治通鉴》）

原典再现

毛遂曰："臣乃今日请处囊中耳，使遂早得处囊中，乃颖脱而出，非特其末见而已。"

——《史记·平原君虞卿列传》

大意：毛遂说："我今天才请求把我这把尖锥放进您口袋里，如果早点让我处在口袋中，早就露出全部的锋芒了，而不只是露出一个锥子尖儿而已。"

李冰修建都江堰

　　秦国在计划吞并楚国时，发现蜀地是攻克楚国的关键。于是秦国占领了蜀地，却发现这里是一个不宜耕作的地方。这时，轮到水利家李冰出马了……

　　在秦惠文王统治时期，张仪为他制定了连横的策略，助他成就霸业。苴（bāo）国和蜀国互相攻打，两国都来向秦国寻求援助。秦惠文王想派兵攻打蜀国，又担心韩国趁机入侵；想先打韩国，再讨伐蜀国，又怕有什么坏处。这时，张仪主张先攻打韩国，但大臣司马错却主张先攻取蜀地。

　　司马错认为用秦国的军队去攻打蜀国，就好像让豺狼去驱赶羊群一样。攻下蜀地，可以扩展国土面积；得到大量财富，可以使百姓富足，军备充足。最终秦惠文王采纳了司马错的建议，将蜀地吞并了。

治理蜀地令秦王发愁

蜀国相当于现在的中国西南地区，特别是四川盆地及其周边。如今，四川被誉为天府之国，物产丰富，气候温和宜人，水利条件好，粮食产量大，百姓安居乐业。但是在战国时期，蜀地可不是什么好地方，那里经常发生洪水，天灾不断，农业也不发达，老百姓都很贫穷。

秦惠文王攻下蜀地后，非常发愁，本以为大片土地，应该能为秦国创造很多财富。结果现在不仅没有得到财富，反而还得派军队驻扎，去保护这么一片穷苦之地，实在是得不偿失。不仅秦惠文王被这个烦恼所困扰，秦昭襄王继位后，也仍然在为蜀地的治理而犯愁。

"不行，得找个人把蜀地治理好，发展起来。"秦昭襄王思来想去，决心派人去整治蜀地，他在满朝文武中选中了一个人——李冰。首先，李冰对秦国忠心耿耿，值得信赖；其次，李冰上知天文，下晓地理，学识渊博，是个水利方面的人才；而且，他曾经在秦国主持修建过好几个大工程，经验丰富。

秦昭襄王召见李冰，任命李冰为蜀郡太守，派他到蜀地去治理水患。

李冰恭敬地回道："谢大王，臣必殚（dān）精竭虑治理蜀郡，为天下百姓，也为大秦江山。"

开山裂石　驯服岷江

等李冰来到蜀地，仔细勘察之后，他发现了个奇怪的现象：

蜀地土地肥沃，地势平整，没有高山，但地里却长满了野草。李冰有点儿纳闷，这么肥沃的土地，粮食产量一定很可观，要是在关中（今陕西中部地区），老百姓都会抢着耕种。为什么这里的百姓却不去种地呢？他们是不会种地，还是太过懒惰呢？

李冰四下一打听，才知道原本这里的人们都非常辛勤地耕种，但是每年都没什么收成，所以后来人们干脆就不种了。

这又是为什么？原来，这里有一条骇人的江水，叫岷（mín）江。每年雨季，一下暴雨，岷江水位暴涨，会把岷江两岸的土地、农田全部淹没。若只是淹没庄稼，也不过是损失一些金钱，但是江水无情，会吞噬（shì）人的生命，很多人葬身在滔滔江水中。时间一长，人们就不在这里居住了，土地也随着荒芜下来。

李冰明白了，要想让蜀地发展起来，必须将这条噬人的江水给控制住。可岷江涨水是大自然的现象，这该怎么控制？李冰思来想去，认为还是得亲自去调查清楚。

李冰调查了好久，才发现岷江之所以洪水频发，是因为上游两侧都是高山，而且河道比较窄，下游却是平原，而且两岸没有堤坝。雨季岷江水量剧增，流速变快，如此大量而又快速的水冲击到下游，容易导致大水漫灌，顷刻间就会将下游两岸的土地淹没。

另外，岷江上游还有一个导致水流加速的关键因素，那就是一座叫玉垒山的高山。这玉垒山在岷江的东面，正好挡住了岷江江水的东流。每次发大水，往往是西边水涝，东边干旱。

李冰决定先解决玉垒山的问题，他想出了一个主意——把山凿穿。既然玉垒山挡住了岷江水，那就在山上凿个口子，这样也

相当于是拓宽了河道。

说干就干，李冰召集大量军民，开山裂石。如果是现代，可能会直接采用炸药炸开，但是战国时候还没有这么便利，工具刚刚从青铜器进化到铁器，因此这开山就是靠着人们的勤劳，慢慢把这口子凿出来。最终功夫不负有心人，李冰带领军民凿开了玉垒山，在那个时代，这简直就是惊天之举。

玉垒山凿开之后，岷江的水速慢下来了。这个口子后来叫宝瓶口，因为它的形状像瓶口一样。

后来，李冰又跟他儿子在岷江两岸修筑保护河岸、防止江水泛滥的河堤。

修筑分水堰

那么李冰对自己的治水成果满意了吗？还没有。

李冰认为，虽然宝瓶口缓解了岷江水害，但现在西边的水资源非常丰富，东边却还旱着呢。怎么才能解决东边的灌溉问题呢？李冰决定在岷江中修筑分水堰，将江水分成两支，一支作为岷江的主河道，让它还是沿着西边顺江而下，另一支水则引向东边，用这些水来浇灌东边的土地。

没有古人的方法可以借鉴，李冰必须自己琢磨。他先是做了小实验，找一条水流不怎么湍急的河流，把石头放在水中间，看看用多少石头，才能让水流改道。结果，李冰发现，投到河里的石头没过多久就会在水流的冲击下散开。这个问题该怎么解决？李冰陷入了沉思。

后来，李冰偶然间看到了箩筐，产生了灵感。箩筐就是用一根一根竹条编成的筐，用箩筐装上石头，沉入水底，石头就不会轻易被冲散了。如果用无数装满石头的箩筐来搭筑分水堰，是不是就能把江水分开呢？

李冰父子又做了很多次试验，最终断定这种办法可行。于是又召集大量军民，搭筑分水堰。待分水堰筑成，岷江果然被一分为二，分成了内江与外江。因为分水堰的形状很像张开的鱼嘴，于是，给它起了个名字，叫作分水鱼嘴。

为了便于观测和控制内江的水量，让它足以维持灌溉，又不至于造成洪水漫灌，李冰铸造了三个石像，放在水中。只要观察石像，就能直观地看出水位变化：水位低于石像的足，意味着有干旱之灾；水位没过了石像的肩膀，则意味着有洪水之灾。

李冰总算是彻底解决了岷江水灾的问题，而且，他还在岷江上发展起了渔业和航运业。随着都江堰的建成，蜀地也渐渐繁华起来，不仅农民开始耕种土地，商人也在这里做起了生意。

都江堰的修建，有效地改善了蜀地人们的生活水平，也为秦国增加了赋税收入。在都江堰建成的几百年、几千年后，它依然在岷江上发挥着重要的作用。

（故事源自《史记》《华阳国志》）

荆轲献图　暗刺秦王

秦国频繁发动兼并战争，接连讨伐齐国、楚国和韩、赵、魏三国，很快就要打到燕国来了。燕国群臣都害怕灾难到来，十分不安。为了帮燕国消除祸患，燕太子丹想了一个大胆的计划……

当时燕国的国君是燕王喜。太子丹很怕秦国攻打燕国，因为他与秦王嬴（yíng）政有仇，这件事还得从太子丹小时讲起。

太子丹之前曾在赵国当人质，秦王嬴政在赵国出生，小时候和太子丹关系不错。等到秦王政回国即位，太子丹又被送到秦国做人质，这时，秦王嬴政对他不友好。因此，太子丹一气之下逃出了秦国，回到了燕国。

后来秦国吞并了一个又一个国家，燕太子丹感觉到了危机，认为必须想办法拖延秦国扩张的步伐。思来想去，他觉得最好的办法是擒贼先擒王——直接把秦王嬴政杀掉。为此，太子丹四处寻访武艺高强、胆识过人的人，最终找到了一位名叫荆轲的勇士。

危险的刺杀大计

荆轲为人沉深，好读书，曾经游历各国，对天下大事非常了解。他知道太子丹心中所想，说道："您要知道秦王是一个十分小心谨慎的人，作为天下最强大的秦国的君主，有无数人想杀他。有很多刺客去刺杀秦王，但是都没能成功，秦王为此加强了戒备，身边随时都有大量守卫。这可是大事，我恐怕不能胜任。"

太子丹恳请他不要推辞，荆轲这才答应。

然而，过了很久，荆轲还没有动身的意思。这时秦将王翦（jiǎn）已经灭了赵国，太子丹感到很害怕。他跑去问荆轲："敢问您有妙计了吗？"

荆轲说："要想接近秦王，必须先得到他的信任。恰好，咱们如今便有两样东西可以取信于他，一样是土地，一样是仇敌。燕国有一块肥沃的土地，无论种植什么作物都能丰收，这宝地天下皆知，咱们便将它献给秦王；至于仇人，秦将樊於期（fán wū jī）得罪了秦王，逃到燕国避祸，您收留了他，秦王正重金求樊於期项上人头。如果能带着樊於期的人头和进献土地的地图，一定可以面见秦王。到时我拿刀刺他，肯定可以杀掉秦王。"

太子丹听后有些心惊，这个计划实在太过大胆。"樊於期将军走投无路投奔于我，我不能要他的命，这事还要从长计议。土地倒是无妨。"

荆轲知道太子丹不忍心，于是私下里去见樊於期。

荆轲带着两坛美酒拜访樊於期，跟他一番畅饮。酒席间，荆轲长叹一声，说道："将军，您恨不恨秦王？我听说他重金悬赏您的项上人头，还杀了您全家。"

樊於期点点头，说："唉，我一直想报仇，但是却无能为力。"

就着这个话头，荆轲把自己的刺杀大计同樊於期一一道明："将军，如若能得您的帮助，秦王必死无疑；可若没有您，我连见到秦王的机会都没有。"

樊於期听后，交代好后事，跟荆轲说道："那么，这一切就拜托您了。"说罢，樊於期自刎而死，以自己的性命来成全荆轲刺杀秦王的计划。

现在，荆轲有了樊於期的人头，也有了太子丹交付的地图，唯独缺一件合适的兵器。这件兵器必须极其短小且十分锋利。太子丹从著名的铸剑师徐夫人那里重金购买了一把。又让工匠把剑身上淬（cuì）好了毒。太子丹还给荆轲配了一个助手。这人名叫秦舞阳，十三岁时就杀过人，没有人敢与他对视。

万事俱备，荆轲带着人头和礼物，与助手秦舞阳出使秦国。

临行前，太子丹以及知情的宾客在易水河边相送。众人十分悲戚，因为他们知道荆轲此行必死无疑。如果他失败了，固然要被秦王所杀；即使他成功了，秦王的侍卫和大臣也不会放过他。

就在众人伤感时，荆轲的好友高渐离一边哭，一边击筑（zhú），荆轲和着节拍高声吟唱："风萧萧兮易水寒，壮士一去兮不复还！"在这凄凉而又悲壮的歌声中，荆轲出发了。

图穷匕见　刺杀失败

秦王听说燕国派了使臣前来，要给他送上两份大礼，十分高兴，当即宣使臣上殿。荆轲和秦舞阳往大殿上走去。正要跨过台阶，秦舞阳突然脸色煞白，头上冷汗直流，群臣很是奇怪。

荆轲强装镇定，为秦舞阳圆场："北方蛮夷之地的粗人，没有见过天子的威仪，心中惶恐不已，故而失礼，望大王恕罪。"

秦王冷哼一声，说道："把他手里的地图拿过来。"

"是。"荆轲走上前，将地图一点点展开，同时指着地图，一处一处为秦王介绍，这里是山峦，这里是河流，这里是沃土，这里是平原……地图即将完全展开，秦王的目光也随着到了地图末端。

这时，秦王感到眼前仿佛有亮光一闪，"嗯？"秦王刚刚发出一声疑惑的声音，就

见荆轲左手一把抓住秦王的袖子，右手拿起匕首，直直地朝秦王刺去。

但是荆轲很快意识到了不对劲，秦王的衣服太过宽大，匕首并没有伤到秦王的皮肉。

秦王挣断衣袖，连忙伸手拔佩剑，但剑身过长，卡在了剑鞘（qiào）里，竟然拔不出来。眼见荆轲又挥着匕首朝自己砍来，秦王只好绕着柱子跑，荆轲在他身后紧紧追赶。此时，群臣手中没有兵刃，护卫虽然有兵器，但他们都在殿外，没有秦王的命令不得入内。危急关头，秦王的医生抡起自己手里的药囊当武器，向荆轲砸去。

慌乱中，群臣大喊："大王把剑推到背后去拔！"秦王成功拔出佩剑，一剑砍断了荆轲的左腿。荆轲惨呼一声，倒在地上。

眼看刺杀计划将要失败，荆轲拼尽全力，拿起匕首朝着秦王狠狠投掷过去，却击中了柱子，秦王依旧安然无恙。秦王转而刺向荆轲，荆轲被砍伤了八处。

荆轲知道自己失败了，就靠在柱子上大笑，还叱（chì）骂秦王："哼，我之所以大事未成，都是因为我想活捉你，逼你归还诸侯们的土地，好报答太子丹的恩情！"

秦王身边的人冲上来斩杀了荆轲，但秦王并没有饶过太子丹，他派遣大军攻打燕国。令人想不到的是，为了平息秦王的怒火，燕王喜竟然将自己的儿子斩杀，把他的头颅献给了秦王。然而，最终燕国还是被秦国灭了。

荆轲刺杀秦王失败，秦王统一六国的脚步无人能够阻挡，他横扫六合，统一天下，结束了自春秋战国以来长达五百年的分裂割据的局面。这时，秦王已经不满足于做秦王，他认为自己"德兼三皇，功过五帝"，便创立了"皇帝"的称号。自称为始皇帝，也就是历史上的千古一帝——秦始皇。

（故事源自《战国策》《史记》）

原典再现

高渐离击筑（zhú），荆轲和（hè）而歌，为变徵（zhǐ）之声，士皆垂泪涕泣。又前而为歌曰："风萧萧兮易水寒，壮士一去兮不复还！"复为慷慨羽声，士皆瞋（chēn）目，发尽上指冠。于是荆轲遂就车而去，终已不顾。

——《战国策·燕策三》

大意：高渐离敲着筑，荆轲和着节拍唱歌，发出悲凉的声音，众宾客都流着眼泪小声地哭。荆轲又走上前唱道："风萧萧地把易水岸边吹得很冷，壮士这一去就永远不再回来了！"又发出激愤的声音，众宾客都睁大了眼睛，头发都向上竖起顶住了帽子。于是荆轲便坐上车离开，始终不曾回头看一眼。

讲历史

狮子老爸

狮子老爸 著

莳歌 绘

中

中华书局

目录

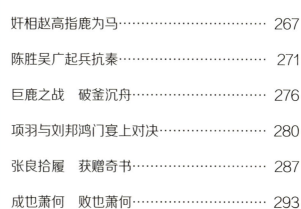

三国

两晋

秦朝

　　秦朝是中国历史上第一个中央集权的大一统王朝，由秦始皇嬴（yíng）政建立。秦始皇为巩固统治，实行郡县制，统一文字、货币、度量衡，这些制度影响深远，奠定了中国封建社会的基础。秦始皇死后，秦二世胡亥继位，朝政腐败，民不聊生，最终引发陈胜、吴广起义，各地纷纷起兵反秦。秦朝在农民起义和诸侯割据中迅速崩溃，最终被刘邦建立的汉朝取代。

秦始皇推行统一措施

秦始皇即位之后，采取了很多史无前例的治国举措，很多制度和规则甚至沿用至今。车同轨、书同文，统一货币和度量衡，促进了经济的发展，维持了社会的长治久安。

秦始皇让属下的官员讨论治理国家的方法。李斯提出应实行中央集权下的郡、县制度，秦始皇同意了这一建议，任命李斯为丞相，在全国推行郡县制。与此同时，秦始皇还实行了一系列统一措施。

车同轨　书同文

有一个统一很有意思，叫车同轨。车同轨，就是统一马车两个轮子之间的距离，统一为六尺长，确保全国各地的马车可以在统一的轨道上行驶，从而方便交通。

如果是偏远的小道，那就让它至少能容一辆马车通过；如果是大道，那至少应该容两辆马车通过，才能让相对方向的两辆马车错开。车同轨，奠定了中国古代道路的宽窄标准。

还有一条措施叫书同文。书同文就是统一天下的文字。在春秋战国时期，不同诸侯国的文字写法各不相同。不同地方的人，难以辨认对方的文字，导致交流非常不便。最主要的是影响政令的推行。秦始皇统一中国后，命令丞相李斯等人对文字进行整理，推进统一工作。李斯以秦国使用的大篆作为基础，吸收六国文字的特征，创造了小篆，并将小篆定为官方字体，在全国推行。

虽然听起来，这个规定好像是抹消了其他地区的文化，但实际上这是一件有利于文化交流的好事。

秦始皇规定书同文后，全国人都用同一种文字，交流起来没有困难，学习起来也方便多了。而且，这一改革对后世文字的发展产生了深远的影响。

统一货币和度量衡

战国时期，各国的钱币各有特色。有一种钱叫作蚁鼻钱，这种钱币是用青铜做成的，非常小，很像人的鼻子，是楚国的钱币。韩国、赵国、魏国用布币，布币看起来像铲子。韩国以方足布为代表，赵国以尖足布为代表，魏国则以桥足布为主。燕国和齐国的钱币也很有趣，叫作刀币，长得就像一把大刀，尾巴上有一个小眼儿，可以把钱币穿成一串，方便携带和计数。赵国的货币种类多样，有布币、刀币等。赵国还有一种钱币像一个人，由一个脑袋、两条腿组成，上面还有三个孔，这叫三孔布。

秦国的钱币是圆形方孔钱，叫圜（huán）钱。

由此可见，战国时期，诸侯国都用着各自的货币，在货币统一之前，各国之间进行交易的时候，常常因为货币价值不同而产生纠纷。比如说，买卖一头羊，买方说付两个刀币，卖方说要三个布币，买方和卖方都觉得对方的要求对自己不公平，最后买卖就成不了。

秦始皇统一天下后，铸造了统一的圆形方孔的货币。如此一来，交易时不会再因为货币不同而产生纷争。这种圆形方孔的货币也被称为半两钱，铜币上面刻着两个字，一个"半"，一个"两"。

统一了钱币之后，秦始皇开始去各地巡查。他发现老百姓的生活还是不方便，还有一个标准必须统一——度量衡。什么是度量衡？度量衡是指在日常生活中用于计量物体长短、容积、轻重的标准的统称。以买布为例，钱币统一为半两钱后，人们可以一手交钱，一手交布，但是买布的人拿回去可能会发现布料尺寸不够。倒不是奸商故意这样做，而是因为那时候各地的长度和重量单位没有统一。

秦始皇召集大臣，要将度量衡也统一起来。度量衡统一后，老百姓经商更加便利了。

秦始皇统一天下后，采取了一连串的统一措施，建立了大一统的观念。对各地百姓来说，他们也渐渐消除了民族隔阂（hé），促进了民族的融合。

（故事源自《史记》）

徐福遍寻不老神药

秦始皇的一生有无数值得后人铭记的功绩，但当他年岁渐老，也同很多人一样，开始畏惧衰老和死亡，所以秦始皇开始求仙问道，渴望长生不老……

千古一帝秦始皇，追求长生不老，希望能万寿无疆。他遍访仙山、遍求名士，最后找到了一个方士，这个人叫徐福。徐福博学多才，通晓医学、天文、航海等各方面的知识。

得见"仙山"未见仙药

随着年纪越来越大，秦始皇越发觉得生命凋零、时间流逝实在是太恐怖了。于是他下令："来人，去寻不老仙药，我要长生不老。"

可满朝官员找遍全国，也找不到不老仙药。官员们想随便拿点丹药交差，可又骗不过秦始皇。

终于，在公元前219年，徐福呈上一封奏折，说："陛下，臣知道世间的长生不老药在哪里，就在那东海三仙山。"

秦始皇连连追问："徐福，三座仙山在哪？速速道来！"

徐福说："这三座仙山都在海上，分别是蓬莱、方丈和瀛（yíng）洲。仙山上有神仙居住。"

秦始皇很高兴，当即就命徐福出发寻访神仙："来人，备一些金银珠宝，去向神仙求不老仙药！"

徐福摆摆手："陛下，您是真龙天子，是天命所归。您若不亲自前去，仙山是不会在我等凡夫俗子面前显形的。"

秦始皇片刻都不迟疑，立马带着徐福等人东巡。

一行人先去爬了泰山，领略一览众山小的境界。然后到达海边的琅邪，在那里住了好几天。一连几天，海面都笼罩在大雾里，根本就什么也看不见，更别说仙山了。

秦始皇有点不耐烦了，他问徐福："你说的话究竟是真是假？这些年可有不少人拿着寻常药丸冒充仙丹骗我。你若是敢欺骗我，可知道会有什么下场？"

徐福打了个哆嗦，回答道："陛下，只要心诚，即可得见。"秦始皇听了点点头，要求仙缘，确实得诚心才能得见。

说来也巧，这天雾气散了，天上出现了一道道彩霞。在以前的人看来，天上出现彩霞，肯定是有神仙路过，只有神仙身边才会有五彩光芒。

随着彩霞升起，海面上隐隐约约出现了一座座亭台楼阁，远远看去就像是一座仙山的模样。这海市蜃（shèn）楼的景象，把秦始皇和随行的官员都看呆了！

徐福大笑："恭喜陛下，贺喜陛下！"然后双膝跪地，给秦始皇磕头。

秦始皇还没反应过来呢："爱卿，那、那是……"

徐福连声道贺："恭喜陛下，贺喜陛下得见仙山！"

"这就是仙山？"秦始皇赶紧作揖（yī）行礼，终于见到仙山了，接下来就要去求不老仙药了。

可是徐福摆摆手，说道："陛下，要想求得长生不老药，还需要提前做许多准备工作呢。"

秦始皇很失望："爱卿，你怎么不早说？你要是早点说，咱们可以准备好了再来……"

徐福劝道："陛下，心诚则灵，这种仙缘可急不得。"

秦始皇无可奈何，只能听徐福的话，返回国都咸阳。

徐福东渡　一去不返

回到咸阳，得到秦始皇的信任后，徐福就向秦始皇索要各种物资，美其名曰，要想求得长生不老药，需要有钱、有人，还得有船，这些都得配备齐全。

秦始皇无不应允，不管徐福要什么，他都满足。

徐福张口就要童男童女数千人，秦始皇在全国征召童男童女。当秦始皇问具体的要求，比如身高、体重之类时，徐福回答，没有特殊要求，只要有数千童男童女就行。因为童子有先天灵气，取得不老仙药后，得靠这些童子的灵气守护着，才不至于失去药效。

秦始皇点点头，深以为然，又问："那爱卿要几千人？"徐福说："得三千人。"要知道，每一个童男童女的背后，都是一个家

庭，征召这么多童男童女，相当于拆散了几千个家庭。

除了童男童女，徐福还索要各行各业的人才，木匠、铁匠、泥匠、瓦匠等等。虽然秦始皇很纳闷，但他求药心切，一一答应了徐福的要求。徐福还要求带上一些五谷杂粮以及各种植物的种子。最后，秦始皇给徐福拨了一队士兵，又给他准备了十几艘大船，让徐福赶紧出海。

第一次出海，徐福什么都没找到。

后来秦始皇再次派徐福出海，徐福这次要求带几百名弓箭手。

为什么要弓箭手？因为徐福说海上有妖兽，上次就是因为打不过妖兽，船被妖兽弄坏了，所以才没有成功。

秦始皇又把军中最精锐的五百名弓箭手指派给徐福，随他出海远航。

徐福信心满满地承诺："臣这次肯定能把不老仙药带回来。"

然而这次，徐福出海后，就再没了消息，再也没有回到秦朝。

徐福去哪了呢？传说徐福第一次出海，并没有遭遇海难，也没有遇到妖兽，他带走的童男童女、粮食武器、各行各业的人才还有军队，都被他留在了倭（wō）国（我国古代对日本的称呼）。名义上，徐福是寻找不老仙药，实际上是为了去开辟新的土地。

（故事源自《史记》）

奸相赵高指鹿为马

秦始皇去世后，他的小儿子胡亥继位，即秦二世。但秦二世是一个残暴荒唐的皇帝，他不仅没能稳固秦始皇打下的江山，反而宠信赵高，任凭他陷害忠臣良将，从而加速了秦朝的灭亡……

公元前210年，秦始皇在巡游途中病逝，宦官赵高、丞相李斯与秦始皇的小儿子胡亥勾结在一起。他们篡改秦始皇的遗诏，逼迫秦始皇的长子公子扶苏自尽，拥立胡亥为帝，胡亥即为秦二世。

铲除忠良　成为丞相

秦二世继位后，开始追求奢侈享乐的生活。他仿效秦始皇的排面去巡游，还让人收集天底下的珍奇异兽供玩乐。但他毕竟不是名正言顺当上皇帝的，因此十分担忧。加上赵高利欲熏心，想要牢牢把持朝政。因此，二人商议应先排除异己，将心怀不满的大臣都从朝堂上驱逐出去。

赵高首先将目标对准了始皇生前颇受重用的蒙恬将军和他的弟弟蒙毅。秦始皇在位时，蒙恬负责对外作战，蒙毅常常在朝内出谋划策，秦始皇非常宠信他们，二人在朝中地位极高，因此成了赵高最忌恨的人。他日夜诋毁蒙氏，搜集证据弹劾（hé）他们。

胡亥听信赵高编织的罪名，以"先帝想要立胡亥为太子，而蒙毅阻拦"的罪名杀了蒙毅。随后，又以"蒙毅有大罪，牵连到了蒙恬"，逼迫蒙恬自杀。

随后，胡亥把朝政大事交给赵高处理。赵高不仅在朝中安插了大批亲信，还陷害丞相李斯。李斯被捕入狱后，赵高严刑拷打他，李斯不忍受折磨，含冤招认。李斯被腰斩后，赵高如愿当上了丞相。

指鹿为马　意图篡位

这一天，赵高趁群臣朝贺时，命人牵来了一头鹿，对胡亥说："陛下，我得到了一匹宝马，特来献给陛下，请陛下观赏。"

胡亥定睛一瞧，当即笑了，他虽然荒唐糊涂，但对于鹿和马还是能分得清的。"丞相，这怎么可能是马呢？这明明是一头鹿啊，你看它头上还长着角呢！"胡亥说。

赵高却说："这是一匹马呀！陛下若是不信，可以问问大家，看看他们怎么说。"

赵高的党羽纷纷谄（chǎn）媚地说："陛下，这确实是一匹马，而且是一匹极品宝马。陛下您只是从前没见过，所以才不认识罢了，这真的是一匹好马。"

另一些人纷纷摇头，指着这头鹿，怒斥赵高："丞相，陛下都说了这是鹿，而且这也真的是一头鹿，你却偏偏要说是马，是何居心？"

赵高笑着说："我哪有什么居心呢？不过是随便说说而已。"其实赵高暗地里咬牙切齿，心想这些反对他的人终于全都露出了真面目。

赵高将反对他的人一一牢记在心，没过多久，就罗织各种罪名诬陷他们，将他们都赶出朝堂。而那些附和赵高指鹿为马的人，后来纷纷加官晋爵。至此，百官都惧怕赵高，不敢再说真话，而是一味附和赵高，赵高就这样架空了胡亥的皇权。

秦二世胡亥在位的第三年，赵高设计逼胡亥自杀，打算自己登基为帝。但百官都用沉默来表达自己的抗议，赵高无奈，只能临时改变主意，将玉玺（xǐ）传给了秦始皇的弟弟子婴。秦王子婴在位仅仅46天，刘邦率军入关，百官叛变，子婴向刘邦投降，秦朝宣告灭亡。

（故事源自《史记》）

原典再现

赵高欲为乱，恐群臣不听，乃先设验，持鹿献于二世，曰："马也。"二世笑曰："丞相误邪（yé）？谓鹿为马。"问左右，左右或默，或言马以阿（ē）顺赵高。或言鹿，高因阴中诸言鹿者以法。后群臣皆畏高。

——《史记·秦始皇本纪六》

大意：赵高想要作乱，害怕群臣不从，就预先做了一个试验，他牵来一头鹿献给秦二世，说："这是一匹马。"秦二世笑着说："丞相搞错了吧？你把鹿当成了马。"赵高便问左右大臣，大臣们有的默不作声；有的说是马，来阿谀（ē yú）迎合赵高。有的说是鹿，凡是说鹿的，赵高就假借法律暗中加以陷害。从此，群臣都畏惧赵高。

陈胜吴广起兵抗秦

　　秦始皇的功绩彪炳（bǐng）史册，但统治后期大兴土木、严刑峻法，给百姓带来了沉重负担。秦二世继位后，变本加厉施行暴政，赋税徭（yáo）役更加繁重，致使民不聊生。终于，百姓忍无可忍，中国历史上第一次大规模的农民起义爆发了……

　　秦始皇称帝后，不仅修建了长城，还命人修建规模空前的宫殿阿房（ē páng）宫，供享乐；另外，在骊（lí）山动工兴建死后长眠的陵墓。几个大工程下来，秦朝国库日渐空虚，百姓的生活也陷入了水深火热之中。长此以往，老百姓心生不满，怨声载道。秦二世继位后，情况更加糟糕。皇帝贪图享乐，不理朝政；权臣当道，实施暴政，天下更加不宁。在这样的背景下，农民起义爆发了。

心怀鸿鹄之志

陈胜和吴广都是农民出身，家境贫寒，生活困苦。那时候，很多农民没有土地，只能给有钱人家打工，替富人耕种。但是，种出来的粮食也不归农民所有，农民只能分到一点儿粮食，吃饱饭都成了一种奢望。

在这样艰苦的环境下，陈胜仍然胸怀远大的志向，希望能够改变命运。与陈胜一起种田的其他农民，见了陈胜都笑他是个疯子，但陈胜却对众人说"苟富贵，勿相忘"，意思是，如果谁将来兴旺发达了，不要忘记彼此啊！

众人当然不信："你一个种田的，连块地都没有，你能有什么富贵？"

陈胜感叹道："燕雀安知鸿鹄之志哉！"小家雀哪里知道高高飞在天上的鸿雁的志向呢？

借机揭竿而起

公元前209年，秦王朝大肆征兵，让他们去渔阳（今北京密云西南）驻守城池。陈胜、吴广也被征召了，而且两人还被任命为屯长。队伍日夜兼程往渔阳而去，没想到，天降暴雨，把路给冲垮了，这支大队伍无法继续前进，被拦在了半路上。

自商鞅变法之后，秦国一直奉行依法治国的原则，法律非常严苛。按照规定，这支队伍必须在指定的时间到达渔阳，如果没能准时到达，这些人都得被杀掉，因为他们贻（yí）误了军机。现在道路不通，队伍肯定无法按时到达，怎么办呢？

　　陈胜和吴广商量道:"逃跑是死,发动起义也是死,同样是死,为国事而死,可以吗?"

　　"暴政让所有人恐慌不安,民怨沸腾,正是推翻秦二世的最好时机。而且,我听说秦二世胡亥,是先皇的小儿子。先皇长子扶苏,被胡亥给害死了。但是这事没有对外公布,人们大多只知道扶苏贤明,却不知道他被谋害了。我还听说有个人叫项燕,他担任楚国将领的时候,因为爱兵如子,得到了楚国人的敬重。有人

认为他死了，有人认为他逃走了。我看，不如我们就打起公子扶苏和名将项燕的名号，收揽人心。"陈胜说。

"好。"吴广当即答应，两人一合计，要想让百姓深信不疑，必须依托于鬼神之力，让他们认为陈胜称王乃是上天的旨意。

于是二人找来一块布，在布上写下"陈胜王"，又把这布条放到别人所捕的鱼的肚子里，故意让这条鱼被士兵买回来。

士兵刮完鱼鳞正准备烤鱼，发现鱼肚子里好像有东西，于是剖开鱼肚子一瞧——"陈胜王！"

士兵们还没想明白呢，附近突然燃起了篝（gōu）火，火焰中还伴随着狐狸凄厉的哀叫："大楚将兴，陈胜为王。"这其实是吴广在模仿狐狸的叫声。这件事一时间一传十，十传百，很快在士兵间传开。人们都传闹鬼了，是楚国死去的冤魂回来了，要推翻秦国的暴政，而且会有一个叫陈胜的人引领楚国复兴。

大家纷纷打听陈胜是何人，吴广立刻站出来："我知道，我带你们去找他！"

建立张楚政权

等吴广带大家找到陈胜，士兵们都向陈胜磕头，寻求陈胜的庇佑。接下来，陈胜故意激怒押送他们的秦军军官，并借机杀了两个将领。

陈胜和吴广当即号召："咱们已经误了去渔阳的时间，按照律法，是要杀头的。事已至此，与其到渔阳被秦军斩杀，不如咱们现在就造反，先把那些秦军杀掉！难道，你们被欺压得还不够久吗？"

在二人慷慨激昂的鼓动下，大家都附和起陈胜来。陈胜和吴广乘胜追击，喊出了他们的口号："王侯将相宁有种乎！"那些王侯将相难道是天生的吗？我们也能封王拜相！

附近的百姓听闻这件事，纷纷赶来响应，原本他们只是一支千人的队伍，没过一个月，就变成了数万人的队伍。

陈胜和吴广正式打起公子扶苏和楚将项燕的名号，率领起义军攻打秦朝的城池。第一步，便攻下了大泽乡（今安徽北部）；接下来，他们攻下了六座城池，待陈县（今河南淮阳）也被攻占，陈胜和吴广已经打下了一片不小的土地。陈胜顺势称王立国，国号"张楚"。

起义失败

陈胜、吴广起兵之初，可以说是百战百胜、从无败绩，但是后来他们发现了一个问题，起义军进展很顺利，可是根基不稳，兵力不足，粮草不继，而且陈胜和吴广没有指挥大型战役的经验，难以与训练有素的正规军队相抗。另外，起义军人数越来越多，利益纷争不断。内部人心不齐，前线战事又吃紧，内忧外患下，陈胜率领的起义军实力逐渐衰弱。

后来，吴广不幸身亡，张楚政权失去了一位主心骨，陈胜独木难支，竟然被叛徒所杀，最终导致起义失败，中国历史上第一场轰轰烈烈的农民起义就此结束。

虽然陈胜、吴广率领的起义军被消灭，但秦朝末年各地涌现的起义军仍然不计其数。

（故事源自《史记》）

巨鹿之战　破釜沉舟

　　陈胜、吴广失败三年后，项羽率领的军队彻底推翻了秦朝的统治。那么秦朝究竟是如何彻底灭亡的呢？项羽又是如何以少胜多的呢？

　　陈胜、吴广建立的张楚政权被灭，但整个秦朝大地上的起义军就如星星之火，点燃了百姓心中的希望。一时间，起义军纷纷建立政权，出现了大大小小的国家，燕国、赵国、齐国等等，其中势力最大的是项梁起兵并发展壮大的楚国。

楚军壮大　对抗秦军

　　项梁起事后，招纳了很多子弟兵，同时兼并了楚地的英布、刘邦等起义军，发展为反秦起义军中的巨头。他找到放羊为生的熊心，拥立熊心为楚怀王，复立楚国社稷。

　　眼见起义军越来越多，秦朝军队开始四处平叛。秦军首先将目标对准了齐国和魏国，项梁听说齐、魏危机后，率领部队前去援助。在攻破了部分秦军后，项梁乘胜追击，接连战胜了秦军将士。然而，由于项梁骄傲自大，秦军又发动了全部兵力增援，致使项梁的军队被打败，项梁战死。随后，秦军将目标锁定至赵国。赵国被秦军打得落花流水，赵国君臣逃到巨鹿（今河北平乡西南），被秦军围困起来。

赵王立刻写信向其他反秦势力求援，但大家都是泥菩萨过河，自身难保，难以与秦军对抗。最后，赵王只好写信给楚怀王，说："如今起义军中，只有您兵强马壮，我只能求您来相救了。咱们都是为了反抗秦朝统治而奋战，如果其他反秦势力被灭，您要面对的秦军势力就会更强。看在唇亡齿寒的份上，请您出兵相救。"

楚怀王任命宋义为上将军，项梁的侄子项羽为次将，范增为末将，前去救赵。但宋义迟迟不肯发兵，反而派自己的儿子出任齐相，大摆酒席为他送行。项羽对此十分不满，趁早上拜见宋义时，将其斩杀。诸将万分震惊，内心恐惧，纷纷拥立项羽为上将军。

破釜沉舟　击败秦军

项羽先派手下将领率两万士兵过河援救巨鹿，渡过河后，初次对战取得了小规模的胜利。赵国又催促他再次出兵，于是，项羽决定亲自渡河指挥。

当时，秦将王离率领的秦军有四十万，而项羽率领的士兵仅有五万左右。双方兵力如此悬殊，而且秦军的甲胄和兵器都更加精良，如何才能战胜秦军呢？

项羽思来想去，最后想道：唯有生死攸（yōu）关、性命存亡

之时，方可激发出士兵最大的潜能。

于是，项羽率领全军渡河之后，让士兵们饱饱地吃了一顿饭，每人再带三天干粮。随后，他下令把军中所有做饭的锅都砸坏，把所有的战船底下砸个窟窿，让这些战船沉没到水底。

"各位兄弟，如今做饭的锅都被敲碎，所剩的粮食只够支撑三天；河边的战船也全被凿沉了，我们别无退路。大家一定要奋力拼杀，击败秦军！"项羽说完，军营沸腾了。

"诛秦军！"全体士兵的士气都被点燃，三天之内必须诛灭秦军！

在项羽的号召下，楚军士气彻底高涨起来，项羽带领大军一举攻克了秦军。这一战，项羽以少胜多，彻底消灭了秦军最后的有生力量，加速了秦朝的灭亡，也成就了项羽的赫赫威名。

（故事源自《史记》）

原典再现

　　在巨鹿之战中，项羽为了鼓舞士气，下令把渡河的船凿沉，把锅砸个粉碎，表示有进无退、必须夺取胜利的决心，后世人据此提炼出成语破釜沉舟，用来形容不留退路、不顾一切干到底的决心。

　　项羽乃悉引兵渡河，皆沉船，破釜甑（zèng），烧庐舍，持三日粮，以示士卒必死，无一还心。

——《史记·项羽本纪》

　　大意：项羽于是率领全部士兵过河，将船只全部凿沉，将锅全都砸破，将营寨尽数烧毁，只带着三天的口粮，来向士兵们表示务必要殊死战斗、毫无退路的决心。

项羽与刘邦鸿门宴上对决

陈胜起义后，刘邦在沛县（今江苏徐州西北）响应，自称沛公，投奔了项梁，共立楚怀王。项羽在巨鹿之战大败秦军时，刘邦率军攻进了咸阳城。楚王曾说谁能攻下咸阳，谁就能称王。那么，刘邦顺利称王了吗？项羽为争夺王位又做了哪些努力呢？

当项羽和秦军在巨鹿开战的时候，楚军的另一路则在刘邦的带领下，西行伐秦，去攻打咸阳了。刘邦手下有两员能臣协助，两人一文一武，文臣姓张，名良，才高八斗，负责替刘邦出谋划策；武将叫樊哙（fán kuài），勇武异常。多亏了这二人的相助，刘邦顺利地攻下了咸阳，军队驻扎在灞（bà）上（今陕西西安东南）。

项羽欲攻刘邦　项伯解围

项羽听说刘邦打下了咸阳，心里很生气，因为楚怀王曾说过，谁先打下咸阳，就封他在关中称王。于是项羽日夜兼程，迅速赶往咸阳。公元前206年12月，项羽率四十万军队驻扎在新丰（今陕西西安临潼东北）鸿门。当时，刘邦手下只有十万人。当听说刘邦打算让秦王子婴为相，将珍奇珠宝都已侵占后，项羽大怒，说："明天，好好犒（kào）劳士兵，给我打垮刘邦的部队！"

楚国的大臣项伯，是项羽的叔父，也是张良的老朋友。此时，张良正在刘邦手下做事。因为张良曾经救过项伯的命，听说项羽要攻打刘邦后，项伯连忙前来告诉张良，想劝他逃走。

张良听后当然不肯："为人臣子，当忠君爱国，我怎么能在危难之际离开。"

于是，张良把这个消息告诉了刘邦。

刘邦听后大为惊慌，问道："我该怎么办呀？"张良说："您应该亲自向项伯表明自己不敢背叛项羽。"

刘邦将项伯请入帐中，用对待兄长的礼节恭敬地对待他，跪地起誓："苍天在上，我刘邦绝无称王之心。请您向项羽将军通禀一声，我自打攻下咸阳，寸兵未进，诚心对待百姓，就是在等着将军的到来，好让将军入关收城。我刘邦绝无二心，绝无二心！"

项伯见刘邦如此真诚，又见好友张良反复劝说，有些相信了。他对刘邦说："明天可要一大早就去向项羽谢罪。"

回到鸿门，项伯对项羽说："咱们都误会刘邦了，刘邦自打攻下咸阳，就在等您入关。他没有做任何损害百姓利益的事，可见刘邦真的是在等着您呢！"

项伯说完，项羽身边的谋士范增脸色大变，因为他发现了一件不寻常的事情。刘邦是个贪财好色的人，他遇到金银财宝绝不会放过，看到美女也会收入自己帐中。但是这次他攻破咸阳城后，却秋毫无犯，这明显是有所图谋，恐怕刘邦是在树立自己的威望。

范增对项羽说："主公，刘邦显然是在收买人心，此人不除，必有后患。"

一边是叔父项伯，一边是谋士范增，项羽有点为难。最后，项羽挥了挥手，说："等明天见面再定吧。若刘邦真心臣服，我便饶他不死；若刘邦有二心，那这鸿门就是他的葬身之地。"

项庄舞剑　意在沛公

第二天，刘邦带着金银珠宝来拜见项羽。一见到项羽，刘邦就向他谢罪："我跟将军合力攻打秦军，将军在黄河以北作战，我在黄河以南作战。没想到，我先进入关中攻破了秦军，能够在这里见到您。如今，肯定是有小人说了一些坏话，使得将军心生嫌隙。我才疏学浅，断不能在关中称王，这位置必然是您的。"

于是项羽邀请刘邦留下来一同饮酒。项羽和项伯当先落座，他们是主人，面朝东坐；范增面朝南坐，坐在项羽旁边。刘邦面朝北坐，正好面对范增。最后是张良，他面朝西坐，陪着刘邦，面对着项羽。

虽然桌上尽是美酒佳肴，但在座诸位都没有心情享用。刘邦和张良固然惴惴（zhuì）不安，项羽从落座之后就在琢磨："刘邦是个祸患，但是刚才我一高兴放过他了，此刻要想杀他，得有个理由啊，怎么办呢？"项伯一心想保下自己的朋友张良；至于范增，他知道刘邦未来必定是项羽的对手，若此时不除掉刘邦，以后必定会吃亏。

范增好几次给项羽递眼色，又举起身上佩戴的玉向他示意，

想让项羽下手杀了刘邦，但项羽没有反应。吃了一会儿，范增出去了，他找到项羽的堂弟项庄。

范增低声对项庄说："你进去假装舞剑助兴，借机刺杀刘邦。"

项庄听后点点头："好的，您放心。"

项庄随范增来到帐中，范增为大家引见："诸位，今天光有宴饮，没有歌舞助兴。不过在场诸公都是武士，也不爱看那些莺莺燕燕的歌舞，所以我特意请项庄来为大家舞剑，请各位欣赏。"

说完，项庄拔出宝剑，随着节奏舞起剑来。

项羽看向范增，范增则对项羽点点头，暗示他：您只管看戏便是，我找来项庄替你杀掉刘邦。

刘邦和张良当然看出了范增和项庄的意图，这哪是舞剑助兴，这就是打算借机杀他呀！张良无计可施，只能看向项羽身边的另一人——项伯，此刻只有项伯能够阻挡项庄。

项伯见情势危急，果然站起身，抽出宝剑，来掩护刘邦。

项伯边舞边说道："舞剑岂能独舞？我陪项庄。"于是，他挥动宝剑，与项庄舞在一块儿。项伯常常故意挡在刘邦身前，让项庄找不到刺杀刘邦的机会。

樊哙斥项王　刘邦急逃走

这时，项庄突然听见身后传来沉重的脚步声，他猛一回头，只见一个身披甲胄（zhòu）的胖将军冲了进来，此人正是樊哙。

原来，就在项伯挡住项庄时，张良偷偷跑出去，把樊哙喊了进来，他说："不好了，主公有性命之危，你快来相救！"樊哙当即手持巨盾，冲进帐中。

项羽问道："来者何人？"

樊哙答道："回禀大王，鄙人樊哙，是沛公的部下。"

项羽当即大笑："有如此忠勇之将，来人，赐肉！"

话音刚落，便有侍卫抬上一条猪腿。

樊哙把猪腿放在盾上，拔出剑来边切边吃。

"来人，上酒。"项羽又赏了酒。

喝饱了酒，吃足了肉，樊哙把盾牌往地上一放，然后单膝跪地，双手抱拳，说道："樊哙只是一介武夫，不晓得天下大事。但樊哙知晓，楚怀王曾与众将约定，谁先攻下咸阳，谁就能称王。我家主公攻下咸阳之后，寸兵未入，寸金未取，寸民未扰，就是为了等项王前来。可项王却听信谗言，说我家主公有二心。樊哙虽然愚钝，但也知道诛杀有功之人，那就是在继续实行前秦的暴政，不可取啊。"

项羽盯着樊哙沉思良久，终于吐出一个字："坐！"

樊哙当即起身，坐在张良身边。

过了一会儿，刘邦站起身来去上厕所，退出了帐外，樊哙也跟着刘邦出去了。到帐外后，刘邦稍微放下心来，长长地舒了一口气："此地实在不宜久留，恐怕有杀身之祸。只是……我若现在离去，还未请辞，这……"

樊哙赶紧劝刘邦："主公，成大事者不拘小节，现在人家就像那刀和砧（zhēn）板，咱们是躺在砧板上的鱼和肉，还讲究什么辞别的礼节呀！"

刘邦一想，当即跨上一匹快马溜了。一行人直接冲出了项羽的军营，顺着小路逃回到自己军中。

张良被留下来向项羽致歉。他恭恭敬敬走到项羽面前，跪在地上，然后从袖中掏出一对玉璧，又掏出一双玉斗，然后恭敬地说："项王，我家主公不胜酒力，不能跟您告辞了。但他带了礼物，这一对玉璧是献给大王的，祝大王百战百胜，早登大殿；这玉斗送给范将军，望将军出谋划策，平定天下。"

张良说完，左右侍卫把玉璧和玉斗分别呈到项羽和范增眼前。项羽看了看，没说话；而范增则抽出腰间宝剑，一剑把玉斗劈成两半，骂道："你小子，不足以共谋天下。日后夺取江山的人，定然是沛公刘邦。以后咱们都得变成刘邦的俘虏！"说完，范增怒气冲冲地转身走了。

（故事源自《史记》）

原典再现

鸿门宴上，樊哙劝刘邦离去的一番话，成了流传后世的至理名言，也从中衍生出了两个成语——"大行不顾细谨，大礼不辞小让"和"人为刀俎，我为鱼肉"。

樊哙曰："大行（xíng）不顾细谨，大礼不辞小让。如今人方为刀俎（zǔ），我为鱼肉，何辞为。"

——《史记·项羽本纪》

大意：樊哙说："做大事不必顾及细节，行大礼不必讲究小处的谦让。如今人家就好比是刀和砧板，我们就像是砧板上的鱼和肉，还告辞做什么呢？"

张良拾履　获赠奇书

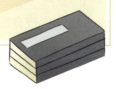

　　张良，秦末汉初的著名谋士，是一位军事家、谋略家，是刘邦最信任、最得力的助手。他的谋略来自一本奇书——《太公兵法》，而这本书的获得也有一段神奇的经过……

　　战国后期，天下不宁，张良的祖父和父亲都曾经担任过韩国的相国，可以说是家族显赫、家境富裕。但秦始皇为了完成统一天下的大业，相继灭了六国，韩国自然也灭亡了。张良也因此家破人亡，此后他历经磨难。

刺杀秦王失败

　　张良与秦始皇有着国恨家仇，他要倾尽全力报仇雪恨。就连弟弟去世，他都没有办理丧礼，而是将全部家财都用来征请刺杀秦王的刺客。当张良打探到秦始皇东巡的消息，便找来一位大力士，为他打制了一只重达120斤的大铁锤。他跟大力士埋伏在半路上，想趁机刺杀秦始皇。

没过多久，张良便看到一行车队由西向博浪沙（今河南原阳东郊）缓缓驶过来。车队浩浩荡荡，大小官员前后拥护着。张良跟大力士都觉得这是秦始皇的车队，于是准备刺杀。可是，二人仔细看了很久，却分不清哪一辆是秦始皇的车。张良认为最豪华的那辆车是秦始皇的，于是让大力士用铁锤击打，没想到击中的不是秦始皇。秦始皇出行非常警惕，倍加小心。因为有太多人想刺杀他了，他早有准备，常常换乘车马，所以张良很难判断出秦始皇在哪辆马车里。虽然秦始皇没受伤，但他很愤怒，下令全国通缉刺客。

从此，张良隐姓埋名地躲在一个叫下邳（pī）的地方。

偶遇奇人　张良拾履

一天，张良到下邳的一座石桥上散步，呼吸着清晨的新鲜空气，心情很舒畅。走着走着，他看到桥上有一位老人。这老人捋（lǚ）着长长的胡子，身穿一件粗布衣，看上去颇有几分仙风道骨。

老人走到张良身边时，故意趿（tā）拉着鞋，没一会儿，鞋子就从脚上甩出去了，掉到了桥下。

张良微微一愣，老人却对他说："小子，你下去把鞋给我捡上来。"

张良内心很生气，这老人好生无礼，他自己把鞋甩飞了，怎么硬要叫我去捡。

张良压住怒火，走到桥下，把鞋子捡起来，还给老人。但老人不但没有道谢，而且根本没伸手接鞋子，反而瞥（piē）了张良一眼，伸出脚来踢了踢张良的腿，"给我穿上！"

"你！"张良气坏了。但他又想，老人毕竟年纪大了，也许是腿脚不灵便、身子不灵活，否则也不会特意叫他下去捡鞋子。

张良单膝跪地，双手捧着鞋，给老人穿上了。老人站起身，大摇大摆地走了。

这位老人走起路来健步如飞，一眨眼的工夫就不见了踪影。张良叹道："真是奇怪，罢了，就当今天遇到一位怪人吧！"

张良也没多想，准备去吃饭。这时，刚刚走得无影无踪的老

人，突然又出现在张良面前。老人捋着长长的胡须，笑眯眯地说：
"孺子可教也。"

张良是个聪明人，他知道老人肯定不是凡人，说不定是世外
高人。这么一想，张良立刻向老人躬身行礼："学生愿听从老师的
教导。"

老人点点头，说："你我相见即有机缘，五天后的天亮时分，
你到桥头找我。"

"是。"张良规规矩矩地鞠躬施礼。

三约桥上　终得奇书

很快就到了约定好的日子，五天后的天亮时分，张良如约而
至。可是老人故意提前来到桥上等候，张良到达时，老人已经在
桥头等候多时。老人一见到张良，便张口怒斥："你这小子，你与
老夫相约，本应早点来才是，怎么还让我等着你啊？"

"这、这……"张良听了老人的训斥，心中十分愧疚，一时
无言以对。老人说得有道理，他是年轻人，理应提前来桥上等着。
误了时间，终究是无礼的行为。张良赶紧低头，向老人认错请罪。

老人摆摆手："你去吧，五天之后再来见我。"说罢掉头就走。

张良无奈，责怪自己糊涂，他打定主意，五天后一定要早点
来，千万不能迟到。

又过了五天，早上鸡刚打鸣，张良就立刻起床，摸黑赶到桥
头。到了桥头一看，张良拍了拍脑门，今天又白来了——老人又
已经站在桥上了，不知道等待了多久。这次，老人猜到张良会提
前来，所以又故意来早了一些，继续考验张良。

张良又急又羞，赶紧向老人鞠躬行礼、低头认错。老人又指着张良一顿臭骂："来得太晚了，你这浑小子，五天之后再来吧！"

于是，在约定见面的前一天晚上，别人都准备睡觉了，张良却换好衣服、鞋子，穿上保暖的厚衣服，前往约定的地点——桥头。张良心想：我晚上就到桥头去等，老人总不能提前一夜待在那吧？

这次，张良终于比老人先到了。

老人看见张良就笑道："孺子可教也。"

通过这几次考验，老人见到了张良的诚心，"好吧，你既诚恳又懂得隐忍，我便将这部奇书送给你。你若能虚心向学、熟读此书，将来一定会有大作为。"

张良恭恭敬敬地接过书，连声道谢："谢过恩师，谢过恩师！"张良想打听这位神秘的恩师是什么来历。

老人摇摇头，说道："十三年后，你到济北的谷城山下，如看到一块黄石，那便算见到我了。"说完，老人转身离去。从此以后，张良再也没有见过这位老人。

天亮以后，张良捧着书一看，这本书叫作《太公兵法》。此后，张良日夜用功苦读，终于融会贯通。后来，张良利用书里的知识，帮助刘邦夺得天下，推翻了秦朝的暴政。

那么这位老人究竟是谁呢？他是秦汉时期的世外高人，名叫黄石公，是著名的思想家、军事家。

（故事源自《史记》）

原典再现

张良是西汉开国功臣，是刘邦身边重要的谋臣，与萧何、韩信并称汉初三杰。汉高祖刘邦曾评价他："夫运筹帷幄（wéi wò）之中，决胜于千里之外，吾不如子房。"子房，即张良。

父以足受，笑而去。良殊大惊，随目之。父去里所，复返，曰："孺子可教矣。"

——《史记·留侯世家》

大意：老翁伸出脚，让张良替他穿上鞋，笑着离去了。张良感到十分惊讶，目光追随着老翁离开的背影。老翁走了大约一里路，又折返回来，说道："你这个年轻人可以教导啊！"

运筹帷幄之中，制胜于无形，子房计谋其事，无知名，无勇功，图难于易，为大于细。

——《史记·太史公自序》

大意：在军帐中谋划计策，不动声色地获取胜利，张良谋划这些事情，没有智慧过人的名声，也没有勇武盖世的战功，解决难题要从容易的地方入手，立下伟大的功业要从细微之处做起。

成也萧何　败也萧何

　　刘邦得到萧何、张良和韩信三人的帮助，才能够与项羽匹敌。那么萧何和韩信又是什么样的人物？为什么说"成也萧何，败也萧何"？

　　刘邦攻下咸阳后，与军民约法三章，赢得了人心。然而，项羽率军进入咸阳后，却不懂得约束官兵，纵兵劫掠，还把秦朝皇宫翻个底朝天，搜罗了大量金银珠宝、绫（líng）罗绸缎。最后，项羽一把火烧了秦朝的宫殿，大火烧了三个月都没有熄灭。

　　占领咸阳后，项羽自称西楚霸王，正式统领西楚的军权和政权。天下诸侯莫不以项羽为首，没人敢与其争锋。但是项羽心里还有一件隐忧，那就是刘邦将来可能会占领天下。项羽跟范增商义后，决定封刘邦为汉王，让他管辖巴、蜀和汉中之地（今陕西南部和四川等地）。

　　并且封秦朝投降的将领也为王，让他们统管关中，从而扼制刘邦。刘邦十分愤怒，打算攻打项羽，经过萧何等人的劝阻，才决定隐忍入蜀。

萧何是谁？萧何上知天文，下晓地理，是帮助刘邦治理天下的不二人选，所以他在刘邦的心中非常重要。刘邦被封为汉王后，拜萧何为丞相。

萧何月下追韩信

汉王刘邦率众前往封地，有不少人慕名跟随。然而一路艰险，不少士兵逃回去了。士兵们唱着歌，想回到家乡。

有一天早上，刘邦突然发现萧何不知去向，连忙问其他人，有侍从回答说：“回禀大王，他昨天晚上就骑马走了。”

一听这话，刘邦坐在地上痛哭不已。真是屋漏偏逢连夜雨，军队里的小兵跑了就跑了，可如今连将领也走了，以后该怎么跟项羽抗衡，又凭什么图谋天下呢？

刘邦正哭着，就听见马蹄声传来，刘邦抬头一看：“你可回来了，萧何！我还以为你也要弃我而去！”

萧何笑了：“我之所以离去，是为了帮你寻回一位能人。”

刘邦问：“什么能人？你就是能人，没了谁都行，不能没有你。”

萧何反问道：“主公可知咱们现在最缺少什么样的人才？”

刘邦一听，直叹气：“现在什么人才都缺！”

萧何答道：“不过依我看，现在最缺的是军中统帅。”

刘邦却说：“军中统帅有樊哙（fán kuài）足矣。”

萧何摇摇头：“樊哙将军可为将才，不可为帅才。”

刘邦顿时对萧何所说的帅才有了兴趣。帅才，是能指挥千军万马攻克敌军，有智谋的人。他往萧何身后看去，想看看这被萧何赞誉的帅才是何等伟岸的人才。但只看了一眼，刘邦便摇头叹气。萧何带来的这个人，原来是韩信。

韩信原本在项羽手下做郎中。韩信在项羽麾（huī）下时，将自己在排兵布阵、攻伐天下等方面的理论，详细归纳，总结成书面文字，提交给了项羽。但项羽连看都不看，丝毫不为所动。

在项羽那里得不到重用，韩信感到心寒，他认为要想建功立业，必须另寻明主。此时，天下除了项羽之外，就数刘邦势头强盛了。而且据说刘邦任用贤才，能虚心接纳他人的建议，韩信便离开了项羽的军队，来投奔刘邦。

没想到，韩信也没能得到刘邦的重视。萧何几次推荐，刘邦也没有重用他。

一怒之下，韩信决定离开。于是就在这天晚上，趁着月色，韩信骑了一匹战马悄悄溜走了。

韩信刚逃，萧何就收到消息了。他立刻马不停蹄地追上去，这才有了前面的故事。萧何一番解释，终于把前因后果给刘邦讲清楚了。

成也萧何　败也萧何

萧何见刘邦对韩信仍然持有怀疑，便说："主公，此人并非无名小卒，您切不可轻视他，日后他可助您夺得天下江山啊！"

刘邦对此半信半疑，但萧何如此大费周章地将韩信追回来，可见韩信有真才实学。于是，他决定任命韩信为将军。

萧何一躬身，说道："主公，若是您想固守汉中之地，在汉中

称王，封韩信做将军足矣；但您若要图谋天下，封韩信做将军还远远不够。"

于是刘邦说："好吧，看在你的面子上，我拜韩信为大将军。"

萧何还不满意，接着劝说："主公，您想留住人才，就不能怠慢了他。如果您真心拜韩信为大将军，应该择良辰吉日，亲自斋戒，开设祭坛，以最高的礼仪来拜将才是。"

刘邦当即宣布择良辰吉日，拜韩信为大将军。

韩信拜将后，刘邦决定考验韩信一番，他先是提出几个问题，韩信都对答如流，刘邦点点头。接着，刘邦又将他当下的棘手之事提出来，询问对策，比如现在应该如何应对兵卒流失、如何招兵买马、如何抵御项羽、如何固守阵地并进一步图谋天下。韩信一一作答，句句中肯，非常适用。

一番对答后，刘邦感慨不已：多亏项羽眼瞎，放走了这样一个人才；也多亏萧何有识人之能，才得此良将。

此后，在韩信的指挥和调度下，刘邦一举逆转了兵员流失的困境，招揽新兵，训练兵卒。

刘邦统一天下，建立了大汉王朝。此时，韩信手中仍然掌握着兵权。这兵权对于皇帝来说，是心中大忌，万万不能落在别人手中，因此刘邦必须收回兵权。为此，刘邦打完江山，就把韩信贬为淮阴侯。后来，韩信还遭人陷害，说他有意谋反。

韩信虽然已经没有兵权，但他领兵多年，在军中很有威望。陈豨（xī）被封为代相后，韩信策反他。随后，陈豨兴兵叛乱，刘邦亲自去征讨。而韩信则暗中协助陈豨，但这件事被刘邦的妻子吕后（吕雉，zhì）知道了。吕后找来萧何，让他想办法把韩信杀掉。萧何便将韩信骗入宫中，趁着他身无寸甲、手无寸兵之时，将韩信杀掉了。

刘邦平叛陈豨回来后，听说韩信已经死了，他既高兴又怜悯。

韩信因为萧何的赏识而得到出人头地的机会，最后又因为萧何的计策而身死，这就是"成也萧何，败也萧何"。

（故事源自《史记》）

原典再现

诸将（jiàng）易得耳，至如信者，国士无双。

——《史记·淮阴侯列传》

大意：众多的将领很容易得到，但是像韩信这样的人，却是天下独一无二的人才。

陛下不能将兵，而善将将，此乃信之所以为陛下禽也。

——《史记·淮阴侯列传》

大意：陛下不擅长统领士兵，但是擅长统率将领，这就是韩信之所以能被陛下领导的原因。

霸王末路　四面楚歌

刘邦拜韩信为帅，大大提高了军事实力，终于能够与项羽抗衡了。那么刘邦和项羽之间的争霸，是怎么进行的？西楚霸王的末路又是怎样的？

自从重用韩信之后，刘邦的军队兵强马壮，刘邦手下的士兵也渐渐适应了汉中的环境。这些精兵强将在韩信的指挥下，攻下一座又一座城池。

反观项羽这边，却是接连失利，丢失了一座又一座城池，被迫向东南方向撤退，最后撤到了垓（gāi）下（今安徽东部）。在垓下，项羽命令军队驻扎，这时，他手下的士兵已经少了很多，粮食也不多了。于是项羽四处搜寻粮草，试图招兵买马、休养生息，想先恢复军队的士气和实力，再按部就班地收复失地。

四面楚歌

被围困垓下后，项羽日夜忧愁，想不出破敌之法。一天晚上，项羽正在营帐中独自苦闷，突然一人走了进来，手中端着美酒佳肴。项羽定睛一看，长叹一声，原来是虞姬（yú jī）。

据说虞姬是位国色天香的美人，有沉鱼落雁、闭月羞花之貌，而且她对项羽忠贞不渝。虞姬这些天看着项羽愁眉不展，便想为他做点什么。思来想去，也没有其他的主意，便决定给项羽做一顿美食，陪他饮几杯酒，纾（shū）解他的忧虑。

她给项羽斟好酒，备好碗筷，项羽吃了几口，又是一声长叹。项羽的叹息声还未结束，忽然听到有歌声从四面八方传来，项羽仔细一听，发现唱的是楚歌。

项羽大惊："是什么人，唱起了楚歌？"

此时，楚军十万人马被围困在垓下，正是军心动荡时。如果项羽再次破釜沉舟，让大家奋力一搏，或许还能争得一线生机。但现在楚歌一起，众军士定然起了思乡的心意，士气便低落了，他们不再想着如何拼命杀敌，而是想着如何保命回家。这样，还怎么拼死一搏？

项羽拿起宝剑，刚想冲杀出去，斩杀这扰乱军心的唱歌人。但他又仔细听了听，发现这歌声不是一两个人在唱，是汉军的千军万马都在唱。

项羽颓然坐下，将宝剑收回鞘（qiào）中，对着虞姬摇了摇头，苦笑一声："怕是汉军已经完全占领楚地了吧。"

其实这是韩信的计策，他深谙"攻城为下，攻心为上"的兵法。率领大军攻下对方的城池，这不算大本事；如果能不费吹灰之力，便让敌军损兵折将，这才是大本事。于是，他让汉军高唱楚地的歌曲，以扰乱楚军的军心。果然，楚军听到楚歌，就有很多人悄悄逃走了。

霸王别姬

项羽心中悲愤不已，他命人牵来自己的宝马——乌骓（zhuī）马，摸了摸乌骓马的头，又抚摸着乌骓马身上的创伤。这匹乌骓马追随项羽多年，陪他一起立下赫赫战功。他抱着马颈，眼泪流了下来，突然悲声吟唱："力拔山兮气盖世，时不利兮骓不逝。骓不逝兮可奈何！虞兮虞兮奈若何！"

我西楚霸王项羽，力气能撼动山河，我的胸襟，我的气魄，我的威严，足以傲视天下。但是天有不测风云，人有旦夕祸福，我时运不济，战事不顺。我的宝马良驹啊，如今也难以奔驰。这是英雄的末路啊！乌骓马已不能奔驰，而我又该如何攻伐天下？虞姬啊虞姬，我又该将你怎么办呢？

虞姬斟满一杯酒，双手捧着酒杯，跪在项羽面前。

"虞姬能陪侍大王左右，乃是前世修来的福分。今天将先大王一步离去，生为大王之人，死为大王之鬼！"说罢，虞姬一口喝干杯中酒，然后拔出项羽身上的剑，在项羽面前自刎（wěn）而死。虞姬不肯投降，也不愿被敌军捉住，更不愿成为项羽的负担，所以她自刎而死。

"虞姬！虞姬！"项羽泪如涌泉，下令将虞姬厚葬，然后跨上乌骓马，拔出宝剑，号令全军集合。

乌江自刎

项羽乘夜色率八百精兵硬是冲杀出一条血路，渡过了淮水。项羽不熟悉这里的地形，不知如何才能返回江东。恰好路遇一位老人家，项羽翻身下马，拱手施礼："我乃西楚霸王项羽，请问老人家，何处是东南方向，请您指点一二。"

老人看了看项羽，没说话，只是拿手指了指。项羽翻身上马，谢过老人家，直奔老人所指的方向而去，结果没走多远，走在最前面的兵卒便接连陷进地面，项羽才知道这是一片沼泽地。

项羽率众人调转方向，结果遇上了追军。双方再次展开厮（sī）杀，项羽靠着勇武，仍然在千军万马中杀了出来。可是项羽身边的兵卒，已经只剩下二十八人了，他们个个身受重伤。

项羽跑到乌江亭边，想要渡江。乌江亭长对他说："江东虽小，却也足够称王了。大王快渡江，现在江上只有我有船，汉军到了也渡不了江。"

可是项羽回头看了看为他拼死搏杀的兄弟们，犹豫了，渡过长江，他可以捡回一条性命，日后养精蓄锐，还能有反扑的机会。可是他哪里有脸面对江东父老呢？

"罢了，罢了，我项羽就算死，也要迎敌而上。"项羽翻身下了乌骓宝马，抽出腰间宝剑，直奔汉军而去，以一人之力杀伤百人，最后被围在中间。眼看即将被敌军活捉，在这最后之际，项羽挥剑自刎。

自此，刘邦率领的汉军统一了中国，结束了秦朝末年混战的局面，建立了大汉王朝。

（故事源自《史记》）

原典再现

夜闻汉军四面皆楚歌，项王乃大惊曰："汉皆已得楚乎？是何楚人之多也！"

——《史记·项羽本纪》

大意：夜里，项羽听到四周的汉军都唱着楚地的歌谣，非常吃惊地说："汉军已经全完占领楚地了吗？为什么汉军中楚地的人这么多呢？"

力拔山兮气盖世，时不利兮骓不逝。骓不逝兮可奈何，虞兮虞兮奈若何！

——《垓下歌》

大意：我力能拔山、豪气盖世，但时运不济，我的乌骓马再也不能飞驰。乌骓马不能再飞驰，又有什么办法呢？虞姬啊虞姬，我又该将你怎么办呢？

汉朝

  汉朝是继秦朝之后的大一统王朝，分为西汉和东汉。西汉由刘邦建立，定都长安，历经文景之治和武帝盛世，国力日益强盛，文化繁荣，促进了中西交流。期间，涌现了很多英雄人物，有的是杰出使者，如苏武、张骞；有的是抗击匈奴的名将，李广、卫青、霍去病……他们为西汉的发展做出了卓越的贡献。西汉末年，外戚专权，王莽篡位，建立新朝。很快，刘秀推翻了新朝，建立东汉，定都洛阳。

萧规曹随 一成不变

汉高祖刘邦去世后，太子登基，吕雉成为太后，执掌政权。吕太后遵从刘邦的遗言，先后重用刘邦信任的老臣。这些大臣们是如何辅佐新帝、光大汉室的呢？

为巩固汉朝统治，刘邦采取了封同姓为王的策略。他分封刘氏宗室成员为王，加强对地方的控制，防止异姓诸侯叛乱。刘邦还与功臣们订立了"白马之盟"，杀白马为誓，约定"非刘氏而王，天下共击之"，确保刘氏江山的稳固。

刘邦去世后，十六岁的刘盈继位，也就是汉惠帝。刘盈登基后，尊刘邦为高皇帝，吕后为皇太后。然而，因皇帝年少，朝政大权由吕太后执掌。吕太后颇有野心和手腕，把大汉王朝的财权、军权、政权都掌握在自己手中，刘盈心里肯定不舒服。多亏了相国萧何一直从中斡（wò）旋，多方安抚，不仅要稳住朝中大臣，还得教导小皇帝，抽空还要劝谏（jiàn）吕太后，这才让各方势力保持平衡。但萧何要操心的事情太多了，每天都心力交瘁（cuì），加上他年纪又大了，没过多久便去世了。

曹参上任　饮酒避事

萧何临终前，向汉惠帝推荐了贤臣曹参，曹参继任相国。曹参是西汉的开国功臣，他早年跟随刘邦在沛县起兵，身经百战，屡建战功。曹参刚上任时，大臣十分紧张，因为不知道新上任的相国是什么性格，有什么脾气。所谓"新官上任三把火"，新官上任后，通常都要做几件大事来树立自己的威信。官员们都很忐忑，他们都等着看，曹参上任后会推出什么新规定、新政策。

奇怪的是，曹参上任之后，没有颁布任何新规，反而把原来萧何定下的所有规矩、政令仔细研读一遍，然后宣布："大家无须多虑，咱们就延续萧何老相国制定的规矩即可，大家一切如常便是。"

曹参从各诸侯国中挑选了一些质朴但不太善于表达的厚道人，到自己属下当官。此外，他就再也没施行什么新政策了。

曹参不仅没有"点燃三把火"，反而还喝上酒了。为什么呢？

相国，位居一人之下、万人之上，统领着天下政务，谁想面见天颜，谁想平步青云，都得通过曹参。曹参的权力太大了！虽然他让大家依照旧律实行，但还是有无数官员去找他，名义上是向曹参请教政务，实际上就是想跟曹参拉近关系，谋求上位的机会。曹参一律不见这些人，统统撵走。后来，一些官员见曹参不理政务，还上门来劝他。曹参只要看见有人拿着政务来找他，他就把政务扔到一边，拿出一壶酒，说："来来来，与我共饮美酒！"

曹参一杯又一杯地给他们斟酒，几杯酒下肚，来访的官员就喝得醉倒在地，哪还有心思请教政令、好言相劝，全都忘得一干二净，最后晕乎乎地走了。

一来二去，所有官员都知道但凡去找曹参，都得被他灌到烂醉如泥，不醉不归。

惠帝试探　曹窋^{zhú}被打

消息很快就传到了汉惠帝的耳朵里，小皇帝满脑袋疑惑："父皇当年教导我，让我远离酒色，说这两样东西会消磨斗志，怎么曹相国反倒沉溺于美酒？难道是看不起我吗？"

汉惠帝正为曹参的不作为而苦恼，正巧曹参的儿子曹窋来了。一见曹窋，汉惠帝就开始旁敲侧击："曹窋，待你回家时，代朕探望相国，就说朕关心他的身体，日夜饮酒怕是对健康无益，还是少饮一些为妙。况且先皇驾崩不久，朕又缺少执政经验，还得依

靠相国的辅佐，才能把国事处理好。"

汉惠帝说完，曹窋就明白了，这是皇帝想借机提醒父亲，他喝酒喝得太多了，都耽误朝政了，也不去辅佐皇帝，天天光顾着喝酒，这能行吗？

曹窋赶紧跪下磕头："臣知道了，请陛下放心，臣现在就回去劝解父亲。"汉惠帝又提醒他："可千万别说是我让问的啊！"曹窋离开皇宫就一溜烟跑回家，把汉惠帝的意思变成自己的话规劝父亲。说完，曹窋抬头看向父亲，却见父亲把鞋脱下来了，拿在手中敲击着手掌。

曹窋纳闷了："爹，您这是要干什么？"

曹参一声大喝："逆子，你把屁股给我撅（juē）起来！"

"撅屁股?"曹窋一头雾水,结果被曹参一顿暴揍。

曹窋被打得直哭叫,但不明白父亲的意思,问道:"爹,您究竟为什么要打我?"

曹参摆摆手:"唉,你小子不懂爹的心思,进宫侍奉皇帝去吧。别瞎掺和国家大事。"

无为而治　方为大治

很快,曹窋被打了一顿的消息传到宫中,汉惠帝大吃一惊,心想他派曹窋去劝谏相国,怎么还让相国给打了?

等到上朝的时候,惠帝质问曹参为什么要打曹窋,曹参恭恭敬敬地脱下官帽,跪地施礼谢罪。

汉惠帝愣住了,曹参抬起头来,说:"请陛下仔细考虑一下,论胸襟气魄,治国谋略,您比之先皇如何?"

汉惠帝大吃一惊:"朕刚刚即位,怎能跟先皇相比,那自是大大不如!"

曹参又问:"那陛下,依您之见,臣在出谋划策方面,比之萧何又如何?"

汉惠帝回答:"依朕之见,您不如萧何。"

于是,曹参便说:"陛下所言极是,您不如先皇,臣不如萧相国。如今,先皇与萧相国已经制定了完美的政策和法律,所以陛下才能垂衣拱手,无为而治;臣的任务是将规章制度长久地、稳定地推行下去,这才是稳固大汉王朝的方法啊!"

汉惠帝长叹一声:"是朕错怪您了! 相国真是大才大德,恕朕无知愚昧。"

曹参拱手道："陛下乃是真龙天子，万万不能这样说。陛下，无为而治，方为大治啊！"

"相国所言甚是。"汉惠帝这才明白，曹参一直故意压制那些激进的官员，把他们想要改革政令的意见推脱掉，把他们想要青史留名的强烈欲望压制住，就是为了保持汉王朝的统治稳固。

如今，天下刚刚从楚汉争霸的动荡中安定下来，正是休养生息的时候。汉惠帝最首要的任务不是开疆拓土，而是稳固大汉江山，让老百姓安居乐业，这样社会才能稳定。

曹参当相国的时候，汉王朝秉持着清静治国、无为而治的观念，以静制动，使天下百姓得以休养生息，大汉王朝逐渐焕发出生机和活力。

（故事源自《史记》《资治通鉴》）

原典再现

参始微时，与萧何善；及为将相，有隙。至何且死，所推贤唯参。参代何为汉相国，举事无所变更，一遵萧何约束。

——《史记·曹相国世家》

大意：曹参起初地位低微的时候，与萧何的关系很好；等到他们各自当上将军、相国，两人有了嫌隙。到萧何临死时，所推荐的贤能之人唯有曹参。曹参接替萧何做了汉朝的相国，各项事务没有任何变更，一律遵循萧何制定的法度。

太后专权　周勃夺军

太后吕雉（zhì）临朝称制，还安插吕氏宗亲入朝为高官，朝堂大权都被吕氏家族的人掌握着。时间一长，其他大臣对此十分不满。随着吕雉的去世，吕氏家族逐渐被瓦解……

汉惠帝刘盈逝世后，少帝即位。因皇帝年幼，太后吕雉临朝称制，她的权力更大了。这时候曹参相国已经去世了，相国的位置由王陵担任。但是王陵的能力还不够出众，因此有两人辅佐他，一个叫陈平，一个叫周勃。

吕雉封王

这天，吕雉召集大臣商量立吕氏诸人为王一事。她先问王陵的意见，王陵说："当年，高帝杀白马与群臣誓盟时曾说：'非刘氏子弟称王，无功而称侯者，天下共同诛讨他。'"

吕雉听了很生气，但王陵毕竟是相国，吕雉也不好反驳他，便问陈平和周勃："你们认为，我能不能封我的亲人为王？"

陈平和周勃对视一眼，点了点头，说："没问题。原先，高帝平定了天下，就封他的子弟为王；如今您临朝称制，也封自己的亲人为王。您尽管封王便是了。"

吕太后很高兴，王陵却很生气。退朝后，他把周勃和陈平叫来，痛骂一顿："老夫羞于同你们为伍，你们怎么如此纵容太后？难道忘记了高帝的誓约吗？怎么太后稍加威逼，你们就屈服了！"

两个人摇摇头，说："王相，如今吕太后势大，咱们如果执意反对，太后会把咱们三人都撤掉。那这大汉王朝，还能保得住吗？到时候定然天下大乱，国家就会灭亡，封王不封王，还算什么大事吗？"

王陵仍然不认可，他还是不同意吕氏封王。后来，吕太后夺了王陵相国的权力。王陵便称病回乡了。

此后，吕雉陆续追封父亲吕公为吕宣王、长兄吕泽为悼武王，又封了侄子、侄孙、女儿等为王或侯。且对刘氏子嗣（sì）痛下毒手。少帝听说自己的亲生母亲已死，便扬言要为母亲报仇。吕雉知道后，处死了少帝，另立刘义为皇帝。

诸吕作乱

没过多久，吕太后病重。临终前，吕雉仍没忘记巩固吕氏的天下，她不让周勃掌管军务、不让陈平主理政事，把军权和政权交给自己的两个侄子——吕禄和吕产。她任命吕产为相国，统领南军；吕禄为上将军，统领北军，并且嘱咐他们在自己死后要带兵严守宫中，不要去送葬。

吕太后死后不久，吕产和吕禄想造反覆灭刘氏政权。此时刘邦分封刘姓宗亲为王的举措发挥作用了。当年被分封到齐国的刘襄听说吕氏造反的消息，当即从齐国派大军前往国都长安平定内乱，他要清除皇帝身边的小人和奸臣，保住皇权。

吕产得知齐王出兵，大惊失色，他才刚打算造反，齐王怎么就知道消息了？"来人啊！齐王出兵攻打都城，这是要造反，快派遣大将军灌婴前去平乱！"

灌婴是陪着刘邦打天下的老臣，他接了吕产的军令，二话没说，立刻带领大军前往齐国封地。

行军路上，灌婴的军队走得特别慢，因为他早就对吕氏专政感到不满了，刘氏的江山怎么能让吕氏的人掌管？要造反的究竟是谁？只怕是吕产吧！于是，他就让军队驻扎在荥（xíng）阳（今河南），静静等待吕氏叛乱。

灌婴还派信使给齐王刘襄送信，将朝中的情况以及自己的想法，都跟刘襄说清楚，期望两军汇集，一起对付吕产。

周勃夺军

这时太尉周勃也得到了消息，他心想：此时正是恢复大汉江山正统的最好时机，他必须得想办法夺回兵权。

有一个叫郦寄（lì jì）的人，素来与吕禄交好。于是，周勃就与陈平商定了一个计策，派人绑架了郦寄的父亲，让郦寄去骗吕禄说："高帝与吕后共同安定天下，立刘氏九人为诸侯王，立吕氏三人为诸侯王，都是大臣议定并向天下公开宣布的。大人，如今太后崩逝，而少帝太过年幼。您身为赵王，又手掌兵权，不立即返回封地，却率兵留在这儿，必然会引起大臣和诸侯王的猜忌。您为何不交出军印，把军权还给太尉周勃，回到封地呢？"

"只要您回到封地，齐王就不会攻打我们了，他也会回到自己的封地去。"

吕禄信了郦寄的话："我……我可没有犯上作乱的心思，我这就交出兵权，给你，这是军印。"

周勃掌握了兵权，立刻来到北军军营中，召集所有的士卒，对他们说："如今高皇帝打下的大汉江山，却被吕氏兄弟霸占。你们看怎么办？谁要拥护吕氏，便袒露右臂；拥护刘氏，请袒露左臂！"声震天地，怒发冲冠。

北军将士们见老将军发威，不由得全部裸露出左臂，并振臂高呼："坚决服从太尉，捍卫高祖天下！"

就这样，周勃控制了北军。

此时，吕产并不知道吕禄已经离开北军，他领兵进入未央宫中准备作乱。平阳侯曹窋策马告知周勃。周勃派刘章率领人马冲入未央宫杀了吕产。

待将吕禄诛杀后，又将吕氏氏族连根除掉，这才去除了大汉王朝的一颗毒瘤。

吕氏被灭，周勃、陈平等功臣商议道："当今的皇帝并非真正的刘氏血脉，而是吕氏的傀儡（kuǐ lěi），得在刘氏诸王中挑一个最贤德的人立为皇帝。"选来选去，他们选中了汉高祖的亲生儿子刘恒。公元前180年，刘恒登基，史称汉文帝。

（故事源自《史记》《资治通鉴》）

tí yíng 缇萦救父　废除酷刑

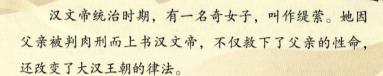

　　汉文帝统治时期，有一名奇女子，叫作缇萦。她因父亲被判肉刑而上书汉文帝，不仅救下了父亲的性命，还改变了大汉王朝的律法。

　　汉文帝登基之初，国家律法十分严苛。因为之前萧何制定法律时，借鉴了秦朝的律法，注重刑罚。此后萧规曹随，这些法律条文一直被延续下来。

　　有一条法律，是连坐。举个例子，村子里有人犯了盗窃罪，如果没人检举揭发，家属、亲友及邻里的人都要接受刑罚；如果有人杀了人，没人去揭发，家属、亲友及邻里的人都要受罚。而且秦朝的死刑以及其他断人肢体的刑罚，比比皆是。受了刑之后，就算不死，也得落个残疾。

淳于意被判肉刑

汉朝初年，齐地临淄（zī，今山东淄博）有一个叫淳于意的人。他自幼热爱医学，而且拜在名师门下，医术非常高明，有救死扶伤、起死回生之能。

但是，淳于意比较懒散、喜欢周游四方。有时候没能治好病人的病，或者没答应给人治病，就会遭到病人的怨恨。毕竟他不是神仙，也有很多病入膏肓（huāng）的人，是他救不了的。淳于意又很耿直，他甚至会叮嘱病人把看病的钱花在吃喝玩乐上，好好地度过最后的时光。

按理说，淳于意也是好心，不让病人多受苦、白花钱。但是他的诊断太准确了，他判断无法医治的病人，回去后不久便死了。有些病人的家属就很生气，认为如果他肯给病人医治，病人说不定就不会死。

这些迁怒淳于意的人纠集在一起，跑到官府去报官，说淳于意草菅（jiān）人命，身为医生却不肯医治患者，这是犯了杀人罪。

淳于意被抓起来审讯，并被判了残酷的肉刑。肉刑是一种残害肉体的刑罚，有墨刑，在人的脸上刺字；劓（yì）刑，割掉鼻子；刖（yuè）刑，砍去左足或者右足等等。被施以肉刑后，别人一看就知道他犯过罪。

按照律法的规定，淳于意要被押解到国都长安（今陕西西安）去受刑。出发之前，淳于意和家中的妻子、孩子一一告别。

缇萦勇敢上书救父

淳于意有五个女儿，此时五个女儿都跟妻子一起痛哭。淳于意便说道："没生一个男孩儿，到了危急时刻，连能帮我的人都没有！"

最小的女儿缇萦，听了父亲的话，又生气又伤心。父亲觉得他没有儿子，此时便没有人能替他疏通关系，将他从酷刑中救出来。可是缇萦认为，儿子能做到的事情，女儿也能做到！

缇萦拿了点儿盘缠，带了点儿干粮，就跟在父亲后面，也去了长安城，她要替父亲向皇帝请命。

一路上，她忍受各种辛劳，风吹雨打，她都咬牙前行，终于在父亲行刑前赶到了长安。

到了长安城，缇萦先找一个地方住下，然后把自己的食指咬破，用鲜血写了一封血书。缇萦将自己的父亲如何正直、如何被冤枉一一写明，而且道明了她父亲并非过失杀人，而是因为医术高超，早看出那些绝症患者无法医治。这个案件的审理结果，实在是量刑过重了。缇萦写道，即使她父亲真的有罪，但是如果受了肉刑，就再也没有改过自新的机会了，也不可能再次报效国家了。国家的律法究竟是为了废掉一个人，还是为了教导人们要一心向善呢？在最后，缇萦还提出，她愿意自己在官府里当奴婢（bì）替父亲赎罪，只求为父亲换一个改过自新的机会。

随后，缇萦想办法将血书呈到了皇帝的案头。汉文帝看了血书，才知道天底下还有这样残酷的事情，还有缇萦这样的奇女子。

汉文帝当即召见群臣，对他们说，"此女孝心可嘉，肉刑也着实残暴。诸位爱卿，既然施行如此残酷的肉刑，而奸邪犯法的事情却不能禁止，可见我们的教化还不够显著啊！我深感惭愧，应该废除肉刑。"

经过群臣的讨论，这些残酷的惩罚方式都被废除了。如有人犯罪，改成服劳役或者挨板子。

就这样，淳于意被女儿缇萦从酷刑中解救了出来。这位千古奇女子不仅救了父亲，还凭一己之力，促使汉文帝改变了汉朝律法。

（故事源自《史记》《汉书》）

周亚夫从严治军

汉王朝有一员大将，他是名门之后，以治军严格著称，对外保卫长安免遭匈奴侵扰，对内平定诸侯叛乱，为巩固汉王朝的统治立下了汗马功劳，他叫周亚夫，是周勃将军的儿子。

汉文帝统治时期，大汉王朝与周边国家仍然会有小摩擦，其中跟大汉关系最差的，要数位于大汉北面的匈奴国。匈奴地广人稀，生产力十分落后。他们不断侵袭汉王朝的边境，一是为了劫粮，把边关城池中储备的粮食抢走，用来帮助他们过冬；二是为了劫掠人口，包括能作为劳动力的奴隶和能够为匈奴生儿育女、繁衍后代的女性。

公元前158年，匈奴大军在汉朝边关排兵布阵，聚集了无数骑兵。消息很快传到都城长安，汉文帝当即调遣三队兵马驻扎在长安城周围，防备匈奴。三队大军分别驻扎在三处：第一队由刘礼将军率领，驻军灞（bà）上；第二队由徐厉将军带领，驻守棘门；第三队则由周亚夫统领，驻扎在细柳。

汉文帝视察军营

有一天，汉文帝处理完军政大事，心血来潮想去长安城外驻扎的三处军营视察一番，同时慰劳众军士，让他们时时刻刻保持警惕。于是，汉文帝带领文武百官直奔灞上。到了灞上，将领刘礼率领一众兵卒迎出军营，恭迎皇帝检阅。汉文帝很高兴，非常威武地从正门进了军营，赏给军队很多粮食和肉。检阅完后，汉文帝非常满意，又赐给刘礼很多奖赏，刘礼连忙跪谢圣恩。

离开灞上，汉文帝又往棘门而去。驻守棘门的徐厉将军组织了一个小团队，敲锣打鼓地迎接汉文帝，气氛十分热烈。汉文帝也很高兴，同样赏赐了士兵粮食、肉和金银珠宝。

视察了两座军营，汉文帝有点累了，现在是返回长安，还是继续检阅最后一个细柳营呢？思来想去，汉文帝觉得不能厚此薄彼，既然已经赏赐了两个军营，于情于理也不能落下细柳营，否则手下兵卒心中定然不平衡。

汉文帝到达细柳营，却发现情形同前两个军营完全不同。之前两军营的将士，都是早早便出营迎接。但细柳营，别说主帅没有迎出营外，连个小兵都没有。远远地只能看到细柳营中营门紧闭，守卫个个身披战甲、手持利刃，戒备十分森严。

汉文帝正在疑惑，突然，道路左右的草丛中涌出无数人影，吓得汉文帝左右的侍卫大声呼喝："护驾！护驾！"他们都以为是刺客。

等双方对接后，才知道原来这些人是埋伏在道路两侧的暗哨，如果敌人想要偷袭细柳营，就会被发现。

周亚夫军纪严明

现在暗哨已经发现了汉文帝，汉文帝便命令他们进去通报，让周亚夫出来迎接，暗哨却拒绝了，"将军有令，让我们暗中巡查，不可擅离职守。在军队中，我们只听军令，不听皇命。"汉文帝十分恼怒：什么叫只听军令，你们的大将军周亚夫难道不也得听我的吗？

但汉文帝很快冷静下来，如果军队中同时有两个人指挥，命令还不统一，这军队必败无疑。所谓"将在外，君令有所不受"，并非没有道理，"好吧，你们就守在这里。"随后，汉文帝命令自己的侍卫前去通报。

侍卫走到细柳营门口，又被拦下来了，守卫说他们没有接到通知，也没有接到命令，不能随便放人进去。

汉文帝一想，他自己是一时心血来潮出来检阅军队的，确实没有提前通知，这也怪不得周亚夫。于是汉文帝只好亲自来到细柳营前，守卫见到汉文帝声势浩大的仪仗，这才相信真是皇帝来了，但他们还是不敢大意。汉文帝亮明自己的身份，拿出随身印信，让守卫带着印信去找周亚夫，再由周亚夫决定开不开营门。

周亚夫命令打开营门。营门的守卫对皇帝的随从说："将军规定，军营中不能乘车马奔驰。"于是，皇帝的车队控制着缰（jiāng）绳慢慢前行。

到了营中，周亚夫走出来，对汉文帝躬身施礼："启禀陛下，

恕末将有甲胄（zhòu）在身，不能施以全礼。请允许我以军礼参见皇上。"只见周亚夫身披甲胄，腰间佩戴利剑。穿着甲胄当然不便于行礼，更别说跪拜之礼了。

汉文帝非但没有气恼，反而很高兴，"周将军，你治军甚严，兵卒都严格服从军令，朕应当奖赏你啊！"

周亚夫拱手道："多谢陛下！"

细柳营令人佩服

"不过，陛下若要一一视察，需得下马车。"周亚夫的随从说道。

"你在胡说什么！陛下乃是天子，在军营中连车马都乘不得吗？"汉文帝还没回话，他身边的一个侍从便忍不住斥责细柳营的无礼。

汉文帝面带笑意，下了马车："来到细柳营，连朕也要听周将军的，你们怎能不从？"众人听皇帝这么说，也都闭上嘴，服从周亚夫的要求。

周亚夫在前面领头，汉文帝和随从跟在他身后，一起走入细柳营。汉文帝发觉，细柳营跟前两个军营有本质区别。细柳营无人来迎接皇帝，也没有为皇帝的到来做什么准备，军中的人行事井井有条，没有一个闲人。巡视兵器库时，汉文帝发现每一件兵刃都擦得锃（zèng）光瓦亮，一件件甲胄都摆得整整齐齐，显然是军纪森严。

等走到演武场上，看到兵卒们真刀真枪地拼杀，汉文帝长叹一声："这才是真正的军营啊！"他重重表扬了周亚夫，还留下很多赏赐，然后步行走出军营。直到走出营门，才坐上马车返回长安。周亚夫把汉文帝送出军营后，立刻把营门关闭，吩咐兵卒继续加强戒备。

回城路上，汉文帝叹息不已："三个军营中，恐怕只有周亚夫的细柳营才有能力上战场。灞上和棘门两营，若在两军真正交战时，恐怕立刻便被俘虏当了降兵。而周亚夫的军营，想必无人能犯，也无人敢犯。"

周亚夫治军之严，给汉文帝留下了深刻的印象，也让他对周亚夫敬佩有加。

一个月之后，长安周围的三处驻军都撤了，汉文帝提拔了周亚夫，封他做大官。汉文帝临去世时，还特意叮嘱太子刘启，一旦国家陷入危难，可以任命周亚夫为将军，他一定能够匡（kuāng）扶社稷，为国家击退强敌。

（故事源自《史记》）

晁错削地　七国叛乱

汉景帝即位后，意识到诸侯权力过大必有危害。于是，他重用大臣晁（cháo）错改革法令制度，削弱诸侯王的力量。然而，诸侯各国在吴王的带领下举起了反汉的大旗，爆发了七国之乱。为平定叛乱，汉王朝采用了什么措施呢？

汉文帝去世后，太子刘启即位，史称汉景帝。汉景帝即位后，汉王朝逐渐兴盛。汉景帝想知道国库里有多少银钱，结果清点完后，发现国库里没什么积蓄，刘氏的祖宗兢兢业业这么多年，怎么会连银钱都没攒下多少呢？

一番调查后，汉景帝发现这些年来，地方上交的税收非常少，大部分银钱都被诸侯留下了。没错，就是汉高祖刘邦分封的那些"同姓王"。当初刘邦分封刘姓子弟为王，帮助王室抵御边关、平定内乱。但是诸侯的势力日益强大，就会蔑视中央。在封地里，诸侯统揽军政大权，就像当地的土皇帝一样。

重用晁错

汉景帝决定改变现状，他想起了一个受他信赖的人——晁错。在汉景帝还是太子的时候，晁错曾多次给汉文帝上书，提出削弱诸侯和改革法令的建议，但是汉文帝认为祖宗法制不可轻易更改，所以一直没有采纳。当时，太子十分认同晁错的观点。

汉景帝即位后，重用晁错，将他提拔为御史大夫。这是最重要的三个职位之一，地位仅次于相国和太尉。晁错一步登天，朝中其他老臣不大服气，心里很嫉妒他。而且晁错还修改了不少法令，触动了很

多官员、诸侯的利益。

　　晁错实施的最重要的举措便是削弱诸侯实力。这时大汉王朝共有二十二个诸侯国，其中较大的诸侯国，比如齐国，有七十多座城池，吴国有五十多座城池，楚国有四十多座城池，这些大诸侯国足以左右天下格局。如果有朝一日他们自立为王，朝廷再想派兵攻打他们，那就太难了。

　　晁错左思右想，如何才能削弱诸侯的势力？强制命令诸侯多交税赋显然无用，将诸侯的军权收归中央，显然也不可行。扬汤止沸不如釜底抽薪，应从根本上削弱他们。土地是国之根本，只要将诸侯国的土地收回中央管辖，那么诸侯国的税收自然也就减少了。诸侯失去了收入，就没钱招兵买马，从而从根本上达到了削弱诸侯实力的目的。

　　晁错把自己的想法告诉了汉景帝，汉景帝沉思良久，点头同意。他对晁错说："朕将一切权力赋予你，你想怎么做就怎么做，朕绝不插手。"

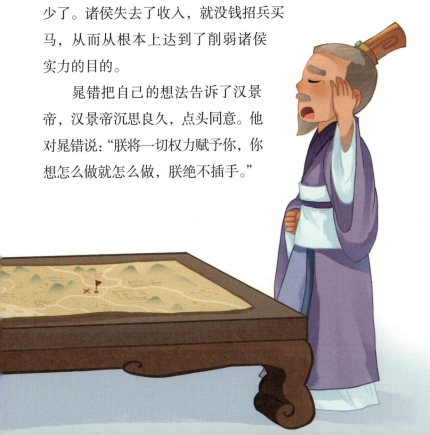

晁错得了皇帝的允许，便开始大肆削弱诸侯。他先是历数各个诸侯的过错，然后削减他们的土地作为惩罚。晁错削减诸侯王封地的事情很快就传遍了天下，诸侯王们惶惶不可终日，十分痛恨晁错。

晁错的父亲听到这个消息后，从老家赶到都城长安，骂晁错："逆子，逆子！你已经官居御史大夫，还要图谋些什么？如今你执政掌权，削减诸侯的封地，人们都怨恨你。你害得天下不宁，这是成心要让天下大乱吗？"

晁错跪在父亲面前，说出自己的苦衷："父亲，如今大汉王朝看似一片安宁、歌舞升平，实则是暗潮涌动、内藏凶险。如果不趁早削弱诸侯，有朝一日大汉必将被诸侯分裂，那时才是天下动荡、百姓不宁啊！"

晁错的父亲听到儿子这么说，心里很难过，他悄声说："孩子，你要知道，诸侯若是被削弱，大汉虽然安宁了，可是咱们晁家却要危险了啊！"晁错不理解，疑惑地看着父亲，但父亲却不跟他解释，掉头就走。回到老家颍（yǐng）川（今河南许昌）后，晁错的父亲因不忍看到大祸临头，便服毒自尽了。

吴王谋反　七国叛乱

这时晁错正在研究如何削弱实力最强大的诸侯国吴国。

汉文帝在位时，吴王刘濞（bì）的儿子刘贤来京城，当时还是太子的汉景帝与刘贤在下棋时发生了争执，汉景帝就用棋盘打刘贤，没想到把他打死了。吴王刘濞从此心生仇怨，这次吴王又听说晁错撺掇（cuān duō）着汉景帝削弱自己的力量，心里是气不打一处来。

"晁错不过是一介臣子，竟然敢动我刘氏子孙的利益，真是不知上下尊卑！"吴王刘濞根本不把晁错甚至汉景帝放在眼中。

刘濞确实有值得骄傲的资本，因为吴国非常强大，而且他在吴地深得人心。首先，吴国有铜和盐的收益，百姓没有赋税；士兵服役时，官府按照市面价格支付代役金；逢年过节，吴王会慰问贤才、赏赐百姓；对于其他郡国要抓捕的犯人，吴王总是收容他们。长此以往，吴国自然是经济发达、百姓齐心、兵力强盛。

晁错的举措有损吴王的利益，触及了他的逆鳞，吴王大怒："你不仁，就休怪我不义！"于是，吴王联合楚王、赵王、胶西王、胶东王、淄（zī）川王、济南王，组成联盟军，向长安进军。

汉景帝得知消息后，召集文武百官，询问应对之法。大臣们都没提出什么有效的办法。

袁盎私下请求见汉景帝，并把矛头指向了——晁错。此前晁错备受皇帝恩宠，他说什么，皇帝就听什么，现在七国宣称要起兵反汉，一定是因为他削弱诸侯引起的，因此他得负起责任来。

"陛下，如今唯有诛杀晁错，方能安抚七国乱军。"

"请陛下三思。"

袁盎劝说汉景帝杀掉晁错，用晁错的首级平息七国诸侯的怒火。

汉景帝采纳了袁盎的建议，他派中尉到晁错家下诏骗晁错上朝议事。晁错穿着朝服上了马车，车经过长安东市时，停了下来。这时，中尉宣读了诏书，要斩杀晁错。

晁错恍然大悟，怪不得他父亲从长安离开，回到颍川就服毒自尽了。原来父亲早已看透，他助大汉削弱诸侯，为的是大汉的利益，可到头来诸侯国叛乱，皇帝不仅不会帮他，反而会抛弃他。

就这样，晁错穿着朝服便被斩杀了。

汉景帝给七国诸侯发去诏书，声明他已经亲自诛杀晁错，请诸侯王速速撤回封地。

但诸侯王会听汉景帝的话吗？当然不听。他们一看自己有颠覆大汉皇权的实力，哪还甘愿回去做王？

汉景帝这才明白他做错了，即便杀了晁错，诸侯王也不会善罢甘休，他们仍然要犯上作乱。

汉景帝痛哭不已，"我枉杀了忠臣啊！"

在这最危急的时刻，汉景帝终于想起，父亲临终前曾经说，如果大汉到了危难之际，有一人可以平定乾坤，那就是周亚夫。

周亚夫临危受命，前往平定七国之乱。事实证明，汉文帝的判断很准确，周亚夫不负汉文帝重托，也没辜负汉景帝的期望，率领兵马抵挡住七国联军，切断敌人的运粮路线，只用了短短三个月时间，就打败七国联军，平定了叛乱。

打败叛军之后，汉景帝将各诸侯王的权力收回中央，并大量裁减诸侯国的官吏数量。至此，诸侯王的力量大大削弱。公元前141年，汉景帝病逝，汉景帝的儿子——刘彻登基，也就是日后威震寰（huán）宇的汉武帝。汉武帝推行推恩令，终于实现了削弱诸侯王、加强中央统治的目的。

（故事源自《史记》）

飞将军李广智勇双全

除了周亚夫以外，汉代还有很多著名将领，比如被称为"飞将军"的李广。他勇猛善战，机智果敢，在对抗匈奴的战斗中屡次获胜。他爱惜士卒，与士兵同甘共苦，深受爱戴。

李广的祖上可不是默默无闻之辈，而是当年助秦王横扫六合的秦国大将李信。李广家中世代传承射箭之术，武艺十分高强。论及功劳，李广有赫赫战功，他曾跟随周亚夫平定七国之乱；若论经验，从汉文帝执政时期，李广就在军队中磨砺，多次与匈奴交战，并取得胜利。

智退匈奴

李广做上郡太守时，匈奴人大举进攻上郡，汉景帝派了身边的一位近臣跟随李广学习带兵与匈奴作战。有一次，这名近臣带领几十名骑兵纵马奔驰，突然遇到了三个匈奴人。这三个匈奴不仅把骑兵都射死了，还射伤了近臣。

李广随即带领一百轻骑兵，快马疾驰追去，没过多久就追上了这三个神射手。李广将军开弓搭箭，三支羽箭射出去，就见前面三人应声倒地。手下的小兵前去察看三人死活，发现死了两个人，还有一个人活着。李广便将活着的那人当作俘虏抓起来，准备带回营中细细审问。

李广高兴地踏上回程。还没走出多远，就远远地看见了前方有匈奴骑兵的身影，而且有几千人。李广只带了一百多名骑兵。一百多人对阵几千人，这怎么能打得赢？

思来想去，李广吩咐左右兵卒："继续向前走！我们离大军有几十里，就算全速逃跑，也难逃被敌人残杀的命运。但如果我们继续前进，匈奴人就会以为我们是大军派出来诱敌的，不敢轻易袭击。"

李广带着骑兵走到离匈奴兵不到两里的地方，停了下来，他下令："全体下马，把马鞍卸下来。"

匈奴兵大惑不解，心中纳闷，议论纷纷。

"这不是只有一百多人吗？"

"是啊。"

"那他们怎么不跑？"

"不知道。"

"会不会是有埋伏？"

"需要小心，汉人狡诈！"

李广见匈奴人还没有进攻，便知道自己的计策生效了。这时他还得再拱一把火，于是又下令："大家躺下休息吧。"然后李广首先躺下，呼呼大睡，全然不顾自己正在草原上，正在匈奴人的注视之下。

匈奴人心中更疑惑了，认为汉朝大军肯定就埋伏在附近，随时准备偷袭他们。最后，几千人之众的匈奴骑兵，不敢袭击汉军，选择了撤退。

这是李广将军抵御匈奴时的一场奇遇，由此可以看出，李广领军颇有章法，面对不利于自己的情况，还能善用攻心之计。

射石搏虎

李广将军被任命为右北平太守时，负责驻守右北平（今内蒙古宁城西南）。有一天，李广外出打猎，看到草丛中伏着一只老虎，心中一惊，立刻张弓搭箭，朝恶虎方向射去。但是箭射出后好一会儿，仍然听不到老虎痛苦的哀嚎，草丛也纹丝不动。

李广十分纳闷，难道他的箭将老虎一下子射死了，连声惨叫都发不出吗？不太可能，那么大一只老虎，垂死前肯定也得挣扎一下。李广派随从前去查看，随从小心翼翼地扒开草丛一看，说道："将军，您快来瞧瞧，您射中的不是老虎，是石头！"

众人连忙围过去看，李广射出的羽箭果真插在石头里。随行纷纷赞叹李广将军的神力，几个人走上去试了试，发现这支箭就像长在石头里一样，拔都拔不出来。

李广也十分惊奇，他这一箭竟有如此威力？他退回原处，接连射出好几箭，都没能射入石头里。李广感叹不已，恐怕方才是机缘巧合罢了。

只要听说有老虎出入，李广就会亲自去射虎。后来，他再次射击老虎。老虎腾跃起来把他抓伤，李广与老虎搏斗后，最终把老虎射死了。

历史上有很多歌颂李广的诗词，唐朝诗人卢纶写的"林暗草惊风，将军夜引弓。平明寻白羽，没在石棱中"说的就是李广射石搏虎的故事。

拔刀自刎

李广将军一生跟匈奴交战七十多次，战功显赫，深受兵卒与百姓的尊敬。他虽然统率千军万马，但是从来不骄傲、不张狂，待人十分和善，能跟士兵同甘共苦。每次皇帝赏赐给李广金银珠宝，他都分发给手下的兵卒；每次上战场，他都冲在最前线，带领士兵一起杀敌。在李广的率领下，他的军队上下一心，战斗力十分强大。

公元前119年，汉武帝派卫青、霍去病攻打匈奴。李广多次请

求出征，汉武帝才同意。卫青命李广绕东路而行，与他夹击匈奴。但是李广因为不识地形，又遇到了风暴，迷失了道路，导致行军速度变慢，贻误了战机。李广为了保护军中兵将，主动承担了罪责，但他都六十多岁了，实在不愿意接受审判羞辱，再加上李广一生戎马，到最后却未能实现与匈奴首领单于（chán yú）决战、亲手捉拿单于的愿望，当真是心灰意冷之极。最终，李广拔刀自刎而亡。

李广将军去世的消息传遍天下后，军营中无人不为他哀悼，百姓皆为他涕泗横流。天下人都为失去一位名将而悲痛不已。

史学家司马迁在编纂《史记》时，曾引用谚语评价李广将军

"桃李不言，下自成蹊"。桃树和李树有着芬芳的花朵和甜美的果实，虽然它们不会说话，但仍会吸引人们到树下欣赏花朵、品尝果子，于是树下就自然而然地被人们走出了一条小路。李广将军就如芬芳的桃李，以他的品德获得了世人的尊崇。

（故事源自《史记》《汉书》）

原典再现

广之将兵，乏绝之处，见水，士卒不尽饮，广不近水，士卒不尽食，广不尝食。宽缓不苛，士以此爱乐为用。

——《史记·李将军列传》

大意： 李广率领士兵，来到缺粮断水的地方。见到水，士兵没有全部喝到水，李广就不去靠近水；士兵没有全部吃上饭，李广就一口饭也不尝。他对待士兵宽厚不苛刻，士兵因此爱戴他，乐意为他所用。

卫青、霍去病北击匈奴

继李广之后，卫青、霍去病亦挥师北征匈奴，屡建奇功。他们横扫匈奴，为汉朝边疆的安宁立下了不朽的勋业。而这一切，还要从卫青的姐姐说起。

卫青的姐姐卫子夫深受汉武帝喜爱，她的发迹，使她的亲人也得到了汉武帝的重视。但是卫青知道，自己不能一直依靠姐姐，须得向皇帝和满朝文武证明，自己有真才实学，才能够服众。而在战场上建功立业，就是他证明自己的方式。

奇袭匈奴　卫青立功

没过多久，卫青被封为车骑将军，奉旨领兵出击匈奴。当时匈奴侵犯边关，烧杀抢掠，伤害了无数大汉子民。汉武帝非常震怒，派出四路大军前去追击，卫青率领的军队便是其中一支。然而，四路军中，两路铩（shā）羽而归，一路无功而返，唯有首次出征的卫青将军，斩杀敌人数百人，立下了大功。汉武帝大喜，重赏卫青，封他做关内侯。

公元前127年，匈奴再次集结大军，进犯边关。汉武帝派卫青带领大军进攻匈奴盘踞的河套地区。如果能攻下河套地区，汉王朝就多了一处产粮重地。

河套地区在哪呢？在黄河的"几"字弯附近，黄河从巴颜喀（kā）拉山一直往东流，流经今天的内蒙古、宁夏、陕西和山西地带时，因为地势的原因出现了一个弯折，形状就像汉字"几"一样，所以叫黄河"几"字弯。在"几"字弯附近，形成了土地肥沃的冲积平原，这就是河套地区。河套地区水源充足，物阜（fù）民丰，粮食的质量和产量都非常高。

匈奴的骑兵战斗力非常强，最精锐的汉军跟匈奴骑兵交战，也常常要付出以一换一的代价。因此汉军想获胜，靠的不是兵力的多寡，而是智慧和计谋。

卫青熟读兵法，深谙（ān）用兵之道。他先带着大队人马在正面跟敌军对峙（zhì）了一段时间，然后亲自带领精锐的骑兵绕到敌军后方，迂回作战。匈奴的指挥官和首领都在后方坐镇，但精锐部队都冲在前方，后方几乎没有任何防守。汉军从后方发起了攻势，匈奴被打了个措手不及。

一时间，匈奴大军被卫青带领的骑兵杀得四散奔逃。这一战，卫青取得了胜利，活捉几千敌军，缴获十万头牛羊牲畜。汉武帝龙颜大悦，以三千八百户分封给卫青，让他做了平阳侯。一直以来，汉王朝的都城长安都处于匈奴铁骑的威胁之下，如今汉朝占据了河套地区，将北部边防线向北推进，大大增强了都城的防御能力。从此汉朝对匈奴的态度也从防御转为了进攻。

小将去病　功冠全军

又过了几年，朝中又出现了一位将星。他是卫青的外甥，叫霍去病。霍去病从小跟着舅舅卫青生活在军营中，与将士们一同操练，武勇非常。

卫青看着外甥有出息，心里很高兴。每天晚上都把他叫到帐中，传授经验。比如如何与匈奴打仗，用了什么计策，为什么要这么安排，敌人如何应对，如何部署兵力，这样部署有什么好处和坏处……卫青就这样用实际例子，把兵法拆开、揉碎讲给霍去病，让霍去病接受兵法的熏陶。

霍去病十八岁时，向舅舅请求，希望能跟着一起上阵杀敌。卫青本想摇头拒绝，他舍不得自家的孩子上战场，但是在霍去病的再三请求下，他最终还是同意了："孩子，我教了你这么多本事，是时候检验一下你的学习成果了。这次出征你就跟着我吧！"卫青把霍去病带在自己身边，要求霍去病严格遵从自己的命令。霍去病拱手行了个军礼，答道："是，将军！"

那么霍去病此行立下战功了吗？不仅立下了，而且战功不菲！

这次，卫青又带着汉军驻扎边关，匈奴见此情景，当场后撤二十里，要暂避锋芒。但是匈奴这一队并不是主力军队，军令松散，撤退的时候，东边退一点，西边退一点，显得拖拖拉拉。卫青认为眼下正是汉军出击的最好时机，当即派军攻打匈奴，并命令霍去病带着一队人马前去探查，如果遇到大股敌军就立刻回撤，不得有误。

"是，将军!"霍去病带着八百骑兵前去侦查了。

后来，其他几路大军一一折返，向卫青汇报，他们都没遇到匈奴的主力军。卫青赶紧问手下众人："你们有谁见到霍去病了吗？"众将纷纷摇头。卫青倒吸一口凉气，坏了，莫非霍去病的小部队遇到了匈奴主力军，遭遇了危险？

正焦急间，军帐外有人骑马而来。卫青一抬头，就看见一个人闯入帐中，浑身血迹。那人一进军帐，便单膝跪地，双手抱拳，虽然一脸疲惫、风尘仆仆，但却精神抖擞（sǒu）。众人定睛一看，正是霍去病。

只听他说道："启禀将军，霍去病斩杀了单于（chán yú）伊稚斜的祖父辈籍若侯产，活捉了单于的叔叔和单于的相国，杀敌两千余人！"

此言一出，整个军营都沸腾了。

"霍去病立大功了！"

"霍将军威武！"

"恭贺卫青将军！"

卫青大喜过望，汉武帝收到战报，封霍去病为冠军侯。这"冠军"二字，意思是"功冠全军"，战功超过了全军的将士。

无论是卫青还是霍去病，都在战场上立下了实打实的战功，谁还敢质疑他们是靠着卫子夫获得恩宠，才能身居高位呢？

漠北之战　封狼居胥

公元前119年，汉武帝终于下定决心，要彻底击溃匈奴，让他们再也没有能力侵扰大汉边关。于是，汉武帝派卫青、霍去病各带五万精兵，兵分两路合击匈奴。

卫青穿过大漠，行军一千多里，终于找到了匈奴的主力，匈奴单于亲领精兵，严阵以待。双方展开一场大战，从白天打到黑夜，临近夜幕降临时，茫茫荒漠上忽然刮起了大风，顿时飞沙走石、黄沙漫天，天地间一片混乱。

卫青亲自在前带阵，兵分两路袭向单于，而匈奴大军看到天地色变，心中惴惴（zhuì）不安，战阵中出现了骚乱。大汉军队乘虚而入，一举击溃匈奴大军，把单于逼得往西北逃窜，卫青跟在后方一路追击。一直追到窴（tián）颜山下的赵信城，匈奴兵逃得无影无踪，卫青才欣然而返。虽然没能抓住单于，但是卫青率大军俘虏、斩杀匈奴军队一万多人，还截获了匈奴囤积的粮草，可谓收获颇丰。

而霍去病那边呢？霍去病没遇到匈奴的单于，但是他遇到了左贤王的军队。左贤王，是匈奴贵族的封号，在匈奴中地位很高。霍去病率军直奔匈奴老巢，大破左贤王的军队，一直追匈奴兵追到了狼居胥（xū）山，把匈奴兵打得四散奔逃，不见踪迹。到了狼居胥山，霍去病决定在此留下征战匈奴的纪念。于是，霍去病在狼居胥山举行了祭天封礼仪式。

这次战役被称为漠北之战，是大汉王朝规模最大、行军最远的一次战争。从此以后，匈奴撤退到大漠以北，双方暂时休战，大汉边关彻底安稳下来。

（故事源自《史记》《汉书》）

张骞出西域　开辟丝路

qiān

汉武帝执政初期，以外交策略应对匈奴，派张骞出使西域，希望联合其他民族共抗匈奴。张骞出使西域，不仅打通了汉朝通往西域的道路，即"丝绸之路"，还为汉朝带来了丰富的财富和资源。张骞在中外交流史上做出了巨大的贡献，是杰出的外交家、探险家。

在霍去病和卫青彻底摧毁匈奴主力之前，匈奴一度非常猖獗（jué），大肆侵犯大汉边关，致使边关不宁、百姓不安。汉武帝刘彻非常生气，他认为单靠大汉军队作战是不够的，需要联络盟友，共同对抗匈奴。"敌人的敌人就是朋友"，匈奴不仅攻击大汉，也攻击周围的其他国家，只要是匈奴的敌人，都可以变成汉王朝的盟友，共同对抗匈奴。

出使月氏^{zhī}　被困多年

当时，河西走廊有一个游牧民族国家——月氏。月氏国比较富裕，老百姓的生活也很安逸，但是匈奴屡屡侵犯月氏，劫掠城池与财富，致使月氏跟匈奴结下了死仇。月氏国被匈奴打败后向西迁徙，河西走廊被匈奴控制。汉武帝知道这个消息后，打算派使节前往月氏，与月氏结盟，共击匈奴。

不过使节的人选令汉武帝很头疼。因为前往月氏必须经过匈奴的领地，一旦被匈奴抓住，下场肯定是九死一生，所以很多人不愿意出使月氏。

这时，张骞站了出来。汉武帝考验了一番，发现他才思敏捷、学识渊博，是出使月氏的不二人选。出使月氏的人选敲定了，为了保证张骞的安全，汉武帝还给他配了个武艺高强的守卫，名叫甘父。甘父是堂邑氏家的奴隶，本是匈奴人，是箭无虚发的神射手，对匈奴的地理、环境、国情非常了解，有他护送张骞，可保万无一失。

肩负着汉武帝交托的重任，张骞、甘父带着一众随从直奔月氏而去。没到匈奴地盘的时候，自然是一路畅通无阻，可是一越过边关，情形就大不相同了。穿过一片苍茫的草原，又走过一片荒漠后，马蹄声响起，众人脚下的土地都在晃动。

张骞知道，这是大队匈奴骑兵将至，正想逃走，但已经迟了一步。无数匈奴骑兵从四面八方冒了出来，把他们团团围住，将张骞活捉了。匈奴骑兵从张骞身上搜出了他的印鉴，知道他是大汉的使者，就把他押解到首领单于那里去了。

单于听说手下抓住了汉朝的使节，非常愤怒："月氏在我们领地的北面，汉朝怎么能派使节越过我的领地前去月氏呢？倘若我想派使节去拜访汉朝以南的国家，汉朝也会允许我的使者越过他们的领地吗？"

于是，匈奴人就将张骞扣留在匈奴国。张骞在那里待了整整十余年。而且匈奴人还给张骞娶了妻子，妻子还给他生了孩子，希望他能就此归顺匈奴。但张骞始终保留着汉朝的符节，并且注意观察匈奴的兵力部署和巡逻机制。

一天夜里，张骞和甘父等人瞅准时机，骑上匈奴人的战马逃跑了。策马狂奔了几十天后，张骞一行人终于跑到了匈奴国西边的大宛（yuān）国。

大宛相助　结盟失败

张骞向守卫说明他们是大汉的使节，希望面见国王。大宛国国王早就听闻大汉富饶繁盛，正期望能与大汉建立联系，听说张骞等人来了，喜出望外，连忙亲自接待。张骞把来龙去脉跟大宛国王一一说清楚，希望国王能派人作为向导带领他们前往月氏国。张骞许诺："只要我们能够到达月氏，完成大汉天子交付的使命，到时候汉朝送给您的财物，定然是数都数不尽的。"

大宛国王爽快地同意了，为张骞等人准备了盘缠和马匹，将张骞一行人一路送到康居国，康居国又将他们送到了月氏国。

张骞同月氏王讲明大汉派遣使节的目的，是为了同月氏结成联盟，同仇敌忾（kài），共击匈奴。然而月氏王对此并不感兴趣。因为月氏已经被匈奴打怕了，他们的老国王被匈奴所害，如今他们已经征服了大夏国，并在那里居住了下来。那里土地肥沃，贼寇少，没有匈奴袭扰，月氏子民可以安居乐业，又何必要同遥远的汉朝结盟，去向匈奴寻仇呢？

张骞见此情景，知道大汉与月氏结盟一事定然成不了，只好离开月氏，返回大汉。但是要想回到大汉，还得路过匈奴的地盘。这次，他们又被匈奴逮住了，被关押了一年。好在，匈奴发生内乱，张骞一行人抓住时机溜了出来，这才顺利返回了大汉。

与西域各国建交

回到大汉王朝，张骞去向汉武帝请罪，他说："陛下，臣出使西域十三年，寸功未立，这是天大的罪过。"

汉武帝摆了摆手："爱卿不必忧虑，如今大汉有两员将星，匈奴指日可灭矣。"汉武帝所说的将星，就是卫青和霍去病。"不过，朕想听听你在西域的所见所闻。"

张骞便一五一十地把自己在西域的见闻讲给汉武帝。这十余年间，张骞不仅亲自访问了西域的大宛、康居、月氏和大夏等国，还对周围其他国家的风土人情、地形地貌有所耳闻。汉武帝由此得知了西域诸国的位置、特产、人口、城市、兵力等等情报，因此对张骞出使西域的成果非常满意，不仅没有惩罚张骞，还给他封了官。

数年后，汉武帝第二次派张骞出使西域，代表大汉同乌孙、大夏、大宛等西域诸国建立了良好的外交关系，也缔结了盟约，稳定了西域的局势。汉朝还引入了大宛国的宝马，有效地改良了大汉王朝战马的血统，令战马更加骁（xiāo）勇善战，军队战斗力得到了极大提升。

    张骞出使西域对中原的影响还远远不止于此，他最重要的功绩是开辟了丝绸之路，促进了汉朝和西域的贸易往来、物种交流。在汉以前，中华大地上并没有葡萄，也没有胡萝卜、核桃和石榴。这些蔬菜和水果，都是从西域引进的。同时，汉王朝生产的丝绸、瓷器，包括农耕用的铁器，也都慢慢地被商人贩卖到西域诸国。中原引入了西域的乐器，西域则引进了大汉先进的冶炼、蚕丝技术。直到汉宣帝统治时，汉朝设立西域都护府，西域诸国都受汉王朝管辖。

（故事源自《史记》《汉书》）

原典再现

    骞以郎应募，使月氏。与堂邑氏奴甘父，俱出陇西。径匈奴，匈奴得之，传诣（yì）单于。单于曰："月氏在吾北，汉何以得往使？吾欲使越，汉肯听我乎？"留骞十余岁，予妻，有子，然骞持汉节不失。

——《汉书·张骞传》

大意：张骞以郎官的身份响应招募，出使月氏。与堂邑氏的奴仆甘父一起离开陇西。进入匈奴的领地后，被匈奴人截获，送到单于那里。单于说："月氏在我的北边，汉朝人怎么能往那儿出使呢？我如果想派人出使南越，汉朝肯任凭我们的人经过吗？"于是，扣留张骞十多年，给他娶妻生子，但是张骞仍持汉节不失使者身份。

苏武牧羊　恪守汉节

　　为了巩固与北方匈奴的关系，汉武帝派遣使者出使匈奴，以期能够通过和平手段维护边疆的稳定。然而当汉朝派苏武出使匈奴时，匈奴却扣押了这位使节。苏武经历了常人难以想象的磨难，却始终坚持着自己的使命与气节。

　　汉朝和匈奴经常派使节去打探对方的消息，匈奴人先后扣留了许多大汉的使者，汉朝也扣留匈奴的使者相抵。

　　公元前101年，匈奴的新单于且鞮（dī）侯继位，他害怕汉朝会趁机攻打匈奴，于是声称汉天子如同他的长辈一样，并派使者出使汉朝，并对汉武帝说："陛下，您有所不知，之前扣押大汉使臣的是老单于。老单于不明事理，已经退位了。如今且鞮侯单于上任，想与大汉交好，原来扣押的大汉使臣，全都送回来了。"

　　汉武帝听后，十分赞赏单于的做法："且鞮侯确实明事理，不起战祸，老百姓才能安居乐业，这是好事。朕也派使臣前去同匈奴建交。"汉武帝也释放了汉朝扣留的匈奴使者，并且在群臣中左挑右选，最终选中了中郎将苏武，派他作为大汉使臣出使匈奴。

出使匈奴　遭遇变故

公元前100年，苏武同副使张胜、助手常惠以及一百士兵，组成大汉使团，手持汉节，带着丰厚的礼物，前往匈奴。汉节是使者的象征，是大汉的颜面。

苏武带领使团到达匈奴后，见到了且鞮侯单于，呈上了汉武帝的亲笔信。信中写得很客气："单于亲启，大汉王朝不愿与匈奴兵戎相见，故派遣使者前来，愿与匈奴交好。为表诚意，朕特命使者带去金银财宝若干。"

匈奴被汉军打得节节败退的时候，知道认输求饶，等汉武帝跟他们客客气气地建交时，他们反而得意忘形起来。当着苏武等使臣的面，且鞮侯单于耀武扬威地说："如今，是我们匈奴不愿意出兵攻打大汉。否则，我们定能将你们的疆土踏平！"

苏武很生气，但是他知道自己身负与匈奴结盟的任务，不想跟单于多做争辩。没想到，就在任务即将完成时，发生了变数。

原来匈奴国有人打算谋反，他们暗中策划绑架单于的母亲，然后投奔汉朝。这些人中有一个叫虞（yú）常的人，与苏武的副将张胜是旧识。虞常私下找到张胜，对他说："我听说大汉天子痛恨卫律，我可以暗中除掉他。我的亲人在汉朝，希望朝廷可以赏赐他们。"卫律曾经是汉朝的使臣，但是他向匈奴投降了，还泄露了汉朝的情报，所以张胜同意了虞常的计划，并送给他许多财物。

然而，谋反的计划走漏了风声，参与谋反的人大都战死，虞常被活捉了，单于派卫律去审理此案。张胜听说后，害怕虞常会供出暗杀卫律的计划，连忙将事情的来龙去脉告知了苏武。

苏武叹息一声，说道："这件事势必会牵连到我，倘若先受匈奴侮辱而后死去，丢了大汉使臣的颜面，那就更加愧对祖国了！"说着，苏武要自杀，所幸张胜、常惠等人拼命阻止了他。

张胜最担心的事情发生了，虞常果然把他给供出来了。单于听到后，勃然大怒，立刻就要把汉朝的使者全都杀掉。但他手下的官员劝他："倘若谋杀卫律未遂就判了死罪，那如果有人谋害单于，又该如何断罪呢？不如劝这些汉人投降，归顺于我们。"

且鞮侯单于深以为然，便派卫律去招降苏武，然而苏武却说："倘若丧失气节、有辱使命，即便苟且偷生，又有何颜面回汉朝去见陛下？就让我死在这吧！"苏武说罢，拔刀刺向自己。卫律大吃一惊，连忙请医生来医治，这才救回苏武一命。

屡次招降　不为所动

单于听说了苏武的举动，感叹道："大汉使团当中，正使苏武确实是好汉。我很尊敬和佩服他，一定要让他投降！"

等苏武伤势痊愈后，卫律当着苏武等人的面斩杀了虞常，然后对张胜说："大汉使者张胜谋杀单于近臣，是死罪。但若接受单于的招降，就可以赦免你的罪行。"说完，卫律提剑就要杀掉张胜，张胜连忙请求投降，保住了自己的性命。

卫律又对苏武说："你手下的人犯了罪，你也应当连坐。"

苏武却不肯认罪："我一没有和他同谋，二不是他的亲属，凭什么连坐?"

卫律提剑要杀苏武,苏武不为所动。卫律又对他一番威逼利诱:"苏武,如果你愿意投降,定能受到单于的器重。金银财宝、绫(líng)罗绸缎、美女佳人应有尽有。如果你不肯投降,那便会白白丢了性命。葬身在这无边荒漠,化为一捧尘土,世间谁会记得你呢?"

苏武笑了笑,回道:"忠君报国乃我大汉臣子应该恪(kè)守的准则,怎么能因为威逼利诱就投奔匈奴呢?"

卫律还要再劝,苏武痛斥卫律叛国叛君,卖身为奴。卫律无计可施,心知苏武绝不可能投降,只好一五一十地回禀单于。

单于见苏武不屈服,更想要招降苏武了。于是,单于安排手下,好好折磨苏武。他心想:任他是钢筋铁骨,在一番折磨下,

早晚也会示弱投降。

　　苏武被关进了一个大地窖里，条件非常艰苦。而且看守苏武的匈奴士兵还不给苏武吃饭，苏武什么时候投降，什么时候才能有饭吃。

　　就这样过了半个月，苏武硬生生地挺过来了。没有水，苏武就在下雪的时候，抓一把雪放到嘴里，把雪当水喝；没有饭，苏武就把毡毛撕成小块，塞进嘴里慢慢嚼（jiáo），嚼烂了再咽下去当饭吃。

北海牧羊　不忘汉节

　　单于认为苏武有神灵保佑，也不忍心杀掉这个大汉使臣，便决定让他去北海（今俄罗斯贝加尔湖区域）放羊。单于声称等公羊生了羊羔，才能放他回去。苏武双手紧紧抱着汉节，前往北海去放羊。

　　北海荒无人烟，没有粮食，苏武只能挖鼠洞，吃里面储存的果实。后来，苏武砍了一些木头，搭成一间小屋，才有了居住的地方。等苏武对这片草原有所了解之后，就在北海生活了下来。期间，

单于不断派官员带着金银珠宝和美味佳肴，前来劝说苏武：既然都要待在匈奴，在匈奴王庭做官不好吗？为什么非要过苦日子呢？

苏武也不跟劝降的人多做争辩，每次劝降的人来，苏武就拿出汉武帝赐的汉节轻轻抚摸，以表明他对大汉王朝的忠心。

苏武在北海牧羊长达十九年。听说汉武帝去世的消息后，他面朝南方失声痛哭，甚至哭到呕出鲜血。此后一连数月，苏武都早晚哭祭汉武帝。

汉昭帝继位数年后，匈奴与汉朝议和。汉昭帝派遣使者前往匈奴，希望能把苏武接回来。可是匈奴人却欺骗使者，对他说："你们的老臣苏武，早就死了，你们接不到人了。"

这时，苏武当年的副手常惠找到大汉的使臣，把苏武在北海牧羊的事情一五一十地讲给使臣，并教使臣如何应对单于，好救苏武回去。

第二天，大汉使臣再次拜见单于，对单于说："您不能骗我们，您知道为什么大汉派人来找苏武吗？因为不久前，大汉天子打猎时，射下了一只大雁，大雁的腿上绑着一封信。上面说苏武身在北海，心向大汉。所以我们才会奉皇命，千里迢迢来接老使臣苏武回家。"

单于一听，心里慌了。苏武在北海牧羊的事，大汉王朝无人知晓。难道真的有一只鸿雁，飞越了千山万水，恰好被大汉皇帝一箭射中？想到这，单于心里害怕了，只好放苏武返回大汉。

公元前81年，苏武、常惠等九人回到了大汉王朝，当年的百人使团，如今就剩下九个人了。京城的百姓听说老使臣苏武终于返回长安了，纷纷走出家门，前来迎接，想一睹大汉王朝英雄人物的风采。苏武等人从正门入城时，百姓看到一位鬓发灰白的老者走在最前面，佝偻（gōu lóu）着身躯，手中还拿着一根锃（zèng）光瓦亮的汉节，他正是苏武。百姓纷纷感慨，称赞苏武不堕大汉威风，忠心耿耿、坚贞不屈。

（故事源自《汉书》）

原典再现

　　武骂律曰："女（rǔ）为人臣子，不顾恩义，畔主背亲，为降（xiáng）虏于蛮夷，何以女（rǔ）为见？且单于信女（rǔ），使决人死生，不平心持正，反欲斗两主，观祸败。南越杀汉使者，屠为九郡；宛（yuān）王杀汉使者，头县（xuán）北阙（què）；朝鲜杀汉使者，即时诛灭。独匈奴未耳。若知我不降（xiáng）明，欲令两国相攻，匈奴之祸，从我始矣！"律知武终不可胁，白单于。

——《汉书·苏武传》

大意：苏武骂卫律："你身为汉朝臣子，却忘恩负义，背叛君主和亲人，投降蛮夷异族，我见你干什么？况且，单于信任你，让你决定别人的生死，你不但不公平处理，反而想挑拨两国君主相互争斗，在一旁坐观成败。南越国杀死汉使，被汉灭掉后变为九郡；大宛王杀死汉使，他的首级被悬于长安宫廷北门；朝鲜杀死汉使，立即招来灭国之祸；只有匈奴还没有干过这种事。你明知我不会投降，却想借此挑起两国之间的战争，只怕匈奴的灾难，将会从杀我开始了。"卫律明白苏武终究不会受他的胁迫，只得禀报单于。

昭君出塞　抚安匈奴

在大汉与匈奴的交往历史中，有一位女子留下了不朽的名号。她姓王，名嫱（qiáng）。单听王嫱这个名字，或许还想不出她是谁。但若说出她的另一个名字，肯定无人不知、无人不晓，那就是王昭君。

王昭君，是"中国古代四大美女"之一。她作为和平使者，远嫁匈奴，留下了昭君出塞的历史佳话。

五单于争位　大汉扶立呼韩邪

汉武帝时期，匈奴被卫青、霍去病等一干名将打得退到了漠北。汉宣帝在位期间，本就已经衰弱的匈奴又发生了内乱，一度出现了五个单于（chán yú）争夺王位的情况。

在五个单于互相攻打、互相争夺中，一个单于的势力慢慢壮大起来。强人的单于是呼韩邪（yé），他率领自己的部落，把其他四个部落压制住了。但是好景不长，其他四个部落趁着呼韩邪没有防备之时，联合起来摧毁了呼韩邪的主力。这么一来，呼韩邪一支从最强盛的部落，顿时变成了最弱小的部落。

这可怎么办？呼韩邪眼看自己的势力即将被吞并，只好向其他国家或部落寻求援助。但此时西域诸国都对匈奴虎视眈眈（dān），以前匈奴强盛时，西域诸国都被匈奴欺负过；现在匈奴衰弱了，他们恨不得扑上来狠狠地反咬匈奴一口。呼韩邪只能寻求另一个更强大的帮手——大汉王朝。

公元前51年，呼韩邪单于来到大汉王朝，面见汉宣帝。他对汉宣帝俯首称臣，并承诺以后他率领的匈奴部落，向大汉年年纳贡、岁岁称臣，不与大汉为敌。

汉宣帝很高兴，赏赐金银财宝无数。呼韩邪带领随从在汉朝边境住下来，汉宣帝还派精锐骑兵前去保护他。

经过一段时间的休整，呼韩邪回到北方，逐一吞并了其他部落，将自己的部落发展壮大。当然，他知道自己能统一匈奴，都是拜大汉王朝所赐，所以派使臣带着大量物品前往大汉王朝，向大汉天子表忠心。

求娶公主　汉元帝想计策

公元前33年，呼韩邪再次来到长安。这时汉宣帝已经去世了，大汉王朝的皇帝是汉元帝。

汉元帝以高标准的礼仪接待了呼韩邪，呼韩邪向汉元帝提出一个请求，希望与汉室结亲，求娶一位公主。

汉元帝听完，心里一番琢磨：与匈奴和亲是汉朝的传统政策，嫁出一位公主，让匈奴跟大汉永结同好，这当然是好事。可是把自己的女儿嫁到匈奴，汉元帝有些心疼。

过了一会儿，汉元帝说道："这件事朕答应你，等朕把一切安排好，肯定让一位公主跟你回去。"

呼韩邪十分高兴："一言为定，臣恭候公主到来。"

紧接着，汉元帝就颁布一道旨意：选拔宫中的宫女，如果有愿意去匈奴和亲的，欢迎报名。

在古代，当宫女也不是容易的事。首先，宫女的样貌要好看，其次，气质和礼仪也要非常出众。汉元帝不想把自己的女儿嫁出去，就想在宫女中选择一名比较优秀的封为公主，再把她嫁给单于。这样，对匈奴来说，他们娶到了大汉的公主；对大汉来说，既没丢面子，也没失去皇家的女儿。真是两全其美之计。

可是汉元帝的旨意颁布后，过了好多天都没有人报名。原因很简单，草原上的生活太艰苦了；而且远嫁到匈奴，也许这辈子都不能回到大汉了。远离父母亲人，去一个完全陌生的地方，当然没有人愿意去。

昭君出列　远嫁匈奴和亲

没有办法，负责选拔宫女的官员，只好把宫女召集到一块儿，向大家宣传和亲的好处："你们要知道，去匈奴和亲，是利国利民的大好事。和亲之后，国家安宁，老百姓不受侵扰。和亲公主就是大汉王朝的功臣啊！"

这时，有一个人站了出来："我去吧！"此人正是王昭君，"自古以来，都是男儿为国征战，为国尽忠，我王昭君虽是女子，但也愿意为国家贡献自己的力量，我愿意去匈奴。"

王昭君样貌好看，气质绝佳，又聪明过人，琴棋书画样样精通，尤其擅长弹琵琶。汉元帝非常高兴，封王昭君为公主，将她指婚给呼韩邪单于，并赏赐金银财宝当作嫁妆，让两人在长安成婚。

王昭君被封为宁胡阏氏（yān zhī）。阏氏是对匈奴单于正妻的称呼，汉人把匈奴人称为胡人，所以这个封号有着美好的寓意，王昭君是给匈奴带来和平安宁的王后。

在大汉王朝的官员和百姓的护送下，王昭君骑上了马，跟随呼韩邪前往匈奴。这一路上，战马好像也知道自己要远离家乡，

不住地嘶鸣；大雁在天空中不断地哀鸣，让人心生悲戚。

王昭君骑在马上，睹物生情，把琵琶拿了出来，拨动琴弦，弹奏起乐曲。没想到，乐曲声刚响，马就停止了嘶鸣，天上哀鸣的大雁也慢慢降落下来，好似在欣赏这美妙的乐曲。

自从王昭君到达匈奴后，匈奴与大汉王朝和睦相处六十余年，再未发生大的战事。

王昭君远嫁匈奴，促进了大汉与匈奴的交流，也促进了少数民族的发展。但是，在匈奴与大汉相安无事的几十年间，大汉王朝内部却出现了一些隐患……

（故事源自《汉书》《后汉书》《资治通鉴》）

原典再现

单于自言愿婿汉氏以自亲。元帝以后宫良家子王墙字昭君赐单于。单于欢喜，上书愿保塞上谷以西至敦煌，传之无穷，请罢边备塞吏卒，以休天子人民。

——《汉书·匈奴传下》

大意： 呼韩邪单于自己说出希望能娶汉室女子来同汉朝结亲。汉元帝就把后宫的良家女子王墙（字昭君）赐婚给单于。单于很高兴，上书表示愿意保卫上谷以西直到敦煌的汉朝边境，并且承诺世代代保卫下去，请求汉朝撤掉驻守边塞的士兵，来让大汉天子的百姓得以休养生息。

外戚王莽谋权篡位

历史上，汉朝分为西汉和东汉两个时期，其中汉高祖刘邦所建立的汉朝被称为西汉，而终结西汉政权的，是一个叫王莽的人。

汉元帝去世后，他的儿子——太子刘骜（áo）继位，史称汉成帝。汉成帝的母亲，是王政君，也就是如今的皇太后。汉成帝即位后，王太后的哥哥王凤被封为大司马大将军，朝中多个职位都由王家人担任，王氏家族把持朝政。

外戚起家

王莽便是王氏家族的一员，他的姑姑是王太后，他的伯父便是王凤。在王莽年少的时候，父亲和哥哥便去世了，他跟着叔伯们生活。王莽不但勤奋好学而且为人端方严谨，多年来照顾兄长的妻儿，对长辈十分孝顺。在伯父王凤患病期间，王莽衣不解带，亲尝汤药，尽心侍奉。

王凤临终前，嘱托太后照顾王莽。汉成帝也认为王莽颇有贤才，因此他一入官场便平步青云。没过几年，王莽坐上了辅政的大司马之位，可谓一人之下、万人之上。虽然身居高位，但王莽清廉俭朴，深受百姓爱戴。

汉成帝去世后，汉哀帝即位，但汉哀帝是个短命皇帝，没过几年便去世了。由于汉哀帝没有儿子，太皇太后王政君和大司马王莽拥立年仅九岁的汉平帝登基，由王莽代理政务。

随后，王莽的野心逐渐暴露。他在朝中快速提拔自己的亲信，网罗听从他命令的人。一时间，朝堂上的很多官员都投奔了大司马王莽，可以说，王莽左右了天下政局。这时，太皇太后也知道自己的亲戚中，就数王莽最有能力，要想让王氏家族把持朝政，必须好好扶持王莽。

收买民心

在王莽、太皇太后以及一干王氏派系官员的运作下，众位大臣纷纷呈上奏折，奏折里说："陛下，大司马王莽忠君爱国，辅佐治理朝政，实有丰功伟绩，理应封赏。"

汉平帝才九岁，他哪懂这些事情啊，见文武百官都这样说，他只能同意。

太皇太后代表皇帝宣布了旨意，封大司马王莽为安汉公，并赏赐土地两万八千户。安汉，指安定汉室；公，是爵位等级。安汉公是汉朝最高爵位。

就在文武百官以为王莽会欣然接受的时候，王莽却连连推辞：

"臣愧领圣恩，如今天下还有很多百姓没有田地可耕种，王莽怎敢独占这两千八百户土地。恳请太皇太后，恳请陛下，将这土地分给天下百姓，让百姓有田可种、有粮可食。"

此言一出，文武百官纷纷赞叹。一时间，王莽的好名声在天下广为流传，人人都说王莽是好官，是忠臣良将。

汉平帝登基的第二年，大汉王朝发生了一场严重的旱灾，河道里没有水，天上也不下雨。而且祸不单行，人间遍地是横行的蝗虫。老百姓忙碌了一年，颗粒无收，家家户户没了粮食，贫苦民众流亡在外。

王莽便禀告太皇太后："臣认为应穿朴素的衣服，减省宫中的膳（shàn）食，将省下的钱财用于救灾。"

同时王莽还提出，他愿意捐出百万钱财和三十顷良田，用来接济受灾百姓。有了王莽的带头，官员纷纷效仿，有二百多名官员都捐献了钱财、土地和房屋，用来安置贫民。王莽还下令受灾地区减免

赋税，各地广开粮仓赈灾。另外，他号召百姓参与灭蝗，百姓可以用捕杀的蝗虫向官府交换粮食。

经过王莽的一系列举措，大部分老百姓都撑过了饥荒之年，蝗灾也得到了有效解决。王莽在民间的地位越来越高了。

预谋篡汉

又过了两年，汉平帝到了该结婚的年龄，需要选一名皇后。那该选谁呢？其实汉平帝没有别的选择，他只能娶王莽的女儿。

王莽很高兴，他又多了一个身份——国丈，也就是皇帝的岳父。

可是汉平帝心里很不舒服："好啊，如今大汉王朝是王氏家族的天下了。外戚专权带来的后果极其严重，搞不好就要引发大乱。当年吕后的两个侄子把持朝政时，差点让大汉王朝改朝换代。不行，得铲除外戚的势力。"

汉平帝的想法挺好，但是他的智慧怎么能跟在政坛中摸爬滚打了一辈子的王莽相提并论。汉平帝的想法还没来得及实行，就被王莽知道了。

没过多久，汉平帝去世了。王莽心想：现在该立谁为新皇帝？最后，王莽从汉室宗族中挑出一个年仅两岁的小孩——刘婴。王莽说根据占卜的结果，刘婴就是最合适的新皇人选，所以就让这个两岁的小孩当了皇帝。

与此同时，还发生了一件大事——人们在井里，挖出了一块白色的大玉石，玉石上刻着一行字——"告安汉公莽为皇帝"。这是什么意思？是说让安汉公王莽做皇帝。

其实是王莽弄了这么一块白色的玉石，做出君权天授的假象。

这件事是做给谁看的？不是给朝堂上的文武百官看的，而是给天下百姓看的，是为了给王莽自立为帝做铺垫。

虽然老百姓都称赞王莽是忠臣良将，但是王莽如果当了皇帝，百姓就会认为这个忠臣竟然谋权篡位。但有了这块石头就不一样了，这是老天爷让王莽当皇帝。一时间，这个消息在百姓中流传开来。

公元9年1月，在文武百官的簇拥下，王莽来到汉高祖刘邦的庙宇前，祭奠先帝，然后正式登基为帝，改国号为"新"。至此，王莽称帝，建立新朝。

（故事源自《汉书》《资治通鉴》）

原典再现

王莽登基为帝后，没收全国公田为"王田"，意在恢复周代井田制。

今更名天下田曰"王田"，奴婢曰"私属"，皆不得卖买。其男口不盈八，而田过一井者，分余田予九族邻里乡党。故无田，今当受田者，如制度。

——《汉书·王莽传》

大意： 如今将天下的土地改称为"王田"，奴婢改叫"私属"，都不可以买卖。家中不足八个男子，但是占有田地超过一井的家庭，要将多余的田地分给同宗族的人和邻居、乡亲。原本没有田地，现在应该分得田地的人，按照规定来分田。

绿林起义　赤眉造反

lù

王莽称帝后，推行了许多有利于国家和百姓的新政。按理说，王莽建立的新朝应该政治清明、经济繁荣，老百姓过得越来越好吧？事实证明，并没有。

王莽在新朝推行新政，本意是想解决西汉末年严重的社会危机，但改革脱离了实际，反而让百姓的生活更加困苦。再加上新政必定会触动一些军政大臣或豪门世家的利益，如此一来，全国上下都在反对王莽的新政。

各地起义

湖北、湖南一带发生了大面积的自然灾害，粮食颗粒无收。老百姓全成了流民，没粮食吃就挖野菜、啃树皮。在灾荒面前，在饥饿面前，谁能站出来给大家发粮食，谁就是领袖。

当地有两个年轻人站了出来，一个叫王匡（kuāng），一个叫王凤。这两人把灾民们聚集到一起，义正词严地说："乡亲们，大家知道为什么咱们遭遇了大灾荒吗？那是上天给我们的惩罚。因为有人谋权篡位，鸠（jiū）占鹊巢。不该当皇帝的人当了皇帝，这才导致天下动荡，让咱们颗粒无收。"

老百姓听了这番话，议论道："原来是皇帝犯的错误。"

一时间百姓义愤填膺（yīng），纷纷说着都怪王莽谋权篡位，才害得我们吃不上饭。

王匡和王凤一看百姓的怒火都被挑起来了，赶紧说道："乡亲们，你们愿意跟我一起去找粮食吗？"

"愿意！"

王匡和王凤聚集了成千上万的灾民，直奔荆州城中而去，他们要去城中开仓放粮。

一群人劫了粮仓，都吃上粮食后，王匡、王凤清点余粮，发现还有很多粮食没有分发完。于是，他们凭借这些粮食招兵买马，网罗天下豪杰，占领了绿林山（今湖北京山大洪山）。王匡等人以绿林山作为根据地，攻占附近的乡村。因而，这支起义军被称为绿林军，也就是后世常常说的"绿林好汉"。

这时候，山东又出了一支起义军，首领叫作樊（fán）崇。这支起义军的战斗力非常勇猛，没多久就集结了数万人。后来，王莽派官兵镇压樊崇的起义军。为了区别起义军和官兵，樊崇要求手下的士兵把眉毛都涂成红色的。因此，樊崇带领的这支起义军，被称为赤眉军。

镇压失败

一开始绿林军起义，王莽还觉得不是什么大事，过一阵子起义军自己就会瓦解。但是一年过去后，起义军此起彼伏，怎么办呢？王莽决定换个年号，从"天凤"换成"地皇"，同时下诏说自己就像黄帝一样，会成仙升天。他想以此来愚弄百姓，显示自己的伟大，从而令起义军闻风丧胆。但是听说了这件事的人，都觉得可笑至极。

直到公元21年，新朝各地起义军势力越发壮大，王莽觉得情况不妙，他必须得派人去镇压了。不能让造反之势成燎（liáo）原之火，否则全天下都造反，他这皇帝就当不成了。

公元21年，王莽命令荆州的地方官派出两万人马前去清剿绿林军。但是无论王匡和王凤，还是他们手下的绿林军，都对荆州太了解了，哪里适合防守，哪里适合进攻，哪里有小路，哪里有峡谷，他们无所不知。而且在荆州这片土地上，王匡和王凤已经深得民心，老百姓都支持他们。王莽派的官兵大败而归。

绿林军迅速发展，慢慢地把周围几座城池全都攻下来，打开粮仓，招兵买马。一时间，绿林军扩充到了五万人马。然而好景不长，第二年，军中出现了严重的传染病——瘟疫。军中又没有多少医生，加上驻扎地十分集中，导致瘟疫迅速在整个军中蔓延。一场瘟疫之后，原本浩浩荡荡的五万绿林军，只剩下不到一半的人马。而且这一半人马还得分散开，不能聚集在一块，否则容易发生交叉感染，只会死伤更多，于是绿林军分别在各地休养生息。

对于王莽来说，绿林军暂时不足为惧了，但是山东的起义军却越发强大。于是，王莽又派遣大军前去山东剿灭赤眉军，结果大败而归。

汉军兴起

东边有赤眉军，西边有绿林军，王莽心想：必须加紧训练军马，剿灭绿林军和赤眉军，才能坐稳江山。而绿林军和赤眉军也知道现在不是打仗的好时候，必须快速夯实根基，防范朝廷大军来剿。

一时间，三方势力陷入了短暂的平静，这时又有一股势力出现了。这股新势力是汉高祖刘邦的后代，以刘縯（yǎn）和刘秀兄弟最为典型。身为汉朝皇室的后代，他们心里头对王莽憋着怒气呢！凭什么王莽坐上了皇位？当初汉高祖刘邦辛辛苦苦打下江山，汉文帝、汉景帝不断积蓄国力，带领大汉走向辉煌，汉武帝开疆拓土，国家日益强盛……如此盛世怎么能被王莽给夺走呢？而且王莽实行的很多政策严重侵害了他们的政治和经济利益。刘縯和刘秀想要夺回大汉江山！眼见天下大乱，正是起兵的好时机，二人当即招兵买马，打出"复高祖之业，定万世之秋"的口号，发动起义。

虽然刘秀和刘縯手下的人不多，但是他们联合了绿林军。双方联手，势如破竹，很快起义军发展到十几万人。这时候绿林军也意识到了自己的局限性，他们虽然个个都是英雄好汉，但是缺乏一个有力的领导者，急需建立一个政权。

因此，公元23年，刘縯攻下宛（wǎn）城（今河南南阳）后，绿林军推选刘秀的族兄刘玄为皇帝，恢复大汉朝的国号"汉"，改年号为"更始"，史称刘玄为汉更始帝。王匡、王凤做了上公，刘縯做了大司徒，刘秀做了大将军，绿林军从此改称汉军。

（故事源自《资治通鉴》《后汉书》）

昆阳大战　新朝覆灭

绿林军改名汉军，并推选汉高祖刘邦的后人刘玄为帝，打出了恢复汉室的旗号。王莽为了守住江山，派全部兵力直奔昆阳，攻打汉军，然而却惨遭失败。汉军在刘秀的率领下力挽狂澜，取得胜利。随后，天下又陷入混乱……

绿林军改名汉军后，成了天下正统、民心所向。只要是汉军的人马攻入城池，老百姓都夹道欢迎。王匡等人很快就攻下了昆阳、郾（yǎn）城、定陵三座城池。

消息传到京都长安，王莽吓了一跳，汉军的威胁太大了，他深知民意的重要性。于是，王莽把举国兵力全部派出，纠集四十二万大军，由大将王邑、王寻带领，前去攻伐汉军，誓要将汉军斩草除根，不留后患。

死守昆阳 寻找救兵

很快，一支近十万人的大军浩浩荡荡直奔昆阳，后续大军仍在陆续赶来。此时，昆阳守军却少得可怜，连一万人都不到。因为汉军的人马，分散在三座城池里。

昆阳城肯定守不住，面对必死之局，所有将领都认为应该放弃昆阳城，带着手下的兵马退到其他城池里，才能侥幸活命，保全妻儿和财产。但是大将军刘秀摆摆手，说："昆阳城里兵马和粮草都比较少，敌人却很强大，如果我们齐心合力，殊死一战，说不定能立下大功。反之，如果我们四散奔逃，会被敌人逐个击破，根本无法保全性命。"

刘秀召集将军们开会，商量怎么利用这一万人守卫好昆阳城。刘秀认为，应该先把城守住，再派人出城去搬援兵，只要搬来救兵，危机就化解了。

一些将领认为可行，另一些将领却不以为然。

刘秀深知，能不能守住昆阳城，不在于士兵的多少而在于将军的士气。将军如果死战，昆阳城丢不了；将军如果没有意志，没有勇气，那昆阳城必破无疑。

刘秀将大家召集到一起："众位将领，你们可知咱们为何组建汉军？那是因为再不反抗，咱们的老百姓就要饿死。如今，昆阳城虽然士兵不到一万，但是还有数十万百姓。如果昆阳城破，众多百姓因为支持汉军而被王莽的军队杀死，那实在是太残忍了。咱们每个人身上都背负着无数百姓的性命，所以这一战，只许胜不许败！"众将听他这样说，终于下定决心，死守昆阳。

里应外合　以弱胜强

把城里的事安排好，刘秀便出城去搬救兵了。这时，王邑和王寻带领的大军已经兵临城下，大战一触即发。

王邑、王寻派大军将整座昆阳城团团围困。昆阳城墙上的守军不过两千多人，根本没法抵挡敌人。但是刘秀走之前的一番鼓励，起到了非常巨大的作用，众将士的士气都被鼓舞起来，死战不退。城内的汉军并肩作战，一次次打退了王邑、王寻大军的强攻。

双方一直处于胶着状态，就在王邑、王寻以为必能破城时，他们感到身下的土地有些震动，忽然间，耳边响起喊杀声和马蹄声。

王邑、王寻往后一瞧，不好，身后有万千军马席卷而来，再定睛一瞧，领头的正是刘秀。

刘秀在带领大军来支援的路上，就对他们说："如今昆阳城中的一万兄弟，都等着你们前去相救。去晚了，就只能给那些兄弟收尸了；去得早，救下他们，大伙儿都是大功臣。咱们得快马加鞭，速速攻破这支大军，解救城里的兄弟和百姓！"

因此，这股从定陵和郾城来的救兵，个个气势汹汹。他们在刘秀的带领下，奋勇杀敌，接连打了好几次胜仗，大大鼓舞了汉军的斗志。

王邑、王寻带领的大军丢盔弃甲，溃不成军，王寻则被当场斩杀。刘秀趁机大喝："主将王寻已死，尔等速速投降！"一时间，战场上的汉军都在呼喝这句话。

正在攻打昆阳城的王莽大军都慌了神，眼看就要把昆阳城攻下来了，主将怎么死了？正在大军犹豫不决时，昆阳城中的守军也像打了鸡血似的，他们终于等到了援军，纷纷冲出城门。当即，昆阳城门大开，所有守城兵卒倾巢而出，杀声震天动地。

"跑！跑！"

第一个人跑了，第二个、第三个、第四个也跑了……王莽集结的四十二万大军溃散而逃。

守城的一万大军挡住了四十二万大军的进攻，刘秀带来的援军，杀死了王寻，杀退了王邑，竟然使得大军落荒而逃。所有将士都对刘秀表示臣服，认为刘秀绝非凡人。

刘秀称帝　建立东汉

随后，汉更始帝刘玄派军杀入长安，王莽死于混战之中。至此，新朝覆灭，天下再次大乱，群雄争霸，争立新帝。

宛城里的汉更始帝，名义上是新皇帝，但是实际上手中没多少城池，也没掌握多少兵权，大部分兵力都掌握在刘秀手里。刘秀在百姓和将士心中的威望很高，昆阳一战，他立下了赫赫声威。

就在这关键的时刻，汉更始帝出了一个昏招，他把刘秀的兄弟刘縯给杀了，为什么？因为害怕两兄弟功高震主，有一天会取代他。

汉更始帝杀了刘縯，刘秀气坏了，但是他没有表现出来，表面上依旧非常恭顺，但心里对汉更始帝恨之入骨。他暗下决心：早晚有一天要将汉更始帝推翻，但是现在时机未到，要先把天下平定，最后再除掉汉更始帝。

公元25年夏天，刘秀在鄗（hào）城千秋亭登基为帝，史称汉光武帝，年号"建武"，国号仍然为"汉"。同年九月，樊崇带领赤眉军杀入长安，杀死了汉更始帝刘玄，并且拥立刘氏后人刘盆子为帝，建立了一个新政权。但没过多久，赤眉军在与汉军的交战中落败，樊崇率众投降。

至此，刘秀一统天下，定都洛阳。因为洛阳在长安城的东边，所以刘秀复立的汉朝被称为东汉。

（故事源自《资治通鉴》《后汉书》）

原典再现

军出关东，牵从群象虎狼猛兽，放之道路，以示富强，用怖山东。至昆阳山，作营百余，围城数重（chóng），或为冲车以撞城，为云车高十丈以瞰（kàn）城中，弩（nǔ）矢雨集，城中负户而汲（jí）。

——《后汉书·天文志》

大意：（王莽的）军队从关东出发，带着一群大象、老虎、狼等猛兽，把它们放到行军的道路上，用来显示自己的富强，威慑山东地区。到达昆阳山，他们安扎了一百多座营寨，把昆阳城包围了好几层。有的士兵用冲车撞击城门，有的用高达十丈的云车来俯瞰城中的情况。军队向城中发射像雨一样密集的弩箭，城里的人只能背着门板去取水。

三 国

　　东汉后期宦官外戚专权，政治腐败，导致黄巾起义爆发。随后，各地群雄割据，曹操统一北方，刘备占据益州，孙权控制江东。最终，曹丕篡汉，建立魏国；刘备称帝，建立蜀汉；孙权建立吴国，进入三国鼎立的时代。三国之间互相征战，著名的战役有官渡之战、赤壁之战和夷陵之战。曹操、司马懿、刘备、诸葛亮、张飞、孙权、周瑜、吕布、袁绍等人，以其非凡的智慧、勇气和谋略，在历史舞台上留下了深刻的印记。

张角领导黄巾起义

东汉末年，皇权式微，外戚和宦官执掌朝政，政治腐败日益严重。各地反抗势力并起，张角率领的起义军与汉军相互攻伐，中原地区又陷入了战火中……

东汉王朝从汉和帝开始，皇权名存实亡，权柄尽数被外戚和宦官两股势力牢牢把握。到了168年，汉灵帝继位后，这种情况达到了顶峰。

汉灵帝时期，朝中有十二个宦官左右天下大事，以张让和赵忠为首，还有夏恽（yùn）、郭胜、孙璋（zhāng）、毕岚（lán）、栗嵩（sōng）、段珪（guī）、高望、张恭、韩悝（kuī）、宋典，他们都担任中常侍之职，服侍皇帝日常起居，传达诏令，协助处理相关政务，深受汉灵帝宠信。汉灵帝昏庸贪玩、不理朝政，这些宦官更是投其所好、蒙蔽圣听，皇帝嬉笑之间竟说出"张常侍是我公，赵常侍是我母"这样的话。

长此以往，朝廷越来越腐败，老百姓的生活越来越困苦，往往是福无双至，祸不单行。这时，一场让所有人始料未及的天灾降临了，那就是瘟疫。瘟疫以极其恐怖的传染速度席卷了整个中原，致死率极高。老百姓本就吃不饱穿不暖，又遭逢天灾，终于按捺不住心中的怒火——天地不仁，那就改天换地！

"苍天已死，黄天当立"

在冀州巨鹿，出现了一位自称"大贤良师"的"仙人"，此人名叫张角。他号召天下百姓一同起义造反，推翻朝廷，史称"黄巾起义"。张角是个很有谋略的人，他知道生逢乱世，老百姓最需要的就是心灵寄托，于是他建立了一种叫"太平道"的宗教组织。

"太平道，太平道，信奉疫病全消掉。"

"太平道，太平道，信奉肚子吃饱饱。"

张角靠这些口号来蒙骗百姓，只要成为他的信众，等到起义成功，就可以有地种、有粮吃。

当然，张角也颇识医术，对人们说："得了瘟疫，不用怕，来找我，我将神力施展在灵符之中，你们用灵符泡水就可以消除瘟疫！"许多患病的人经过张角医治后都痊愈了，百姓更加相信张角是神人，对他深信不疑。

"世间有个太平道，大贤良师叫张角。"这消息一传十，十传百，各地的老百姓纷纷朝巨鹿涌来，主动要求加入太平道。经过数年经营，太平道徒竟然扩充到了三十多万人。

实力强大的太平道终于准备推翻朝廷了！张角把信众按照地区进行划分，共设置了三十六个军阵，大军阵有一万多人，小军阵也有六七千人，每一军阵设置一个首领，称为渠帅。

张角为起义军立下起义口号，叫"苍天已死，黄天当立，岁在甲子，天下大吉"。"苍天"指的是东汉，也就是整个大汉王朝，"苍天已死"，就是东汉已经快要灭亡了；"黄天"即黄巾军，"黄天当立"指黄天要创造新的天下了；"甲子"是日期，黄巾军计划在甲子年甲子日发动起义，也就是184年的农历三月初五；到那时，大家推翻旧朝、建立新政，天下就太平了，老百姓衣食无忧，所以叫"天下大吉"。

张角自称"天公将军"，他的两个弟弟张宝和张梁分别为"地公将军"和"人公将军"，同为主帅，一起攻伐天下。

黄巾起义　天下动荡

然而就在这时，变故出现了。黄巾军中出现了一个叛徒，叫作唐周，他向朝廷告密，导致张角手下最得力的弟子之一——马元义被处死以警示天下。朝廷还张贴了海捕文书，要捉拿起义军首领张角。

面对这等变故，张角知道事不宜迟，立刻通知其他三十五个将领发动起义。184年农历二月，三十五位黄巾军渠帅率领三十多万头戴黄色头巾的大军，攻击各地州府，正式发动了起义。

刚开始，大军每打下一个州府，便立刻开仓放粮，把粮食分发给信众，接济天下百姓。这一举措使黄巾军人数越来越多，一连十几天，黄巾军攻下无数州府，整个东汉都陷入了动荡中。

此时，在都城洛阳的汉灵帝和大臣都慌了神，他们派出两路兵马前去镇压黄巾军，一路兵马是卢植率领的大军，负责与张角

的主力周旋；另一路兵马是皇甫嵩以及朱儁（jùn）率领的四万大军，负责讨伐颍（yǐng）川一带的黄巾军。

起初，大汉军队因为长期没有军饷（xiǎng），而且缺乏训练，所以跟黄巾军一交战，就被打败了，甚至皇甫嵩等将领都遭到了围困。但黄巾军毕竟没有受过专业的军事化训练，皇甫嵩又是朝中征战已久的名将。没过多久，朝廷派来的援军赶到，皇甫嵩用计吓退黄巾军，与援军汇合，大获全胜。

此后数月，在黄巾军与汉军的厮（sī）杀中，张角突发恶疾，不治身亡，张梁阵亡，张宝随后也兵败而亡。没有了精神领袖张角，黄巾军节节败退。最终，黄巾军主力被剿灭，浩浩荡荡的黄巾起义失败了。

但全国各地还有很多零散的黄巾军和农民起义军，他们仍然在继续战斗，一直持续了二十多年。这二十多年里，东汉王朝遭受了沉重的打击，逐渐走向没落。

（故事源自《后汉书》《资治通鉴》）

原典再现

初，钜鹿张角自称"大贤良师"，奉事黄、老道，畜养弟子，跪拜首过，符水呪（zhòu）说以疗病，病者颇愈，百姓信向之。

——《后汉书·皇甫嵩朱俊列传》

大意：起初，巨鹿人张角自称"大贤良师"，尊奉黄帝、老子的道家学说，招收弟子，通过跪拜来忏悔过错，用画符的水和咒语来治病，患病的人很多都痊愈了，所以百姓都相信他。

董卓专权　祸乱朝纲

　　黄巾起义让大汉王朝战火纷飞，天下百姓不得安宁。即使核心人物张角身死，各地仍有小股黄巾军在持续反抗。而为了压制黄巾军，各地军事实力得到加强，从而导致军阀势大。大汉王朝该如何应对？

　　为了平定各地作乱的黄巾军，朝廷调拨银两支持州府自行组建军队，加强地方的军事实力，誓要把黄巾军剿灭。一时间，各州府招兵买马、训练步卒，军事力量不断提升，压制了造反的黄巾军。

军阀势大　董卓崛起

　　一波未平，一波又起，黄巾军的势力虽然被压制了，全国各地却出现了大量军阀。汉灵帝时，为镇压农民起义，改刺史为州牧，使其掌握一州的军政大权。州牧成为汉末掌军政大权的最大官员，从而导致了地方割据。有兵权的地方，军阀基本上成了土皇帝，没人敢招惹。

这些军阀不满足于已有的土地和财富，继续招兵买马，扩充军事实力，然后去攻伐其他军阀，吞并土地，抢夺金银。军阀之间战火不断，老百姓的日子过得更苦了。

在这些军阀中，董卓的势力十分强大。董卓年轻时喜欢行侠仗义，与很多羌（qiāng）人首领有结交。成年以后，他在陇西郡（今甘肃南部及东南部地区）担任官吏。后来，胡人经常出没边境，劫掠财富，欺压百姓。董卓被任命为凉州刺史，出兵攻打胡人，连连获胜。后又平定了羌人的叛乱，逐渐拜将封侯。

随着势力越来越大，攻占的城池越来越多，董卓日益骄横。凉州叛军围攻陈仓长达八十多天，后因疲劳而退。皇甫嵩下令追击，董卓认为不必追击败军。但皇甫嵩并不赞同，他亲自率军追击，连战连胜，殿后的董卓因此非常忌恨皇甫嵩。这时候，汉灵帝生了重病，他任命董卓为并州牧，希望他将兵权移交给皇甫嵩。

董卓却以手下士卒留恋他十余年来的提携之恩为由，拒绝将兵权移交。没过多久，董卓就得到了一个篡夺大权的良机。

宫廷内乱　何进被杀

189年，汉灵帝驾崩，传位给汉少帝刘辩。刘辩即位时，年仅十四岁，家国大事都由大将军何进以及汉灵帝宠信的宦官把持。何进是汉少帝母亲何太后的哥哥，属于外戚。外戚和宦官都想干政，双方的冲突愈演愈烈。何进有除掉宦官的想法，监察官员侍御史袁绍也早有谋划。于是袁绍便通过何进的宾客张津劝说何进："常侍这些宦官长期执掌大权，又与太后互通，将军应该选择贤良人才，整顿天下，为国家除害。"

何进采纳了这一建议，与袁绍商议计策，并把计策告诉了何太后。何太后不同意这一计划，何进也不敢违背意旨。但袁绍认为宦官权大，不全部消除，必有后患。于是，袁绍又提议对太后进行兵谏。何进下令驻军关中上林苑，扬言要诛杀宦官。袁绍暗中召董卓带兵到京师，准备胁迫太后。皇宫里的张让、段珪等人惶惶不安。他们听说何进要调遣兵力剿灭宦官，情急之下，就去找何太后求情。太后感到事态严重，匆匆把宦官们放回了家。

宦官们跑去向何进请罪，袁绍劝何进趁机杀了他们，但何进心软把他们放走了。没想到，宦官们在张让的指挥下，骗何进入宫。何进以为自己掌握着天下兵权，宦官们不敢把他怎么样，就只身前往皇宫。然而张让等人却提前在宫中埋伏了杀手，何进刚入宫就被乱刀所害。

何进的党羽气坏了，怒气冲冲地要给何进报仇，领头的人正是袁绍。袁绍挥舞着宝剑杀入皇宫内，只要遇到宦官，无论职位高低，一概杀无赦。一时间，皇宫里血光冲天，张让见大事不妙，立刻带着小皇帝刘辩和皇帝的弟弟陈留王刘协逃离皇宫。

董卓进京　谋立新帝

张让虽逃出皇宫，最后依旧走投无路，投水自尽。董卓趁机控制了汉少帝刘辩和陈留王刘协，并率领何进的部下诛杀宦官和大臣。至此，曾经炙（zhì）手可热的十二个中常侍全部被杀，宦官势力和外戚势力两败俱伤。

此时的陈留王刘协才九岁，比汉少帝还小五岁。董卓暗暗有了废除汉少帝，拥立陈留王的打算，这样他就可以皇帝年幼为名，更好地把持朝政。到了京师，董卓便说出他的图谋——他要废旧立新，立陈留王为新帝。

这个消息如同一道惊雷，令所有人大为震惊。袁绍极不认同，当场反驳，董卓大怒。但袁绍出身世家大族，董卓不能当场杀了他，袁绍当即离去，逃离了洛阳。

当初何进调兵来洛阳诛除宦官时，有一个叫丁原的官员带兵支援，何进被杀后，他成为负责统领禁军、守卫都城的官员。丁原手下掌握着大量兵马，董卓认为只要杀了丁原，不但能杀鸡儆（jǐng）猴，而且还能趁机吞并丁原的兵马。

但是，丁原手下有一员猛将，他身高七尺，十分英武，这个人就是吕布吕奉先。欲除丁原，最好的方法就是策反吕布。董卓重金收买了吕布，令他杀死了丁原。从此，整个京师的兵权都被董卓收入囊中，朝堂上再也无人敢反抗董卓。

于是，董卓废掉汉少帝，让陈留王刘协做了皇帝，即汉献帝，并自封为相国。

董卓性格残忍，滥用酷刑，十分跋扈（hù）。他纵容自己的部下到处抢劫财物，掳（lǔ）掠妇女，甚至掘坟挖墓，搜寻财宝，连汉灵帝的陵墓都被盗了。一时之间，无论文武百官还是平民百姓，人人自危。

（故事源自《后汉书》《资治通鉴》）

群雄逐鹿　龙争虎斗

　　董卓的倒行逆施，引起天下人的征讨。许多英雄涌现出来，他们相互攻伐，今天的朋友，可能就是明天的敌人……

　　被称为"乱世枭雄"的曹操，便在这个时候崭露头角。董卓废掉汉少帝、改立汉献帝之后，曹操就辞去官职，离开洛阳，到了陈留。他变卖家产，招募义军，日夜操练，准备起兵讨伐乱臣贼子董卓。

　　与此同时，天下反对董卓的声音一浪高过一浪，包括曹操在内的十几队人马纷纷起兵讨伐董卓。其中，袁绍家世最为显赫，而且兵马众多，是最有号召力的人物，所以大家奉袁绍为首领。袁绍组建了反董联盟军，他为反董军盟主。随后，袁绍率领大队人马起兵讨伐董卓，将其围困在洛阳。

　　董卓立即胁迫汉献帝和群臣迁都长安。到了长安，董卓本以为可以稳坐天下，不料司徒王允巧施反间计，利用董卓易怒、反复无常的弱点，使得董卓和吕布离心离德。吕布背叛了董卓，将董卓诛杀。

董卓死后，他手下的部将李傕（què）、郭汜（sì）、张济等人打着为董卓报仇的旗号，带精兵悍将杀回长安，打败吕布，逼死王允，并挟持了天子汉献帝。朝政大权被李傕等人把持后，朝野上下更加混乱。

枭雄曹操　立足兖州

讨伐董卓的关东联盟军，各怀异心，都在为自己的利益考虑，彼此间起了冲突，联军解散。曹操开始征伐，招兵买马，组建自己的军队。

192年，青州黄巾军大获发展，攻破了兖州（今山东菏泽巨野东南）。曹操趁机统领了兖州，一边剿匪，一边招降。这年冬天，曹操接受了黄巾军投降的三十余万士兵及一百多万百姓，收编了其中精锐的兵马，组成军队，号称"青州兵"，军事实力大大扩充。此后三年间，曹操以兖州为根据地，向全天下招纳贤士。

曹操在兖州势力渐强，便请他的父亲以及族人赶往兖州汇合。没料到一行人到了徐州地界却遭逢意外，被徐州刺史陶谦手下所害，无一幸免。

消息传到兖州，曹操勃然大怒："陶谦！杀父之仇，不共戴天！"曹操令大军直扑徐州，誓要荡平徐州，以祭老父亲在天之灵。

曹操兴兵攻打徐州时，刘备也火急火燎赶到了徐州。他是个名副其实的"救火队长"，被请来抵挡曹操，救徐州万民于水火。

刘备没有指挥大军作战的经验，但他还真的挡住了曹军，简直如有神助。而且他爱民如子、为官清正，深受徐州百姓爱戴，以至于陶谦在病入膏肓之际，干脆把徐州托付给了刘备。

可正所谓"祸兮福之所倚，福兮祸之所伏"，刘备的安生日子没过多久，一个不速之客来了，此人便是吕布。

吕布无义　反复无常

吕布自从被李傕、郭汜等人打败后便四处游荡，他先后投奔袁绍、袁术，都不欢而散。近两年，几次与曹操大战，但都被曹操打败，几经波折，元气大伤。听闻刘备得了徐州，吕布赶紧前来投奔。

吕布到了徐州，表面上对刘备十分尊敬，实则大言不惭地称刘备为"贤弟"。很显然，吕布并不把刘备当回事，觉得自己身份地位比刘备更高。

面对吕布的轻视，刘备表面平静，但内心十分不开心。

没过多久，刘备与袁术大战。袁术是袁绍的弟弟，他暗中招揽吕布，送给吕布大量军粮，而且承诺等自己击败刘备，定会帮助吕布扩大军事实力。于是吕布趁机浑水摸鱼，带兵攻打刘备的老巢下邳（pī）。他率军一鼓作气，破城而入，活捉了刘备的一家老小。

然而袁术却食言了，打败刘备以后，他把答应吕布的事情抛之脑后，对吕布不理不睬。吕布气坏了，这时刘备向吕布请求投降。吕布干脆准备好马车，把刘备请回了豫州，又把刘备的家眷都送了回去。吕布任命刘备做小沛令，自己则当起了徐州牧，和刘备重归于好。

又过了一段时间，刘备和吕布再次反目。刘备无可奈何，只好投奔曹操，刘备的妻儿老小再次成了吕布的俘虏。

曹操早就有平灭吕布之心，当即亲自领兵讨伐下邳，将吕布围困，直逼得吕布开城门投降，尊曹操为主。为了讨好曹操，吕布自荐道："主公，我愿效犬马之劳！您带领步兵，我带领骑兵，那便天下无敌，定能一统天下！"吕布的一番话，说得曹操热血沸腾，要知道吕布的战斗力可谓冠绝天下，他带领的骑兵更是所向披靡。

然而此时，刘备却在曹操身后悠悠说了一句："您难道忘了，他是如何对待丁原和董卓的吗?"

刘备一句话，让曹操顿时冷静下来，心想："似吕布这等反复无常的小人，留在我身边，定会成为心腹大患呀！"

最终，吕布被缢（yì）杀，然后枭首。

曹操刘备　反目成仇

吕布身死，刘备一家人得以重聚。跟着曹操一起回到许县（今河南许昌）后，刘备被封为左将军。曹操厚待刘备，二人互相敬重。但是跟在曹操身边，刘备就如同猛虎入笼，纵使有天大的本领，也施展不开。不久后，曹操和袁绍的矛盾激化，双方的大战一触即发。刘备便意图谋杀曹操。这时，袁术想去投靠袁绍，刘备趁机跟曹操说要带兵阻击袁术，避免二人会合，希望曹操给他五万兵马。曹操应允下来。

就这样，刘备带着五万兵马在下邳堵截袁术。还没到，袁术就病死了。这一役，刘备不费吹灰之力就取得了胜利。

按理说刘备该带着兵马回到许县，但他知道，如果回到许县，以后就再也无法离开那里了，曹操肯定会将自己扣住。于是刘备以镇守徐州为借口，把曹操给他的五万兵马全部留在徐州，还杀

了徐州刺史。

　　曹操听到这个消息，十分恼怒，他先派手下大将前去攻打刘备，但无功而返，后来他干脆亲自领兵，东征刘备。其实当时刘备的势力还不够强大，袁绍才是与曹操争夺天下的强敌。但曹操深知刘备乃人中豪杰，若放任不管，日后必为后患。曹操亲自出马，很快就把刘备给打败了，而且还生擒了刘备手下的大将关羽。刘备落败后逃走，投奔了袁绍。

（故事源自《三国志》《资治通鉴》）

原典再现

　　吕布是一员勇猛无比的名将，有"飞将"之称，《三国演义》等小说、戏剧作品，更是将其塑造为"三国第一猛将"。不过吕布行事反复无常，曾经追随多个主公，最后在下邳被曹操擒杀。

　　操笑曰："缚（fù）虎不得不急。"乃命缓布缚。刘备曰："不可。明公不见吕布事丁建阳、董太师乎？"操颔（hàn）之。布目备曰："大耳儿最叵（pǒ）信！"

——《后汉书·刘焉袁术吕布列传》

　　大意：曹操笑着说："捆绑老虎，不得不紧啊！"于是下令给吕布松绑。刘备说："不可，您没看到吕布是如何对待丁原和董卓的吗？"曹操点头赞同。吕布瞪着刘备说："你这大耳朵的家伙最不值得信任！"

官渡之战 统一北方

曹操和袁绍都有着强大的实力，又都有雄霸天下的决心，自然会产生矛盾。曹操击败刘备后，刘备投奔袁绍，袁绍率军驻扎在河北，黄河的北边；曹操领兵在河南许县（今河南许昌），在黄河南边。不久后，曹操与袁绍在官渡（今河南中牟东北）对峙，大战一触即发。

196年，曹操迎汉献帝，迁都许县。从此，威势大增。他先后诛杀吕布、打败刘备，兵多将广，势力强横，锋芒正盛。袁绍坐拥四州之地，地广人众、兵源充足，是北方的霸主，并且意图南下扩展势力。

199年，袁绍集结精兵十万，想要主动出击，进攻许都。

出兵前，袁绍与手下的谋士、将军商议："现在我打算发兵讨伐曹操，诸位如何看哪？"

然而袁绍的部下都不太赞成。

"主公，臣以为曹操势大，应当慢慢谋划这件事。"

"主公，您需三思而后行啊。"

袁绍一听大伙劝阻，起了逆反心理，心想：为什么不让我打曹操，是不是瞧不起我？于是，袁绍怒喝一声，也不管群臣反对："你们越不让我去，我越要去！"

听说袁绍要来攻打自己，曹操却不怎么着急，他亲自屯兵在官渡，防备袁绍来袭。在这期间，曹操还亲自带兵打败了刘备、生擒了关羽。当曹刘二人打得不可开交的时候，袁绍的手下建议他趁机攻打曹操，但是袁绍却因为儿子生病了，没有出兵，导致错失了良机。

白马之战　斩杀二将

等到曹操和刘备打完，刘备兵败前来投奔袁绍，曹操回到了官渡，袁绍这才琢磨着自己该发兵攻打许都了，于是他令大将颜良直击曹军重镇白马城。袁军数万精兵将白马城围得水泄不通，白马城危在旦夕。

曹操收到消息，跟谋士商议："诸位，袁绍的先锋军兵临白马，我们是否要即刻出兵解围？"

手下谋士却劝阻道："如若我们派兵支援白马，届时敌人在援兵途经地方设伏，岂不中了围魏救赵、围点打援之计？"

曹操急了："可若不支援白马城，难道便要放弃白马城吗？难道城里的数万将士和百姓也不管了吗？"

谋士荀攸（xún yōu）献上了声东击西之计："主公，咱们兵出延津（今河南汲县东），在那里渡过黄河，做出大军北击袁绍的假象。届时袁绍定然担忧老巢安危，自会退兵。随即轻兵急进，奔袭白马，白马之围便可解除。"

曹操一听，甚为高兴，立刻令一支军队浩浩荡荡地直奔延津。这支军队人虽不多，但行军拖拖拉拉，队伍绵延数十里，硬是伪装成大军出动的假象。袁绍果然中计，以为曹操打算擒贼先擒王，所以将围攻白马城的主力部队调向延津，准备在黄河渡口阻击。曹操见袁绍中计，亲率数千骑兵轻装简行，突袭白马城，一举将围攻白马城的主将颜良打败，颜良被杀。

袁绍这边得知颜良被杀，心中怒火滔天。他马上下令让大将文丑和刘备带兵追击曹操。在追击曹操的路上，他们发现一处曹营，有丢弃的帐篷，还有许多粮草物资。文丑和袁军将士认为曹军为了逃命慌不择路，物资都顾不得带走，心中大喜。袁军纷纷争抢起来，瓜分曹军丢弃的财物。

就在此时，左右密林之中突然响起喊杀之声，无数骑兵冲了出来，将袁军笼罩在刀光剑影、血雨腥风中。大部分将士还没来得及上马，就被斩于马下，力大无穷、武艺非凡的文丑将军也在乱战之中丢了性命。

先后两次大败，袁绍不仅损失了两员大将，还损失了无数精兵。不过袁绍并没有丧气，他集结剩下的军队，渡过黄河，屯兵官渡，要在官渡决一死战。曹操则坚守官渡城，一次次抵御袁绍的攻城，双方持久对峙（zhì）。

这时候刘备觉得袁绍难成大器，暗中谋划离开袁绍，于是他建议袁绍和盘踞荆州的刘表结盟，一起对付曹操。袁绍就令刘备带着他的部下去荆州，没想到刘备这一去，就没再回来。

对峙数月　许攸投曹

　　袁绍和曹操继续在官渡对峙，两军胶着之际，有人给袁绍献了计策——在官渡城外的几座土山上修建高台，令弓箭手居高临下向城内射箭。一时间，官渡城墙上的将士死伤无数，曹军士兵白天都不敢登上城墙，因为只要他们一露面，就有箭雨袭来。

　　曹操不能坐以待毙，他令手下士兵制造出了一种投石机，叫作霹雳车。这种投石机可以发射巨石，类似一尊以巨石为"炮弹"的"大炮"。投石机抛出的巨石命中袁军的高台，高台被砸垮，袁绍的计策被破解了。

　　袁绍又生一计，他令手下悄悄挖掘地道，打算直挖到官渡城下。但曹操军中能人辈出，早有人发现了袁绍的意图，并想出了应敌之策。曹军不但没有阻止袁军挖地道，还从官渡城里也挖起了地道。当袁绍的部下挖通地道之时，发现对面竟是曹军士兵。

　　就这样，曹操和袁绍对峙数月。虽然袁绍迟迟攻不下官渡城，但曹操这边更加苦不堪言。因为官渡城里粮草不济、兵源不足，若继续僵持下去，曹军必败无疑。

　　曹操十分担忧，写信给许都的荀彧（yù）。荀彧回信说："袁绍将主力集中在官渡，想要跟我们一决胜负。我们现在以一当十，一定要守住要冲。如今，已经坚守了大半年了，形势很明朗，必定会有转机。这正是出奇制胜的时候，千万不可错失良机。"于是，曹操决心继续坚守，以待时机，同时加强防守。

　　袁绍手下有一名叫许攸的谋士，他敏锐地察觉到曹军的劣势，向袁绍一五一十地汇报了曹军缺乏粮草的现状，并建议袁绍先派一支军队绕过官渡、直击许都，切断许都至官渡的运粮线。这样一来，官渡的曹军就是一支孤兵，用不了多久就会大败。

然而袁绍不把许攸的提议当回事，他脸色一沉，脑袋一仰："不行，我非得先抓住曹操不可！"

袁绍不仅没采纳许攸的建议，还把许攸骂了一顿。恰好这时候，许攸家里有人犯了法，被抓了起来。许攸心里是既伤心难过又气愤难当，干脆趁着夜色逃离袁绍大营，投奔曹操去了。

火烧乌巢　大破袁军

曹操听说许攸来了，兴奋至极，连鞋都顾不上穿，光着脚丫子前去迎接，以示求贤若渴之心。许攸见了，很是感动。

许攸进了曹操的营帐，坐了下来，问道："不知您军中粮草还能支撑多久？"

曹操迟疑了一下："呃，这粮草……我想半年时间还是足够的，若是省着些吃，或许还能支撑一年。"

"还能吃一年？你确定？"

"差不多能撑半年吧！"

"哦，当真有这么多吗？"许攸笑着站了起来。

曹操连忙起身，一把抓住许攸："哎，先生啊，您这是要去哪啊？"

许攸叹了一声："唉，难道您不想打败袁绍吗？我是真心来投奔您的，您为何要骗我呢？既然您不信任我，我又为何要留在这里呢？"

曹操恍然大悟："哎呀，开个玩笑。不瞒先生说，军中粮食只够吃一个月了，还望先生帮我出个良策呀！"

　　许攸听罢，这才坐下，说道："您现在孤军奋战，既没有援军，又没有粮食。但袁军有千万车粮草，囤积在乌巢，不过他们守卫松懈。乌巢距官渡只有四十里路，如果您派轻兵突袭乌巢，烧了他的粮仓，用不了三天，袁绍便不战自败！"

　　曹操精挑细选了数千精兵，趁夜间抄小路亲自带队直奔乌巢。为了不被发现，曹操命队伍举着袁军的旗帜，让每个士兵手里抱一捆柴火，假装是袁军。

　　路上，遇到袁军盘问，曹军士兵便回答："袁公担心曹操从后面追击，让我们来提前防备。"袁军守卫放心地让他们通过了。到了乌巢，曹操下令放火，士兵们迅速点燃柴火扔进粮仓。

　　袁绍的军队发现乌巢起火，心神大乱，哪还有心思作战呢？袁绍手下大将张郃（hé）、高览见形势不妙，干脆投奔曹操。曹操见叛将来投，就知道袁绍军中定然大乱，当即调遣官渡城内的部队与自己前后夹击，一鼓作气打败了袁绍的数十万大军！

　　经此一役，曹操乘胜追击，占据河北，袁绍则羞愤交加，很快暴病而亡。官渡之战，曹操以弱胜强，击败了袁绍。袁绍一死，北方再无人能与曹操抗衡。官渡一战，奠定了曹操统一北方的基础，为日后曹魏政权的建立创造了条件。

（故事源自《资治通鉴》《三国志》）

三顾茅庐　终得孔明

脱离袁绍和曹操后，刘备到荆州发展自己的势力。但他很快发现，自己阵营缺少善于出谋划策的人才。于是，他四处寻找贤才……

白马之围被解后，为了更好地发展壮大自己的势力，刘备和关羽、张飞四处寻找有能力的谋士，并且还真的找到了一个人——徐庶。徐庶后来又向刘备推荐了另一位能人，名叫诸葛亮，也就是大名鼎鼎的卧龙孔明。

三次拜访　终于得见

诸葛亮隐居在隆中，整天住在茅草屋里，虽然与世无争，却十分关心国家大事。

这一天，刘备准备好礼物，带着张飞和关羽亲自登门拜访诸葛亮。刘备轻轻敲门，报上名号："刘备前来拜访卧龙先生。"

门打开，一名青衣小童走了出来，问道："谁呀，一大早在门外叫嚷？"

刘备恭恭敬敬地说道："我乃刘备，特来拜访卧龙先生。"

青衣小童回答："我家先生外出了，不知什么时候回来，你们来得不凑巧。"

刘备便说："既然先生外出了，那还请童子转告先生，就说刘备前来拜访。"

"知道了。"青衣小童说完，就把门关上了。

刘备三人无可奈何，无功而返。过了一段时间，刘备觉得诸葛亮该回来了，所以又带着礼物和关羽、张飞前往隆中拜访。

这天出门时，天空艳阳高照，刘备心情很不错，认为天公作美，今天一定能见到诸葛先生。可三人走着走着，天气说变就变，不仅阴了下来，还刮起了大风。没过一会儿，又下起了大雪。刘备又想：刮风下雪也不见得是坏事，这样的天气，卧龙先生肯定不会出门了吧。

等到三人顶风冒雪来到诸葛亮门前，敲开了房门，见到的却不是上次那个青衣小童，而是诸葛亮的弟弟诸葛均。他对三人说："不好意思，我哥哥好像和朋友外出游玩了，不知道什么时候回来。"

刘备很无奈，但也只能微笑着点点头，还特意要来笔墨纸砚，写下"刘备再次拜访先生，怎奈先生又不在家，实属不巧，刘备下次再登门拜访"。写完纸条，刘备就带着关羽和张飞回去了，打算过几天再来拜见诸葛亮。

张飞有些不高兴，抱怨道："我不去了，去一次不在家，去两次也不在家，他是不是故意躲着不想见咱们？我觉得诸葛亮说不定没什么真本事，只是故弄玄虚，所以才躲起来不敢见咱们。"

刘备道："这卧龙先生定是有大才能的人，我们须得耐心才是。"

关羽说："不过现在已经入冬，恐怕不是拜访卧龙先生的好时机，不如等到明年开春后，再去拜访。"

第二年春天，冰雪消融，春暖花开，刘备特意选择一个黄道吉日，沐浴更衣后再次带上礼物，跟关羽、张飞一起来到隆中。

这次诸葛亮终于在家了，但是他正在睡觉。青衣小童就对刘备说："我去叫醒先生。"

刘备连忙阻止："不用了，我们在这里等一会儿就好。"于是，三人在门外台阶下站立等候。

诸葛亮睡醒后，青衣小童把刘备三次来访一事告诉诸葛亮。诸葛亮赶紧将三人请入院中。至此，刘备才终于见到了传说中的卧龙先生诸葛亮。

刘备立刻上前，躬身一拜，说道："我乃刘备，久闻先生大名，多次前来拜访，今日终得一见。"

诸葛亮起身还一礼："我本是一个种菜的农夫，让您白跑了两次，真是我的过错，还请恕罪。"诸葛亮话说得客气，三人也不计较多次来访却没见到人一事，分别落座，相谈甚欢。

未出茅庐　尽知天下

"先生，徐庶曾说您有匡（kuāng）扶宇宙之才，有吞吐天地之志，我遍访天下贤才，终于见到了先生。"刘备恭维道。

诸葛亮谦虚了几句："我一介农夫，怎么敢妄谈天下大事，徐庶才是当世奇才啊！"

刘备说道："先生，如今汉室衰落，奸臣败坏朝纲，皇权不保。刘备虽然无才无德、力量微弱，可总想为天下苍生做点什么。只恨我才疏学浅，这么多年来也没能成事。如今唯愿先生能够帮帮我。"

刘备这番话说得很诚恳，令诸葛亮很感动，于是他说："自董卓谋逆以来，天下豪杰并起，曹操的势力不如袁绍，却能破袁绍大军，其中的原因不只是天时，更有人谋。如今曹操已有百万雄兵，挟天子而令诸侯，没有一人可以与他争锋。孙权占据了地势险要的江东，又深得民心，也不能与其硬碰硬。但可以同孙权结交，借他们的势力对抗曹操。北边和东南都被占领，如今您只能占据荆州。荆州地势险要，易守难攻，可刘表没有能力守住荆州。这就是您的机会！"

"这……"刘备有些犹豫。

诸葛亮又说道："您不必急着做决定，我再为您推荐一个地方。益州乃天府之国，是高祖皇帝立业之地，当地的百姓家资颇厚，但镇守益州的刘璋（zhāng）却软弱无能，他也守不住益州。您乃汉室正统，威名又扬于四海，如能得到荆州和益州，再和西南的巴蜀人民打好关系，就没有后顾之忧了。到时候，再与孙权结盟，退可守，进可攻。一旦天下有变，您亲率大军直取中原，大业可成，汉室可兴矣!"

刘备听完，又激动又心惊，没想到诸葛亮人没出茅庐，竟能对天下局势分析得如此透彻，真乃神人也。

君臣一心　建立蜀汉

刘备站起身，深深弯腰行礼："多谢先生，先生一席话，如醍醐（tí hú）灌顶，如拨云见日，如大梦初醒。我现在虽大业未成，但恳请先生出山相助，让我能一直听从您的教诲。"

刘备说得异常诚恳，姿态也放得很低，但诸葛亮却淡然一笑，摇了摇头，说："将军，我给您出谋划策，讲讲便罢了。我在乡间悠闲惯了，懒于应付这些世俗烦扰，恐怕不能出山。"

听到这，刘备两眼一红："先生，您若不出山，这天下苍生怎么办? 黎民百姓怎么办?"说着说着，刘备泣不成声。

诸葛亮其实年纪也不大，只有二十六七岁，有着一腔热血。他见刘备哭成这样，自己的眼眶也红了。没想到天下竟有如此心系百姓的人，于是不由自主地答应了刘备的请求，愿意出山相助。刘备喜极而泣。

就这样，刘备三顾茅庐，终于感动了诸葛亮，将诸葛先生请出了山。诸葛亮离开隐居已久的草堂，放弃了悠然快乐的田园生活，归入刘备麾（huī）下。刘备则继续招兵买马，积蓄力量，图谋大业。后来，在诸葛亮和一干勇将谋士的帮助下，刘备建立了蜀汉政权。

（故事源自《三国志》）

孙刘联盟　共抗曹操

曹操统一北方后，能与之抗衡的势力仅孙权、刘表而已。刘表去世，曹操趁机占领荆州，想一举吞并南方诸侯……

东吴政权的奠基者，是孙权的父亲——孙坚。孙氏家族世代都在吴地做官，孙坚少年时就敢勇斗歹徒、威名在外。在平定黄巾起义和讨伐董卓时，孙坚都曾参与其中。击败董卓后，孙权便在江淮地区活动，为后人在江东立足奠定了基础。

江东霸主　孙氏家族

孙坚去世后，年仅十七岁的儿子孙策继承父亲的志向。他带着父亲留给他的忠臣良将与一干兵卒，在袁术手下效力，并且深受袁术看重。孙策以此为基础攻城略地、屡战屡胜，不断发展壮大，慢慢地，他的势力已经足以与袁术抗衡。

197年，袁术野心膨胀，自立为帝。称帝后，袁术生活奢侈，挥霍无度，令孙策非常不满。他写了一封信谴责袁术称帝的行为，正式和袁术决裂，在江东自立门户。其后，曹操向皇帝上书，推举孙策为讨逆将军，并封他为吴侯。

200年，曹操和袁绍在官渡激战，孙策打算趁机袭击许都，迎接汉献帝。他秘密地训练兵马、任用将领，然而，孙策还没来得及行动，就遭到了暗杀。

孙策受伤很严重，身体一天比一天虚弱。他知道自己多半是活不成了，就把弟弟孙权以及他最信任的部下张昭等都叫到榻（tà）前，开始交代后事。

孙策靠在床头，看着眼前这些人，心中感慨万千，说道："如今天下群雄并起，我们凭借江东的人力和长江天险，定可以做出一番事业。我死后，你们一定要好好辅佐我弟弟！"又对孙权说："弟弟，我把江山交给你，若要说到带兵打仗、与群雄争夺天下，你不如我；要说举贤任能、使众人齐心协力，我却不如你。你善于用人，定能带领这帮兄弟守住家业，雄霸天下。"没过多久，孙策就去世了，年仅二十六岁。

孙坚和孙策虽然早逝，但他们给孙权留下了程普、黄盖、张昭、周瑜等无数良臣猛将，数万兵马和一片富庶的土地。孙权统领江东后，博采众议，招纳贤士，招揽鲁肃、诸葛瑾（jǐn）、顾雍（yōng）等后来闻名于世的有识之士，不仅巩固了父亲和哥哥开创的基业，更为此后称帝于东吴打下了坚实的基础。

荆州降曹　威胁东吴

208年，曹操率领大军南下，直奔荆州而去。正巧荆州牧刘表病逝，其子刘琮（cóng）胆小怕事，不敢与曹操相抗，干脆投降。刘备原本在樊城屯兵，刘琮不敢告诉他自己投降了，导致刘备过了好一阵之后，才觉察到情况不对。但是刘备念及和刘表的交情，不忍心去攻打刘琮，便带着前来投奔他的刘琮部下及荆州人士，

一起撤离。

刘备打算前往江陵，因为江陵是军事重镇，易守难攻，而且粮草物资充裕。但是曹操也知道江陵储备了大量军用物资，为了防备刘备抢占江陵，曹操带兵轻装追击，一直将刘备逼到当阳。刘备身边人数虽多，但有不少是荆州来投奔的百姓，没什么战斗力，自然不敌曹军，刘备只能带着诸葛亮、张飞等数十人突围逃走，曹操则俘获了大量人马辎（zī）重。

这次刘备一路逃到夏口，与孙权的江东军只有一江之隔。若不渡过长江，势必要落在曹操手里。

曹操攻打荆州，对江东而言也是大事。荆州陷落，江东就得直面曹操的威胁。孙权的部将听说刘琮投降，大惊失色。如今曹操占领了荆州，得到了刘表精心训练的水军，水陆兵马加起来足足几十万人，水上作战能力大幅提升。江东防御所仰赖的长江天险，对曹操来说已经不足为惧。

正巧刘备在长江边和孙权派来打探荆州形势的鲁肃相遇了。鲁肃劝说刘备和孙权联手对付曹操，刘备欣然同意。

孔明激将　孙刘联合

鲁肃返回东吴复命，但是孙权的部下仍然犹豫不定，听说鲁肃劝孙权联刘抗曹，心里很不赞同。

刘备派诸葛亮前往江东与孙权商议结盟之事，孙权大摆筵（yán）席，将手下谋士武将都请来作陪。席间，孙权对诸葛亮说："久闻诸葛先生大名，今日得见真人，甚是荣幸。"

"孙将军过誉，诸葛亮不过是一介村夫，承蒙刘豫州（刘备）

412

赏识，我不得不肝脑涂地，鞠躬尽瘁。"诸葛亮谦虚地回答。

"我孙权也是赏识贤才的人，今日特地向您请教曹军一共有多少人马，有多少战将，又有多少谋士呢？"孙权问道。

诸葛亮回答："孙将军，不瞒您说，我们跟曹操征战久矣！曹军大军约有一百五十万人，大将、谋士有一两千人。"

孙权问道："江东子弟要是跟曹操对抗，您认为我该如何应战？"

诸葛亮毫不客气地说："那我劝您考虑考虑自己的实力，识时务者为俊杰，您打不过曹操的，干脆早日投降。"

"什么?!"孙权听了这话，气得眼睛瞪得溜圆，"那刘备为什么不投降？"

"刘备乃是当世英雄豪杰，就算实力不济，也会死战到底，绝对不会屈服于曹贼。"诸葛亮这番话说得淡定，但显然是在说孙权不如刘备，孙权气得胡子都竖起来了。

见孙权大怒，诸葛亮才徐徐对孙权说出了他的计策："曹军虽号称八十万大军，然则实际不过十五万，且劳师袭远，水土不服。反观我方，虽兵力不足，但齐心协力，只要江东与我军联合，定能大破曹军。"

孙权的部下对于战还是降仍旧争论不休，孙权在鲁肃的劝说下，召回都督周瑜商议。好在周瑜和孙权是一条心，他坚决反对向曹操投降："主公，如今北方局势还未完全稳定，曹操大军南下，并非没有后顾之忧；而且就算曹操得到了刘表的水军，水战仍然不是曹操的长项；再加上即将入冬，江上寒冷、粮草不济，曹操的北方士兵水土不服，定会生病。曹军不过十五六万，而且长期征战，士兵疲惫不堪。虽有刘表的水军，但人心不齐，没什么可怕的。主公，如今正是擒拿曹操的最好时机，我请求领精兵三万驻守夏口，为主公击溃曹操！"

这世间能令曹操忌惮的人，不过袁术、袁绍、刘表和他孙权寥寥几人而已，如今袁术、袁绍、刘表都死了，只剩下他一个和曹操抗衡。可以说，他孙权和曹操势不两立，孙权下定决心要与曹操展开对决！为表决心，孙权在部下面前拔出佩刀，砍向面前的桌案，并说道："若有谁再敢劝我投降曹操，如同此案！"

至此，孙刘联盟正式结成，孙权派大将周瑜和程普领兵与刘备汇合，迎击曹军。曹操亲率水陆大军迫近赤壁，两军在赤壁相遇，历史上著名的赤壁之战一触即发。

（故事源自《资治通鉴》《三国志》）

原典再现

呼权佩以印绶（shòu），谓曰："举江东之众，决机于两陈之间，与天下争衡，卿不如我。举贤任能，各尽其心，以保江东，我不如卿。"

——《三国志·吴书·孙破虏讨逆传》

大意： 孙策唤来孙权，让他戴上印绶，对他说："统率江东群雄，在两军阵前做决断，与天下豪杰相争，你比不上我。但推举、任用有才能的人，让他们都尽心效力，保卫江东，我比不上你。"

赤壁之战　火烧战船

刘备和孙权结成了抗曹联盟，周瑜率领的孙刘联军与曹操的军队隔江对峙，但曹军士兵到了南方水土不服，曹操想出了一个妙计……

曹操的士兵大多来自北方，不识水性，而江水波涛涌动，江上的船也摇晃不已，士兵站在船上，只觉天旋地转，站都站不稳，被晃得接连呕吐。如果以这样的状态应战，肯定打不过熟识水性的东吴军队，说不定会全军覆没。

曹操连船　黄盖诈（zhà）降

曹操很是担忧，苦思冥（míng）想，想出个办法，就是把所有的船首尾连在一起。这样，任凭风浪涌起，大船安稳如大地。

曹军的练兵之法传到了东吴阵营里。周瑜手下有一员老将名叫黄盖，他听说曹操克服了水战的劣势，便向周瑜献上一计："都督，我们可以用火攻，只要有一艘战船燃烧，便会引燃周边十艘、百艘战船，曹操的船连在一起，那时逃无可逃，曹军将遭受灭顶之灾。"

周瑜连连点头，说："是啊，我也想到了火攻，只是曹操此人善谋而且多疑，我们的战船很难靠近他的战船呐。"

黄盖道："都督，我有一计，不妨让老夫前去诈降。"

"诈降？"

"不错，老夫给那曹贼写封信，就说东吴大势已去，我想奔个好前程，所以打算亲自带兵去投降。这曹操正苦于不知道我们的兵力部署和弱点，定会前来迎接，对老夫深信不疑。这样一来，老夫的战船便能接近曹军，火攻计便可施行。"

曹操中计　火烧战船

周瑜和黄盖议定计策，并且顺利实施。曹操收到了黄盖的信，喜出望外、不疑有他，直呼"天助我也"。为什么曹操不生疑呢？因为曹操以前也遇到过这种事，那就是官渡之战时，许攸背叛袁绍，前来帮助曹操，将袁绍的弱点告诉了曹操，最后曹军才打赢了这官渡之战。所以此时曹操便以为黄盖也和许攸一样，是带着东吴的弱点来给他送妙计的，这才轻而易举地上了东吴的当。

到了夜半时分，黄盖备好十艘大船，在船上装满了浸透火油的干草，干草上再蒙一层厚布，在夜幕之下，别人根本看不清船上的情形。

黄盖趁着夜色，领着十余只战船，飞速靠近曹操水军营寨。曹操很高兴，早早就站在船头，望眼欲穿。他远远看见水面上出现战船的身影，细细数来，一艘、两艘、三艘……竟然足有十艘

战船呢！曹操心里更高兴了，黄盖将军果然有诚意，不但自己来投降，还带了满满十船士兵呢。

然而，正在曹操高兴时，黄盖的战船上却突然燃起了熊熊大火，十艘战船顿时变成了十艘火船。正巧，一股东南风刮起，风助火势，黄盖的战船火势越来越大。

火船借着狂风加速，直直地撞入了曹操的水军阵营之中，顿时在曹军战船间点起熊熊大火，将曹操连成一片的战船通通引燃。

一时之间，火光滔天，犹如火山爆发。大火伴随着滚滚浓烟，船上所有将士都被浓烟呛（qiàng）得鼻酸泪流、咳嗽（sou）不已，几乎窒息。但没有一个人敢停住脚步，因为烈火如同猛兽，朝着他们猛扑过来。有的人抵挡不住灼（zhuó）烧，噗（pū）通噗通跳进水里，然而这些北方士兵不通水性，跳进水里与自杀无异。他们虽然在火中逃过一劫，但在水面上扑腾两下后，就沉入了水底，水面上只剩一串咕嘟咕嘟的气泡。

曹操见此情景，明白大势已去，再也无力扭转全线溃败的结局，只好引兵撤回了许昌。这场轰轰烈烈的讨伐东吴的大战，就这样在赤壁戛（jiá）然而止了。

赤壁之战是三国时期除官渡之战外另一场典型的以弱胜强的大型战役，曹操率领的大军号称八十万，实际上应有近二十万人，而周瑜率领的孙刘联军只有三万余人，双方实力悬殊。赤壁之战后，曹操休养生息两年，孙权和刘备则趁机各自发展势力，形成了天下三分、三国鼎立的局面。

（故事源自《资治通鉴》）

吕蒙读书　刮目相看

　　打败曹操后，孙刘联盟渐渐分崩离析，双方为荆（jīng）州之地展开了激烈的争夺战，最终东吴大将吕蒙为孙权夺下了这块战略要地。吕蒙的谋略并不是一开始就有的……

　　吕蒙年少时就十分勇猛。十五六岁时，他就偷偷跟随姐夫邓当去讨伐山越人，邓当发现后叱（chì）责他，他却不为所动，反而认为上战场说不定能获得军功，为家里赢得富贵。山越人广泛分布于江东的山区，是江东孙家的心腹之患。吕蒙初生牛犊（dú）不怕虎，面对山越人毫不胆怯，英勇作战，渐渐闯出了名声。他受到赏识，被人推荐给了江东的领袖——小霸王孙策。后来吕蒙的姐夫邓当去世，吕蒙接替了邓当的职务，孙策遇刺身亡后，孙权认为吕蒙治军有方，更加重用他了。吕蒙多次立下战功，官职越来越高，却逐渐暴露出一个问题。

孙权劝学

吕蒙年幼时家境贫苦，没钱上学，他自己也只爱舞刀弄棒，对书本不感兴趣。吕蒙刚参军时，官职比较低，只要在阵前英勇作战就足够了。可是随着吕蒙渐渐升职，孙权就发现了吕蒙的缺点——他不爱读书，跟他讲兵法韬（tāo）略、历史经验，他就有些力不从心。

孙权心想："这可不行啊，如果他只是个军中的小兵，那么有一身勇武即可，但他现在统领大军，若还是只有匹夫之勇，早晚要坏了大事。"

孙权找来吕蒙，对吕蒙说："哎呀，吕将军啊，我知道你是个好将领，作战勇武无敌，你从十五六岁起就投身军伍，为江东征战至今，抛洒的汗水和热血我都看在眼里，记在心里。只是如今你身居要职，手握重兵，可不能不学习、不读书啊！"

吕蒙一听，一个头三个大，连连摆手，推脱道："主公，这读书……这读书，对，我也想读书啊，但是实在是公务繁忙，我没有读书的时间啊！"

孙权一听，就知道吕蒙敷（fū）衍自己呢，说道："吕将军，你无需有压力，我并非让你变成教书先生，也不要求你学富五车、博古通今。我只希望你粗略地阅读，增长见识，开阔视野，多了解一些古代将领的故事。"

吕蒙听后笑了笑，还想找借口推托："哎呀，主公啊，您多虑了，我就算不读书，也能为江东打好仗！这个……实在是军务繁忙，我无暇读书啊！"

"你忙？你忙还能忙过我吗？"孙权见温言细语的劝说不成，虎目微张，怒视吕蒙，"我每天的公务可比你还要多得多，但我还是常常抽出时间来读书，因为读书益处多多呀！你可知光武帝刘秀？"

吕蒙点点头，刘秀他自然知道。

"吕将军啊，光武帝于兵事繁忙之际，仍能手不释卷、日日阅读，难道你比光武帝还要忙碌不成？"

吕蒙顿悟，心中十分羞愧，说道："主公，您放心，吕蒙一定听您的教诲（huì），好好读书。"

吕蒙这次的回答不是敷衍孙权了，他从这一天开始，真真正正地用心学习起来。而且自从吕蒙开始读书之后，他就发现学习这件事没有他想得那么难。他先是读了许多兵书，比如《孙子兵法》，然后又读起史书。吕蒙每天一有空就翻开书籍，日积月累之下，他读过的书竟然比那些整日读书的儒生还要多。

刮目相看

后来，东吴大都督周瑜英年早逝，他病危时，向孙权推荐鲁肃来代替自己。210年，孙权采纳了周瑜的建议，令鲁肃接替周瑜统领军队。这时候孙权和刘备之间已经不太友好了，当时关羽镇守着荆州（在今湖北荆州）之地，而荆州是魏、蜀、吴的交界点，引起三方势力的激烈争夺。鲁肃受孙权之命，防范着关羽。

鲁肃和吕蒙两人也有着多年的交情，有一次，鲁肃来探望吕蒙，吕蒙就问："您肩负重任，与关羽隔江对峙，您有没有想过，关羽随时可能带兵突袭，到时候您该如何应对？有没有提前做好部署，防患于未然呢？"

鲁肃回答："我一直想着，兵来将挡水来土掩，到时候看情况行事。"吕蒙说："咱们和刘备名义上是联盟关系，实际上也是敌对的关系，关羽是个勇武有谋的将领，若不提前防备，只怕到时候会手忙脚乱。"

吕蒙为鲁肃详细地分析了当前的局势，剖析利害关系，帮鲁肃制定对策，甚至比鲁肃想得还要深远，隐隐有了夺取荆州之志。鲁肃越听越是惊讶，不由得赞叹："吕将军如今竟然有如此才略，再也不是当初的吴下阿蒙了！"

吕蒙点点头，说："是啊，自打主公劝我读书以来，我便发觉了这读书的好处，真是每日都有收获。正所谓士别三日，当刮目相看，你我多日未见，自不能以原本的目光看待我了！"

从此以后，"士别三日，当刮目相看"和"吴下阿蒙"这两个成语传扬千古，这就是吕蒙发奋读书的故事。

智取荆州

217年，鲁肃病逝，吕蒙接替鲁肃出任都督一职，统管东吴兵马。鲁肃在世时，顾忌北方有曹操虎视眈眈（dān），主张与镇守荆州的关羽保持和平关系。吕蒙则早有夺取荆州之心，他表面上与关羽交好，令关羽放松警惕（tì），实则向孙权献计，劝说孙权智取荆州。

219年秋天，关羽率军攻打曹操占领的樊城（在今湖北襄阳），但曹操陆续派出诸多大将驰援，导致关羽久攻不下。这年年底，孙权趁着关羽出征，派吕蒙偷袭荆州的江陵。吕蒙令东吴将士伪装成商人，把战船伪装成商船，神不知鬼不觉地将江陵收入囊中。

关羽在曹操的大将手下吃了败仗，又听闻江陵失守，惊怒交加，才知道中了东吴的计。关羽连忙撤军返回，但为时已晚，关羽和长子关平均被东吴将领擒杀。从此以后，整个荆州都被孙权占据了。

（故事源自《三国志》《资治通鉴》）

原典再现

孙权劝吕蒙读书学习的故事记载于《三国志》《资治通鉴》等多部史书中，后人据此总结出成语"士别三日"和"刮目相看"，用来形容一个人在短时间内就有了显著的进步或者变化，应当用新的眼光去看待他。

及鲁肃过寻阳，与蒙论议，大惊曰："卿今者才略，非复吴下阿蒙！"蒙曰："士别三日，即更刮目相待，大兄何见事之晚乎！"

——《资治通鉴·汉纪五十八》

大意：等到鲁肃经过寻阳，和吕蒙谈论议事，鲁肃十分惊奇地说："你如今的才能、谋略，不再是原来那个吴地的阿蒙了！"吕蒙说："分别三日，就要用新的眼光相看待，鲁兄怎么这么晚才认清这个道理！"

火烧连营　刘备托孤

孙权占领荆州，关羽战败身亡，刘备悲痛不已，决心亲自讨伐东吴。刘备能为大将关羽报仇雪恨吗？孙权将会如何应对刘备的大军呢？

220年初，曹操病逝，同年年末，曹操的儿子曹丕（pī）接受了汉献帝的禅（shàn）让，正式登基，成为曹魏开国皇帝，并继承了父亲一统江山的愿望。221年，刘备称帝，建立了蜀汉。这年秋天，刘备不顾丞相诸葛亮和大将赵云的劝阻，亲率大军讨伐东吴。孙权听说刘备来袭，想同刘备议和，但刘备不同意。于是孙权一边向曹魏称臣，一边命大都督陆逊（xùn）率领诸位大将与五万兵马对抗刘备。

战术拖延

222年初，刘备亲自带领大军主力扎营在猇（xiāo）亭（在今湖北宜昌）。陆逊领兵前来，却不允许部下贸然出战。当时孙权的侄子孙桓（huán）率领的东吴先锋军被蜀军围困在夷道（在今湖北宜都），东吴其他将领纷纷催促陆逊前去营救，但陆逊还是不同意。

陆逊说道："诸位将军，孙将军虽被围困，但他在军中向来得军心，城池牢固，粮草充足，坚守一段时间并不为难。等我们把刘备打退后，孙将军自会脱困。"

陆逊要如何打败刘备呢？他的计策就是坚守不出，手下诸将都十分不解。

虽然孙权后来评价陆逊时，认为他的才能可以与周瑜相媲（pì）美，但在对抗刘备时，陆逊在军中的威望还远远不足。而且陆逊手下的将军大多是曾追随孙策的元老或者孙家的宗室和贵戚，个个骄傲矜（jīn）贵，不把陆逊放在眼里。

陆逊一只手按在剑柄上，对诸位将军说道："刘备天下闻名，连曹操都对他忌惮（dàn）三分。你我皆受主公恩泽，自当齐心协力应对强敌，报答主公的恩情。我虽是一介书生，但主公命我肩负重任，令各位屈尊降贵，听从我的命令，皆因我能忍辱负重、有几分应敌的长处。强敌当前，军令如山，不可违犯！"

陆逊双目圆瞪，一番掷（zhì）地有声的话语震慑（shè）了诸位将领，他们不敢再违抗陆逊的命令。无论刘备如何派人在阵前挑衅辱骂，东吴大军都闭门不出。

蜀军与吴军僵持了半年，刘备每天派数千人前去骂阵，陆逊就仿佛听不到一般，严令禁止吴军出战。陆逊有自己的考量，如今东吴守城不出，占了地利，还有充足的后备力量，完全可以以逸待劳。东吴军队的兵马数量不占优势，战斗力也不及刘备大军，正面交锋必败无疑。所以陆逊要用计打败刘备，这个计策说来也简单，就一个字——拖，他要把刘备拖垮，把刘备拖出破绽来。

随着夏天的到来，天气越来越热，刘备想要速战速决、剿（jiǎo）灭东吴的计划破产了，而且蜀军在阳光暴晒下扎营，将士们不堪其苦。有兵将问刘备："主公，如今众将士热得不行，想换个阴凉的地方扎营，您看行吗？"

刘备想了想，这陆逊是打定了主意不出门，与其继续在阳光下晒着，不如暂时舍弃水军，全军搬到深山里，找个草木茂盛处扎下营寨，等到秋后凉爽时再发动进攻。

火烧连营

没过几天，陆逊召集众将士，对他们说："刘备这个敌人很狡猾（jiǎo huá），有丰富的作战经验，他刚带兵来犯时，计划周密、士气振奋，难以轻易打败。如今他与我们苦苦对峙（zhì）了半年，一点儿便宜都没占到，蜀军将士早已疲惫（bèi）不堪，刘备也疏于制定周密的计策。所以要一举击溃刘备，现在正是最好的时机！"

然而陆逊虽然说要击溃刘备，实际上却只派出了一支小分队，果然吃了败仗。

东吴将领对陆逊此举十分不解，质疑道："都督，你这是要让兵卒去白白送死啊！"

陆逊却微微一笑，说："诸位少安毋躁，我已经想出了歼灭蜀军的办法。"

众将领不解，连忙询问。陆逊朗声说道："陆逊自任大都督以

来，未立寸功，实是惭愧。如今前线士兵探得消息，刘备在深山密林中扎下几十座营寨，以寻常办法攻打他，自然难以取胜。可若是在山里放一把火呢?"

众将领恍然大悟，要论火攻之计，没有人比经历过赤壁之战的东吴将士更熟悉了。当年周瑜一把大火将曹操烧得落花流水，如今陆逊又要火烧刘备的百里连营。

陆逊命令东吴将士们每人拿着一把茅草，趁着夜色突袭蜀军营寨，顺风放火。顷刻间，蜀军营地燃起猛烈的火势，蜀军从沉睡中惊醒，发现火势难以扑灭，顿时乱成一团。

趁着刘备军中大乱，东吴兵将用布蒙着面冲杀过来。这蒙面布巾也是陆逊提前吩咐将士们准备好的，防止大家吸入烟尘。因此现在东吴将士一个个生龙活虎，杀得蜀军措手不及。

眼见东吴大军攻势迅猛，刘备翻身上马，捂着胸口，直掉眼泪，如同万箭穿心一般难过:"天绝我刘备，天绝我刘备! 我千算万算，未曾算到陆逊竟用火攻伤我!"大火越烧越旺，刘备只好下令:"速速撤退，速速撤退!"

残存的蜀军护送刘备趁着夜色突围逃走，这时曾被刘备围困的孙桓提前赶到刘备前方进行拦截。刘备险些便被孙桓所擒，无奈之下只得翻山越岭而逃，这才躲过一劫，摆脱追兵，逃到了白帝城（在今重庆奉节）。

这时，孙权的部下纷纷上书请求追击刘备，将其擒拿。孙权询问陆逊的意见时，陆逊听说曹丕正以帮助孙权讨伐刘备为由，大规模集结军队，立刻看出曹丕包藏祸心，他定是想趁着孙刘两方打得不可开交时，浑水摸鱼，偷袭江东，所以陆逊立即下令撤兵。曹丕果然派兵南征，攻打东吴，所幸陆逊早有防备，及时撤兵回守江东，最终令魏军无功而返。

蜀汉与东吴的这场大战叫作夷陵之战，这场战役令刚刚建立的蜀汉政权遭受重创，而孙权听说刘备战败后，仍旧驻扎在江东附近，感到十分不安，于是派遣使者与蜀汉议和。此后，吴蜀始终维持着联盟关系，与北方的曹魏对峙，三国局势稳定下来。这一战对三国局势产生了深远的影响，与官渡之战和赤壁之战并称为三国时期三大战役。

白帝城托孤

刘备在夷陵大败，一路逃到白帝城。他在这病倒了，茶饭不思，日渐消瘦，生命垂危。

几个月后，诸葛亮日夜兼程赶到白帝城，刘备将诸葛亮召到卧榻（tà）旁，含泪握着他的手，忏（chàn）悔道："丞相，朕自得丞相后，成就帝业，却因见识浅薄，不听您的话，终于得此下场。朕现在悔恨交加，既恨没能给关将军报仇，又恨没能剿灭仇敌孙权，更恨自己大意轻敌……"

诸葛亮眼眶通红，泪水就要流下来，说："陛（bì）下，莫要说了，您保重龙体，来日再征讨东吴便是。"

刘备摇摇头，叮嘱道："我知道我已经时日无多，我要托付您一件大事。我死后，皇位应由太子刘禅继承。只是这孩子年纪尚小，而且性格软弱，如果他值得辅佐（zuǒ），就辅佐他；如果他没有那个能力，您可以取而代之。"

诸葛亮流着泪说："臣不敢不尽心竭力，效忠汉室，死而后已！"

刘备又将太子刘禅召到床边，嘱咐说："我德行浅薄，不值得你效仿。我死后，你一定要像对待父亲一样对待丞相啊！"

223年，刘备带着满腔遗恨，病逝于白帝城永安宫。此后，诸葛亮担负起了振兴蜀汉的重任，他能不能辅佐刘禅，消灭曹魏和孙吴，一举统一全国呢？

（故事源自《资治通鉴》《三国志》）

原典再现

《三国志》中详细记载了刘备白帝城托孤一事，体现了他对诸葛亮的信任。此后诸葛亮尽心竭力辅佐后主刘禅，为蜀汉的生存与发展争取了数十年的宝贵时间。

先主于永安病笃（dǔ），召亮于成都，属（zhǔ）以后事，谓亮曰："君才十倍曹丕，必能安国，终定大事。若嗣（sì）子可辅，辅之；如其不才，君可自取。"亮涕（tì）泣（qì）曰："臣敢竭股肱（gōng）之力，效忠贞之节，继之以死！"

——《三国志·蜀书·诸葛亮传》

大意：先主刘备在永安病情严重，把诸葛亮从成都召来，将后事托付给他。刘备对诸葛亮说："您的才能比曹丕高十倍，一定能安邦定国，成就大业。如果我的儿子刘禅可以辅佐，您就辅佐他；如果他没有才能，您可以取而代之。"诸葛亮流着眼泪说："臣一定竭尽所能相辅佐，坚守忠贞的气节，一直到死！"

死诸葛吓退活仲达

在文学名著《三国演义》中，诸葛亮料事如神、战无不胜，几乎没人能比得上他。不过小说对他的本领颇有夸大，将他塑造得超越了凡人，宛如神仙。历史上真正的诸葛亮当真如此了得吗？

夷陵之战后，孙权派使者与蜀汉议和，心力交瘁（cuì）的刘备同意了停战。诸葛亮接管蜀汉军政大权之后，立即与东吴恢复了同盟关系，共同对抗曹魏。但是夷陵之战带来的影响没有那么容易消除，诸葛亮花费了数年时间，重建军队，平定国内的叛乱，终于使蜀汉国力恢复，并打下了北伐的基础。

五次北伐

蜀汉一直以大汉后裔（yì）自称，核心目标就是匡（kuāng）扶汉室，但曹魏政权实力强劲，诸葛亮一直都在等待一个北伐曹魏的良机。226年，曹丕去世了，曹丕的儿子曹叡（ruì）继位。新帝登基，肯定没有多少治国打仗的经验，诸葛亮决定抓住时机，出师北伐。

227年，诸葛亮写出大名鼎鼎的《出师表》。从228年开始，诸葛亮四次兴兵北伐，可惜都因为各种各样的原因而功亏一篑（kuì），始终未能实现"兴复汉室"的目标。

时光荏苒（rěnrǎn），转眼到了234年，诸葛亮已经年过五十，垂垂老矣而且疾病缠身。这一年春天，诸葛亮决定第五次北伐曹魏，临行前，刘禅拉着诸葛亮的手说："相父，您此一去，我心中着实难挨，您一定要去吗？"

"唉，陛下，先皇遗志便是北伐曹魏、匡扶汉室，臣不敢不遵呐！望陛下允准，准许臣五伐曹魏。"

他搬出刘备的遗愿来劝说，刘禅只能无奈地点头，说："好吧，相父，您要去便去吧，我在家里等着您胜利归来。"如果没有诸葛亮，刘禅心里头就像缺了主心骨一样，所以他叮嘱诸葛亮一定要平安归来。

诸葛亮第五次北伐又遇到了他的老对手，这个人可以称得上是东汉末年最有城府、才智和手段的人之一，他叫司马懿（yì）。

为什么这样评价司马懿呢？因为他竟然骗过了枭（xiāo）雄曹操。曹操早就觉得司马懿这人狼子野心，说不定想要谋权篡位，但是司马懿一直对曹操表现得很顺从，仿佛他就是最忠诚、最听话的臣子。后来司马懿熬到曹操去世，熬到曹丕也去世，甚至熬到现在这个魏国皇帝曹叡也去世了，他和儿子司马昭都成了曹魏朝中的权臣。多年后，司马懿的孙子司马炎谋逆造反、篡权夺位，曹家江山尽归司马氏。

如此可见，司马懿是一个多么可怕的对手，所以诸葛亮这次率十万大军北伐，对司马懿防备至极。

挑衅失败

之前数次北伐，诸葛亮最后功败垂成（事情接近成功的时候却遭到了失败）的一个重要原因就是粮草供应不足。为了解决这个难题，诸葛亮干脆放弃了从蜀地向前线输送粮草，而是让士兵们带着种子，等部队到前线以后，直接开荒种地。诸葛亮率领大军一路来到渭水南岸的五丈原（在今陕西宝鸡），然后让士兵在这里驻扎下来，开垦荒芜的土地，播种粮食，战时为兵，闲时为农，解决了粮草问题。

接下来，诸葛亮打算北渡渭（wèi）水，率大军渡河作战。但司马懿早就预料到了，并且布置下重兵予以防守。高手对决，都能够提前预判出对手的下一步走势，提前做好布置。汉魏两军交战，势均力敌，蜀汉军队久攻不下，只好退守五丈原。

如今司马懿的大军在自己的地盘上以逸待劳，诸葛亮大军则是劳师袭远，就算开垦耕地能解决一部分粮草问题，但也得考虑到农作物有生长周期。对蜀军而言，长期待在这可不行，此战必须速战速决。

诸葛亮数次派兵挑衅司马懿的大军，可司马懿一直按兵不动。

这一天，司马懿收到了诸葛亮寄给他的一份礼物。他打开礼物一看，顿时勃然大怒，吼道："是可忍孰（shú）不可忍！诸葛亮欺我曹魏无人乎？欺我司马懿无胆乎？"

原来诸葛亮给司马懿送上了一套符合司马懿身材的女子服饰，不仅有漂亮的衣服，还有簪（zān）子等首饰。这礼物要是送给女孩子，对方肯定很高兴，而且觉得诸葛亮特别贴心，连她的衣服尺码都清清楚楚。但司马懿是曹军主将，是个男人，诸葛亮送他女子的服饰，摆明了是在嘲讽他，意思是他既然不敢与蜀汉大军决一死战，那又何必穿着将军的甲胄呢？干脆换上女子的衣裙吧！

司马懿大怒，给皇帝曹叡上书，请求出战，但皇帝不允许。然而诸葛亮得知了这件事，却说："这司马懿老谋深算，看来我的激将法没有成功。司马懿本就没打算出城迎战，他之所以上书请战，只是为了向军中将士表现将军的勇武，以免魏军都以为自己的领袖是个缩头乌龟。否则的话，将在外，君命有所不受，他若要迎战，直接出城便是，何须千里迢迢（tiáo）地请示呢？"

身死五丈原

后来，诸葛亮派使者去见司马懿，没想到司马懿丝毫不跟使者谈战事，反而一味地关心诸葛亮的身体情况。

司马懿问道："哎呀，不知诸葛丞相现在过得如何呀？"

使者想了想，好像也没什么不能说的，就回答："我们丞相每天都起早贪黑地忙碌。军中二十杖以上的责罚，丞相都亲自审批。"

"哦，起早贪黑地忙碌？好啊好啊，诸葛丞相真是为国为民殚（dān）精竭虑啊！那诸葛丞相一天吃多少饭呢？"司马懿又问。

使者答道："呃，丞相饭量不大，一天只吃三四升米。"

司马懿又笑了，说："哎哟，三四升米呀，那确实不多，老夫一日要吃他三倍还有余呢!"

司马懿听闻这些消息,喜出望外,心想:"诸葛亮起早贪黑地忙碌,对军中的大事小情都要亲自处理,迟早累坏身子,这对我而言可是好事!"

等蜀汉使者离去,司马懿对手下众将士说:"咱们只要听从陛下旨意,坚守不出,战事用不了多久就会结束,诸葛亮多半会主动退兵,咱们可以不战而胜啊!"

果然不出司马懿预料,234年农历八月,诸葛亮因积劳成疾而在军中病倒,没过多久,就在五丈原与世长辞。

最后一计

诸葛亮去世的消息被严格封锁,不被外人所知。蜀汉大军将领杨仪、姜维号令全军收拾行囊,准备离开五丈原,返回蜀地。司马懿听说汉军拔营撤军,大笑不止:"哎呀,诸葛孔明定是死了,他一死,大军群龙无首,所以才会撤退!"

司马懿当即号令全军出动,追击蜀汉大军。然而司马懿率领大军刚攻到蜀汉营地,就见蜀汉大军个个手持兵刃,气势汹汹(xiōng)地排兵列阵,准备冲杀上前。而且蜀汉军中还敲起了战鼓,旌(jīng)旗随风飞扬,战鼓咚咚作响。

这哪里是准备撤退的样子?分明就是在此埋伏已久,就等待曹魏大军前来自投罗网呢!

司马懿大惊失色,他本就是个疑心颇重之人,见此情景,立刻认定自己中计了,心想:"不好,这诸葛亮定是诈死!他料定我会中计,在此设下埋伏,请君入瓮(wèng)!"

司马懿一声令下，曹魏大军立时撤退，生怕中了诸葛亮的埋伏。不过蜀军也并没有朝魏军攻来，而是趁着曹魏大军退去之际，从容地撤退，直到退入斜谷之中，才为诸葛亮发丧。

没错，诸葛亮并没有死而复生，这是蜀国将领姜维、杨仪按照诸葛亮临终的吩咐布下的计策。曹魏退军之后，司马懿心情平静下来，细细回想，越发觉得不对劲："如果诸葛亮没死，怎么蜀汉会撤军了呢？"他派手下前去打探，才知道诸葛亮果真去世了，自己这回才是真的中了计。

民间百姓还根据这件事编了个谚语，叫"死诸葛吓退活仲达"，"仲达"就是司马懿的字。司马懿听说这个谚语之后，感慨万千："我能算计他活时之事，却无法算计他死后之事，诸葛亮真乃奇才呀！"

这就是死诸葛吓退活仲达的故事。不过，尽管诸葛亮有洞察人心和安邦定国的本领，却无法违抗生老病死的自然规律。好在，诸葛亮去世后，继任者们仍然将蜀汉治理得井井有条。直到三十年后，蜀汉后继无人，不可避免地走向了衰落。

（故事源自《资治通鉴》《三国志》）

三家归晋　一统天下

东汉末年，天下三分，魏、蜀、吴三国在互相攻伐与结盟中各自发展壮大，形成三足鼎立之势，对峙了四十余年。如今，随着那些叱咤（chì zhà）风云的名臣名将——故去，三国时期也将迎来它的终结……

239年，曹叡病逝，年仅八岁的太子曹芳即位，由司马懿和大将军曹爽共同辅佐年幼的新帝。但曹爽排挤司马懿，专权乱政，架空了司马懿的权力。司马懿表面上躲避曹爽，实则韬光养晦（huì），终于在249年谋害了曹爽，然后独揽大权，以各种方式削弱曹魏宗室的实力。

司马懿去世后，他的儿子司马师执掌魏国军政大权；司马师去世后，他的弟弟司马昭继承了父亲和哥哥的遗志。虽然司马昭并没有真正谋权篡位、自立为帝，但关于他有一个成语叫"司马昭之心，路人皆知"，就是说他的野心非常明显，人尽皆知。至于他的野心，自然就是取代曹魏的皇帝，一统江山，成为天下之主了。

乐不思蜀

这时候，三国的局势也发生了变化，诸葛亮去世近三十年后，蜀国后继无人，渐渐衰落，司马昭决心趁机灭掉蜀汉政权。263年，司马昭正式出兵伐蜀，刘禅不战而降，蜀汉就此灭亡。刘禅被司马昭"请"到洛阳，有一天，司马昭在宴席上问刘禅："你想不想蜀地呀？"刘禅却说："我在这过得挺开心的，我不想回蜀地。"这就是成语"乐不思蜀"的由来。司马昭见刘禅毫无光复蜀汉之心，就封他为安乐公，让他在洛阳安乐地度过余生。

司马篡位

265年，司马昭也病逝了。266年初，司马昭的儿子司马炎继承了祖父、伯父和父亲积累的坚实基础，终于对曹魏皇帝露出了獠（liáo）牙。他逼迫当时在位的皇帝曹奂（huàn）禅位给自己，然后登基为帝，定国号为晋，正式建立了晋朝。

至此，三国中的蜀汉和曹魏都已经被司马家收入囊中，一统天下的道路上，只剩下孙吴政权这个绊脚石了。孙权在222年称王，229年称帝，他死后，东吴因内乱已经有所衰落。此时东吴的皇帝名叫孙皓（hào），这个人是出了名的暴君，大兴土木，骄奢（shē）淫（yín）逸，滥用酷刑。孙皓这个暴君既不得百姓喜欢，也不得臣子尊敬，甚至连司马炎都为他的残忍而感到恐惧。

吞并东吴

279年冬天，司马炎派三路大军齐攻东吴。其中西路大军的领兵将领名叫王濬（jùn），他早在七年前就开始做伐吴的准备，在蜀地建造了高大的楼船。这船就像在船上建起楼阁一样高大，一艘船能容纳两千多人，所以叫楼船。

然而问题在于，造船时会产生许多木材废料。这些碎木从长江上游的蜀地顺江而下，流到了下游东吴的地界上，东吴人便察觉到上游有人在造船，说不定是晋国准备来攻打东吴了。

可是孙皓听说这个消息时却不以为意："这有何惧？我们守着长江天险，晋军打不过来的，无妨无妨！"

东吴皇帝对敌人的行动不上心，臣子却不能不放在心上。船最怕暗礁，所以吴军就在长江中布下许多木桩，用铁链把木桩一根根串联起来，又拿钉子把铁链钉死。除了木桩铁索，吴军还打造了许多铁锥，将尖头朝上，置于江底，这就是人造的暗礁阵。

等到司马炎派三路大军伐吴时，其他两路大军节节胜利，唯有王濬这一路遇到了吴军设下的拦截，一时间无法前进。所谓兵来将挡，水来土掩，王濬也想了个妙计，他命人制造许多木筏，当作侦测船，木筏碰到铁锥，就把铁锥推倒，木筏遇到铁索木桩，就做好标记。等到铁锥尽数拔除，王濬就令士兵引火焚烧铁链，烧得铁链融化成铁水，大船就可以畅行无阻了。

吴军本以为自己设下的障碍一定能拦住晋军，所以并未派兵把守长江，王濬的楼船顺流而下，声势浩大，眼看要打到东吴都城建业了。

东吴皇帝孙皓终于惊慌起来，连忙派兵抵挡。这时东吴有个将领名叫陶濬（jùn），他声称晋军的船都很小，他能够打退晋国水军。孙皓大喜过望，连忙调拨兵马，让陶濬去应敌。

然而实际上，陶濬并没有这个本事，他只是在吹牛。陶濬浚召集兵将，对他们说："咱们马上要迎战王濬的楼船了，别看他的楼船又高又大，实际上不过是土鸡瓦狗，虚张声势罢了。诸位将士尽管放心，明天一早咱们就启程！"

结果到了第二天早上，陶濬召集大军时，却发现军营里空荡荡的。陶濬上下嘴皮一碰，说楼船不堪一击，可将士们得拿命去搏呀！所以吴军就连夜跑了。

就这样，王濬的楼船大军不费吹灰之力，没有遭遇任何抵挡，一路到达了东吴都城——建业（在今江苏南京）。建业城附近一百多里的江面，全都是晋朝的战船。王濬带领八万水师上岸，占据了建业城。

这时，东吴之主孙皓才意识到大势已去，干脆递降书、纳顺表，宣布自己投降，用车载着一口棺材，率领文武群臣到王濬军营前投降。

至此，东吴正式灭亡，三国皆归于晋武帝司马炎，中华大地再次统一。三国纷争六十年，曹操没能一统天下，刘备没能一统天下，孙权也没能一统天下，魏、蜀、吴三家几十年的努力，最后都成了为司马氏做嫁衣，让司马炎统一了江山，这结局实在是令人唏嘘（xī xū）。那么司马氏建立的晋朝又有什么样的故事呢？

（故事源自《资治通鉴》《晋书》）

两晋

这是一个分裂动荡的时代，也是一个民族融合的时代。西晋的短暂统一被内乱破坏，最终南迁建立东晋。与此同时，北方少数民族内迁，建立了多个政权，历史上称之为"五胡十六国"。

石崇王恺　斗富为乐

^{kǎi}

东汉末年，天下大乱，最后司马氏夺取天下，建立了晋朝。晋朝又分为西晋和东晋两个时期，接下来要讲的，就是关于西晋的故事。

晋武帝司马炎统一天下，战乱停息了，但是百姓没有比原来富裕多少。

为什么？首先，国家的赋税沉重，百姓的钱都拿去交税了；第二，官员私下里兼并百姓的土地。而且，在晋朝还出现了一种特别不好的风气——奢靡（mǐ）攀比之风。

糖水洗锅和蜡烛做饭

在满朝铺张浪费、大肆炫富的大臣中，有两个人最过分，一个叫石崇，一个叫王恺。这两人都是都城洛阳有名的大富豪，也都是朝中的大臣。

二人不仅浪费，还要攀比。王恺是皇帝的舅舅，平时经常接受皇帝的赏赐，从皇帝那里得到不少好东西。王恺心想："我富可敌国，我的外甥可是当今圣上，还有谁能比皇帝更有钱？这石崇竟然敢跟我比富，不自量力！"

"来人！把家中洗碗水都换成糖水！"王恺下令道。当时糖可是珍贵的东西，寻常人家过年时才能吃上一点儿，王恺却要用它来洗锅刷碗。这么一来，谁还敢说他不如石崇富有呢？

王恺家里用糖水洗锅刷碗的消息很快传出去，洛阳城里的百姓大为惊愕（è），没想到王恺家竟富裕至此！

这消息口口相传，传到了石崇耳中。石崇一听，白眼一翻，嘴角一挑，颇为不屑："我还当是什么富贵人家，原来用点儿糖水就觉得稀罕了。来人！以后家中烧火做饭，不许再用木柴，全部改用蜡烛！"石崇家要用蜡烛生火做饭。

那时候蜡烛的产量极低，比糖还稀罕呢。普通百姓家里都用柴烧火、用油灯照明，很少有用蜡烛的。但就算是富贵人家，也只舍得晚上在主人房中点上两只蜡烛，用作夜晚照明。这石崇可太浪费了，竟然拿蜡烛当柴火烧！

消息又传出去，老百姓在惊诧（chà）之余，纷纷说："看来要是论富有，石崇家胜过王恺家了。"

四十里丝绸和五十里彩锦

王恺听说后气坏了，在家中摔盘打碗，怒不可遏（è），连声大呼："可恶可恶！"

"这石崇竟将我比下去了，不行，不行！来人啊，去取出府中上好的丝绸一百匹。"古时候丝绸是可以当钱花的，丝绸衣服都是富人才穿得起的，可见丝绸有多珍贵。

一听王恺命令取丝绸，下人当即问道："家主，要做多少件衣服？给谁做呢？"

"做衣服？不，不做衣服。"王恺道。

下人不解："家主，取这么多丝绸，不做衣服要做什么啊？"

王恺下令说："你去家门口，沿左右两侧给我扎篱笆（lí bɑ），一直沿路扎四十里篱笆，然后把丝绸挂在篱笆上，我出门的时候，要有丝绸相迎。"

下人大惑不解，但没有办法，只能听从王恺的命令，当即安排人手，在大门两侧扎好篱笆，又从库房中取一百匹丝绸，沿着篱笆一寸一寸地挂好，真是美丽异常。

这丝绸价值连城，却被王恺当作了装饰用品。天下百姓纷纷感慨，王恺确实富足啊！

石崇听到消息，心里恨极了："来人，取百匹彩缎（duàn）来，他挂四十里，我要挂上五十里！"石崇比王恺更胜一筹，取出比丝绸更贵重更罕见的彩缎，挂了五十里的篱笆。

这回，天下百姓又纷纷称赞石崇家确实富有。

谁的珊瑚树更高

王恺却不高兴，在斗富的游戏中，他已经输了一局又一局，再这样下去，他的老脸往哪儿搁（gē）："气死我了！石崇啊石崇，你再富有，也不过是一个小官吏，我外甥可是当今圣上！我这就去求圣上的赏赐，我就不信了，我还制不服你！"

于是王恺进了宫，哭哭啼啼地找到外甥晋武帝，也丝毫不避讳（huì），直接对晋武帝讲："陛下，臣跟石崇斗富，没想到他处处压臣一头，臣这次丢尽了面子。但是臣丢了自己的面子不要紧，臣怕丢了陛下您的面子啊！"

晋武帝司马炎听了王恺的话，说道："好，舅舅你放心，朕这就送给你一件好宝贝。在皇宫中，有一件两尺多高的珊瑚（hú）树，是沿海诸县进贡来的，天地间只此一株，价值连城。今天朕把它赐给你了。"

王恺一听，连声拜谢，然后高高兴兴地带着珊瑚树回家去了。

过了几天，王恺得到珊瑚树的消息传遍了整个洛阳。王恺没事就邀请王公贵族来自己家里欣赏珊瑚树。

石崇听说王恺得到了宝贝珊瑚树，当即笑了："好啊好啊，这可是稀罕宝贝，我也去开开眼界。"

听说石崇也要来看珊瑚树，王恺心里得意得都要上天了："有了这珊瑚树，石崇得向我低头认输。"

于是王恺邀请了众多达官贵人来家中赴宴。在宴席上，王恺对大家说："诸公，诸公，今日承蒙诸位赏光，来到我王恺府上。我近日新得了陛下御赐的宝贝珊瑚树，想请大家品鉴一番。"

王恺吩咐下人，把珊瑚树搬出来。众人见到珊瑚树后，无不惊讶失色，纷纷惊呼。这些人也不是没见过珊瑚树，只是寻常的珊瑚树，大概也就一个巴掌那么大，稍微大点儿的，也不过两个巴掌大小。可是王恺这珊瑚树，足足有两尺多高！而且珊瑚树还不是人造出来的，能有这么大的珊瑚树，那是夺天地之造化啊。

众人你一言我一语地夸赞王恺的珊瑚树，王恺心中喜不自胜，满脸堆笑。石崇却在一旁冷笑。

王恺见石崇冷笑，干脆一把抓住石崇的袖子，把他拉到珊瑚树前，对他说："我说石崇，你没见过这宝贝珊瑚树也没关系，今天就让你看个仔细。"

石崇说："让我看个仔细？好啊，我倒要仔细看看，它里面是个什么样子。"

王恺愣住了，不由得反问："里面是什么样子？"

"不错，里面是什么样子，我倒是要瞧上一瞧！"石崇说完，一手抓起一旁的铁如意，举起来狠狠地朝珊瑚树砸了过去。只听一声脆响，两尺多高的珊瑚树变成了一地碎片，在场的人都傻眼了，张大嘴巴说不出话来。

王恺在一旁哆哆嗦嗦地说："我的宝贝，我的宝贝，我的宝贝……"

石崇却说："莫要发怒，莫要发怒，我赔给你便是。"

王恺大怒，说："你，你，你怎么赔我？这可是陛下赐给我的，天底下只此一株！"

石崇却满不在乎："两尺高的珊瑚树，确实天下就此一株，不过我赔你一株更大的就是了。来呀，把我家中的珊瑚树都请上来吧！"

这下在场的人更惊讶了，怎么回事，还有更大的珊瑚树？而且怎么还用个"都"字呢？莫非石崇家里也有珊瑚树，而且还不止一株？

只见石崇家的下人运来六七株珊瑚树，每一座珊瑚树都比王恺那两尺高的珊瑚树更大，足足有三四尺高。众人一见，纷纷咋（zé）舌，念叨着："今天我可是开了眼界了，斗来斗去，还是石崇富有啊！"

就这样，这场斗富的闹剧结束了，石崇的富有算是出了名。

国家富有了，官员富有了，可是百姓还穷着呢，这样的西晋王朝，能够长久吗？

（故事源自《晋书》）

原典再现

南朝宋刘义庆编纂的小说集《世说新语》中，有一卷名为《汰（tài）侈》，专门记载魏晋贵族的奢靡之风和荒诞行为。

石崇厕，常有十余婢（bì）侍列，皆丽服藻饰。置甲煎粉、沉香汁之属，无毕备。又与新衣着令出，客多羞不能如厕。王大将军往，脱故衣，着新衣，神色傲然。群婢相谓曰："此客必能作贼。"

——《世说新语·汰侈》

大意：石崇家的厕所，有十多个婢女列队侍候，都穿着华丽的衣服，打扮得十分艳丽。厕所里还放置了甲煎粉、沉香汁之类的香料，各种用品无不齐备。客人上厕所后，婢女会让他们换上新衣服再出来，很多客人因为害羞，不敢去上厕所。大将军王敦去石崇家，脱掉旧衣服，换上新衣服，神情自傲。婢女们议论说："这个客人一定能造反。"

八王之乱　西晋衰落

晋武帝司马炎带头铺张浪费，手下的官员贪污斗富，这样的晋朝不可避免地发生了动乱……

失策的分封

晋武帝司马炎在位时，封司马家族二十七人为藩（fān）王，并且给予他们大量的土地和兵马。司马炎不禁止藩王在封地上搜刮民脂民膏，老百姓辛辛苦苦劳作得来的粮食还有钱财，都被搜刮上来，用来维持皇室和高官们奢靡成性的生活。同时，为了防止这些百姓造反，司马炎允许藩王在封地招兵买马。藩王有了军权，就有能力随时镇压造反的民众。

如此一来，皇室中被分封的二十七人对晋武帝司马炎感恩戴德，口口声声说："感谢陛下，臣等必定忠心耿耿（gěng），一心为陛下尽忠。"

但是司马炎却忘了，人心是会变的，在没有权力和兵力的时候，人或许不会有过多贪念，可是一旦手握重权，而且失去了监督，就会滋生野心。

慢慢地，这二十七个人开始大肆（sì）招兵买马，而且也不想将税收上交中央了，就算交税，也只交很少的一部分，大部分都留在自己手中。如此一来，西晋中央衰弱，地方强盛，造成了尾大不掉（尾巴太大了不容易摆动，比喻属下势力过大，难以制约）的局面。

傻皇帝执政　大权旁落

290年，晋武帝去世了，同年，新皇帝晋惠帝继位。可悲的是，西晋这两个皇帝一代不如一代。

晋武帝虽然崇尚奢靡之风，但是他还有基本的判断力，他知道什么是好的，什么是坏的，他只是选择了对他自己最有利的事情。可晋惠帝不一样，他天生愚钝，不读书也不学习，登基之后，仍然不理国家大事。

大臣们纷纷叹气，摊上这么个傻皇帝，怎么办？幸好晋武帝也知道自己立的太子不靠谱，打算选个人给儿子辅政，这个最佳人选就是汝南王司马亮。汝南王是晋武帝分封的二十七王之一，是晋武帝的心腹。

可惜晋武帝临终前，病得很重，躺在床上，话都说不出来了。这时候外戚（指帝王的母亲和妻子方面的亲戚）杨骏（jùn）担心晋武帝死后自己会失势，于是连胁迫带欺骗地让晋武帝把辅政的大任交给了他。晋武帝一死，杨骏把司马亮排挤走了，自己单独掌握辅政大权。说是辅政，其实就是操纵天子，可以说名义上的皇帝是晋惠帝，实质上的皇帝就是杨骏。

杨骏一手把持朝政，其他人看他非常不顺眼。被杨骏排挤的汝南王气急败坏，晋惠帝的皇后贾后也很不高兴。

虽然晋惠帝的脑子不太好使，但他的妻子可不是一般人，贾后是个心狠手辣、城府颇深的人，一心想着如何才能独揽天下大权。贾后心想晋惠帝是个傻子也没事，她自己聪明就行了。

贾后设法联络前朝官员，首先联系了汝南王司马亮和楚王司马玮（wěi），让他们带兵讨伐杨骏。最终司马玮同意了贾后的计策，带兵赶来京城，并在291年诬陷杨骏谋反，以皇帝之名把他杀了。但是这事到这里还没完。杨骏死后，汝南王司马亮和大臣卫瓘（guàn）辅政，而贾后很有野心，贪恋权力，怎么能甘心朝政大权落在别人手里呢？所以她又以晋惠帝的名义让司马玮杀了司马亮和卫瓘，然后再以司马玮擅自杀害司马亮和卫瓘为罪名，把司马玮处死了。

至此，天下权力统统归皇后贾后所有。贾后已经站在了一人之下、万人之上的高度。现在贾后心满意足了吗？还没有。

要知道，人的寿命是有限的，贾后就算一生都把持着朝政，直到她死，又能有多少年呢？何况她现在的权力名不正言不顺，她自己又不是皇帝，只是个皇后，倘若有人为晋惠帝出谋划策，把贾后的皇后之位废掉，那她的权力不就没了吗。

贾后的危机意识非常强，她想把权力牢牢掌握在手中，如今对她威胁最大的人，不是别人，正是太子。太子名叫司马遹（yù），但他不是贾后所生，和贾后并非一条心。一旦晋惠帝死了，司马遹当了新皇帝，贾后就别想独揽朝政了。

299年，贾后假装有了身孕，然后抱来妹妹的儿子，声称是自己所生。听到这个消息，太子惊慌失措，他深知贾后是个什么人物，如今贾后有了儿子，他肯定没有好果子吃。

此时，一道懿旨送到太子府上，说皇后请太子入宫赴宴，有要事商量。太子战战兢兢（jīng）地带着一大帮护卫入宫，刚到宫门，身边的护卫就被拦下了。宫门的守卫说："太子殿下，您带这么多护卫入宫要做什么，难道想刺杀圣上，好取而代之？"

太子哪敢背上这样的罪名，只好命令护卫都守在宫门外，自己一个人进了宫。贾后准备了一桌美味佳肴，在宴席上一杯接一杯地灌太子喝酒，把太子灌得迷迷糊糊，神志不清。

贾后的狰狞（zhēng níng）面目终于露了出来，她走到太子身前，逼着太子写下了一封信，信中大

意是：陛下，我是你的儿子，是当朝太子，你在皇位上待的时间太长了，我实在是等不及了。现在，我劝你速速退位让贤，把皇位让给我，否则你若遇到了什么危险，可不要怪我。

太子写完信，又按了手印，将一个手掌的五个手指头都摁（èn）在信上，这下铁证如山了。目的达成，贾后派人把喝醉的太子赶出宫去，让他赶紧回府休息。

第二天，贾后让晋惠帝召集群臣，她就在一旁不住哭诉："我们没法活了，你们不知道，出大事了，晋国危矣！"说完，贾后让人把太子写的那封胁迫晋惠帝退位让贤的信拿出来，让诸位大臣传阅。看了信，诸位大臣都大惊失色。

正当众人怀疑这封信的真伪时，贾后又说："你们瞧瞧，这笔迹是不是太子的笔迹，这手印是不是太子的手印，这难道还能有差错吗？"众位大臣这才明白，这件事肯定是贾后一手谋划的，如今人证物证俱在，容不得太子反驳了。

晋惠帝当即宣告天下：太子不孝，犯下大逆不道之罪，意图谋权篡位，理应斩杀。但念在他是天家骨肉，就废除他的太子之位，不伤其性命。

刚出虎口　又入狼窝

太子被废的消息传遍天下，很多人义愤填膺（yīng），其中包括朝中一些忠心耿耿的老臣。

可是这些老臣手里没有军权，无法威胁贾后。于是老臣们找到拥有大量兵马的赵王司马伦，劝说司马伦帮助他们废黜（chù）贾后，司马伦答应了。

然而，司马伦这时候受了奸人的挑拨，他转念一想，不对呀，今天我帮助了太子，万一日后太子忘恩负义，不但不感激我，还要夺我兵权、要我性命该怎么办？反正太子是司马家的人，我司马伦也是司马家的人，不如……

这个挑拨了司马伦的人叫孙秀，他扭头就在朝中散播谣（yáo）言，说废太子司马遹对贾后不满，意图谋害贾后。心狠手辣的贾后听到这个消息，随便找了个说法就把太子毒死了。太子一死，再想以"复立太子"的名义出兵就不合理了，但是现在有了新借口——为废太子复仇。

赵王司马伦师出有名，借着为太子报仇的名义攻入皇宫，一举废掉贾后，朝廷上下一片欢腾，都说赵王司马伦是忠臣良将。

众人还没高兴多久，就发现事情不对劲儿。司马伦开始插手朝政了，而且谁敢出声反对司马伦，司马伦就说这个人意图谋反，然后派兵把他杀掉。这下大家都明白了，完了完了，刚出了虎口，又入了狼窝，司马伦也是个不怀好意的人。

果然，到了第二年，司马伦露出了真面目，他把晋惠帝变成太上皇，自己做起了晋朝的皇帝，还把自己的儿子立为皇太子。

打成了一锅粥

司马伦犯上作乱，自己当了皇帝，其他诸侯王心里也动了当皇帝的念头，于是司马氏的诸侯王纷纷反对司马伦，齐王司马冏（jiǒng）联合成都王司马颖、河间王司马颙（yóng），共同起兵讨伐司马伦。两军激战了两个多月，死伤十万多人，司马伦一方屡战屡败，最后司马伦兵败被杀。

　　所谓傻人有傻福，晋惠帝又复位了，这一次，由打败了司马伦的齐王司马冏辅政。谁辅政，就意味着谁掌握了天下大权，其他的诸侯王当然不愿意。302年，河间王司马颙联合长沙王司马乂（yì）讨伐司马冏，没过多久，司马冏被杀，司马乂掌握了天下大权。过了一年，成都王司马颖联合河间王司马颙讨伐司马乂，但没有成功。

　　304年，司马乂被司马颙的部下张方杀死。

　　305年，战事又起，东海王司马越打败了成都王司马颖和河间王司马颙，最后还把愚钝的皇帝晋惠帝给毒死了，连绵多年的战乱终于从根本上被终结了。这一场混战，前前后后持续了十六年，由于主要参与者是八个诸侯王，所以史称"八王之乱"。

　　八王之乱后，晋惠帝死了，司马越很清楚，如果他自立为帝，那就犯了跟司马伦一样的错误——名不正言不顺，说不定很快又被其他诸侯王起兵讨伐。最终，司马越立晋惠帝的弟弟司马炽（chì）为帝，史称晋怀帝，司马越辅政，掌握天下大权。

　　当年，晋武帝司马炎掀起了奢靡之风，百姓的日子过得苦不堪言，司马炎死后又爆发了八王之乱，老百姓流离失所，天下战乱不宁，国力日益衰退。在这样的背景下，晋朝出现了边境危机，也由此诞生了很多忠臣、能臣。接下来要讲的，就是晋朝大将祖逖（tì）的故事。

（故事源自《晋书》《资治通鉴》）

祖逖闻鸡起舞

八王之乱后，西晋陷入了内忧外患的局面，周边群敌环伺，特别是位于北方的匈奴。危难关头，也是英雄崭露头角的时刻……

汉代时，中原王朝就与匈奴持续交战。即使汉朝将匈奴打退到北方大漠，等过个十几年、几十年，匈奴休养生息，恢复了实力，又会卷土重来，这种情况持续了很多年。如今晋朝国力衰弱，匈奴又开始起兵侵扰晋朝的边境。

闻鸡起舞　刻苦训练

自古乱世出英雄，在晋朝也出现了一位英雄，他的名字叫祖逖，是中国历史上非常有名的将领。祖逖年少时就对西晋政治的昏暗非常了解，而且深感痛心。为此，祖逖从小刻苦读书，立志报效国家，要让匈奴不敢再侵犯晋朝的领土。

　　慢慢地，祖逖长大了，他和好朋友刘琨（kūn）一起在司州为官。这两人心里都想要报效家国，可惜现在他们能力弱小，官职不高。但是他们经常在一起谈论家国大事，一提起侵扰边境的匈奴，他们就义愤填膺。

　　这天夜里，他们又在讨论天下政事，说着说着，刘琨突然叹了口气。

　　"你为何叹气?"祖逖询问。

　　刘琨答道："现在没人关心天下大事，也没人关心百姓疾苦，这样下去国家就危险了。"

　　祖逖一听，重重地点了点头："你说的不错，但是天底下必定还有千千万万像你我一样关心朝局之人，只要我们积蓄力量，待时机到来时，一定可以报效国家。"

　　祖逖和刘琨越聊越投机，一直聊院落中传来鸡叫的声音。已经半夜了，可是两人丝毫没有感到半分疲惫。

　　祖逖笑了，说道："刘兄，没想到咱们一聊，便聊了这么久，鸡都叫了，想必它是在催促你我，该练功了。"

　　祖逖拉着刘琨来到院子里，拔出宝剑，练起了剑法。刘琨也拔出宝剑，跟祖逖一起练了起来。

　　就这样，两人每天都在鸡鸣时，就起床练剑。将剑术练好之后，又把剑扔到一边，练习拳法。等拳法也练好了，再改练腿法，日复一日，年复一年。

　　时间一天天过去，来到了311年。这一年，汉赵皇帝刘聪攻陷洛阳，俘虏晋怀帝，西晋面临着灭亡的危机。这个汉赵皇帝是什么人呢? 难道是汉高祖刘邦的后人再次建立了一个汉朝，跑来抓

走了西晋的皇帝吗？不是。这个刘聪是匈奴人，不是汉高祖刘邦的后人。一部分匈奴人汉化之后，取了汉人的名字，建立了一个国家，后世把这个国家叫作汉赵，也可以称之为前赵。这些年来，汉赵越屡次侵犯晋朝边关，慢慢地蚕食北方的土地，终于在311年攻入洛阳，打入西晋的国都，俘虏了西晋的皇帝晋怀帝。313年，刘聪毒杀了晋怀帝，316年，西晋正式宣告灭亡。西晋亡国后，晋朝并未就此完结，317年，司马睿建立了东晋王朝。自西晋末年开始，中国再次进入大分裂时期，多个少数民族部落内迁，胡人和少数汉人在北方和西南地区先后建立了数十个国家，其中五个少数民族建立的十六个国家的实力比较强大，因此这段时期被称为"五胡十六国"时期。

招兵买马　奋勇杀敌

说回祖逖，祖逖在晋怀帝被俘之后，跟着大队人马一起去了南方避难。东晋建立后，祖逖出任将军，奉朝廷之命守卫国家领土。

祖逖一心想着报效国家，他不甘心放弃那些被匈奴占领的土地，所以他向晋元帝司马睿请旨："陛下，微臣愿率大军收复北方失地！"

司马睿一听，心想：如今我已经被赶到南方，那些匈奴人贪得无厌，占领了北方的土地之后，也不会善罢甘休，早晚会继续蚕食南方，到时候连我现在拥有的弹丸之地（形容非常狭小的地方）都会被匈奴夺走。

司马睿还算有远见，答应了祖逖的请求："朕封你为奋威将军，去收复北方失地。不过，祖逖将军，如今国力空虚，兵马不济，我只能给你拨出一千人吃的粮食，另外再拨出三千匹布，用于制作军服。除此之外，朝廷实在无能为力，你只能自己招兵买马、铸造兵器铠甲了。"

祖逖听后，心中一惊，晋朝竟然已经羸（léi）弱至此了，当即跪伏在地："臣定不辱皇命！"

但招兵买马可没有那么容易，祖逖只好先把原来的部下召集起来，这些人都和他一样流落南方，大约只有百十来人，好在不论战力，至少每个人都对祖逖忠心耿耿。

出发前，祖逖进行战前动员："家人们，你们都是我的兄弟，如今敌众我寡，敌强我弱，我们若是与敌人硬碰硬，肯定必死无疑。但是我们占据天下大义，天下百姓都会支持，日后只要招兵买马，肯定一呼百应。现在，众位随我上船，同赴北方！"

众人跟着祖逖上了船，十几艘大船航行在长江上，到了长江江心，祖逖又对众人说道："如果我们不能收复北方河山，不能击溃北方的敌人，那我绝不再渡此江，我宁愿死在战场上！"众人听了，无不涕泗（sì）横流。祖逖将军身先士卒，誓死保卫家国，那他们又有什么不能失去的呢？于是众人纷纷发誓以死报国，抱着这样的决心，士气自然高涨。

而且正如祖逖所说，国家统一是天下百姓都期盼的事，所以当祖逖来招兵买马的消息传出，报名参军的百姓把整个军营都围满了，上至耄耋（mào dié）老者，下至黄毛孺（rú）子，每个人都想参军杀敌，收复河山。祖逖一边铸造兵器，一边招募了两千多士兵，准备就绪后才继续前进。

壮志未酬身先死

这两千兵马在祖逖带领下一路北进，沿途攻掠城池，收复了黄河以南的大部分土地。然而正当祖逖要继续攻打黄河以北时，朝廷内部却出了些问题：权臣日益嚣（xiāo）张，皇帝为了与权臣对抗，培养了许多心腹，并试图让心腹接掌军权。而祖逖辛辛苦苦为晋朝打江山，却不得皇帝的信任，这令祖逖忧愤不已。

这时候祖逖已经年过五十，又要征战沙场，又要担忧朝廷内斗，心力交瘁，最终病倒了。即便如此，祖逖还是惦记着祖国的安危，他拖着病重的身体，指挥手下修筑堡垒，以抵御敌人袭击。可惜堡垒还未建成，祖逖就因病去世了，他击溃匈奴、恢复晋朝国土的愿望也就此破灭。

（故事源自《晋书》）

原典再现

成语闻鸡起舞，讲的是祖逖和刘琨听到鸡鸣就起床舞剑、练拳，后来多用于比喻有志之人坚持不懈的精神。

与司空刘琨俱为司州主簿，情好绸缪（móu），共被同寝。中夜闻荒鸡鸣，蹴（cù）琨觉（jué）曰："此非恶声也。"因起舞。

——《晋书·列传第三十二》

大意：祖逖和司空刘琨都担任司州主簿，情谊深厚，同盖一条被子睡觉。半夜听到野外鸡鸣之声，祖逖踢醒刘琨，说："这不是令人厌恶的声音。"于是就起床舞剑、练武。

石勒从奴隶变成皇帝

祖逖病死后，北方彻底落入了匈奴手中。此时，匈奴人在石勒的带领下，飞速发展着……

司马睿（ruì）建立东晋政权，派祖逖北伐匈奴，可如今祖逖病逝，晋元帝司马睿再无北伐的念头，天下格局彻底分成了南北两方。而且从实力上看，北方相对来说更强大。

当初汉赵的皇帝刘聪攻入洛阳，覆灭了西晋，可见刘聪确实有着过人的能力，但是他同样也有着致命的缺点——亲小人、远贤臣。

除此之外，刘聪也是一个奢靡成性之人，他在洛阳大兴土木。当时老百姓经历了八王之乱，经历了匈奴不断侵扰，可以说没有过过一天好日子。如今新来的皇帝又叫百姓去建宫殿，好日子是越来越盼不到了。

从奴隶到皇帝

这时，出现了一位非常关键的人物，他叫石勒。这个人其实是个野心家，居然从奴隶变身皇帝。关于他的故事，还得从头说起。

石勒不是汉人，他是羯（jié）族人，羯族被认为是匈奴的一个分支。羯族人的生活很穷苦，风调雨顺时，大家还能够吃顿饱饭，可是302年至303年间，羯族人遇到了连年大旱和洪水灾害，导致庄稼颗粒无收，引发了极其严重的后果——饥荒。

在这场饥荒中，石勒被人抓住，沦为奴隶。但是石勒是一个机灵的人，在他的努力下，他的主人过了不久就把他放了，恢复了他的自由身。

这时石勒的年纪已经不小了，他知道想要在这世间存活下去，得有一技之长，那他该学习什么呢？去读书、写字、进入仕途吗？不行，因为他是羯族人，还做过奴隶，这条路行不通。去练武呢？也不行，练功夫最好还得是童子功，从小开始练，筋骨才能够舒展开。那怎么办？石勒想到了一个好本事——相（xiàng）马。在古代的战争中，马的作用非常重要。谁能挑选出好马，能将马饲养好，让马发挥出更大的能力，谁就能成为军中的重要人物，身份、地位、钱财，全都少不了。

石勒开始学习相马，还结识了天下有名的牧马师——汲（jí）桑，两人之间既有师生之谊，也有朋友之情，关系非常好。后来，这两人在机缘巧合下，投靠了司马颖的手下公师藩。在八王之乱中，司马颖被杀，石勒和汲桑就自奔前程去了。

那时，在石勒身边聚集了十八个人，这十八人组成了一个骑兵队，叫十八骑。十八骑武艺非常，统兵能力很强。渐渐的，他们的名声响彻大江南北。慕名前来投奔的人越来越多。石勒想自立为王，但他想起了西晋八王的悲惨下场，便明白此时不是最好的时机，他还需要韬光养晦。

于是石勒投靠了刘渊（yuān），也就是刘聪的父亲。310年，刘聪即位，石勒作为刘聪手下的大臣，在刘聪攻打洛阳时，做出了重要贡献。此刻的石勒，可谓功高震主。他的情况与跟祖逖不同，祖逖被糊涂皇帝司马睿忌惮，最后郁郁不得志而死；石勒却把兵权牢牢掌握在自己手中，刘聪想撤石勒的兵权也办不到。这么一来，石勒就成了刘聪的眼中钉、肉中刺。

刘聪去世后，经过了几番争夺权力的周折，最后刘渊的侄子刘曜（yào）夺得了皇位，而且把国号改为了赵。这里要说明一点，汉赵和前赵都是后人的叫法。刘渊当初定的国号叫汉，现在刘曜把国名改成赵国，后来石勒自立为帝的时候，国号也是赵，所以历史上称刘渊建立的国家为前赵或者汉赵，称石勒建立的国家为后赵。

总之，经过这些年的战乱，在319年，石勒即位为赵王，正式建立后赵，国内重新稳定下来。

改革选官制度

当其他国家都在穷兵黩（dú）武的时候，后赵却不同。石勒出身穷苦之家，他深知知识的重要性，唯有知识可以改变命运、强邦兴国。所以石勒特别重视教育，他在每个郡县建立学堂，并设立学官，负责管理老师的分配，安排教学内容。

石勒还设立了官方的高级学校，专门培养国家官员。这个学校招生标准非常高，不仅得熟读四书五经，还要对天下大事有所了解。而且每次招生的人数有限，只招一百五十人。石勒设置了严格的考试制度，学生学得好不好，通过平常的考试就能检测出来；如果想要毕业，想要进入仕（shì）途，还要经过三次大考，一次比一次难，一次比一次严苛，只有通过三次大考后，才能够真正毕业，走上仕途。这样一来，想做官的人、想为百姓做点事情的人，为了进入仕途都开始学习。

我是"羯族贼人"

关于石勒，还有一个有趣的故事。石勒出身羯族，他做了皇帝之后，就下令禁止提到"胡""羯"等字眼。因为在北方汉人口中，这些字都带有一定贬义色彩，汉人常常在这些字后面加一个"蛮"字或者"贼"字，"羯蛮子""羯贼""胡蛮子""胡贼"这样叫。羯族出身的皇帝石勒听了这些称呼，心里哪能高兴，他下令说："谁再提这两个字，必定严惩不贷！"

但是这个禁令却有唯一一个例外，这个例外与一名读书人有关。

樊坦是一位汉族的老官员，有一天，他被召到宫里觐（jìn）见皇帝石勒。樊坦是个清官，浑身上下都掏不出二两银子，身上的衣服也有些破旧，打着一个又一个补丁。

石勒一瞧，心里很纳闷，就问他："爱卿，你怎么穷到连衣服都破烂不堪，朕发给你的俸禄，还不够你买一件新衣吗？"

樊坦叹了口气，说："陛下，您有所不知，您发的银钱足够了，我本想去买一件新衣服。谁知道就在两天前，我回到家中发现家里什么都没了。我一查才知道，一伙羯族贼人把我家给抢了，唉，气死我了！"

樊坦说话的时候，没觉得这些话有什么不对，但是旁边的大臣们吓得脸都白了，还"羯族贼人"呢，眼前坐着的就是羯族地位最高的人，皇帝明令禁止不许说"羯"这个字啊！

樊坦一股脑儿说完，脸也刷得一下白了，哎呀，他把皇帝的禁令给忘了。

但是石勒却没有生气，他笑眯眯地看着樊坦："爱卿息怒，息怒，既然是羯族人的错，那让朕来替他们赔吧。"

樊坦战战兢兢地解释："陛下恕罪，老臣……老臣别无他意……"

石勒摆摆手，毫不在意："无妨，念在你是读书人，而且并非故意出口伤人，朕不但不怪罪你，还要赔你东西。来人，给樊爱卿一辆车，一匹马，钱财衣服若干！"

樊坦连忙谢恩："臣多谢陛下。"

樊坦一时失言，当着石勒的面骂了羯族人，但石勒却不生气，可见他的心胸有多么宽广。

328年，经过一段时间的休养生息，石勒统治的后赵实力大增，开始侵占汉赵皇帝刘曜的土地。最后石勒杀死了刘曜，几乎统一了北方天下。

可惜，石勒也犯了一个错——他对于继任者的保护和指导还

不到位。333年，石勒病重去世，太子石弘即位，但是石弘没能接管后赵的全部权力，反而是石勒的侄子——权臣石虎掌握了天下军政大权。

石虎被封为丞相，大肆诛杀朝中臣子和石勒的妻妾子女，对内与讨伐他的大军交战，对外攻打前燕、东晋，每攻下一个城池，石虎就在城池里犯下暴行，其残暴的程度甚至无法用语言来形容。

这个石虎偏偏还特别善于打仗，攻无不克、战无不胜。皇帝石弘知道他肯定不是石虎的对手，想让位给石虎，但是石虎不愿意。石虎说："石弘是个愚昧昏君，理应废黜了他，还谈什么禅让呢?"于是杀害了石弘，自立为帝。

（故事源自《晋书》《资治通鉴》）

东晋桓温　三次北伐

晋穆帝时，朝中有一位权倾朝野的大臣，叫作桓温……

桓温不是个普通的权臣，他是晋明帝的女婿，是一个非常有能力也非常有野心的外戚。他曾经将全国的权力集中在手里，整合全国的粮草、银钱、兵马，用于实现收复北方失地的夙（sù）愿（一直怀着的愿望）。

一次北伐　攻打前秦

354年，桓温统兵四万，开始了第一次北伐。桓温这次北伐的第一个目标，就是氐（dī）族人的首领苻（fú）健在长安城（在今陕西西安）建立的前秦政权。

桓温亲自率领四万兵马，直逼关中。晋朝大军出征的消息传到了苻健的耳中，他立刻排兵布阵，派太子和丞相率领五万大军迎战晋军。两军展开了激烈的交战。虽然桓温整合了东晋所有的兵马、银钱、粮草，但是毕竟东晋的武备荒废了很久，跟前秦军队相比，东晋军队明显战力不足。

前秦军队里有一位叫苻生的大将军，英勇无比，以一敌百，而且善于排兵布阵。苻生亲自率领大军攻打桓温的军队，身后的兵卒拼死战斗。桓温的军队顿时落了下风。但是桓温很镇静，兵卒看到桓温如此气定神闲，都稳下心神，期待接下来能够反败为胜。

苻生打了个大胜仗，当然得庆祝一番。夜色将至，苻生军营中传出歌声，兵卒们纵情高歌、饮酒作乐，全然不顾守在对面的残兵。他们认为败仗早已让东晋士兵士气大损，哪有胆子再来偷袭？

但恰恰是在这一夜的三更时，桓温亲领大军偷袭敌营，一举将还在庆祝的前秦大军击溃，东晋的军队反败为胜。苻生拼命逃跑，跑了一整夜，刚想歇一会儿，又听见身后声音响起，都追了整整一夜了，东晋军队怎么片刻不曾停歇？

原来桓温深知打铁要趁热，斩草要除根，不能给敌人一丝一毫喘息的机会。晋军一路挺进，占领了诸多城池。城里的百姓都是汉人，他们看到东晋的军队不仅夹道欢迎，还拿出酒和美食来犒劳大伙。

在百姓的帮助下，桓温占领了长安城外的军事要地灞（bà）上（在今陕西西安东）。现在只需在此处休养一阵，就可以一举歼灭前秦，把这些土地收归东晋。可是一路北上，行军的路途太遥远，粮草有点儿供应不足。

不过桓温倒不担心粮草问题，因为当地老百姓都很支持晋军，粮食完全可以取自当地——借用百姓的粮草来攻打前秦，收复失地后便能解救更多当地的百姓。此时已经接近麦收时节，收了麦子，老百姓手里就有粮食了。

但是前秦军队早早派出兵卒，换了服装，装扮成农民的样子，趁着夜色悄悄收割麦子。在麦子还没完全成熟的时候，就一茬（chá）一茬地把麦子都收割走了。桓温发现时，为时已晚。

桓温无计可施，没有了粮食，军队靠什么打仗？士兵们饿着肚子，岂不是任人宰割？无可奈何之下，桓温只能下令收兵。

桓温的第一次北伐就这样失败了。

二次北伐　征讨姚襄（xiāng）

356年，晋穆帝封桓温为征讨大都督，桓温开始了他的第二次北伐，这次要攻打的不是氐族人，而是羌（qiāng）族人。羌族人的首领叫作姚襄，他占领了兵家重地许昌（在今河南许昌），并且正在攻打洛阳。

姚襄很会经营自己的领地。他的领地上居住的大多是汉人，姚襄并没有苛待他们，而是一视同仁地对待汉人和羌人。羌族人交多少税，汉族人也同样；羌族人什么待遇，汉族人也什么待遇，于是俘获了当地汉族百姓的心。

在这样的基础上，桓温经过一番苦战，才攻破姚襄的军队，收复了洛阳这个具有重要政治意义的城池，这里曾经是西晋的都城，五座西晋帝王陵墓都在这里。桓温曾经上书朝廷，建议把都城迁回这里，但是没能得到皇帝的准许。

桓温收复洛阳后，先去拜谒（yè）先皇陵墓，派人留在洛阳修复皇陵，然后率领大军班师回朝了。但是没过多久，桓温收复的几座城池再次失陷。

后来，慕容氏建立的前燕政权攻打洛阳，桓温一边派兵守卫洛阳，一边上书请求迁都洛阳，并请求迁徙百姓到北方去，以扩充河南一带的防御力量。但是江南物阜民丰，世家大族已经在此建立了产业和根基，朝廷里没几个人愿意回洛阳，桓温的请求又被驳回了。

三次北伐　讨伐前燕

前燕不断发展壮大，趁机占领了北方不少土地。369 年，桓温再次出兵北上，讨伐前燕。

这时桓温在朝中的势力越来越大马。权力和欲望会滋生人的野心，有了野心就会乱政。桓温也有心乱政，他想靠北伐建立功勋，进一步积累政治资本，为自己称帝做准备。

然而令桓温意想不到的是，第三次北伐失败了。他没有听从属下速战速决的建议，使晋军被敌人拖得军粮耗尽，最终大败而归。

就这样，桓温三次北伐，均以失败告终。

（故事源自《晋书》《资治通鉴》）

苻坚王猛　君臣一心

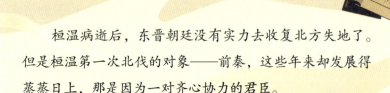

　　桓温病逝后，东晋朝廷没有实力去收复北方失地了。但是桓温第一次北伐的对象——前秦，这些年来却发展得蒸蒸日上，那是因为一对齐心协力的君臣。

苻坚当上大秦天王

　　苻健在351年建立了政权，史称前秦。可惜他只当了五年皇帝就去世了，他去世后前秦大乱。

　　新上任的皇帝是苻健的第三个儿子——苻生，这个人残忍暴力，稍稍不顺他的意，他就要伤人性命。宫中的侍卫、宫女，但凡有一丝半点的疏漏，他就眉毛一挑，当场下令把人杀掉。但凡听到民间有什么风声，说他苻生半个"不"字，他就立刻派军前去百姓家中寻找，看看是谁"造谣生事"，把他们通通斩杀。这样一来，暴君苻生弄得前秦百姓人心惶惶（huáng），夜不能寐（mèi）。

　　不过，好在前秦朝中有忠臣、能臣，这个人叫苻坚，是苻健的侄子，也就是苻生的堂兄弟。苻坚见叔叔打下的偌大家业，将要都被苻生这个败家子给毁了，就联合朝中大臣，推翻了苻生的统治，并把苻生杀了，废弃了皇帝的称号，自立为大秦天王。

苻坚上台后，立刻宣布大赦（shè）天下。之前因为苻生而蒙受冤屈的人，全都平冤昭雪。帮助苻坚篡位的人，要么封了官，要么得了金银珠宝。就这样，苻坚的篡位之举，没引起一点儿波澜，上至朝堂，下至百姓，没有人反对苻坚登基。苻坚也不负众望，他励精图治，下调赋税，减轻老百姓的负担，然后操练兵马，图谋天下。

王猛严惩贵族势力

一个国家的事务那么多，只靠皇帝一个人当然管不过来。有一位能人与苻坚一见如故，成了他手下的一员能臣，这个人叫王猛。

王猛的军事才能非常卓越，善于排兵布阵，天下无人能出其右（没有能超过他的）。

这样的人才，对于苻坚来说，无异于天降至宝。苻坚登基后，让王猛去管理全国最难管的地方——始平县（在今陕西咸阳）。

王猛上任的第一天，就开始调查当地的情况，这才发现当地之所以治安不宁，是因为有两大势力作祟（suì），一个是氐族旧贵族，一个是当地官员。其实这两类人本质上是相同的，因为当地的官员也都是由贵族担任的。

找到了病根，这事就简单了，只要把病根除掉，此地之疾病，无药自医。怎么除呢？王猛没有调用当地官府的兵卒，因为他们早就已经被贵族收买了，要想派遣他们办点什么事，肯定立刻走漏风声。于是王猛派自己带来的亲兵，前去捉拿这里闹得最凶的一个官吏，把他抓到大堂上，一五一十地审讯他，然后带到闹市中，当众宣判他的罪行。

百姓围了一大圈，都来看热闹。一时间，人们议论纷纷。

"那不是个大官吗？"

"是，那是官府中人啊，怎么被人抓住了？"

"新上任的县令很是威武。"

"为我们老百姓除了一害呀。"

王猛见民情汹汹，就知道自己的目的达到了，接下来就是最重要的一步——杀鸡儆（jǐng）猴。王猛当即命令兵卒行刑，在闹市中将这名官员斩杀。

果然，官员一死，当地的贵族立刻偃（yǎn）旗息鼓，整整两个月，街上都见不到贵族横行。

贵族们联合起来商量对策，最后接连上书给苻坚，要求他严惩王猛。都说清官难断家务事，苻坚在朝堂上突然接到了厚厚一沓（dá）家信，封封说得情真意切："陛下，我们活不下去了，您要想赐死我们，直接说，不用派王猛来唬（hǔ）我们……"

苻坚看完信，心里也生气，王猛可真是个莽（mǎng）夫啊！"来人，把王猛给我抓回来！"苻坚当即派兵把王猛押（yā）送到长安。

到了长安，苻坚亲自审讯，把王猛好一顿骂："你这个莽汉，你要干什么？不知道他们是朕的亲戚吗？"

王猛昂着头，一点儿错都不认："陛下，要想国家安宁，必须根除祸患，始平县为何纷扰不断？因为其中有贵族作祟（suì）。当

地官府被贵族掌控，那百姓的冤屈何处诉说，百姓之困苦何人可解？太平盛世，当用怀柔之策安抚民心，但是像始平县那样的混乱之地，当用重典（严厉的刑律）责罚，方能使其安定。"

苻坚一听，恍然大悟，赶紧给王猛松绑，然后施礼认错："先生高见，朕愚不可及。"从此之后，王猛做任何事，苻坚只有两个字——支持。很快，王猛回到始平县，把始平县治理得安定平和，再无贵族闹事。

后来，苻坚让王猛升任京兆尹，也就是治理长安城及周边县市的官职。

王猛一上任，发现这天子脚下的长安城，竟然比始平县还要混乱不堪。还是那句话，乱世用重典，王猛接连杀了二十几个贵族。这下贵族都明白了，王猛这个人不近人情，而且最关键的是，苻坚也支持他。没办法，他们只有乖乖地遵纪守法了。从此，苻坚对王猛更加信任和重视了。

国君的舅舅又如何

太后有个弟弟叫强德。这个强德欺男霸女，横行霸道，而且还对王猛不屑一顾。在他看来，那些倒霉的、被王猛处置的贵族都跟国君关系远，而他是国君的舅舅，跟国君的关系亲近，就算他惹了事，立刻躲到宫中，说是去找姐姐就行了。

王猛盯着强德很久了。有一次，终于等到强德从宫里面出来，王猛立刻带人把他捉拿回官府，然后宣判了他的罪行，当场把他斩杀。杀完之后，王猛脱下自己的官服，换上了一身白衣，去宫里请罪去了。

王猛对苻坚说："陛下，臣已将强德斩杀。此人为非作歹，祸乱天下，罪有应得。但臣深知这样做触犯了您的威严，请陛下赐死。"苻坚听王猛这么说，心里没有半分恼怒，反而全是庆幸。

苻坚早就知道他的舅舅总做伤天害理的事，有很多大臣跟他汇报过。如果苻坚下令把强德抓起来杀了，文武百官和天下百姓都会夸他大义灭亲，可是太后肯定不会善罢甘休。现在就算苻坚把王猛赐死，强德也不能起死回生。苻坚当众训斥了王猛一顿，然后罚了他的俸禄（lù），给他降了官职，算是给太后一个交代。

没过半个月，苻坚又把王猛官复原职，还给了很多赏赐。这下众臣都明白了，王猛这是跟大王唱了一出戏，大王连舅舅都不放过，那其他的老贵族、老官员跟强德一比，又有什么依仗呢？

从那以后，权贵们提到王猛就色变，一个个都变得老老实实的，王猛也在朝中立下了自己的威信。

王猛最厉害的成就还是在军事上。他带兵打仗的本领天下第一，为前秦南征北伐，立下了赫赫战功。讨伐羌族首领，打得对方大败而逃；打周边小国前凉，把他们杀得落花流水；前秦国内有起兵造反之人，他又平定了内乱，最后还灭掉了前燕大军，把前秦的国土扩大了一倍有余……至此，王猛在军事和政治上的威信达到了顶峰，他也被封为丞相。

（故事源自《晋书》《资治通鉴》）

名臣谢安　安定东晋

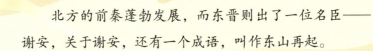

　　北方的前秦蓬勃发展，而东晋则出了一位名臣——谢安，关于谢安，还有一个成语，叫作东山再起。

四十入仕　东山再起

　　谢安文才斐（fěi）然，而且在士林（指文人士大夫阶层）当中颇有声望，很多人都想举荐他入朝为官。但是他比较淡泊名利，他的愿望不是当官，他喜欢游山玩水，喜欢写诗作画。

　　大多数名士都是年轻的时候入朝为官，等年纪大了再归隐山林。谢安却反过来了，年轻的时候辞官归隐山林，不问世事，一直隐居到四十多岁，才再次出山入仕。

　　谢安之前一直隐居的地方叫作东山，所以就衍生出一个成语——东山再起，用来比喻再度任职，或失败后再次兴起。

做洛生咏 气压桓温

谢安出山为官后没过几年，东晋就发生了巨变。

这还得从桓温说起，大司马桓温本来也是忠臣良将，但是抵不住野心滋生。371年，桓温干脆废了当朝皇帝，另立了一个新皇帝。新立的皇帝叫司马昱（yù），后世称他为简文帝。他相当于傀儡（kuǐ lěi）皇帝，万事皆听命于桓温，而且每天都忧心忡忡，唯恐桓温把他废掉。

在这样每日惊恐的环境下，简文帝登基后才过了几个月，就病入膏肓（gāo huāng）。桓温就明里暗里地告诉简文帝：你应该知道，你死之后皇位传给谁吧？若不是臣殚（dān）精竭虑，恐怕国家早就亡了，你说是不是？若是立你的子嗣，恐怕也坐不了几年皇位。

但是朝中也有忠于司马氏一族的大臣，晋朝是司马家的祖先建立的，怎么能任由桓温兴风作浪呢？在忠臣力劝之下，简文帝在遗诏中将皇位传给太子司马曜（yào），并让桓温辅政。

谢安也是忠于司马氏的臣子之一，当初谢安是受桓温邀请入朝为官的，后来他找了个借口，离开了桓温。

桓温听说简文帝只让自己辅政，心里很不高兴，他带着大军入京奔丧，想趁机把谢安等不支持他的人杀了，然后自己登基为帝。

司马曜让谢安等大臣去城外一个叫新亭的地方迎接桓温。

没过几日，桓温带领大军浩浩荡荡到达新亭，他点名要求谢安前来迎接。一见桓温到来，在新亭迎接的官员纷纷跪伏于地，行跪拜大礼。要知道，除了在特殊的场合、特殊的时机下，大臣对皇帝也无须行此大礼，可见桓温的权势之大。

唯有一人没跪，这个人正是谢安。他不但没跪，反倒气定神闲地朝桓温走了过去，来到桓温近前轻施一礼，当场做洛生咏（洛阳书生中盛行的一种吟咏诗歌的方法）讥讽桓温，浑然不顾四周虎视眈眈的兵卒。要知道这次桓温来可没安好心，何况他掌握天下兵权，就算当场把谢安杀了，也没人能反抗。

谢安的洛生咏让桓温的气势被压制了不少。

谢安问道："桓将军入朝参拜，会见诸位大臣，哪用得着召集这么多兵马，要是让不明就里的百姓看见，免不了要说桓将军意图不轨。"

桓温一见谢安这副大义凛（lǐn）然的模样，不得已摆了摆手，让左右凶悍的兵卒放下武器，解释道："谢大人休要多虑，我为国家南征北战，自然要小心为上。"

谢安点点头："如果将军还在北地，自然要小心为上；但如今您已经回到自己的国家，就不用这样小心了。"

桓温心里憋屈，但又不能反驳，只得说："是的，是的。"

谢安没给桓温半点发作的机会，把桓温的骄纵之气死死地压制住了，为东晋朝堂避免了一次大危机。

拖死桓温　维护安定

那桓温善罢甘休了吗？没有。他一直想着怎么谋权篡位，可是没想到当皇帝的美梦还没实现，就身染重疾。这让桓温更加着急，他希望在所剩不多的时间里登上那个最高位，于是多次请求朝廷授九锡。

九锡指古时天子赐给诸侯、大臣中有殊勋者的九种器物，是最高礼遇的象征。在晋朝之前，王莽、曹操、司马昭等人都接受过九锡的赏赐，后来这些人不是篡位就是怀有篡位之心，所以赐九锡几乎成了权臣胁迫皇帝禅让的前奏。

虽然桓温病重，但是他手握重兵，他的家族也在朝中有着很大的影响力，因此朝廷不敢立刻拒绝桓温的请求。

关键时刻，谢安想了个主意，就一个字——拖。桓温不是生病了吗？好，那就拖，拖到他病情加重，拖到他死，再把九锡给他，到时候他人都死了，加九锡又有何用？

就这么一拖再拖，终于，桓温没能等到赐九锡的诏书拟好，就因病重而去世了。

　　桓温死后，谢安尽心辅佐孝武帝司马曜，东晋出现了难得的稳定局面，百姓安居乐业，经济恢复发展，兵力日益强盛。谢安知人善任，重用了他的侄儿谢玄，又先后选拔了诸多良将，打造出一支精兵，为接下来淝水之战的大胜打下了基础……

（故事源自《晋书》《世说新语》）

原典再现

　　史书记载，谢安可谓是当时的"大明星"，他的一言一行，都能够掀起一阵"流行风尚"。

　　安少有盛名，时多爱慕。乡人有罢中宿县者，还诣（yì）安。安问其归资，答曰："有蒲葵扇五万。"安乃取其中者捉之，京师士庶（shù）竞市，价增数倍。安本能为洛下书生咏，有鼻疾，故其音浊，名流爱其咏而弗能及，或手掩鼻以敩（xué）之。

——《晋书·列传第四十九》

　　大意：谢安年少时名气很大，当时有很多人倾慕他。有个同乡从中宿县罢官回家，前去拜见谢安。谢安问他回乡的盘缠有多少，同乡回答说："有五万把蒲葵扇。"谢安就从中拿了一把自己用，京城里无论士族还是百姓都竞相购买，导致蒲葵扇的价格增长了好几倍。谢安擅长洛阳书生的吟咏声调，因为他有鼻疾，所以声音低沉浑浊，当时的名流喜爱他这种咏诗的声调却又学不像，有的人就用手捂住鼻子来模仿他。

淝水之战　以弱胜强

前秦在王猛的治理下日益繁荣，但是就在前秦统一北方的前一年，英明睿（rui）智的丞相王猛却去世了……

苻坚百万大军南下攻晋

王猛临终前再三叮嘱苻坚说："东晋虽然远在江南，看上去弱小至极，但仍是华夏正统，一旦东晋竖起统一全国的大旗，只怕天下百姓都会支持他们。我死之后，陛下应该把咱们自己的领地守护好，不要急着去攻打南方。"

然而苻坚是一个好大喜功的人。虽然王猛辅佐了苻坚这么多年，立下了赫赫功劳，但是苻坚认为王猛毕竟年纪大了，心态有些保守。如今他苻坚年富力强，为什么不能统一全国呢？趁着东晋还在休养生息，应该立刻进攻南方，一举统一天下。所以苻坚统一北方之后，逐步向南扩张，夺取东晋的城池。

383年，苻坚调集全国兵马，率领百万大军南下攻打东晋，企图统一全国。此时的东晋正处于颓（tuí）势，晋军跟苻坚的百万大军一交战，立刻兵败。就这样，苻坚攻占了寿阳（在今安徽淮南）。

草木皆兵

但东晋朝中并非没有能人，他就是东山再起的谢安。谢安满腹经纶，兵法韬略自然也懂得一些。谢安深知想打赢一场战争，就要善于用人。

谢安任用了自己的两个亲戚，一个是他的亲弟弟谢石，一个是他的侄子谢玄，这两人都是久经战场之人。谢安把整个东晋最精锐的八万精兵集合起来，都给了这两人，对他们委以重任："如今国家安危就掌握在你二人的手上，你二人胜，则国存，你二人败，则国必亡矣。"

这可是一场兵力悬殊的战斗。苻坚大军号称百万，骑兵、步兵、弓箭手等各兵种一应俱全，粮草充足，兵锋甲坚。谢石和谢玄手下只有八万人马，虽然他们久经训练，但数量连前秦军的十分之一都不到，在这种差距之下，如何才能以弱胜强、克敌制胜？

谢石和谢玄都知道，谢家的盛衰都系于国家的存亡，这让他们有了破釜（fǔ）沉舟、背水一战的勇气，二人率领八万大军直奔前线而去。晋军一路急行，比苻坚的军队还早一天抵达，利用这一天的时间差，晋军休整兵马，探明敌情，并设下埋伏，等着苻坚的大军前来。

苻坚的百万大军不可能同时出动，得有个先后顺序，第一批大军足足有二十五万人。这二十五万人要是集结在一起，根本不能发挥最大的战力，必须分成若干个小队，分布在各个地方。其中最靠前的这一支小队，只有几万人马。

谢石与谢玄二人探听到敌军的情况，觉得机不可失，时不再来。如今晋军的八万大军要想守住城池，打败苻坚的军队，唯有以士气取胜，出其不意。晋军只要掌握时机，定能打敌人的前锋部队一个措手不及。

晋军派出五千兵马，在夜色的掩护下出动了。这五千人脚上都缠了布，走起路来没有沉重的脚步声，身上的铁甲全部脱了下来，只留了一层薄薄的护甲，方便快速行动。战马的马蹄上也缠了布，马跑起来的声音都减弱了不少。这支五千人的精兵，趁着夜色，分左右两路前去偷袭。

苻坚的军队心态可不一样。他们有百万人，跟东晋的军队一比，简直是胜券在握，加上一路行军又很累，因此前秦的官兵们都放松了警惕，只留下少量兵卒守备。

没想到，就在这天夜里，东晋的五千精兵摸着黑杀了过来，将这一万五千人马打得落花流水，还把前秦的补给粮草和兵器都运走了。等前秦的大部队发现异常时，晋军一把火把所有带不走的物资都给烧了。就这样，东晋首战大捷，士气大振。

苻坚马不停蹄赶到了寿阳，听说自己的先锋军吃了大亏，心中忧虑，于是亲自登上寿阳城楼，观察晋军的情况。这时前秦的军队紧邻淝水列阵，将东晋的军队堵在河对岸，无法渡河。

只见河畔，东晋的军队排成了长长的一排，个个手握出鞘（qiào）的兵器、身上披着战甲，阳光照射之下，兵器反射出凛冽（liè）

的寒光，威风凛凛。顺着往远处看，八公山上从山脚一直到半山腰，再到山顶，隐隐约约好像都有士兵在站岗放哨。苻坚大吃一惊。难道他收到的情报是假的？其实，这是苻坚被晋军的勇猛吓得慌了神，把山上随风摇动的草木误认成了士兵。这就是成语"草木皆兵"的来源。

巧施妙计　以少胜多

苻坚很犹豫，如今应该战还是退呢？要是战，东晋很可能埋伏了大量的军队，一旦他们大军出动，前秦这一仗就会损失惨重。但是如果退走，苻坚也不甘心。就这样灰溜溜地撤军，面子上挂不住，更何况他这次南下还动用了这么多粮草。

思来想去，苻坚觉得应该先在此地驻扎下来，静观其变，不管怎么说也得打上一仗，看看东晋军队的虚实，再行决定。

正巧这时，门口有小兵来报："报！有东晋使者前来。"

使者不卑不亢地递上了一封手书，正是谢玄所写。信上写着：

符坚将军，咱们两军对峙，如今得分出胜负来，否则你我都不会甘心。不过如今咱们隔着一条淝水，我打你很不方便，你攻我也很不方便。不如这样，你们稍稍往后退一段距离，让我的军队渡过淝水。等我们渡过淝水，咱们两军再明刀明枪地打上一仗，你看如何？

符坚心中一动，他挥一挥手，让使臣先下去，说："我召集帐下的将军们商议一下，等议定了再通知你。"

符坚把手下的将军全都叫来，问诸位将军意下如何。

很多人当即表示反对："不行，凭什么我们给他让？他们怎么

不退？只要咱们渡过淝水，就能把他们围困住，到时候把他们杀得溃不成军。"

而苻坚则说："如今东晋的主将犯了个大错，他太相信我们了。正所谓兵不厌诈。如今咱们应该答应他们的请求，等他们大队人马进入淝水时，咱们赶紧派大军冲杀回去，杀他们一个措手不及。他们在水中哪有反抗之力，只需几轮弓箭齐射，定能将他们全部射杀于淝水之中。"众将这才明白过来，纷纷表示赞同。

转眼就到了第二天早晨，苻坚率领众位将军来到淝水边，看着对岸的东晋军队，面露冷笑。好啊，他们的死期将至，却还浑然不知呢！

苻坚一声令下，列在淝水边的前秦大军就往后退，但是刚退了还没一会儿，忽然听到秦军阵营有人在喊："秦军败了，快跑，快跑！一会儿就没命了！晋军杀过来了！"

原来前秦之前俘虏的晋国大将趁乱在军中散播谣言。前秦的士兵不知道后退的原因，士气大挫，乱作一团。

顷刻间，前秦军队原本的阵型都被冲散了，有往东跑的，有往西跑的，还有蹲在地上不敢起来的。晋军一鼓作气，渡河进攻，秦军在惊慌失措中大败而归。

苻坚一看，大惊失色，他还以为自己是做局之人，没想到掉入了敌人的圈套。苻坚无计可施，带领一干将军向北仓皇逃命。经此一战，前秦百万大军所剩无几，逃回前秦的只有几万人。

这就是历史上著名的淝水之战。由此一战，可以看出谢玄指挥军队的智谋有多高，更能看出谢安识人用人的能力有多强。

淝水之战后，前秦的国力大打折扣，从此一蹶（jué）不振。

394年，前秦灭亡了，被前秦统一的北方土地也土崩瓦解，分成了后燕、后秦、西燕等多个国家。不过这些国家存在的时间也不长，最后要么被东晋吞并，要么被北方鲜卑族建立起来的北魏政权吞并。

　　淝水之战打击了前秦，延续了东晋的生命，东晋乘胜追击，继续北伐，收回了一部分土地。可惜后来因为丞相谢安去世，主帅谢玄退隐，东晋再次从攻势转为了守势。

（故事源自《晋书》）

原典再现

　　淝水之战中，符坚在寿阳城头眺（tiào）望晋军营寨，错将山上草木都看做了晋军的士兵，由此得来一个成语"草木皆兵"，用来形容人在惊慌的时候疑神疑鬼的样子。

　　坚与符融登城而望王师，见部阵齐整，将士精锐，又北望八公山上草木，皆类人形，顾谓融曰："此亦勍（qíng）敌也，何谓少乎！"怃（wǔ）然有惧色。

——《晋书·载记第十四》

　　大意：符坚和符融登上城楼，眺望东晋的军队，只见军队布阵严整，将士精锐。符坚又向北眺望八公山上的草木，一个个都像是人形，他回头对符融说："这也是强敌啊，怎么能说他们人少呢？"说着，露出了畏惧的神情。

南北朝

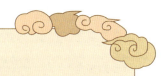

前秦苻坚被东晋打败后，很快灭亡，北方再次陷入战乱。北魏崛起后，一度实现了北方的统一。北魏孝文帝的改革促进了民族融合和国家的稳定发展。北魏后来分裂为东魏和西魏，东魏和西魏又分别被北齐和北周取代。南方相继出现了宋、齐、梁、陈四个国家，随着陈朝被隋朝灭亡，南北朝结束。

檀道济唱筹量沙稳军心
tán

　　南朝刘宋有一位大将名叫檀道济，他在粮草不济的情况下避免了战斗的失败，他是怎么做到的呢？

刘裕建宋　东晋灭亡

　　淝水之战后，前秦王朝土崩瓦解、分崩离析，分裂成了十多个小国家。

　　十几年后，东晋又出现一个权臣，他叫刘裕，是一个大将军，行军打仗勇猛无敌。在他的带领下，东晋军队南征北战，把东晋之前丢掉的土地收复了不少。

　　后来，南燕侵犯晋朝，刘裕出兵讨伐南燕。南燕难以抵挡东晋大军，便向后秦求援，希望能共抗东晋。后秦派了一个使臣去威胁刘裕，说倘若晋军再攻打南燕，后秦就派十万精锐大军攻打晋军。

　　但是刘裕深谙（ān）兵法之道，如果后秦真的有心反抗晋军，就应该悄悄派遣大军到晋军大营旁边，等晋军去攻打南燕时，再兴兵攻打晋军大营。然而，后秦如此嚣张跋扈（hù）地派遣使臣来威胁刘裕，说明后秦并不是真心要出征。

刘裕当即决定要尽快将南燕攻破，而事情果然不出刘裕所料，直到南燕覆灭，后秦也没有派人支援。正是应了唇亡齿寒这句老话，南燕灭亡的几年之后，后秦也覆灭了。

416年，刘裕兵分五路北伐后秦。这时后秦还在和旁边的其他国家作战，晋军的到来，令后秦陷入了两面应敌的境地，一时间顾此失彼。而晋军一路势如破竹，接连攻破后秦的城池。后来晋军所到之处，城池守将不敢应战，纷纷选择了投降。

没过多久，刘裕灭后秦，破北魏，大获全胜。

420年，刘裕在国内的声望达到了顶峰，他接受东晋皇帝晋恭帝的禅让，登基做了皇帝，改国号为宋，史称"刘宋"或"南朝宋"。至此，东晋灭亡。

但刘裕没有统一全国，接下来这段大分裂时期，在历史上被称为南北朝时期，具体指的是420年至589年这段将近170年的历史。南北朝中的南朝和北朝是按照地理位置划分的，南朝先后有宋、齐、梁、陈四个政权，北朝先是出了北魏政权，后来北魏分裂为东魏和西魏，东、西魏又被并立的北齐和北周取代。

刘裕只当了两年皇帝，就染病去世了，刘裕的儿子刘义符继位，史称宋少帝。宋少帝年少荒唐，不到三年便被废，其三弟刘义隆即位，史称宋文帝。此后六七年间，宋文帝在大臣辅佐下励精图治，刘宋国力有所恢复，老百姓的生活相对安稳。

以沙充米　稳定军心

430年，刘宋决心收复北方失地，派兵讨伐北魏。但宋军刚打了几场胜仗，就遭到北魏军队猛烈反扑，宋军大败，损失惨重。刘宋著名将领檀道济率领宋军北上支援。一路上，檀道济屡战屡胜，大大小小的战役打了三十余场，几乎没有败绩，重创了北魏大军。

北魏大将叔孙建率军前去拦截檀道济的军队，此时宋军已经逼近了兵家必争之地——历城（在今山东济南）。此处易守难攻，如果宋军占了历城，相当于在北魏的土地上打入了一颗钉子，所以叔孙建无论如何都要阻止檀道济进攻历城。

怎么办呢？俗话说兵马未动、粮草先行。檀道济其实也没想到他能屡战屡胜，连打了三十多场胜仗。这导致宋军战线被拉得很长，补给需要不断从南边往北边运输。所以对宋军而言，粮草是此战的关键。

叔孙建立刻派遣大军绕过檀道济主力，直插后方，把宋军的运粮路线截断，一把大火烧了宋军粮草。

粮草被焚（fén），檀道济心慌意乱，他最怕的就是没有粮草，军心不宁。由于粮草不济，宋军从历城撤军，这时宋军中有一些意志不坚定的兵卒偷偷逃跑，投奔了北魏，将宋军的兵力和困境等情况都泄露给了北魏。叔孙建当即调派北魏军队，追击撤退的宋军，要趁着宋军粮草不足、人心涣（huàn）散之际，彻底击溃宋军。

这天晚上，宋军军营灯火通明，檀道济亲自率领一批掌管粮

草的兵士，在营寨（zhài）里大声地查点粮食。士兵们打开粮库一看，里面摆着一个个大缸，大米把缸都装得满满当当的，而且还高高露出一个尖来。

士兵们一看都愣住了，不是说军中缺粮食吗，哪来这么多大米啊？看来缺粮食是将军放出的疑兵之计，骗那些北魏兵的，其实将军早有准备。众人本来紧张忧虑的神情一下都放松下来，开始清点粮食。清点完发现，这些存粮能供应全军一年。

其实这是檀道济从很多年前听到的一个贪官污吏的故事中得到的启发。那个贪官污吏是掌管粮库的官员，他把粮库里的粮食都倒卖了，变成钱装进自己腰包里。别人来检查粮库的时候，他把粮缸里面都铺满土石，最上面薄薄地铺上一层大米，刻意堆出小山的造型，别人看到就会觉得这粮食实在是太多了，每个缸都满满当当。

檀道济照葫芦画瓢，安排最信任的手下去操办这件事情，趁着别人不注意，把缸里全部都堆满了土，然后在最上面铺了薄薄一层大米，以此来稳固军心。

消息传到了北魏将领叔孙建的耳朵里："什么？檀道济还有粮食？还足够吃一年？之前传的军中缺粮的消息看来是假的，那些投奔过来的宋军将士只怕是细作。来人，把他们都杀了！"

得知宋军还有充足粮食的消息，北魏将领就开始琢磨（zuó mo），难道这次烧粮草，是檀道济设下的埋伏？

第二天一大早，檀道济命令手下将士披甲执刃，将所有兵器、甲胄都穿戴好，大军浩浩荡荡出发。不是往北魏大军的方向走，而是大摇大摆地往回走，路上一定要走出声势、闹出响声来。

宋军一看，心里又安定了些——果然军中一点粮食都不缺，这全是主将安排的伏击之计。如果真的没粮食了，那得悄悄地趁着夜色溜走，哪能这么大张旗鼓地走啊。现在这样肯定是想诱敌深入，到时候转身把北魏军歼（jiān）灭。宋军越想心里越美，脸上挂着抑制不住的笑容。

看到宋军往南边撤走，北魏大军心想：昨天晚上杀掉那些投降的将士果然没错，他们都是骗子，都是宋军派来迷惑我们的。如今宋军南撤，肯定有埋伏，咱们必须按兵不动。

最后，檀道济带领大军安然回到了宋国，虽然北伐以失败告终，但檀道济保全了军中将士的性命。

可惜的是，像檀道济这样一位英勇善战、忠心无二的将领，却被诬陷意图谋反。436年，檀道济被杀。檀道济死后，刘宋曾两次兴兵北伐，然而都遭惨败。此时宋文帝才叹息自己误杀忠臣，要是檀道济还活着，怎么可能让宋朝土地遭受北魏的抢掠呢？

（故事源自《资治通鉴》《南史》）

高允忠厚直谏

南朝宋逐渐走向没落，北魏却越发兴盛。那么在北魏发展壮大的过程中，有没有像檀道济这样起到了重要作用的大臣呢？

崔浩修国史遭杀身之祸

要讲北魏王朝的发展壮大，得先从北魏大力引进汉族文化、推动鲜卑族汉化讲起。386年，鲜卑族的拓跋珪建立了北魏王朝，他就是开国皇帝北魏道武帝。道武帝很喜欢汉族文化，同时也非常注重吸收汉族人才，逐步引导鲜卑族人汉化。

为什么要学习汉族文化呢？首先，在那时，中原汉族王朝比周边的国家强盛得多；其次，北魏统治下的百姓，汉人远远多于鲜卑人，想要稳定北方汉族的民心，就需要学习汉族文化，否则政权不稳。

道武帝不仅推行汉族文化，而且在官员的任免上，也启用汉族人士，久而久之，汉族百姓对北魏政权的抵触心理减轻了，北魏国力慢慢恢复，而且日渐强盛。

北魏皇族还非常重视教育，对皇室子孙要求十分严格。到了道武帝的孙子——太武帝执政时期，朝中出现了几位历史上非常有名的大臣，比如崔浩和高允。

崔浩从道武帝在位时，就在朝中做官，太武帝即位后，也很信重崔浩。439年，太武帝交给崔浩一个任务，让他编撰（zhuàn）北魏的国史。太武帝还叮嘱他，国史一定要据实记载，不可虚夸，也不可贬低。

崔浩不是一个人编撰，而是和手底下的很多文官一起编写史书，其中就包括高允。

太武帝修史书是为了留给皇室后人看的，目的是为治国理政提供借鉴。但偏偏就有那么几个自作聪明的人向崔浩提出了建议，把编撰好的、还没定稿的文稿刻成了石碑，还把石碑立在郊外祭天坛的大路两侧以展示编撰者的秉笔直书。

但问题就在于，每个王朝的建立都伴随着腥风血雨，伴随着阴谋诡（guǐ）计。这些东西如果秘密地写在国史中，然后给皇帝的后人看，这是没有问题的。但把它们刻在石碑上，还立在祭天坛道路两侧，这就不对了。首先，碑立在那里，肯定有百姓去看，国史中的信息就会流传到民间，造成民间的骚乱，不利于国家的稳定；其次，祭天大典的时候，文武百官都会聚集在祭天坛，文武百官看见石碑上记载的内容，会怎么看待北魏皇帝？

鲜卑贵族纷纷向皇帝告状，说崔浩监修的国史把北魏历史写成这般模样，这是故意损害皇家的颜面，说明崔浩有二心啊！

太武帝气坏了，命人把崔浩以及负责编撰国史的人统统抓起来查办，说是查办，实际上就是要判死罪，因为他们侮辱了皇族。

说实话　几次差点被杀

崔浩平时为官太过耿直，身边没有什么朋友、亲信，出了这么大的事，没人想办法保护他。不过另一位负责编撰国史的官员——高允，他身后有愿意保护他的人，而且这个人不是一般人，是太子拓跋（bá）晃，高允是太子的老师。

太子听说崔浩被捕入狱，连忙召见高允，让他在自己身边留宿了一夜。第二天一早，太子让高允和自己一同朝见皇帝，并仔细叮嘱他说："如果皇上问您话，您就按照我的暗示来说，多余的事情千万别做，记住了吗？"

高允这时候还不知道皇帝要彻查修撰国史之人的事情，所以他问太子："是不是出了什么事？"

太子三言两语也说不明白，只说道："您见了皇上自然就明白了。"

太子先面见太武帝，对太武帝说："父皇，高允是孩儿的老师，孩儿对其了解甚深，他性格小心谨慎，绝对不会做出大逆不道之事。编撰国史一事，大多都是由崔浩负责的，还请父皇放他一马。"

太武帝将信将疑："确有此事？宣高允进殿。"

高允一进来，太子就站在他身前，使劲暗示他别乱说话。

太武帝问："国史是你写的，还是崔浩写的？我听太子说，你参与的不多，大多是崔浩所为？"

这时只要高允说"没错，确实是这样的"，或者干脆什么都不说，只是点点头，这事就能圆过去。然而高允太耿直，虽然崔浩是修撰国史的主官，但实际上大部分内容都是高允写的。他知道太子确实是好心，但还是摇摇头说道："不，崔浩只抓纲要，具体内容都是我编撰的。"

太武帝一听，勃然大怒，扭头瞪向太子："你还说高允性格小心谨慎？如今他自己都承认了，这罪应该怎么定？"

太子连忙解释："不是，父皇，高允只是吓坏了，所以才会失言，他以前说过是崔浩写得多。"

太武帝又回头看向高允："你说实话，太子说的究竟是否属实？"

太子的明示、皇帝的暗示都已经很明白了，高允只要点头说是，就能免去杀身之祸。然而高允仍然说："我犯了罪，怎敢欺瞒（mán）陛下。太子刚刚那样说，不过是想救我的命。"

太武帝哈哈大笑："好，好！死到临头还不说假话，难能可贵，此罪我便赦免你了。"

太子愣住了，高允也愣了，没想到高允抱着必死之心说了实话，反而让太武帝看到了高允一颗忠直之心。

第二天，皇帝下了道旨意说："崔浩犯下了弥天大罪，理应满门抄斩，命高允以朕之意，起草一道定罪诏书。"

高允刚刚死里逃生，按理说皇上的旨意他照做就是了，但他犹豫再三，最后又去面圣，对皇帝说："陛下，崔浩是否有其他的罪，臣不清楚，如果仅仅是因为秉笔直书冒犯了您，那恐怕罪不至此吧。"

太武帝被高允这番话气得火冒三丈，当即下令把他推出大殿，

当场处死。就在千钧一发之际，太子来了，他跪在地上，连声恳求父皇放高允一马。

太武帝又放过了高允，让高允第二次死里逃生。

回去的路上，太子一直埋怨高允："我说老师啊，古人云，君子不立于危墙之下，应当见机行事。我都替您求了两次情了，您怎么还这般直言不讳地冲撞父皇呢？若再有一次，连我也无法保全您的性命啊！"

高允回答："殿下，不是高允不识好歹。崔浩统领编修国史，所记录的史实均字斟（zhēn）句酌（zhuó），保证是确有其事，未曾夸张，也未曾避讳。在这件事情上，崔浩实在没有任何过错。何况其中大多确实是我所写，现在陛下要将崔浩满门抄斩，我于心不忍，而且我也不能违逆自己的内心去说谎话，您说对吗？"

太子肃然起敬，躬（gōng）身施礼说："学生受教了。"

然而高允拼死力谏，也没能保住崔浩及其宗族姻亲的性命，只减少了因连坐而被斩首的人数。

直言敢谏　受文成帝赏识

452年，北魏文成帝继位。不过文成帝并不是当年的太子拓跋晃，拓跋晃被奸人陷害而早逝，文成帝拓跋濬是拓跋晃的长子。文成帝身边有臣子劝说他兴建大型宫殿以彰（zhāng）显功绩，文成帝有些心动，但高允很不赞同。

高允劝谏文成帝说："陛下，难道您想重蹈亡秦的覆辙（zhé）吗？"他晓之以理、动之以情，对文成帝说明反对的原因。如果国富民强，修建一座大型宫殿对北魏来说没有任何压力；但现在国力还没有很强盛，国家还不算富裕，修建大型宫殿太过劳民伤财。

文成帝立刻醒悟："是，您说得对。"

文成帝在位期间，高允时时劝谏，深受文成帝的信赖。

文成帝对高允信赖到了什么地步呢？只要高允来了，文成帝立刻会让左右群臣全部退下，自己和高允两人共处一室。然后皇帝就拿起纸笔，把高允所说的事情一五一十地记录下来。有时候高允一说能说上好几天，皇帝还得命御厨送来好酒好菜，好生招待高允。有时候二人意见不合说急了，文成帝就命人把高允搀（chān）扶出去，等自己心情平复下来，再把高允请进来接着说。

文成帝对高允信任有加，佞（nìng）臣就来说高允的坏话："皇上您太宠溺高允了，他这样做，不顾及帝王威严，应当受罚。"

文成帝不以为意，只是摆摆手，说道："高允是真正的忠臣，他直言劝谏，不惧生死。这正是给朕敲警钟，让朕时常警醒，不要犯下大错。"

高允不但忠直，而且不贪图财物，为官多年，两袖清风。有一次，文成帝去高允家里探望他，一进家门，发现这哪像是大臣的家啊，就算平民的家也比他家好一些。在屋外看还算正常，外面有院墙，大门虽然不够气派，但也算是干净利索。谁知道打开门一瞧，里面连个像样的屋子都没有，别人家都是红砖青瓦搭建的高门大院，而高允家里只搭了几间小茅草屋。屋子里只有土堆的炕，炕上的衣物、被子也都是些粗麻布衣。整个家里唯一值钱的，恐怕就只有高允上朝时穿的那一身官服了。

文成帝感慨不已，回宫后当即给高允送去五百匹丝绸和一千斛（hú）粟米，作为对他的奖赏。

在文成帝和高允等忠臣的共同努力下，北魏朝迎来了和平与发展，社会经济从战乱中恢复过来。

（故事源自《魏书》《资治通鉴》）

原典再现

拓跋晃早逝后，高允被皇帝召见，悲伤地不能自已，皇帝也流泪了，皇帝的侍从都十分诧异。

世祖闻之，召而谓曰："汝不知高允悲乎？"左右曰："臣等见允无言而泣，陛下为之悲伤，是以窃言耳。"世祖曰："崔浩诛时，允亦应死，东宫苦谏，是以得免。今无东宫，允见朕因悲耳。"

——《魏书·列传第三十六》

大意： 世祖听说（左右侍从的议论）后，召见这些人，说道："你们不知道高允为什么悲伤吗？"左右侍从都说："我们看到高允不说话，只是哭泣，陛下也因此悲伤，所以才私下谈论。"世祖说："崔浩伏诛时，高允也应该被处死，东宫太子苦苦劝谏，他才得以幸免。如今东宫太子不在了，因此高允见到我就感到悲伤。"

北魏孝文帝汉化改革

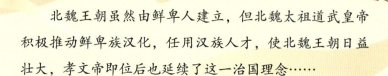

北魏王朝虽然由鲜卑人建立，但北魏太祖道武皇帝积极推动鲜卑族汉化，任用汉族人才，使北魏王朝日益壮大，孝文帝即位后也延续了这一治国理念……

俸禄制和均田令

孝文帝登基时才5岁，他是在祖母冯太后的教导下长大的。冯太后是孝文帝的祖父文成帝的皇后。

文成帝英年早逝，继任的献文帝拓跋弘年仅12岁。皇帝年少，容易有图谋不轨的大臣滋生野心。为了稳定朝纲，冯太后担起重任，临朝称制，铲除了图谋不轨的权臣，巩固了北魏王朝的统治。但献文帝向来淡泊世务，年纪轻轻的时候就禅位给了年仅5岁的太子拓跋宏。

孝文帝拓跋宏继位后，冯太后再度临朝听政，重用汉人，推行汉化。在冯太后的指导下，孝文帝也对汉文化产生了浓厚的兴趣。冯太后教他读汉人的典籍，没过几年，孝文帝就对百家经史无一不通。在这些书籍里，孝文帝学到了汉族皇帝用儒学统治天下的方法，也积累了许多前人留下的经验和教训。

在北魏开疆拓土的过程中，每当军队攻占了敌人的城池，官兵就可以抢来各种金银珠宝、粮草武器。北魏的皇帝不需要给将士们发放固定的俸禄，战士们靠着战利品就能养活自己。

统一北方之后，将士们没有仗可以打了，也没有战利品可以分了，但朝廷仍然没有定期给他们发俸禄，不仅当兵的人没有俸禄，各地的官员也没有俸禄。所以这些官兵们没钱花的时候就去抢劫百姓。

战乱时期，老百姓都盼着战争结束，过上安定的生活，没想到好不容易战争结束了，还是不得安宁！老百姓辛苦耕作一整年，当官的派人征收几次赋税，粮食就全被收走了，连填饱肚子的口粮都剩不下。于是北魏各地年年都要爆发无数次大大小小的起义，北魏统治者只好一次次地派兵去镇压。这么一来，军费成了一大笔财政支出，战争还损耗了不少人口，土地没人耕种，经济的发展都被耽误了。

这样下去可不是办法，孝文帝和冯太后决心通过改革来缓解国内的矛盾。孝文帝下诏实行新的俸禄制度，规定每个品级的官员每年能得到多少俸禄。官员领着朝廷发的俸禄，就不能肆意掠夺百姓，哪怕他们只从百姓那里盘剥了一星半点的钱财，也会被严厉惩处，轻则官位不保，重则丢掉性命。

解决了官员的收入问题，就可以进一步解决百姓的生活问题了。要想百姓的生活有保障，不仅需要铲（chǎn）除为非作歹（dǎi）

的官兵，还需要让老百姓有地耕种。北魏初年，每当遇到灾年，老百姓就不得不背井离乡、逃离灾祸，而原本属于他们的土地就会被豪绅（shēn）贵族霸占。所以孝文帝颁布了均田令，规定不同性别、年龄的人可以拥有多少土地。只要百姓到了可以耕田的年纪，官府就分配土地给他们，而等其年老或去世之后，土地再归还给官府，重新进行分配。另外各地的地方官员还能够分到一定面积的职田，不过这些农田是不允许擅（shàn）自买卖的，当上一任地方官离职的时候，要将职田移交给下一任地方官。这样一来，百姓有地可种，至少能够吃饱穿暖，整个社会都安定了许多。

迁都洛阳

493年，当时冯太后已经去世，孝文帝仍在继续推行汉化。他想要迁都。当时北魏的都城在平城，也就是如今的山西大同，这个地方离中原地区比较远。孝文帝决定迁都洛阳，一是为了促进鲜卑贵族进一步学习汉族文化，二则是为了加强北魏王朝对黄河流域的管理。

这些鲜卑贵族多年来苦心经营的家族产业都在平城，迁都到洛阳等于让他们放弃一部分家产。

孝文帝打算先试探一下大臣们的想法，于是在上朝时，他对众臣子说："众位爱卿，朕打算大举南征。"

此言一出，众臣都倒吸一口凉气。此前几任北魏君主也打过征服南方的主意，但都以失败告终。孝文帝此次出兵，恐怕又是劳民伤财，做无用功。这时任城王拓跋澄（chéng）站了出来，表示强烈反对："陛下，我身为北魏的臣子，深知出兵攻打南方极其危险，不能不站出来阻止。"

孝文帝没有回应拓跋澄，而是先宣布退朝，再单独召见拓跋澄，对他说："朕怎会不知如今出兵攻打南方是一着险棋呢？其实朕刚刚只是在试探大家的想法。实话告诉你，朕打算迁都洛阳，之所以提出攻打南方，是想借此机会迁都。你怎么看？"拓跋澄恍然大悟，欣然赞同。

很快，孝文帝不顾群臣的反对，"一意孤行"地以攻打南齐为借口，亲自率领三十万兵马由平城向洛阳进发。路上恰好遇到了连绵阴雨，道路一片泥泞（nìng），马蹄和人都陷进泥巴里动弹不

得。直到大军抵达洛阳，雨还是没有停。随行的大臣原本就不愿意攻打南齐，又遇到这场大雨，抱怨纷纷，都希望孝文帝赶紧班师回朝。

但孝文帝板着脸，冷冷地说："我们劳师动众地远征了一个多月，遇到点阴雨就半途而废，岂不是令天下人耻笑吗？要是打不下南朝，那就把都城迁到这洛阳来吧，总之出兵一趟，必须得做点什么。"

群臣面面相觑（qù），在心里掂（diān）量着攻打南齐和迁都洛阳哪一个更能接受，最后无奈地说："只要陛下同意不去攻打齐国，那么臣等愿意迁都洛阳。"

于是孝文帝正式将北魏都城迁到洛阳，并且为了断绝那些王公贵族们想要回到北方老家的念头，孝文帝规定，凡是从北方迁到南方来的人，死后也得葬在南方。

学习汉语　改革姓氏

孝文帝带着鲜卑贵族迁到中原，为了消除不同民族之间的差异、方便不同民族的人交流，孝文帝要求鲜卑人学习汉语，穿汉人的服装。年轻人若是学不会汉语，那就别想入朝为官。

孝文帝还要求鲜卑人之间同姓不得结婚，鼓励鲜卑人和汉人通婚，进一步促进了汉族与鲜卑族的融合。

孝文帝的改革措施中还有一点很有趣，那就是他改变了鲜卑贵族的姓氏。过去鲜卑人的姓氏通常是多字的复姓，孝文帝要求鲜卑贵族使用汉人的单字姓氏。比如北魏皇族的姓氏拓跋，被改成了元，所以孝文帝的名字也可以叫作元宏，他的儿子们以及后来的北魏皇帝都姓元。

由于孝文帝大规模改革时期的年号为太和，因此这次改革被称为太和改制。太和改制彻底改变了鲜卑族的文化、政治、经济传统，有效地推动了民族融合，减少了农民起义的发生，稳定了北魏的统治。在积极学习汉族文化知识的过程中，鲜卑族采用先进的农具和耕作方法，大量修建水利工程，农业、畜牧业、手工业都在蓬勃发展，百姓的生活水平显著提高。

（故事源自《资治通鉴》）

原典再现

魏主下诏，以为："北人谓土为拓，后为跋。魏之先出于黄帝，以土德王，故为拓跋氏。夫土者，黄中之色，万物之元也；宜改姓元氏。"

——《资治通鉴·齐纪六》

大意：北魏孝文帝下诏书，认为："北方人把土叫作'拓'，把后叫作'跋'。北魏的祖先是黄帝，以土德而称王，所以姓拓跋氏。土，是黄色的，是万物的开端；应该改姓为元氏。"

侯景之乱　皇帝饿死

　　南朝梁武帝时期发生了侯景之乱，在这场战乱中，皇帝居然落得个活活饿死的下场……

糊涂皇帝美梦成"真"

　　要说侯景之乱，还得先从梁武帝的一个梦说起。一天早上，已经八十多岁高龄的梁武帝兴致勃勃地对各位大臣说："众爱卿，寡人昨天晚上做了一个美梦，梦到中原各地的太守都向寡人投降。看来，以后我定能统一天下，成就千古伟业。"

　　众位大臣听到这话都变了脸色。群臣谁不知道，梁武帝又迷信又专断，若是谁胆敢忤（wǔ）逆他，说不定一生气就把谁杀了。所以群臣都是皮笑肉不笑，勉强挤出一丝笑容，向梁武帝连声道喜。

　　"恭贺陛下！"

　　"贺喜陛下！"

"陛下圣明！"

欢呼雀跃声一浪高过一浪。梁武帝更高兴了，在大殿上放声大笑。

不久之后，梁武帝正在朝堂上与群臣议事，有个内侍闯到殿上，大声报告："启禀陛下，有要事禀告。"

梁武帝眉头一皱："慌慌张张成何体统？有什么事，快快说来。"

内侍连忙说："东魏大将侯景派使者前来，说他与东魏、西魏素有仇怨，决定向您投降，而且还愿意把他治下的十三个州郡都献给您。"

梁武帝一听，大喜过望："众爱卿，众爱卿！寡人的美梦不是梦，是未卜先知啊！速速有请！"

使者上了大殿，见过梁武帝和文武百官，禀（bǐng）告说侯景所有准备都做好了，就等着梁武帝点头同意。侯景相信梁武帝不会亏待他，毕竟他献上了这么多州郡。

梁武帝当即说："没问题，只要他肯归顺，什么要求寡人都能满足。毕竟这是寡人梦中料到的事情，肯定是上天的预示。"

文武百官却不这么想，等使者下去休息之后，立刻有官员出列，沉声说道："陛下，侯景风评极差。据臣所知，自东魏高欢死后，侯景常有背叛东魏的心，但又遭西魏宇文泰忌惮，所以才有了如今投降我大梁一事。此人是否真心投靠，目前尚未可知，还请陛下三思而行。"

有的大臣还说出了另一个合理的理由："陛下，咱们现在虽然偏安一隅（yú），但是胜在安稳，老百姓安居乐业。咱们和北边的东魏、西魏有很多年没打过仗了，一直相安无事。如果咱们现在把侯景收入麾（huī）下，还接收了他的十三个州，就相当于吞并了北朝的土地，那不是挑起三国战争吗？这可是牵一发而动全身啊！"

等到群臣把理由说完，梁武帝才沉声说道："众位爱卿，侯景之所以反复无常，是因为东魏与西魏都不是天下正统。寡人君权天授，是有大气运之人，所以这侯景兜兜（dōu）转转，最后还是要投奔我。至于挑起战乱一事，难道没有侯景，我们跟东魏、西魏就能相安无事了吗？我眼界宽阔得很，总有一日要收复北方失地，只不过是时间早晚的问题罢了。如今有此良机，若不抓住岂不是违背了上天的旨意？我决定任侯景为大将军，封他为河南王！"

皇帝背信弃义　侯景叛乱

这时东魏听说侯景有叛变之心，兴兵来讨伐，侯景处境危急，便割让了四座州府给西魏，向西魏求救。但侯景又担心自己擅自向西魏求救，遭梁武帝记恨，所以又写信向梁武帝陈述自己处境的危急，解释自己向西魏求救实属无奈之举。梁武帝又派自己宠信的侄儿萧渊（yuān）明带兵五万，前去接应侯景，同时讨伐东魏。然而这一战并不顺利，萧渊明与同行的各路将领都被东魏军击败，最后全军被东魏俘虏了。

东魏继续对侯景穷追猛打，但是对战俘萧渊明却十分厚待。等到侯景一败涂地时，东魏请萧渊明写信给他的叔父梁武帝，让他劝说梁武帝与东魏讲和。只要双方和好，萧渊明自然也能回到梁朝。

这时侯景手下的大军已经溃散而逃，只剩他一个人逃到了寿阳（在今安徽淮南），原本承诺给梁朝的城池也没了。侯景听说东魏和梁朝正商量议和，心中惴惴（zhuì）不安，而且愤恨不已。

为了试探梁武帝的心意，侯景捏造了一封东魏权臣高澄的信件，派使者冒充高澄的名义送给梁武帝。

使者见到梁武帝，就对他说："我们抓了您的侄子萧渊明，此刻他正在牢中受苦。我们知道你们接纳了我们的叛徒侯景，希望用萧渊明来交换侯景。这桩买卖你们也不亏，如何？"

梁武帝会怎么选呢？作为一个糊涂皇帝，他肯定选那个最糟糕的选择了。所以梁武帝当即回复使者："侯景那个乱臣贼子，朕将他收入麾下，其实是为了将他杀死，用来警示天下。如今还给你们自然也无妨，你们务必要将萧渊明放回来，不要折磨他，要好生伺候他。"

使者收到消息，当即表示："好，我一定把陛下的话原封不动地传回去。"

梁武帝这番话一五一十地传到了侯景耳中，侯景顿时气得眼露凶光："好啊，我撇（piē）家舍业来投奔你，你却把我当商品一样交易，甚至还想杀掉我。既然如此，我不仅不投奔你，还要攻击你，将你赶下皇位，干脆由我来做这个皇帝。"

侯景立刻招兵买马，发动叛乱，一路打到了长江北岸。此时梁武帝派出他的侄子萧正德去长江南岸驻守，抵御侯景的进攻。在这里，梁武帝又犯下了一个错误，那就是任人唯亲。萧正德虽然是梁武帝的侄子，但他垂涎（xián）皇位已经很久了。

侯景马上就看出了萧正德的狼子野心，于是对萧正德说："您现在掉头去攻打梁武帝，咱俩里应外合，肯定能把梁武帝这个糊

涂皇帝杀了。到时候我拥立您做皇帝，做您最忠心的臣子。"

萧正德一听，非常高兴，立即答应下来。

很快，侯景率领的乱军在萧正德的帮助下渡过长江，渡过秦淮河，顺利地进入了都城建康。

南梁即将亡国，忠臣良将拼死抵抗。在他们的努力下，侯景的进攻被一次次地击退，双方就这么僵持了四个多月。城内的百姓和军队死伤无数，打到最后，城内弹尽粮绝，守城墙的兵卒都不是被敌军打死的，而是被饿死的。

最终，侯景大军打入了内城，俘虏了梁武帝。侯景也是个狠毒的人，他硬是活生生地把梁武帝饿死了。

然后侯景立梁武帝的太子萧纲做了傀儡（kuǐ lěi）皇帝，把萧正德从皇位上拉下来了。萧正德心里不甘心，想推翻侯景，结果被侯景杀了。

侯景发动的这场叛乱就是侯景之乱，后来侯景登上皇位，自己做起了皇帝。不过侯景的皇位来得太血腥（xīng）了，而且名不正、言不顺。没过多久，侯景的军队被梁朝大将陈霸先和王僧辩率领的大军打败。经过一番波折，最后皇位落到了陈霸先手上。

（故事源自《资治通鉴》《南史》）

陈后主荒唐亡国

乱臣贼子侯景饿死了梁武帝，可惜自己也没能当几天皇帝。梁朝大将陈霸先杀了侯景，灭了梁朝，建立了陈朝。

皇位争夺　陈叔宝继位

陈霸先只当了三年皇帝就去世了，继位的陈文帝陈蒨（qiàn）是陈霸先的侄子。

陈文帝在位七年后去世，留下遗诏将皇位传给儿子陈伯宗。但此时有一个人对皇位虎视眈眈，那就是陈文帝的二弟陈顼（xū）。

陈文帝对此心知肚明，他临死之前，叫来二弟陈顼，对他说："二弟，我儿子性格比较软弱，我怕他治理不好国家，要不然干脆由你来继承皇位吧。"

陈顼惺惺（xīng）作态地说："大哥，你这是说的什么话！皇位理应由大哥的儿子继承。我忠心辅佐他就是，你不要多心。"

陈文帝去世后，陈伯宗继承了皇位。但是陈顼手握重权，没过两年，他就废了陈伯宗，自立为帝，史称陈宣帝。

转眼十来年过去，陈宣帝病重垂危。陈宣帝子嗣（sì）众多，其中有三个深受陈宣帝宠爱，都有希望继承皇位。第一个是长子陈叔宝，他是名正言顺的皇太子；第二个是二儿子陈叔陵；第三个是四儿子陈叔坚。这三个皇子都有许多追随者，三人中陈叔陵野心最大，但他善于伪饰，博得了宣帝的喜爱。

陈叔陵暗地里谋划着把皇太子杀死，以争夺帝位。为此陈叔陵提前做好了安排：在皇帝去世那天，让宫中侍卫守住皇宫门，无论皇宫里发生什么变故，任何人都不能闯进来，一切事情由三位皇子处理。

没过几天，皇帝去世了。那天文武百官都来了，人数众多，侍卫想拦也拦不住，所以陈叔陵没能找到机会动手。第二天皇帝的遗体被装入了棺椁（guǒ），大殿里只有三个人——陈叔陵、陈叔坚和陈叔宝。

此时陈叔陵眼睛里凶光毕露，一把抄起旁边切药材的刀朝陈叔宝砍去。陈叔宝是太子，只要把他杀了，以后这天下就是他的。

陈叔宝正好被这一刀砍到了脖子，顿时鲜血直流，疼得喊了出来。此时门口的侍卫又没能守住，让一群女眷冲进了大殿。皇帝去世，后宫女眷（juàn）过来跟遗体告别。女眷们一进大殿，就看见太子陈叔宝浑身是血，陈叔陵手中拿着宝刀。众人一看就明白了，肯定是陈叔陵想谋逆造反，纷纷上前阻拦。而陈叔陵已经杀红了眼，也不管面前的人是谁，拿着刀就是一通乱砍。

多亏太子的乳母吴氏从后面拉住了陈叔陵的手肘，陈叔宝才得以趁乱逃走。

没过多久，陈叔陵的部下就被陈叔宝派兵剿灭了。一场大动乱被平息，陈叔宝安然登上皇位，史称陈后主。

陈后主荒唐亡国

陈叔宝当了皇帝之后，没有励精图治，反而荒唐至极。他对国事一窍（qiào）不通，只知道贪图享乐。为了更好地享受荣华富贵，他大兴土木，建造了三座豪华的楼阁，让宠妃们居住。陈后主还经常带着文武百官去宴游、赋诗、高歌，谁写的诗好，陈后主就给这首诗谱曲，然后挑选宫女来吟唱，其中最著名的就是《玉树后庭花》了。

陈后主有一个心爱的贵妃，叫张丽华。张贵妃隔三差五给陈后主吹耳边风，让陈后主把太子废了，改立她的儿子做太子。太子废立之事牵扯国之根本，胡乱更改会使朝局动荡、国家不宁。可是糊涂的陈后主真的把原来的太子废了，立张丽华所生的儿子陈深为新太子。

不仅如此，陈后主还想废了自己的皇后，改立张贵妃为后，但这件事因为出了变故而没能办成——南朝陈灭亡了。

南陈的灭亡还得从北方一个新王朝的兴起说起。当年北魏分裂为东魏和西魏之后，西魏权臣宇文泰的后人推翻西魏，建立了北周；东魏权臣高欢的后人则推翻东魏，建立了北齐。到577年，北周消灭了北齐，北方再度统一。581年，北周丞相杨坚接受皇帝禅让，建立隋（suí）朝，杨坚史称隋文帝。

隋文帝登基以后，对南朝陈的态度颇为友好。后来陈后主继位，奢靡浪费、骄奢淫逸，使民怨滔天，南陈日渐衰朽。隋文帝觉得消灭南陈、统一天下的大好时机到了！

588年，隋文帝下诏书历数陈后主二十条大罪，并抄写了三十万份，分发给南朝百姓，然后派儿子晋王杨广、丞相杨素率领五十万精兵强将讨伐陈朝。陈朝守边的卫兵发现了敌情，立刻向朝中禀告说："不得了了，隋派大军来攻打咱们了，请陛下快派兵支援前线，一旦长江失守，敌军将直取建康。"

消息传到朝中，陈后主却说："东南是福地，之前齐军与周军进攻东南，都失败了，可见长江天险，一般人渡不过去。无须慌张，无须抵抗，几日之后，隋军自会退去。"

可是刚刚过了一天，前线就传来了噩（è）耗——隋朝大军已经渡过长江，正直奔建康。直到此刻，陈后主才知道慌张。

陈后主手忙脚乱地向群臣征求对策："快，文武百官都集合，商议如何击退隋兵！"

文武百官到齐也没什么用，因为陈后主不理朝政太久，朝廷上已经是一群酒囊饭袋了。

陈后主急得大喊："你们谁能抵御敌军？我赏金万两，赐田万顷，赐高官厚禄，封异姓王！"

这时年近耳顺（指人六十岁）的老将军萧摩诃（hē）站了出来。作为老将，他不缺钱，也不缺赏赐，之所以站出来，是因为他忠于陈朝，不希望陈朝灭亡。

萧摩诃请命说："陛下，老臣愿率大军抵抗隋军，不将他们击溃，誓不回朝！"

陈后主比较懦弱，萧摩诃曾经几次三番请求出战，趁着敌人

还没有扎好营寨，根基不稳，一举将其击溃，但是懦弱的陈后主都没同意。一直到敌人主力大军都赶到了，火烧到眉毛了，陈后主才终于让萧摩诃领军迎敌了。

隋军听说老将军带兵前来，心生警惕，毕竟萧摩诃是南朝赫赫有名的大将军，战斗经验十分丰富，是块难啃的硬骨头。

没想到陈后主在关键时刻扯后腿。他做了一件荒唐事——喜欢上了老将军家中的女眷，做出了不道德的事情。

将军在前方打仗，皇帝反而抢了将军的女眷，岂不是令将军心寒？得知消息的萧摩诃气得晕倒在前线，主将无心作战，陈军乱成一团，即使其他将领拼命反抗，最终还是难逃溃败的命运。

隋军士气高涨，一鼓作气，直奔建康而来。大军刚到城下，只见城门大开，城墙上竖着一排白旗。满城的官兵和百姓都已经对陈后主失去希望了，这么一个荒唐的皇帝，谁愿意拼命保护他？

隋军不费吹灰之力攻下了都城建康，打进皇宫之后，却到处找不到陈后主，最后捉了几个内侍询问，这才知道陈后主藏到了一口井里面。

陈后主躲在井里，看到井上方有个桶慢慢降下来，桶里还放着一把刀。只听井上面有人喊："我说，你好歹也是个皇帝，快点上来，留点颜面，或者你就拿刀在井下自裁吧！"

陈后主听完欲哭无泪，他还想赌一把，于是就把嘴巴、鼻子捂住，不让自己发出半点声音来。可井上方又有人喊："这井下无人，那咱们就往井里扔石头，直接把这井填了吧。"

"有人，有人！快快快，把朕拉上去！"

陈后主被拉了上来。隋文帝知道这人没什么野心，也没什么能力，杀了他显得自己胸襟（jīn）不宽阔，还不如干脆养着他。而陈后主就像当年刘备的儿子阿斗一样，全无心肝，乐不思蜀。

至此，南朝陈正式灭亡，隋朝统一了天下，中国历史上的南北朝时期就这样结束了。

（故事源自《资治通鉴》《南史》《陈书》《隋书》）

原典再现

《玉树后庭花》是陈后主的代表作之一，被视作亡国之音，据说隋军兵临城下时，陈后主仍在宫中与妃嫔演奏这支曲子。

玉树后庭花

〔南北朝〕陈叔宝

丽宇芳林对高阁，新装艳质本倾城。

映户凝娇乍（zhà）不进，出帷含态笑相迎。

妖姬脸似花含露，玉树流光照后庭。

大意：华丽的宫宇、繁茂的树林对着高高的楼阁，美人身着新装，天生丽质，倾国倾城。她们娇羞着不肯进门，旋即迈出帷幕，笑意盈盈地相迎。美人的脸庞如鲜花含着清露，身姿似玉树，流光照亮了庭院。

隋朝

　　隋朝结束了三国两晋南北朝时期的分裂，建立了自汉代以来又一个大一统王朝。隋朝的历史虽短，却承上启下，科举制的创立和大运河的开凿在中国历史上留下了深远影响。

隋文帝锐意改革

隋朝终结了分裂，让中国回归大一统王朝，并迎来了和平的时期……

励精图治进行改革

开创大隋王朝的隋文帝，真正是个勤勤恳恳（kěn）、任劳任怨、励精图治的好皇帝。

隋文帝提倡节俭，施行廉政。皇亲国戚和皇帝手下的官员，也都得向皇帝学习。衣服破了个洞，打上补丁还能继续穿；家里一顿饭吃四个菜太多了，改成吃两个菜吧。

隋文帝还非常重视百姓疾苦。有一年，隋朝突然发生了灾荒，没能收获粮食的老百姓只能吃陈年的麸糠（fū kāng），而平时这东西都是拿来喂牲口的。隋文帝心里难过至极，于是传下命令，以后宫里的饭菜要减少，就一菜一汤，自己少吃一口，留一口粮食给天下百姓吃。他还下令，饥荒期间，大臣们不许吃肉、喝酒，必须把粮食节省下来。

为了进一步提高百姓的生活水平，隋文帝还减轻徭（yáo）役，废除酷刑，推广均田制。早在北魏时期，孝文帝就颁布了均田令，到了隋文帝时期，这一制度又有了发展。均田制，通俗一点说，就是国家按照每个家庭的人口数分配土地。

此前土地大都被大地主们掌握，可是这些人却不会亲自去耕作，又不能让这些土地白白荒废，于是就把土地租给农民耕种，而农民只能留下一小部分耕作获得的粮食，大部分要交给地主，生活十分困苦。

隋文帝推广均田制，老百姓都得到了自己的土地，不用给地主交粮，心里非常高兴，纷纷赞颂隋文帝。隋文帝在位期间，不仅社会稳定，经济的发展也达到了一定高度。

王子犯法　与庶民同罪

隋文帝对身边人的要求也很严格，哪怕是他的亲人犯了法，也要跟普通人一样，按照法律惩处。

隋文帝的三儿子叫杨俊，此人骄奢淫逸，丝毫没有把父亲的叮嘱放在心上，仗着父亲是皇帝就胡作非为。

皇帝赏了他一些银钱，他拿着这些银钱去放高利贷。

高利贷的利息很高，老百姓还不了钱怎么办？还不了钱就拿土地来抵债；土地没了，就拿房舍来抵债；没了房舍，就拿家人来抵债。

隋文帝得知这件事，立刻将他软禁起来，没过多久，杨俊就病死了。

皇帝的儿子死了，本该昭（zhāo）告天下，然后再厚葬。结果隋文帝说："不必了，他那些奢侈的遗物全都烧了吧，一应殡（bìn）葬用品都要节俭，也不必给他立石碑。"杨俊原来住的宫殿也被拆了，他收敛来的所有钱财都充了公。

经此一事，朝野上下，没人敢私自敛财。

取消酷刑

关于隋文帝还有一个有趣的故事。自秦朝以来，一直有个传统，叫乱世用重典（指动荡的社会必须用严酷的法律来治理）。隋文帝认为不应该这样，一个人犯了错，惩罚他不是最终目的，劝他向善才是最终目的。所以隋文帝就取消了一些酷刑，后来才发生了这件有趣的事。

在一个叫齐州的地方，有个小官叫王伽（jiā）。他押送很多犯人前往长安，路上遇到大雨，这一群犯人也没地方躲雨，只能淋着大雨继续前行。

王伽心软了，他心想：犯人也是人，风吹雨淋也难受，不如干脆把他们的枷（jiā）锁解开，把他们身上的镣（liào）铐解下来，让他们舒服一点。只要跟他们约好别乱跑。

王伽把这个想法跟随行的兵卒一说，大家都反对："你疯了？你跟犯人讲什么道义，讲什么信任？只要你一打开枷锁，他们一眨眼就会跑得无影无踪了！"

但是王伽不信，他觉得现在皇帝已经把犯罪的惩罚减轻了，犯人如果逃狱又被抓回来就是罪上加罪，反而会加重刑罚，相比而言，还不如老老实实去坐牢。于是王伽不顾其他人的反对，把

这些犯人放了，还跟他们约定好：几日之后在长安城外见面，一个人都不能少。

众犯人都很高兴，纷纷点头同意。

就这样，王伽和负责押解（jiè）犯人的兵卒们来到了长安城门口，等待犯人来集合。可是过了好几天，连犯人的影子都没看见。没想到，距离约定的日子只剩最后一天时，犯人们一个都不少地在城门外集合了。

隋文帝知道这件事后，大加赞赏，还下旨把这些犯人赦免了，作为对他们信守诺言的嘉奖。

隋文帝心胸宽广，又有雄才大略，在他的带领下，隋朝经济不断发展，老百姓的生活日渐富裕。

（故事源自《隋书》）

原典再现

史书记载，儿子杨俊死后，隋文帝下令烧掉了他那些奢侈的遗物，并禁止为他立碑。

王府僚佐请立碑，上曰："欲求名，一卷史书足矣，何用碑为？若子孙不能保家，徒与人作镇石耳。"

——《隋书·列传第十》

大意：秦王（杨俊的封号）府的幕僚请求为杨俊立碑，隋文帝说："人想要追求名声，一卷史书就足够了，哪里用得着立碑呢？如果子孙后代不能保住家业，这碑也只能给别人当镇石罢了。"

杨广登基做皇帝

隋文帝死后，隋朝皇帝的宝座传给了他的二儿子杨广。而这个隋炀（yáng）帝杨广，乃是历史上颇具争议的人物……

假孝顺博取信任

要讲隋炀帝，还得从他登上皇位之前说起。隋文帝杨坚最初立杨勇为太子，封杨广为晋王。但杨勇骄奢淫逸，屡屡（lǚ）让隋文帝失望，终于失去了皇帝的宠信，丢了太子之位。其实杨勇被废黜，除了杨勇自身的原因，杨广在其中也起到了推波助澜的作用。

杨广这个人，不仅饱读诗书，文采绝世，而且表现出一副对父母非常孝顺、对家国异常忠诚的样子，还特别勤俭。像杨广这样的儿子，在隋文帝杨坚眼里堪称完美。但是就算杨坚再喜欢杨广，他也不能轻易易储。

　　杨广一直好生伺候父亲，却发现父亲一直没有易储的打算，心中十分焦急，开始进一步谋划。

　　有一次，杨广要离开长安去往扬州，他先去辞别了父皇，又去辞别母后。他一见母后，就扑通一下跪在地上，磕了三个头，然后泪流满面地说道："母后，恕（shù）孩儿不孝，孩儿常年在外，不能在您跟前尽孝。今日一别，不知要等到何年何月才能再来拜见您了。"说着说着，杨广伏在地上，放声痛哭。

皇后听着儿子哭，心里也伤感起来："孩子，你驻守在外，母后年纪又大了，今日一别，真是跟永别差不多啊！"

杨广一听，趁势说道："母后，孩儿虽然遵守兄弟本分，但是生性愚笨，不知道做错了什么，引来太子哥哥不高兴。但是就算太子哥哥有心害我，我是他弟弟，也不能对他做什么，只能整日里担忧自己的性命。母后，有朝一日，我一定会被太子哥哥除掉，所以只好提前和母后告别了。"说完又放声大哭。

这可把皇后气坏了，这个杨勇，不仅荒唐无礼，不孝顺父母，还敢残害弟弟！

收买皇帝身边的重臣

杨广知道，现在母后已经彻底厌弃了杨勇，可以进一步实施谋夺储君之位的计划了。杨广身边有位心腹大臣，叫宇文述。杨广向宇文述请教如何夺取太子之位，宇文述就向他推荐了一个人——越国公杨素。

"殿下，越国公杨素乃是开国功臣，深受皇上宠信。这太子废立的大事，唯有越国公能改变皇上的心意。而能够左右杨素的，只有他的弟弟杨约。"宇文述主动请缨（yīng），"殿下，我很了解杨约这个人，请允许我带上金银珠宝去京城与杨约相见，为殿下谋划废立之事。"

杨广大喜，立即准备了许多宝物，让宇文述带去京城。到了京城，宇文述没有直接用钱收买杨约，而是请他出来喝酒，先把杨约灌得酩酊（mǐng dǐng）大醉，然后同他赌钱，每次都故意将珍宝输给杨约。没过多久，杨约赢得盆满钵（bō）满，满面红光地对宇文述道谢。宇文述这才说："其实这些宝物都是晋王（杨广）赐给我的。"然后他把杨广的诉求告诉了杨约。

杨约回到家，将情况告诉了杨素。杨素一想，杨勇的名声早已毁了，皇帝和皇后都不喜欢他；而杨广风头正盛，名声甚好，自己帮杨广也没有什么坏处。

于是在几天后，杨素进宫侍宴，悄悄地对皇说："晋王对您和陛下颇有孝心，勤俭节约，刻苦读书，乃万民之表率，颇有陛下的神采。"皇后果然很赞同。这说明皇后已有了废太子的意图。

隋文帝派人去打听太子情况，结果收集上来的信息中，十个里有九个都说太子德不配位，不学无术。隋文帝下朝回到后宫，见到了皇后。皇后就在他耳边吹风："陛下，太子太让我失望了。二皇子杨广倒真是个好孩子，有孝心，心中挂念着咱们当父母的。"

一来二去，隋文帝终于动了易储的念头。在下定决心之前，他派杨素去看望太子，想看看太子近况到底如何。结果杨素在门口磨磨蹭蹭，等了半天都没进去，等进了屋，没过多久就出来了。

看望太子之后，杨素写下一封奏章，记录了他在太子家的所见所闻。其实这些记述都经过了他的加工篡改，说太子怨恨皇帝，早就听闻皇帝动了易储之心，所以正在发脾气，导致他在门口等了半天，才得以进门。进去没多久，他又被太子赶了出来。

杨勇被废　杨广登基

在杨素和皇后几次三番的言语迷惑之下，隋文帝对太子杨勇的怀疑越来越深。600年，隋文帝把杨勇贬为庶人，改立杨广为太子。

604年，隋文帝得了重病，杨广便写信给杨素，问他该怎么预防隋文帝驾崩后可能出现的变故。杨素详细地写下了回信，但是这封回信被人误送到了隋文帝手上。隋文帝勃然大怒："好啊，我废了太子杨勇，改立了你，没想到你也是狼子野心！不行，我得召见我的心腹大臣，我要废了杨广，重新立杨勇为太子！"

可是那时隋文帝已经年老体衰，对于朝局的掌控力已经不那

么强了。朝臣都抛弃了临死的老皇帝，投奔了年轻力壮的皇太子。

　　隋文帝想再次更换太子的消息走漏了风声，杨广和杨素立刻带兵把皇宫重重包围，然后把宫中所有的侍女、太监、侍卫全都遣散，派亲信张衡独自一人走进隋文帝的寝宫侍候。

　　没过一会儿，张衡走了出来，说皇上驾崩了，留下遗诏，让太子即位。就这样，杨广登上了皇位，史称隋炀帝。

　　至于废太子杨勇下场如何呢？就在隋炀帝当上皇帝的当天，隋炀帝派人给杨勇送信，说父皇临死之前下了遗诏，让杨勇自刎（wěn）。

　　这就是杨广争夺皇位的故事，是他当上皇帝之前的所作所为。可以看出，杨广是一个奸诈小人，也是一个足智多谋之人。

　　　　　　　　　　　　　（故事源自《隋书》《资治通鉴》）

隋炀帝修建大运河

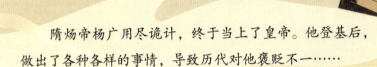

隋炀帝杨广用尽诡计，终于当上了皇帝。他登基后，做出了各种各样的事情，导致历代对他褒贬不一……

大兴土木　营建东京

杨广做皇帝之前，生活非常节俭，但是他当皇帝之后，这一切都被推翻了。他的衣着一下就变得华丽起来，身上的衣服用丝绸制作还不够，他还让工匠把黄金融化，制成有韧（rèn）性的金丝，将金丝绣在衣服上；他每顿饭至少二十道菜，每道菜都精美异常。

登基没几个月，隋炀帝就下了一道命令，说要在洛阳营建一座新的皇城，叫东京。

隋炀帝调拨两百多万百姓，从江南向洛阳运送奇珍异宝，在洛阳打造新的宫殿。

修建工程有多铺张浪费呢？据说为了盖一座巨大的宫殿，需要用一根大木头做梁。人们搜遍全国，终于从江西找到了合适的木头。为了运这根大木头，足足动用了两千人的人力，费了九牛二虎之力，终于把修建房舍的大木头运到了洛阳。这一路上，不知道死了多少百姓。百姓不仅要干活，还得被官员层层克扣钱粮，最后他们拿到手里的钱，连温饱都不够，老百姓心里多生气啊！

另外，隋炀帝又在洛阳盖了一个西苑。还在西苑里人工造了一个大湖。在湖中间，还留了三块地，做成三个小岛，称为三仙山。可惜这建筑没能留到现在。

修建大运河

　　除此之外，隋炀帝还修建了一个大工程，让天下人为之震惊，那就是"隋唐大运河"。

　　为了修建大运河，隋炀帝征调一百多万人，在洛阳西苑和盱眙（在今江苏淮安）这两地之间开通了一条运河。这条运河叫通

济渠，沟通了黄河和淮河。然后再把从山阳（在今江苏淮安）至江都（在今江苏扬州）之间的一道沟渠拓宽加长，将这道沟渠和通济渠打通。这条原有的沟渠，是春秋时期吴王夫差开凿的，叫邗（hán）沟。隋炀帝把邗沟和通济渠连接起来，就形成了一条从洛阳直到江苏扬州的运河。接下来，隋炀帝又两次征调百姓开通运河，一条从洛阳的黄河北岸直到涿郡（在今河北涿州），叫永济渠；另一条从江都附近的京口（在今江苏镇江）到余杭（在今浙江杭州），叫江南河。隋炀帝又把四条运河都连通，形成了一条贯通南北的大运河，这就是隋唐大运河。

隋炀帝开凿大运河之后，又做出了一件奢靡（mí）之事。他召集后宫嫔妃，组织了一个"皇家旅游团"，然后沿着大运河南下，去江南游玩。

隋炀帝还特别讲究排场，比如他乘坐的龙舟，高有四十五尺，长两百尺，一共分为上下四层，龙舟里面也装饰得金碧辉煌。

光有一艘大龙舟还是不够，皇帝和妃子坐在龙舟里，那随从们待在哪儿呢？还有朝政怎么处理？所以隋炀帝让百官跟着他一起下江南，这样就可以在路上处理朝政了。文武百官只好收拾行李，跟着隋炀帝出差，住到了船上。隋炀帝先后下令修造了各类船只数万艘。

就这样，隋炀帝一行人浩浩荡荡地南下了。

隋炀帝先后三次临幸江南。每一次出行，每当龙舟到了河道比较浅的地方，他都要征调大量的老百姓拉着龙舟前进。

隋炀帝开凿大运河，下江南旅游，耗费了大量人力、财力，所以后世都说隋炀帝祸国殃民。

其实，隋炀帝下江南，除了贪图享乐，其中也有很多政治、军事方面的因素。隋炀帝听说江南也有不少士族，这些江南士族里也有些人对朝廷三心二意，那他这一趟正好带着大军，去给江南士族展示一下兵力，震慑住他们，让他们安安稳稳地好生度日，不要图谋不轨。这对江南的地方势力能起到巨大的震慑作用，隋炀帝在警示江南的地方豪强：朕将都城迁到国家正中心的洛阳，还修建了贯通南北的大运河，只需通过运河派兵遣将，不出几日，就可以将你们这些江南士族打得落花流水。

大运河开通之后，南北方的经济联系密切起来了，政治联系加强了，国家也更加安宁了。最重要的是，运河开通后，朝廷也获得了大量来自江南的税收收入。江南是个富庶的地方，稻子一年能收两季，这是多少粮食啊！江南的气候又适合养蚕，纺织业、手工业发达。以前朝廷想征收江南的税收太难了，因为交通不便利，都城又离江南远。隋炀帝开通大运河，贯通了南北，江南的税收大大充实了空虚的国库。所以有人评价，隋炀帝开凿的大运河是沟通南北经济、文化、政治的纽带，也是沟通陆上丝绸之路和海上丝绸之路的枢纽。综上所述，隋炀帝修建大运河，确实是有利有弊。

在隋炀帝第三次下江南的时候，全国各地不断发生农民起义，隋朝的统治岌岌（jí）可危。

就在这时，隋炀帝手下的亲信宇文化及叛变了，他不仅造反，还把隋炀帝杀害了。至此，隋朝宣告灭亡。

（故事源自《隋书》《资治通鉴》）

汴（biàn）河怀古二首

〔唐〕皮日休

其一

万艘龙舸（gě）绿丝间，载到扬州尽不还（huán）。

应是天教开汴水，一千余里地无山。

其二

尽道隋亡为此河，至今千里赖通波。

若无水殿龙舟事，共禹论功不较多。

大意：数万艘华丽的龙船穿行在两岸绿柳间，载着隋炀帝抵达扬州后就再也没有归来。应该是上天让人们开通了汴水（即通济渠），使得一千多里的土地没有山峦阻碍。

人人都说隋朝灭亡是因为这条大运河，可直到如今，千里航行仍然仰赖着它。如果没有隋炀帝乘坐龙舟巡游的荒唐事，那他治水的功绩可与大禹相媲（pì）美了。

狮子老爸讲历史

狮子老爸 著

莳歌 绘

下

中华书局

目录

● **五代十国**

● **宋朝**

● **元朝**

明朝

清朝

唐朝

　　唐朝是中国古代一个繁荣、开放的王朝。唐朝前期政治清明，经济发展，文教兴盛，是当时世界上最强盛的国家，开创了贞观之治、开元盛世。出现了中国历史上唯一的女皇武则天。而安史之乱后，唐朝政治腐败，藩镇割据、宦官专权等问题难以解决。国家赋税沉重，百姓生活困苦，最终爆发了以黄巢为首的农民起义，加快了唐朝的灭亡。

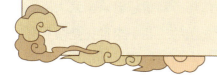

唐国公李渊乱世起义

隋朝之后的朝代是唐朝，唐朝的建立者是李渊。李渊是如何建立了唐朝呢？

太原起事

李渊出生于北周贵族家庭，七岁时承袭其父亲的爵位，被封为唐国公。虽然他年纪小，但是那些四五十岁的官员大臣，见了他都得躬身施礼，叫一声国公爷。隋朝建立后，李渊很受隋文帝器重，隋炀帝统治年间，李渊被派去山西平定叛乱，后来被正式任命为太原留守，镇守太原。

隋朝末年天下动乱四起，隋炀帝却猜忌滥杀文武大臣。李渊每天都借酒消愁，郁闷不已。李渊的二儿子李世民是个具有远见卓识和雄才大略的人，他能够从一项政令或一件小事中洞察天下大事的走向。当时有一个叫刘文静的人，他看出李渊胸怀大志，便与之结交，而且还对李渊的次子李世民评价非常高。

李世民意识到隋炀帝失了民心，大隋王朝只怕没有几年光景了。

于是李世民私下对父亲说了他的想法："爹，如今天下将乱，咱们应该逆天改命。"

李渊大惊："孩子，你这是要造反呀！"

李世民却说："咱们造了谁的反？父亲，只要您当了皇帝，那历史将由您来书写，咱们推翻隋炀帝的统治，是顺应了天下民心，是名正言顺的正义之举。"

但是李渊不愿意贸然起事，他还有些顾虑。

李世民只能先暗中做好造反的准备。第一件事就是要招揽人才。李世民认为别的人都不足以共商大计，唯有这刘文静是个人才，于是就私下去探望刘文静，和他讨论时局。

没过多久，李世民的计划都做好了，但是李渊还一无所知呢。李世民怕李渊不同意起事，于是和刘文静又商定一计，请李渊的好友裴寂来开导他。

当时李渊是太原留守，兼任晋阳宫监，而裴寂是副监。李渊经常和裴寂喝酒下棋，裴寂就暗中命晋阳宫中的几个宫女服侍醉酒的李渊。过了几天，裴寂又请李渊来喝酒，并且告诉他："李渊啊，让宫女侍奉你，事情暴露后是要杀头的。我之所以这样做，是为了让你下定起事的决心啊！事已至此，如果不起兵，咱俩早晚都是死；如果立刻起兵，说不定能拿下这天子之位，你意下如何？"

"这这这……"李渊想反对，却找不到反对的理由。左右都是死，还不如搏一搏。想到这儿，李渊长叹一口气，说："看来也只能如此了。"

李渊快马加鞭赶回家，一边暗中将自己的儿子、女婿（xù）们都召来太原，一边筹备起兵造反的事情。

招兵买马　攻破长安

李渊以平定叛乱，防范突厥（jué）为借口招募（mù）兵马。

李渊召集众将领和官吏，对他们说："现在贼寇（kòu）作乱，坐视不管就是死罪，然而出兵平乱需要请示陛下。要是去请示陛下，一来一去怎么着也得两个月，到时候黄花菜都凉了。"

众将领和官吏一听，干脆说道："将在外，君令有所不受，您怎么想就怎么办吧，我们绝无二话。"

于是李渊名正言顺地打着讨贼平乱的旗号四处征兵，很快就征集了三万大军，在太原正式起兵。

不过李渊还不能轻举妄动，因为太原再往北一点就是突厥（jué）人的地盘了。突厥一直对中原虎视眈眈，只要中原发生战乱，突厥一定会趁机咬上一口，侵占地盘。

李渊思来想去，派刘文静带着厚礼去跟突厥建交。

刘文静见到突厥人的首领，说道："中原的隋朝皇帝昏庸无道，我们准备改朝换代。只要你跟我们一起攻打隋朝，事成之后，肯定少不了突厥的好处，你看如何？"

突厥人一听，心里很高兴，本来他们攻打中原，汉人肯定要反抗，现在李渊主动要求跟他合作，当即同意。突厥人还承诺，绝对不会趁乱攻击太原。

如此一来，突厥成了李渊的盟友。李渊带着儿子们，率领大军一路杀向长安。大军势如破竹，很快就夺取了长安。李渊占领长安后，命令手下士兵不许抢劫城中居民，并且开仓放粮，赈（zhèn）济百姓，得到了长安城老百姓的拥戴。

那么李渊要做皇帝了吗？没有，他没那么傻。如果他现在做了皇帝，那就成了乱臣贼子，所以他得先扶持一个傀儡皇帝——隋炀帝的孙子杨侑（yòu）。李渊名义上还是隋朝的大臣，他不断积蓄实力，等一个称帝的时机。

618年，宇文化及叛变，在南方逼死隋炀帝，李渊等来了他期盼已久的好时机。隋朝皇室后人再也无力掀起什么风浪，李渊再无顾忌。大隋王朝该亡了，天下该归李家所有了！

（故事源自《新唐书》《旧唐书》）

原典再现

李世民担心李渊不同意造反，于是想法子结交李渊的好友裴寂，让他劝说李渊。

乃出私钱数百万，阴结龙山令高斌（bīn）廉，与寂博戏，渐以输之。寂得钱既多，大喜，每日从太宗游。见其欢甚，遂以情告之，寂即许诺。

——《旧唐书·列传第七》

大意： 于是（李世民）拿出自己的数百万钱财，暗中结交龙山县令高斌廉，让高斌廉与裴寂赌钱，逐渐把钱输给裴寂。裴寂赢到很多钱，非常高兴，每天都跟李世民一同游玩。李世民见裴寂心情欢快，便把起义之事告诉他，裴寂当即答应给李世民帮忙。

李世民发动玄武门之变

李渊接受隋恭帝杨侑禅让，在长安城登基，建立大唐王朝，封长子李建成为太子，次子李世民为秦王，四子李元吉为齐王。唐王朝建立后，李渊的儿子们为皇储之位展开了激烈的争夺……

李建成烈马害人

大唐王朝从无到有，多亏了李世民在其中出谋划策。李世民心胸之宽广、目光之锐利，可谓天下无双。

可惜，李世民不是李渊的嫡（dí）长子。中国古代自周代以来就奉行嫡长子继承制，如果嫡长子去世，那就优先由嫡长子的嫡长子，也就是嫡长孙来继承。所以只要不是嫡长子，无论老二、老三、老四、老五有多么优秀，都不是正统的继承人。身为次子的李世民再精明、再能干，也不能继承皇位，嫡长子李建成才是名正言顺的皇太子。

李世民在建立唐朝的过程中贡献最大，而且手下还有很多强兵悍将，他的势力着实不容小觑。这让身为太子的李建成感到很害怕。不过李建成手下也有一支军队，还有一些皇亲国戚坚持拥护李建成，毕竟只要太子一登基，他们就能平步青云，所以他们自然死心塌地地跟着太子。

为了扩大自己的势力，太子用权力诱惑了弟弟李元吉。他跟李元吉商量说："兄弟，按理说皇位该由哥哥我来继承，但是你二哥是怎么想的，咱们就不知道了。只要弟弟你愿意辅佐我这个正统太子登上皇位，等我登基之后，肯定少不了你的好处。"李元吉当即点头答应了。

李建成还想尽办法在李渊面前说李世民的坏话，以削弱父皇对李世民的信任。几次三番下来，李建成见父皇已经彻底疏远了李世民，觉得时机到了，就打算把二弟害死。于是李建成找了个机会对李渊说："父皇，如今天下安宁，咱们父子好久没有聚在一起打猎了，不如择日狩（shòu）猎如何？"

李渊一听，觉得这个提议不错："狩猎好啊，朕自打下天下以来，就不使兵器了。你们几个兄弟一起来，咱们同去。"

于是李渊下旨，让李建成、李世民、李元吉三位皇子三日后陪他去猎场围猎，比试射术。

李建成有一匹胡马，膘（biāo）肥体壮，脾气很大，喜欢尥蹶子（liào juě zi）。李建成对李世民说："这是一匹好马，你善骑马，试试它吧！"李世民欣然同意。

李世民骑着马追逐野鹿的时候，马突然狂奔乱跳起来，差点儿把李世民掀下马背。这一匹马足足几百斤的重量，马蹄子要是踏在李世民身上，李世民可以说必死无疑。好在他武艺高强，单手一撑马背，一起身从马上跳了下来，毫发无损。马安静下来后，李世民骑上去又被甩了下来，如此反复了三次。

李世民对随行的宇文士及说："有人想用这种方法害死我。可是生死有命，岂是庸常之人能左右的？"

李建成毒酒杀人

李建成一计不成，又生一计。这天夜里，他把李世民请到府中，备下好酒好菜，把府中下人全部赶出屋外，说要跟弟弟尽释前嫌。

宴席上李建成亲自给李世民斟（zhēn）酒。看着李世民盯着自己的酒杯，李建成嘿嘿一笑："二弟，你还信不过大哥吗？不会以为大哥在酒中给你下了毒吧？来来来，大哥先饮。"说罢一仰脖，就把这杯酒咽到肚子里去了。李世民一看李建成都喝了，想必酒中是没毒的，拿起酒杯一饮而尽。

两人相谈甚欢，李建成对李世民说："兄弟，这些年风风雨雨，咱们兄弟俩磕磕（kē）绊绊（bàn），都是为了什么？无非一个皇位而已，反正你我是兄弟，谁做皇上不是做呢？"

李世民一听，连连推辞："大哥您这是说的哪里话，天下正统当是太子哥哥您，小弟万万不敢觊觎（jì yú）皇位。"

"无妨无妨，敞开心扉（fēi）就是。来来来，咱们再饮一杯。"李建成又倒了一杯酒，很快一壶酒就喝见底了。

这时就听见李建成说："我的好弟弟，大哥有些不胜酒力，要不今日咱们就先饮到这儿，改日哥哥再来请你。"李世民于是告辞了。

刚走到府门口，李世民忽然胸口一疼，口中喷出鲜血。李世民大惊失色，我这是怎么了？酒中有毒！李世民猛然想起，酒杯是李建成提前预备下的，要是把毒药涂在酒杯上，那真是神不知鬼不觉。

正巧，李世民来见李建成之前，叫来了淮安王李神通，让他在门口守着，一旦发现李世民有什么不测，立刻冲进去救他。李神通背上李世民拔腿就跑，健步如飞地回到了自己府上，然后赶紧请来御医诊治，终于从生死线上把李世民拉了回来。

经过这件事，李建成跟李世民的关系断然没有回旋的可能了。

接下来，李建成开始陷害李世民府中的将领。很快李世民的很多幕僚都被贬斥放逐了。

李世民被迫反抗

事已至此，李世民深知自己已经到了生死危急的关头，秦王府里所剩不多的幕僚们都纷纷劝说李世民："主公，您还记得从前您劝陛下起事的时候，都说了什么吗？先下手为强，后下手遭殃（yāng）！陛下可以反抗大隋，另立江山，您为什么不能除掉太子，改天换地？"

没错，李世民如果想先下手为强，想夺取皇位，没有别的办法，只能除掉哥哥太子李建成，并把所有有资格继承皇位的人都杀干净，他才能顺理成章地成为大唐皇帝。

第二天一早，李世民秘密上奏，控告李建成和李元吉："父皇，您不知道，他们有几次想联手谋害儿臣，儿臣差点就永远见不到父皇了。"然后李世民就把李建成的烈马杀人计和毒酒杀人计都说给李渊听。

李渊一听头就疼了，他不愿意相信自己的儿子能做出这等无情无义之事。

李渊安慰李世民说："你先回去，明天一早把你哥哥和弟弟都叫到大殿上，朕让你们三兄弟当场对质。"

李世民心中大定，他就等着父皇这句话呢。当天晚上，李世民调兵遣将，在城中设下埋伏。第二天凌晨，李世民亲自带领长孙无忌等人，埋伏在进入皇宫必经的玄武门一侧。现在万事俱备，就等着李建成和李元吉过来了。

此时李建成和李元吉已经收到了宫中可能有埋伏的消息。李元吉很害怕，但是李建成不以为意，说："兄弟，你怕什么？你忘了哥哥我是管什么的了吗？"李元吉一想，也对，他这是杞（qǐ）人忧天了，李世民肯定没本事在皇宫中伏击他们。为什么呢？因为李建成统领皇宫中的所有侍卫，在皇宫里，只有李建成伏击李世民的份儿，哪有李世民伏击他们的份儿？于是两个人放下心来，骑马进入了玄武门。

然而李世民不会做没把握的事，其实他早就在玄武门的侍卫中安插好了自己的人。

玄武兵变　太子被杀

李建成和李元吉刚进玄武门，就觉得今天的气氛有些诡（guǐ）异，这些守卫的军士，他们怎么全都不认识，好像换了一茬（chá）新人呢？

在他俩走进去后不久，玄武门竟然关上了。李建成和李元吉赶紧调转马头，想往东宫跑，跑回自己府上，却听到身后有人喊道："太子，齐王，为什么不去上朝？"

李元吉回头一瞧，不是别人，正是秦王李世民。李元吉当即从背后拿出弓箭，连发三箭射向李世民。再看李世民，他轻轻一侧身子，箭贴着李世民的面颊（jiá）扫过，竟然丝毫没有伤到他。

"早就和你说过，我乃天命所归。元吉，你射我三箭，我并不怪你，但我要还太子哥哥一箭。"说罢，一支羽箭从李世民手中射出，李建成还没反应过来，就被击中了胸口。

李建成喷出一口鲜血，摔下马背，滚了几下，当场毙命。

李元吉也被人射中，坠落马下。这时李世民的马却不受控制地跑到了旁边的林子里，李世民被树枝挂住，摔下马来，动弹不得。李元吉迅速赶到，想用弓弦勒死李世民，却被随后赶来的尉（yù）迟敬德喝（hè）止。李元吉又想逃到李渊的武德殿，被尉迟敬德追上射死了。

玄武门刚关上的时候，被关在外头的李建成的手下顿时陷入了恐慌，慌忙去攻门，可攻了半天，城门也没被攻破。

尉迟敬德吩咐左右把城门打开，李建成的手下手持兵刃就要杀过来，但是他们瞧见尉迟敬德手中提着两颗头颅，正是李建成和李元吉的项上人头。

"我奉旨讨伐二贼。这就是你们的主公，谁要是不要命，自可提刀前来，若是还想留住性命，那就速速离去吧。"

话音刚落，大家一溜烟全跑得无影无踪。玄武门下的危机算是解除了。李世民的谋划已经完成了一半，另一半就是说服高祖皇帝李渊了。

高祖退位　李世民登基

李渊这时正带着大臣和妃子在湖中乘船游玩，忽然看到岸边有一个身披战甲的将军匆匆赶来。李渊赶紧命人把船划到岸边，然后问道："来将何人？城中又无战事，为何披甲？你身上怎么还有血迹？"

"末将尉迟敬德。陛下，太子和齐王叛乱，秦王怕惊动陛下，特派臣来护驾。"

李渊大吃一惊："没想今天会发生这样的事！"他问随行的裴寂等人："你们说现在怎么办呢？"

左右的人说："太子和齐王本来就没有在反隋的时候立功，他们嫉妒秦王，发动叛乱，如今被秦王诛杀。如果能立秦王为储君，那么就会天下归心，不会再生事端了。"李渊说："好！这就是我一直以来的愿望啊！"

就这样，李世民彻底赢了这场夺嫡之争。唐高祖李渊宣布立秦王李世民为皇太子，此后国家大事一律由太子处理。这就是玄武门之变，历史上赫赫有名的大政变。

同年八月，唐高祖李渊退位让贤，李世民登基称帝，史称唐太宗。第二年，李世民改年号为贞观，开启了中国历史上的一段盛世——贞观之治。

（故事源自《资治通鉴》《新唐书》）

魏征直言敢谏(jiàn)

唐太宗李世民是一个善用贤才之人。在他朝中，有一个千古闻名的诤（zhèng）臣，这个人就是咱们接下来要讲的魏征。

李世民大度重用魏征

李世民登基前，有很多人追随他，魏征并不在其中。魏征一开始还是李世民的死对头，处心积虑想把李世民除掉。

在玄武门事变发生前，魏征就看出皇太子李建成功劳不及秦王李世民高，便极力劝说李建成："您务必要有远见，如今天下不宁，您以为您这太子之位能坐得安稳？您虽然笼络了齐王，但秦王也绝非池中物，您若不除掉他，日后必定是养虎为患。"

果然，历史验证了魏征看人之准。玄武门之变后，李建成被杀，李元吉也死了，唐高祖李渊很快也退位了。李世民登基为帝，可以秋后算账了，过去一直追随他的大臣们，重重有赏；从前那些跟李世民作对的人，都没什么好果子吃。

这时就有人向李世民告状，说陛下您不知道，就是魏征这个人极力主张把您给杀了。

李世民当即找来魏征，怒声问道："魏征，你竟敢挑拨我们兄弟之间的关系！"

魏征看了看他身上的龙袍，毫无惧色，非常镇定地说："都怪太子不听我的话，否则绝不会是如今这般情形。"

李世民发现，魏征这个人不仅有远见，还挺有骨气，为人很耿直，是个难得的人才。所以李世民非但没生气，反而亲自上前搀扶起了魏征，拍了拍他身上的尘土，笑着对他说："朕刚刚登基，现在急需栋梁之材巩固国本。往日之事已是过眼云烟，此后莫要再提，你可愿入朝为官？"

魏征问道："您不杀我？"

李世民笑道："朕不仅不杀你，还要重用你。"

魏征一下就被李世民宽广的胸襟折服了。

魏征"找茬" 直言敢谏

后来，魏征被李世民提拔为谏议大夫，具体的工作就是侍从和规谏。谏议大夫看到官员或皇帝有不合理的行为，就可以直接提出异议。

魏征在这个岗位上尽职尽责，不管什么事情他都能直言不讳。有一个成语叫结党营私，就是说一伙官员拉帮结派，谋取私利。他们中可能一个是吏部官员，一个是刑部官员，一个是户部官员，万一哪一个犯了错，就互相帮忙遮掩一下，这就引出了另一个成语——官官相护。而魏征从来不搞这些小动作，他不与别人攀亲交结，也不收别人的贿赂（huì lù），当然他自己也不会贿赂别人。朝堂上下，没有一个人跟他做朋友。因为大家都知道，就算跟他做了朋友，他也不会利用自己的职位给朋友行方便。李世民对这样的人非常信重，因为一个孤臣自然能够把真实的情况全都禀告给他。

有一次，李世民问魏征："爱卿，朕问你，古代的众多帝王，为何有的明智，有的昏庸残暴？"

魏征答道："回禀陛下，之所以能够明智，是因他有足够宽广的心胸，纳百家之言，汇百家之思。博采众长，方能明智。若刚愎自用，不听他人劝诫，则为昏庸。臣斗胆请求陛下，让百官直言不讳地表达自己的意见，这样一来，无论对与不对，他们都可以坦然说出自己的想法。到时候，只需取其精华，去其糟粕（pò），自可选出最适合的治国之策，此是明君之举。"

在魏征的建议下，李世民广开言路，让众大臣都能直言进谏。李世民承诺，绝对不会因为谁一句话说得不好听，说得不对，就给谁降罪。

魏征为人耿直，连皇帝的过错他也会直接地指出来，就算会让皇帝恼羞成怒他也不在乎，而且魏征还总能说服皇帝。

有一次，李世民派人征兵，有大臣建议，只要是身强力壮的男子，就算未满十八岁，也应征发。李世民觉得这样可以大大扩充军事力量，立刻令人起草诏书，准备下发。但是魏征却把诏书扣下了，无论别人怎么催，他就是不肯在诏书上签字。

最后，李世民着急了，干脆把魏征叫来，问他："爱卿，那些身体强壮却不应征的人，往往是虚报年龄以逃避徭役的奸诈之人，征发他们又没有害处，你为何阻拦？"

魏征答道："陛下，军队不是人多就强大，您征发身体强健的成年男子，以道义统率他们，就足以无敌于天下，又何必强征那些年幼的人来充数呢？"

李世民一时语塞："这，这……"

魏征又道："陛下您常说，要以诚信治理天下，但如今您登基没几年，却已经屡屡失信于百姓了！"

李世民大吃一惊，"朕何时欺骗百姓了？"

魏征侃侃（kǎn）而谈："陛下您还记不记得，您刚刚即位时

曾经下诏说，拖欠官府的财物一律免除。但是您手下官员执行的时候，认为拖欠秦王府的财物不属于官家财物，所以仍旧催讨。可是陛下您过去是秦王，如今是天子，您府中的财物，怎么就不是官家财物了呢？陛下您现在安排手下官员征兵，却疑心大家谎报年龄欺骗您，这就是您所谓的以诚信来治理国家吗？"

魏征这番话把李世民说得哑口无言，半句反驳的话都说不出来。没办法，李世民只好重新下令，又命人起草了一份诏书，详细说明十八岁以下的男子皆不征调，只征调十八岁以上的男子。

魏征甚至对唐太宗李世民的家务事也要指点一二。

在李世民众多女儿中，有一位长乐公主，她是李世民的发妻长孙皇后所生，深受李世民的喜爱。长乐公主出嫁的时候，李世民给她准备了非常丰厚的嫁妆。丰厚到什么程度？光盛放礼物的车队，就排满了一条街。

李世民不想让最喜爱的女儿受委屈，要让她风风光光地嫁出去，所以准备的嫁妆超过了礼制的规定。

这件事被魏征知道了，魏征一点儿面子都没给李世民留，直言道："陛下对长乐公主的心意，微臣自然知晓。作为一个父亲，这样做无可厚非。但是您不仅仅是一位父亲，您还是天下之主，是万民表率。如果您带头不遵守规矩、不遵守礼法，那天下是不是都可以效仿呢？是不是谁家出嫁闺女，都可以逾越礼制呢？那样的话，天下岂不是将要大乱，礼乐也将要崩塌了？"

李世民又气又烦，但也没法反驳，只能把长乐公主的嫁妆削减了一大半，变得跟其他公主一样。

此后，魏征提出的意见越来越多。无论在朝堂上还是在朝堂下，他说话都是极其直白，一点儿都不顾及李世民的颜面。

李世民有一次真是受不了，就悄悄把魏征叫到宫中，对他说："爱卿，朕知道你是忠直之士，但是朕做错的地方，你私下告诉朕好不好？"

魏征摆了摆手，摇了摇头，说："不行，您这是让微臣两面三刀，对待陛下宽容，对待别人严厉，岂不是让微臣纵容陛下吗？"

李世民软话硬话都说尽了，魏征还是油盐不进。

虽然李世民私下也抱怨魏征不留情面，但当着众位大臣的面，李世民还是相当赞赏魏征的，他说："美玉混在石头中间，如果没有好的工匠来打磨，那么美玉就跟其他石头没什么两样。朕虽不是美玉，但是魏征却是真正的好工匠。多亏了他的警醒，朕才把江山治理得如此昌盛。"

千古人镜

643年，魏征去世，唐太宗李世民悲痛至极，亲自为他撰写了碑文，并且说："把铜当作镜子，可以端正衣冠；把过去当作镜子，可以知道历史兴替的规律；把人当作镜子，可以明白行为的得失。我有这三面镜子就可以防止自己出错。如今魏征爱卿去矣，我失去了一面镜子啊！"

这就是千古名臣魏征的故事，魏征忠直敢言，也多亏了李世民明辨是非，君臣二人才能密切配合，共创盛世。

（故事源自《旧唐书》《新唐书》《资治通鉴》）

文成公主吐蕃和亲

李世民统治期间，名垂青史的人物、事件数不胜数，讲完著名大臣千古人镜魏征，咱们来讲一场带来和平与发展的和亲。

松赞干布首次求亲失败

大唐王朝虽是盛世，但也曾面临一些危机，在它的周围，也有强敌环伺。比如在大唐的西南边境，也就是如今的青藏高原一带，有一个很强大的国家叫作吐蕃。

唐朝时，吐蕃人在高原上过着农耕和游牧的生活。他们的首领被称为赞普，翻译成汉语就是强悍雄壮的男子。

吐蕃从前也是由一个个小部落组成的，后来小部落逐渐统一起来。在这个过程中，发生了大大小小的战争，最终年轻的首领松赞干布在中小贵族的帮助下实现了吐蕃的统一，成了吐蕃首领，将都城迁到了逻些，也就是现在的拉萨。

松赞干布对大唐文化仰慕已久，他从小就喜欢读书，尤其喜欢读那些从唐朝流传来的书籍。他想要学习大唐的文化。吐蕃跟大唐是邻国，邻国之间总会有点摩擦。怎么样才能和大唐化干戈为玉帛呢？

松赞干布思来想去，想到了一个主意——求亲。松赞干布要求娶大唐的公主。

松赞干布第一次派使臣向唐王李世民求亲的时候，李世民拒绝了。吐蕃的使者回国后，对松赞干布说："刚开始大唐皇帝对我们很友好，只是恰好吐谷（yù）浑（中国古代少数民族政权，在今甘肃、青海和四川北部）王入朝，说了我们的坏话，大唐皇帝才没有同意。"

松赞干布很生气，发兵打败了吐谷浑，甚至打到大唐的松州（在今四川松潘）了。松赞干布派使者传了句话给大唐皇帝："如果不肯嫁公主，我们吐蕃大军即刻便到。"

李世民听了松赞干布传来的话，派五万大军前去御敌。还没等大部队与吐蕃军交手，牛进达率领的先锋军已经夜袭了吐蕃军的营地，斩首千余人。

松赞干布一看大唐赫赫兵威不可犯，乖乖地回去了，不敢再口出狂言。但他求亲的念想更深了。大唐的军事力量这么厉害，可以想象大唐的文化水平、科技水平有多先进，而这些都是吐蕃当前最需要的东西。

二次求亲　禄东赞连闯智力关

松赞干布又派遣使臣去了大唐，既是为了上次侵扰松州而谢罪，也是为了再次求亲。这一次的使臣团里多了一个人，这人是吐蕃大相，是吐蕃一人之下万人之上的大官，此人叫禄东赞。

这次不止松赞干布来求亲，周围的小国家，林林总总来了好几十个，都是来求娶公主的。

唐太宗一看有这么多国家求娶公主，想了想，对一众使臣说："那么现在朕来组织一场考试，你们谁能解答题目，谁就有资格迎娶公主。不过能解答题目，只是获得了迎娶公主的资格，朕最后还会考核你们究竟能不能迎娶公主。"

唐太宗把各位使臣请到宫里，拿出一颗九曲明珠和一根丝线。所谓九曲明珠，是说这颗明珠上有两个孔，一个在正中，另一个在对侧稍微偏一点的位置，不是正中间。这两个孔之间并不是一条直线的通路，而是一条弯弯曲曲的通路，这是天然形成的。

唐太宗对使臣说："这是第一道题目，将丝线穿过明珠，若穿不过，就失去了资格。"

各国使臣试验了很多遍，丝线都穿不过去。因为孔洞里面的通路是弯曲的，而丝线又很柔软。

这可怎么办？吐蕃使节禄东赞笑了笑，说："陛下，我有办法。"

禄东赞并没有亲自动手穿线，反而趴在了地上。众位使臣、大臣，甚至皇帝都愣住了，心想这个吐蕃大相是不是有什么毛病，让他穿珠子，他趴地上干什么？只见禄东赞东瞧瞧西看看，在地上趴了好一会儿，终于两个手指一捏，然后站了起来。

众人看向他的手指，只见两个指头中间夹着一只小蚂蚁。到这时，大家还是不明所以，以为禄东赞解不开难题，发疯了。禄东赞把头发丝粗细的丝线，拴（shuān）在蚂蚁身上，然后把蚂蚁轻轻放到珠子的一头，让它正对着孔洞钻了进去，然后就静静地等着。

一秒、两秒、三秒……没一会儿，从九曲明珠另一侧的孔洞里，蚂蚁爬了出来，身上还拴着那根丝线。禄东赞不慌不忙，把丝线轻轻一拉，两头一提，就把九曲明珠提了起来。

唐太宗哈哈大笑："大相才智果然出众，朕还有一题。"

他带着禄东赞往马场走去，其他小国的使臣也跟了上去。

唐太宗出了第二道题。在这两个马圈（juàn）中，一个马圈有一百匹母马，另一个马圈有一百匹小马，这些马的颜色相近，样子相仿。唐太宗说："不知吐蕃大相可否将这一百匹小马与一百匹母马——匹配起来？"

众使臣一听，心想大唐皇帝这是不想嫁女儿，故意难为人啊，哪怕天天饲养马匹的马夫，也不可能完全正确地把它们——配对。

禄东赞笑了："回禀陛下，我对马匹也深有研究，此事不难。"

禄东赞安排说："从现在开始，把这两个马圈里所有的粮草都拿走，所有的水也都撤走，让这些马儿不吃不喝地饿着。"

大家都不明白禄东赞要干什么，不过有了上次捉蚂蚁这件事的经验，大家都期待着看看最后的结局。

禄东赞又说："明天此时此刻，咱们再来此地，我定然能将它们一一配对成功。"

第二天，唐太宗、众大臣和一干使臣们都来到马圈，想知道他到底怎么配对。

禄东赞说："好，现在把两个马圈的门打开，让母马和小马混合到一起。"

当即有马夫劝道："你疯了，你一匹一匹地对照着配对，未必能配对成功，把他们混到一起，那还怎么配对啊？"

禄东赞摆摆手："无妨，你照做就是。"

"好吧，到时候如果配不成对，你可别怪我没提醒你。万一你失败了，惹得我们皇帝发怒，说不定你连命都没有了。"马夫一边嘀咕（dí gu），一边把马圈打开。

两百匹马就像疯了一样往外冲，它们饿了一天一夜，母子虽然分离，但是心连着心，都在牵挂对方呢。令人惊讶的一幕出现了，一百匹母马和一百匹小马，竟然自动地配好了对，因为所有的小马，都趴在母马的肚子下面吮吸着母乳。

求亲成功　文成公主嫁到西藏

唐太宗非常高兴，但是他还是没有完全认可这个使臣，接下来禄东赞又经过了几轮考验，每一次都能奇迹般地解决难题。这下唐太宗也没有其他拒绝的理由了，只好将公主嫁给了吐蕃的赞普——松赞干布。

从大唐嫁到西藏的公主，便是文成公主。为了欢迎文成公主入藏，吐蕃人民非常热情，准备了马匹、牦牛、船只、食物、饮水。松赞干布也亲自率领大军到吐蕃境内的柏海（在今青海玛多）迎接。

文成公主的嫁妆中金银珠宝当然是数不胜数，更重要的是文成公主带来了各种农作物的种子，小麦、水稻等谷物种子自不必说，连蔬菜的种子都有许多。除此之外，还有大量的书籍，不仅有诸子百家的论著，还有医书、农书等各类实用性书籍。跟随文成公主来到吐蕃的还有各类匠人，他们把唐朝先进的手工业技术带到了吐蕃。

松赞干布求娶公主的目的终于达到了，他非常高兴，专门为文成公主修建了宫殿。

这就是文成公主入藏的故事，在文成公主嫁到吐蕃的四十年里，吐蕃与大唐从未起过战事，边疆迎来了难得的和平时期。

（故事源自《新唐书》《西藏王统记》）

原典再现

赞普大喜，见道宗，尽子婿礼，慕中国衣服、仪卫之美，为公主别筑城郭宫室而处（chǔ）之，自服纨（wán）绮（qǐ）以见公主。其国人皆以赭（zhě）涂面，公主恶（wù）之，赞普下令禁之；亦渐革其猜暴之性，遣子弟入国学，受《诗》《书》。

——《资治通鉴·唐纪十二》

大意：吐蕃赞普松赞干布非常高兴，见到李道宗（奉皇命护送文成公主入藏的大臣），完全以女婿的礼节相待，他羡慕中原服饰、仪仗卫队的华美，为公主另外修筑了城郭宫室居住，自己穿上华丽的丝织服装来见公主。吐蕃人都用红褐色颜料涂脸，公主厌恶这种习俗，赞普便下令禁止；他也逐渐改掉猜忌暴躁的性格，派贵族子弟到唐朝的国子监学习《诗经》《尚书》等典籍。

一代女皇武则天

唐朝历史上有很多有名的皇帝，有一位皇帝的名气丝毫不逊于唐太宗，她就是女皇武则天。

十四岁被选入宫中

武则天是中国历史上唯一的一位女皇帝，也是即位时年龄最大、寿命最长的皇帝之一，她六十七岁即位，活到八十二岁。这位女皇帝的名号无人不知、无人不晓，她开创了中国历史上太多先河。

武则天出生于官宦家庭，她从小就聪明伶俐，十几岁时，出落得如出水芙蓉。她不仅容貌过人，才华更是出众，可以说是满腹经纶。

一时间，武家的姑娘闻名遐迩（xiá ěr），来武家求亲的人都快把武家的门槛（kǎn）踩烂了。武则天的父亲不想轻易把女儿给嫁出去，打算好好挑选，为女儿选一个上等的夫婿。可是武则天的父亲没有料到，他还没给武则天选好夫婿，自己就生病去世了。

武则天十四岁时，唐太宗李世民听说武家的姑娘不仅是功臣之后，而且天生丽质，颇有才华，于是把她选入宫中，封为才人。

武则天的母亲听说女儿被选入宫了，哭哭啼啼，伤心欲绝。母亲对她说道："女儿，你要是入宫，只怕咱们母子此生此世再无见面的机会了。"

武则天却很平静地对母亲说："母亲，您怎么知道去侍奉天子不是福气呢，为什么要这般哭哭啼啼呢？"

武则天驯马

武则天进宫后，发生了一件事，让李世民对她刮目相看。据说李世民有一匹宝马，这马非常健壮，能够日行千里，但是它脾气也很大，连皇家的驯马师也无法把它制服。这可难坏了众人，皇帝还希望骑一骑这匹宝马呢。

这件事被武则天知道了，她找了个机会对李世民说："陛下，这匹宝马性格再暴烈，也有降服它的办法，我觉得我能降服它。"

李世民听了，根本不相信："莫要说些大话，你一个弱女子，如何能驯服这烈马。"

武则天说："我真的能做到，我只需三样东西，一是铁鞭，二是铁棍，三是匕首。"

李世民问道："你用这三样东西就能驯服烈马？你要怎么做呢？"

武则天回答："陛下，首先我用铁鞭抽它，如果它不服，我就用铁棍敲它的脑袋，它要是还不服，我就用匕首割它的喉咙。在生死危机面前，不管性情多暴烈的马，也会屈服的。"

李世民听了哈哈大笑，夸奖武则天颇有胆量。他心中暗暗叹服，这个女子不是一般人。

当上皇后

贞观二十三年（649年），李世民驾崩，太子李治登基为帝，史称唐高宗。李世民驾崩之后，武则天和李世民的其他妃嫔一起到感业寺当了尼姑。但是新皇帝李治和武则天之间有了情愫（sù）。唐高宗李治登基第二年改年号为永徽，次年接武则天入宫，封她为昭仪。又过一年，武则天给唐高宗生了儿子，名叫李弘。武则天从此备受宠爱，慢慢掌握了后宫里的权力。

后来武则天又想了一些办法陷害王皇后，让唐高宗有了废后的想法。朝中元老大臣都反对废后，唐高宗十分不满，觉得自己的权力受到了限制。最后唐高宗不顾朝臣反对，将王皇后废为庶人，册立武则天为皇后。

把控朝政　建立武周

后来，李治染了重病，常常头晕目眩，不能处理国家大事，所以常常让武则天来代劳，文武百官有什么大事小情，都由武则天定夺。

但是随着武则天的权力越来越大，在朝中的势力越来越强，唐高宗发现自己这个皇帝渐渐变成了傀儡，开始对武则天有了不满。后来，李治找来宰相上官仪商议，命他草拟一份诏书，把专权乱政的武皇后废掉。

但是这份诏书还没拟定好，武则天就知道了这件事。武则天

找到李治，向他辩解，还质问他："陛下，难道我做错了什么事，或者误判了国事，致使陛下动怒吗？如果是这样也不必陛下动手了，我自己收拾行李离开皇宫就是了。"

李治唯唯诺诺地回答："没有没有，朕着实不知情，这都是宰相上官仪的主意！"

没过多久，上官仪被扣上谋反的罪名，同他的儿子一起被处死，家产也被抄没了。李治长长舒了口气，放下心来。上官仪死了，他想废掉武则天的事情，也就不会泄露出去了。可是想到这，李治又揪（jiū）心起来，他只将这件事告诉了上官仪，怎么会传到武则天耳朵里呢？这件事肯定不是上官仪告诉武则天的，否则武则天不会杀掉上官仪，那究竟是怎么泄的密？

李治心惊胆战，看来皇宫里外全都是武则天的眼线，武则天想知道什么事情都易如反掌。罢了，罢了，还是老老实实地做个傀儡皇帝吧。

后来，唐高宗和武则天分别为天皇和天后，共同执掌朝政。683年，高宗病逝，武则天的两个儿子先后为帝，又先后被废。在此期间，武则天用铁血手腕排除异己，消灭反对势力，牢牢把控朝局。690年，武则天正式称帝，改国号为周，开启了一代女皇的统治时代。

（故事源自《新唐书》《资治通鉴》）

武周名相狄仁杰

dí

武则天登基为帝后，任用了不少有能力的官员，其中有一位堪称"名侦探"的大臣，他就是一代名相狄仁杰。

狄仁杰荐贤

传说狄仁杰任大理寺丞的时候，大理寺积压了太多的冤假错案。他一看这个情况，当即决定立刻着手肃清冤案，要把这些积压的案子都给平了。他辛辛苦苦奋斗了一年，废寝忘食，终于把这些积压的案件全都处理干净了。狄仁杰判了这么多案子，竟然没有一个判错。

狄仁杰除了是一位神探，还是位千古名相，为大唐政治做出了极大贡献。在狄仁杰晚年，武则天问狄仁杰："朕想得到一个贤明之臣来辅佐朕一同治理天下，不知道你有没有人选？"

狄仁杰想了想："有一个人，是荆州长史张柬（jiǎn）之，这个人有宰辅之能，如果皇上信任他、重用他，那他必定会为国家做出杰出的贡献。"

武则天一听，当即点头："好，我正缺人才，狄公既然举荐了他，那我定要重用他。"于是立刻任命张柬之到洛阳去当洛州司马。

狄仁杰却有点儿不太高兴，因为他之前说得很明白，这个人是有宰辅之才的，意思是让武则天把他任命为宰相。武则天是没听见，还是没听明白呢？都不是，她听见了，也听明白了，但是她不能这么做，这就是古代朝堂上的权谋。

武则天深知朝堂上最重要的两个字叫"平衡"。无功不受禄，如果她一下把张柬之提升为宰相，满朝文武大臣会怎么看呢？还有一点，太容易得到的东西，人就不会珍惜。

所以武则天任命张柬之为洛州司马，是为了让他知道狄仁杰已经举荐他为宰相了，但是皇上还没同意，要先考察一下他。

过了半年，武则天又召见狄仁杰，问他："朕想招揽贤明之臣治理天下，你可有人选？"

狄仁杰问武则天："陛下，上次臣推荐了张柬之，陛下为何只让他做洛州司马？"

武则天轻轻一笑说："朕已经提拔他了。"

狄仁杰摇了摇头："陛下，臣推举他，是因为他有宰辅之才，不是让他做一个小小司马，那不是大材小用吗？"

武则天点了点头："好，既然爱卿你这么说，那我相信你，我再提拔他一次。"不久之后，武则天任命张柬之为刑部侍郎。这回张柬之成了朝中高官，可以上朝向皇帝汇报情况。

因为狄仁杰举荐了很多人入朝为官，还衍生出了成语"桃李满门"和"桃李满天下"，两个成语都是比喻一个人学生门徒众多。

选儿子还是选侄子

武则天晚年要立太子，人选主要有三个，一个是武则天和唐高宗的儿子李显，另外两个是武则天的侄（zhí）子武三思和武承嗣（sì）。当初唐高宗病逝后，李显就曾继任皇帝，史称唐中宗，但是没多久就被废了。接下来李显的弟弟李旦继位，当了几年傀儡皇帝后，将皇位让给了母亲武则天。现在武则天要立太子，选儿子还是选侄子，她有点儿举棋不定。

大臣们纷纷劝谏，大唐王朝乃是李氏江山，怎么可以让武氏的人做太子？大臣吵吵嚷嚷乱成一团，武则天心里更犹豫了，她虽然很霸道，但也得顾及天下人的看法，以天下稳定为先。

这时，宰相狄仁杰站出来了，他推心置腹地对武则天说："陛下，太子乃天下之根基，根基若动摇，天下将大乱。一个是您的儿子，一个是您的侄子，这难道还需要选择吗？就算您与侄子再亲近，那也比不过血浓于水的亲情。立儿子为天子，那么即使千百年后，您的神位也会被供奉在太庙中，然而却从没有听说天子供奉自己的姑姑的。"

最终武则天听从了狄仁杰的劝说，下定决心立李显为太子。

作为武则天的股肱（gōng）大臣，狄仁杰在朝中位高权重，跟皇上的关系也不一般，

其他大臣都要等皇上召见，才能见到皇帝，狄仁杰却不是，他想见皇上的时候，只需通禀一声，立刻就能见到。而且武则天经常跟他秉烛夜谈朝政大事，亲切地称狄仁杰为"国老"。

700年，狄仁杰因病去世，武则天悲痛至极："狄仁杰一走，这天下之事与谁相商，与谁相议？"

狄仁杰一生宦海沉浮，他为人正直、嫉（jí）恶如仇，身居宰相之位，辅国安民。在他的帮助下，武则天统治的时代社会经济继续发展，为开元盛世的出现奠定了基础。

（故事源自《新唐书》《资治通鉴》）

原典再现

狄仁杰在立太子一事上，坚定支持武则天和唐高宗的儿子李显，他晓之以理、动之以情，分析利弊，最终说服了武则天。

且姑侄之与母子孰亲？陛下立子，则千秋万岁后，配食太庙，承继无穷；立侄，则未闻侄为天子而祔（fù）姑于庙者也。

——《资治通鉴·唐纪二十二》

大意：况且姑侄关系与母子关系相比，哪个更亲近呢？陛下若立儿子为太子，那么千秋万岁之后，您可以享有在太庙受后人祭祀之尊荣，皇位传承绵延不绝；您要是立侄子为太子，可没听说过侄子做了天子后，会把姑姑的神位供奉在太庙里的。

玄宗登基　开元盛世

　　武则天在狄仁杰的劝说下，最后选择了儿子李显为太子。此时武则天年事已高，那么她退位后，唐王朝将何去何从呢？

李隆基登上皇位

　　武则天晚年，一众臣子发动政变，逼迫武则天将皇位禅让给李显，李显第二次当上了皇帝。没过几年，唐中宗李显驾崩，各方势力为了争夺皇位互相倾轧，唐朝陷入了内乱。最后，有一个人在其中脱颖而出，他就是唐睿宗李旦的儿子——李隆基。李隆基发动政变，将父亲李旦推上皇位，自己则被立为皇太子。几年后，李旦把皇位禅让给太子李隆基，但自己掌管着部分朝政。713年，李隆基通过政变彻底夺回了皇帝的权力，并改年号为开元，内乱多年的唐朝就此安定下来。李隆基就是历史上的唐玄宗，继唐太宗的贞观之治之后，唐玄宗又开启了开元盛世。

李隆基从小就胸怀大志，即位之后更下定决心励精图治，再创大唐辉煌。为了稳定政局，他亲贤臣、远小人，启用了姚崇、宋璟、张嘉贞等贤明的臣子。他还把重要职位换成自己的心腹，否则一旦朝局再发生变化，从前那些和他不齐心的大臣会动摇他的皇位。

改革官制　兴办科举

为了防止官员腐败，唐玄宗制定了官吏的迁调制度。本地出身的官员，他们的家族在这里的势力根深蒂固，经过长时间的发展，就会形成地方割据势力。为了破局，唐玄宗就把出身京城的人调去外地做官。同时把外省的官员调到京城里。

就这样，官员换了任职的地方，根基全无，皇帝对于中央和地方的掌控加强了。不过唐玄宗还是不放心，怕时间一长，各地官员又建立了根基。所以他设置了采访使监察地方官员，考核官员的政绩。

唐玄宗把原来朝中的老臣和地方上的官员全部收拾得服服帖帖，但是危机还没有完全去除，他的皇位还没有坐稳。原来的人即使经过这番调遣，也不能保证不会生出二心。最安全、最稳妥的办法，就是把全天下的官员都变成自己人，怎么办呢？

老臣是没办法拉拢的，他们跟各个世家大族之间的利益牵连太深。唯有征调新官。为此，唐玄宗大力推行科举，用考试的方式选拔官员，这样世家大族和平民百姓都有机会为国效力，也削弱了世家大族子弟在朝中的势力，使皇权更加稳固了。

经济繁荣　文教兴盛

接下来，唐玄宗又发现了一个问题——国库里没钱。怎么办呢？提高税赋，让百姓多交点钱吗？不行，提高税赋是取死之道，历朝历代的苛（kē）捐杂税都会引起百姓起义。

既然不能开源，那就只能节流了。唐玄宗开始带头节俭，可是实行一段时间之后，他发现光节流还是不行。

唐玄宗一算账，发现不对劲，记录在册的大唐老百姓怎么只有这么少的人？肯定是有人没有登记。这是由于，每个世家豪族都有很多奴仆和佃户，这些人没有在国家的户籍中登记，因此也就不纳税。

唐玄宗开始派人清查全国的人口，一个都不能缺少，世家豪族也别想打游击，有几个人就得交几个人税。人口普查完毕，大唐登记在册的人口多出了好多。接下来还得重视农耕，改良生产工具，提高农耕技术。粮食丰产，老百姓收成越来越好，国库也越来越充实。

唐玄宗时期出现了最早的官办书院。其主要职责是搜集、整理和收藏书籍。在科举制的推动下，唐朝社会上下都十分重视文化和教育。一时间，大唐文教兴盛。

还是在这个时期，大唐频繁与世界各国进行文化交流，唐朝的都城长安成为世界各国交流的中心，变成了一座国际化的大都市。唐朝进入了全盛时期，这就是开元盛世。

（故事源自《资治通鉴》《新唐书》）

盛极则衰　贵妃殒命

继女皇帝武则天后，唐朝又出现了一个著名的女子，她是唐玄宗的爱妃杨玉环。虽然她没有像武则天一样大权在握，指点江山，但她的命运也与唐王朝的盛衰紧密联系在了一起。

娶杨玉环为妃

唐朝是一个以胖为美的朝代，其中的代表人物就是杨玉环。

杨玉环的故事，还得从736年说起，这一年唐玄宗最宠爱的妃子武惠妃去世了。

唐玄宗整日闷闷不乐。这时，有人向唐玄宗进言说，有一个叫杨玉环的女子，姿容秀丽，天生丽质，适合纳入后宫。唐玄宗听后，召杨玉环入宫相见，惊叹于她的美貌，想把她召入后宫。

不过杨玉环不是个未婚的女子，她是唐玄宗与武惠妃的儿子——寿王李瑁（chāng）的王妃，也就是说，杨玉环是唐玄宗的儿媳妇。这么一来，不是乱了伦理纲常了吗?

于是唐玄宗先让杨玉环出家当道士，道号"太真"。出家应该斩断七情六欲，然后好好地修行，所以她和寿王的婚姻就走到了尽头。几年后，唐玄宗给儿子娶了另一个王妃，然后把杨玉环册立为自己的贵妃。从此杨贵妃成了后宫中最引人注目的那个人。入宫之后，杨玉环要什么有什么，金银珠宝、绫罗绸缎……只要她提出来，皇帝都能满足她。

一骑红尘妃子笑

一说起杨玉环，我们的脑海中首先会想起一种水果，这种水果非常好吃，那就是荔(lì)枝。唐朝诗人杜牧曾经写过一首诗，叫《过华清宫》，诗中写道："长安回望绣成堆，山顶千门次第开。一骑(jì)红尘妃子笑，无人知是荔枝来。"这就是杨玉环吃荔枝的故事。

荔枝产于岭南之地，离长安城有千里之遥。荔枝虽然非常好吃，但是不易保鲜，摘下来过不了几天就坏了。那时的交通不像现在这么发达，想要在长安吃到荔枝十分不易。

可是杨贵妃非常爱吃这种珍贵的水果。唐玄宗立刻下旨，说不管付出多大代价，都要把新鲜的荔枝送到皇宫。

荔枝产地的官员听说贵妃要吃荔枝，当即摘下最好的、最新鲜的荔枝，派出了最善于骑马的人，让他们骑上最快的马，带着鲜荔枝一站一站换人、换马，接力传送，终于用最快的速度把荔枝送到了长安。

荔枝送到了皇宫里，唐玄宗拿出荔枝，扒开荔枝皮一瞧，里

面的荔枝肉十分新鲜，还散发着清香。唐玄宗吃了一颗，说："果然美味，爱妃只要想吃这荔枝，朕就让人给你送来。"

这就是杜牧诗句的由来。杜牧写下这首诗，是为了讽刺唐玄宗为博美人一笑，耗费了无数人力、物力、财力。

一人得道　鸡犬升天

杨贵妃住的地方叫贵妃苑，唐玄宗给杨玉环配备了制作衣服的丝织匠和绣花匠，还有制作金玉器具的工匠，足足有一千人之多。

朝中的大臣一见杨玉环如此受宠，都知道只要讨好杨玉环，就相当于间接地讨好了唐玄宗。各地官员争相进贡奇珍异宝，以博得贵妃和皇帝的欢心。

所谓一人得道，鸡犬升天，杨贵妃的叔叔、堂兄都做了高官，三个姐姐也分别被封为韩国夫人、虢（guó）国夫人、秦国夫人，杨家权倾朝野。

唐玄宗晚年开始沉湎（miǎn）于酒色，纵情享乐。他把国家大事抛到脑后，完全不管不顾，把天下的权力交给了宰相李林甫。

赐死马嵬（wéi）坡

虽然杨玉环深居后宫，没做什么大奸大恶之事，但是她的三个姐姐和叔叔、堂兄却没少干坏事，他们仗着杨玉环是皇帝最宠爱的妃子，横行霸道，大肆敛财。各级官员要想办什么事情，要想面见皇帝，都得给杨家人送钱。一时间，杨家成了豪门贵族，门庭若市。

　　所谓盛极必衰，唐玄宗不理朝政，导致政治腐败，民不聊生，没过多久就爆发了安史之乱。唐玄宗被迫带着杨贵妃逃往了蜀地，也就是现在的四川。在马嵬坡的时候，随行将士都说杨贵妃是红颜祸水，因为她皇帝才不理朝政，所以她必须得死。最后唐玄宗忍痛赐死了杨贵妃。

（故事源自《新唐书》《资治通鉴》）

原典再现

　　明皇既幸蜀，西南行，初入斜谷，属（zhǔ）霖（lín）雨涉旬（xún），于栈（zhàn）道雨中闻铃，音与山相应。上既悼（dào）念贵妃，采其声为《雨霖铃》曲，以寄恨焉（yān）。

——《明皇杂录·补遗》

　　大意：唐玄宗前往蜀地，向西南方向前进，刚进入斜谷时，遭遇了连绵十多天的大雨，他在栈道上听到雨中传来铃铛的声音，铃声与山谷的回声相互应和。唐玄宗心中怀念杨贵妃，便将这声音谱写成《雨霖铃》之曲，用来寄托心中的遗恨。

藩镇势大　安史之乱

　　唐玄宗晚年荒唐糊涂，独宠杨贵妃，将朝政大权交给了李林甫、杨国忠等奸臣，引发了一场对唐朝造成沉重打击的叛乱——安史之乱。

安禄山假忠心骗取信任

　　要讲安史之乱，首先得说说节度使。节度使最初是为了抵御外敌骚扰而设置的。这是一个权力特别集中的官职，不仅掌握着军权，还掌握着边镇的财政权。这样一来，节度使就有可能成为威胁朝廷的势力。

　　唐玄宗有一个宠臣，叫安禄山，他是一个胡人。安禄山表面上看起来憨（hān）厚老实，对皇家忠心耿耿，但实际上心机很深，而且心肠歹毒，欲望极大，是个奸臣。奈何他会掩藏真实想法，所以唐玄宗一直以来都没有看出真相，反而信任他、器重他，封他为平卢节度使，管理今河北省东部、辽宁省南部一带。

有一次，众人见到太子，其他人纷纷下跪，唯独安禄山不跪。

众人纷纷拉扯他："你快跪下，在那傻愣着干什么？""对太子不敬，快跪下！"

安禄山听了，摇头晃脑，装傻充愣："我出身番邦，不太懂朝廷礼仪，太子殿下是什么官职？"

唐玄宗在一旁，看着安禄山笑道："爱卿，你怎能不知太子是何人？等朕退位，这天下就是太子的。"

"陛下，恕臣愚昧（mèi），只知陛下，不知太子。臣安禄山拜见太子殿下。"然后他恭恭敬敬地向太子跪拜了两次。

殊不知，跪拜完之后，安禄山嘴角隐隐露出一抹笑意。他用了这么一个简单的小手段，就让皇帝觉得他老实、忠心。

后来，安禄山又通过各种机会讨好唐玄宗宠爱的杨贵妃，请求成为贵妃的养子，唐玄宗同意了。

关于安禄山的事迹，还有一桩。安禄山很擅长迎合皇帝的喜好。有一次，安禄山在皇帝面前跳舞，跳的是胡旋舞。当时非常流行这种舞蹈，康玄宗也为之着迷。安禄山原本是个大胖子，年纪越老，身材越发肥胖，但他为皇上跳胡旋舞的时候，动作竟迅捷如风，十分轻盈，舞姿婀娜（ē nuó）。

唐玄宗很是惊奇，他说："你这大胖肚子里都装了些什么？"

安禄山答道："只有对陛下的一片忠心罢了！"

唐玄宗封安禄山为平卢节度使，后来又把范阳、河东都给他了，让安禄山做三镇节度使，手握重兵。安禄山成为节度使之后，大肆修筑城墙，筹备兵器、甲胄，日复一日地练兵，让手下军队具备了极强的战斗力，为造反做准备。

安禄山发动叛乱　洛阳称帝

755年的冬天，安禄山以讨伐奸相杨国忠为名，从范阳起兵，发动叛乱。安禄山的大军一路上势如破竹，没费什么力气，就占领了北方大片土地。

叛军得逞（chěng）的消息传到长安，唐玄宗才如梦初醒，原来他一直信任的安禄山是个奸臣！唐玄宗这才调兵遣将，增派军队去平定叛乱，但根本无法阻挡叛军。唐军节节败退。转眼之间，叛军已经渡过了黄河。

　　起兵后没过几个月，安禄山的大军就占领了东都洛阳，直抵长安城东边的大门——潼（tóng）关，只要攻破了潼关，就可以长驱直入，拿下长安。756年正月，安禄山在洛阳称了帝，国号燕，自封为雄武皇帝。

哥舒翰战败　马嵬坡兵变

　　唐玄宗派将领哥舒翰守卫潼关。哥舒翰是老将，他采用了稳妥的战略——安禄山纵兵残害百姓，不得民心，注定不能长久，他决定先坚守城池，等敌人露出破绽的时候，再大举进攻。

　　这时候有人提议，安禄山起兵打的是讨伐杨国忠的旗号，不如我们把杨国忠杀了，这样安禄山师出无名，说不定就退兵了。

　　这可把奸相杨国忠吓坏了，他开始撺掇（cuān duo）唐玄宗立即出兵攻打安禄山："陛下，依臣之见，平乱大事宜早不宜迟，应该速速令大军出关，收复失地。如果坚守不出，岂不是证明咱们怕了安禄山那个贼寇（kòu）？"

唐玄宗觉得杨国忠说得有道理，于是给哥舒翰下了命令："不能坚守城池不出，应主动出击，击溃叛军!"

哥舒翰是哑巴吃黄连，有苦说不出，大哭着率军出关。

结果哥舒翰被安禄山杀得大败，潼关彻底保不住了。眼看长安城即将被攻破，唐玄宗表面上说自己要御驾亲征，实际上当天夜里天还没亮，他就带着爱妃杨玉环和一干心腹、护卫弃城逃走了。

唐玄宗仓皇逃离长安，到了马嵬坡，随行的护卫军中发生了兵变。将士们认定杨家兄妹一个祸乱朝纲，一个迷惑皇帝，让皇帝不理朝政，所以一哄而上诛杀了杨国忠和杨家其他几人，随后便来到皇帝面前请命，请求皇帝赐死杨贵妃。唐玄宗没有办法，只好赐给杨玉环一条白绫（líng），让她上吊自杀。

之后，众将士保护着皇上继续逃命。这一行人一直跑到蜀地，唐玄宗才长舒了口气，这条命总算是保下来了。

途中，许多人觉得路途太遥远，不愿意继续跟着皇帝去蜀地了。唐玄宗无法强求，任由大家自行决定去留。太子李亨也没跟着唐玄宗，在马嵬坡兵变后，父子俩就分道扬镳（biāo）了。

唐肃宗称帝　叛军内乱

太子李亨抵达灵武城（在今宁夏银川）后，登基称帝，史称唐肃宗，遥尊唐玄宗为太上皇。他重用一直坚持抵御安禄山叛军的郭子仪、李光弼（bì）等人，让他们联手统率大军剿（jiǎo）灭叛党。

郭子仪和李光弼为剿灭叛军做出了巨大的贡献，但是真正加速安禄山大军溃败的，不是外敌，而是内乱。757年，这时候安禄山已经因病失明了，而且脾气非常暴躁，引人记恨。安禄山的儿子安庆绪在奸人的撺掇下，杀死了安禄山，并假传安禄山的遗言，接替了皇位。

安庆绪是一个懦弱无能的皇帝，而且贪图享乐。郭子仪趁着叛军内讧的机会，三下五除二把安庆绪打败，广平王李豫把叛军赶出了长安。

很快，安庆绪在叛军中失去了军心。安禄山手下有个大将，叫史思明，史思明本来就不服安庆绪，于是就假装弃暗投明，归顺了唐朝。唐肃宗很高兴，当即封史思明为归义王，还任命他为河北节度使。

但史思明背地里仍然在和叛贼来往，并且偷偷地招募了更多士兵。朝廷知道了他的举动，派人暗中除掉他。但是因为有人告密，史思明提前得到了消息，再次起兵造反。

郭子仪被解除兵权　史思明攻入长安

758年，郭子仪率领大军围攻安庆绪，这时却有奸臣在唐肃宗耳边进谗（chán）言："陛下，万万不能让郭子仪把安庆绪杀掉，如果郭子仪把安庆绪杀了，他就是平定天下的大功臣，万一他心存歹心，想自己做皇帝，那陛下您怎么办呐？"

皇上一听，深以为然，当年唐玄宗就是因为太相信安禄山，让安禄山手握大权，才酿成了安史之乱，于是解除了郭子仪的兵权。

郭子仪被解除兵权后，史思明趁机与安庆绪汇合。没多久，史思明杀了安庆绪，把安庆绪手下的军队带回范阳，自称大燕应天皇帝。史思明带领的大军又要攻入长安了。但这时局势出现了反转——史思明也死了，史思明是被自己的儿子史朝义谋害的。

唐代宗继位　史朝义投降

762年，唐代宗继位，唐军收复了洛阳。763年，史朝义的部下见大势已去，纷纷向唐朝投降。史朝义带着五千人马逃到范阳，但他的一个部下把范阳献给了唐朝。史朝义走投无路，于是自杀了。

至此，历时七年零两个月的安史之乱终于结束了，唐朝得以暂时延续下去。

（故事源自《新唐书》《资治通鉴》）

二王辅政　永贞革新

安史之乱之后，唐肃宗、唐代宗、唐德宗三个皇帝相继登上皇位，而后，唐王朝经历了一个短暂的中兴时期。

顺宗即位　永贞革新

805年年初，唐德宗病逝，他的儿子太子李诵即位，史称唐顺宗。唐顺宗不仅知书达理，为人宽厚，还多才多艺，书画和下棋都有涉猎，水平还不低。

唐顺宗有一个棋友，叫王叔文，在唐顺宗还是太子的时候，王叔文就在他身边做侍读。还有一个人叫王伾（pī），非常擅长书法，也是李诵的太子侍读，深受宠爱。

唐顺宗登基后，王叔文和王伾成为唐顺宗的左膀右臂，经常给他分析国家事务。唐顺宗非常器重他们，把他们封为翰林学士，让他们改革朝政。

王叔文得到了皇帝的信任，就把志同道合的好友也推荐给了唐顺宗，这些人大多都在后世鼎鼎有名，比如柳宗元、刘禹锡、韩晔（yè）、韩泰、程异、陈谏、凌准等等，这些人都是忠臣良将。唐顺宗也从善如流，对他们委以重任。

这样一来，这股新的势力就在皇帝的栽培之下成长起来了。君臣合作，准备改革朝政。

打压节度使

为了得到百姓的信任和支持，唐顺宗下旨免除一部分税赋，停止宦官的进奉，禁止宦官扰民害民，抑制苛政，起用新人。这几项政策一发布，举国欢庆。

藩镇割据，宦官专政，这在当时的唐朝已经是根深蒂（dì）固的顽疾了。皇帝的革新，自然会触动藩镇节度使和宦官这两大集团的利益。

剑南西川节度使韦皋（gāo）派遣手下大将刘辟来到长安。刘辟见了皇帝的心腹大臣王叔文，对他说："韦太尉让我通知你，倘若把剑南三川之地交给我们韦太尉统领，我们韦太尉会拼尽全力帮您；要是您不肯的话，哼哼，我们韦太尉有的是办法对付你！"

王叔文大怒："大唐江山如果有朝一日覆灭了，一定是这些位高权重的节度使作祟（suì）！三川之地是不可能交给你们的，趁早绝了这份心思吧！"

刘辟冷哼："既然如此，别怪我们不客气。"

"你要不客气？来人，将他拿下，立即处死！"

一时之间，场面乱成一团，刘辟吓得拔腿就跑。

刘辟当即马不停蹄回到了西川，把这些事情都跟韦皋说了。韦皋倒也没出兵，王叔文这么强硬、这么坚决，让韦皋觉得中央还是有实力的，不能轻易跟中央翻脸。

夺取宦官兵权

如今节度使远在边镇，尚且可以从长计议，但是宦官就在眼前，他们的权力可没那么好夺。怎么才能突破宦官的封锁，夺取兵权呢？王叔文在朝野中找找来找去，找到了一个人，是一位叫范希朝的老将军，他统领着禁军。王叔文派遣忠臣韩泰为他的副手，让他们把宦官手中的兵权抢过来。

当时的太监首领叫俱文珍，他听说皇帝想夺他的兵权，大怒，他要让朝廷的人看看，军队到底是听皇帝的，还是听他这个统领的。于是俱文珍吩咐神策军的各位将领，等朝廷派人来，一定要拒绝服从朝廷的命令。

范希朝和韩泰来到奉天行营，召集诸位将军，结果一个人都没来，这些将军都不知道跑哪去了。范希朝和韩泰一眼就看出来了，军队已经被宦官完全把控了。他们只能回去，把所见所闻告诉王叔文。王叔文一听，叹息大势去矣，军权不在手，天下不得安宁。

屋漏偏逢连夜雨，唐顺宗生病了，卧床不起，什么决定都做不了。这下可麻烦了，即使皇上信任王叔文，认可他的决定，也说不出话，没法表达自己的意见。

这时王叔文的母亲恰巧去世了，王叔文得去守孝，只能告假回家。王叔文离开朝堂后，王伾中风病倒了。革新派里两个最重

要的领头人物王伾和王叔文都离开了朝堂，给了顽固势力喘息之机，宦官又开始作乱。

顺宗退位　革新失败

805年夏，宦官逼迫唐顺宗让太子李纯代理朝政，一个月之后，唐顺宗被迫下诏书，禅位于太子。

唐顺宗退了位，变成了太上皇。但是下人不好好照顾他，堂堂一朝皇帝，禅位第二年就去世了。满打满算，唐顺宗在位时间一共也就八个月。

唐顺宗的儿子李纯被宦官拥立为帝，史称唐宪宗。他在宦官的控制下，把革新派的那拨人全都贬了官。王伾被贬之后，没过多久就去世了。一年之后，宦官又让唐宪宗下旨把王叔文杀了。至于当时参与改革的其他人，比如柳宗元、刘禹锡等八人，则接连被贬。

这场革新运动只进行了146天，仿佛昙花一现，史书上把这个事件称为"永贞革新"，又叫"二王八司马事件"。

唐宪宗在位期间，继续压制节度使，将藩镇割据势力占领的河南、山东、河北等地，重新收归中央管辖，令唐王朝重新统一，这段时期被称为"元和中兴"，但这短暂的复苏与"贞观之治"和"开元盛世"时期相差太远了。

唐宪宗去世后，各地藩镇势力再度猖獗（chāng jué）起来，而朝中还维持着宦官专权的局面，唐王朝没落的趋势似乎已成定局……

（故事源自《新唐书》《资治通鉴》）

甘露之变　皇权衰微

唐顺宗的改革还没有做出成效就夭折了。唐王朝还是没有摆脱宦官专政的顽疾，到了826年，唐文宗李昂登基，他决心不再做傀儡皇帝，试图通过一场政变，彻底铲除宦官势力……

夜降甘露

唐文宗也是由宦官拥立的。但他不愿一直受宦官挟（xié）制，想要削弱宦官的权力。表面上，他对宦官非常好，今天赏赐这个，明天赏赐那个，还给宦官封官，但是给他们封的官全是些虚职。朝堂上比较重要的职务，都没有分配给宦官。

唐文宗想推翻根深蒂固的宦官势力，必须得有心腹重臣。所谓心腹重臣，无论能力高低，有一种素质他必须得具备，那就是忠诚。

那么唐文宗手底下有哪些心腹呢？一个是宰相李训，一个是工部尚书郑注。

三人设计了一个天衣无缝的计划。然后唐文宗让二人悄悄回去，装作什么都没有发生的样子。

第二天早朝时，文武百官依次而立。按照唐代的制度，凡是上朝时，皇帝落座后，金吾将军应当奏报一句："左右厢内外平安。"但这天左金吾卫大将军韩约一反惯例，没有报平安。

韩约上前一步说："臣有要事禀报。"

唐文宗问道："爱卿有何事？"

韩约躬身道："回禀陛下，昨夜左金吾院内的石榴树上突然夜降甘露，这是千百年难得一遇的奇事，是祥瑞之兆。"

唐文宗有些惊讶："哦，夜降甘露？这不是神话之中才会出现的故事吗？爱卿是不是看错了？"

"陛下，微臣绝不敢有半句虚言。"

"难不成真有此奇事？来人，去探查一番，看看韩将军所言是否属实。"唐文宗派人前去查看，派谁去呢？一个叫仇（qiú）士良，一个叫鱼弘志，两个人都是宦官，把持着皇宫中的军权。唐文宗把这两人调离身边，让他们跟着韩约去看看甘露究竟是真是假。

宦官们刚走，丞相李训就开始调兵遣将，进行部署，要一举把宦官杀个干干净净，以除大唐祸患。

不过这个韩约是个胆小的人，他看着位高权重的宦官跟着他走，非常害怕，不仅哆嗦，额头上还直冒冷汗。仇士良就觉得不对劲，他们是来看甘露的，这韩约应该有说有笑地迎接他们，为什么他这么紧张？

仇士良心里疑窦（dòu）丛生，好巧不巧这时刮起一阵狂风，把军帐中的布条、帘子给吹飞了，阳光照射下，一道闪亮的反光直射向仇士良的眼睛。仇士良定睛一看，发现军帐里面全是人，个个身披铠甲，手持宝剑。

不对，这是埋伏！仇士良恍然大悟，在护卫的护送下，总算逃出去了。仇士良等人逃回金殿上，对唐文宗说："大事不好了，陛下快回宫！"说罢将唐文宗扶上软轿。

李训指挥金吾兵赶来护驾，他抓住皇帝的软轿说："陛下不能走！"仇士良说："李训你要谋反！"唐文宗说："他没有谋反。"仇士良这才发觉皇帝也参与了这场政变。

仇士良扑向李训却被绊倒了，李训把他压在地上，抽出藏在靴子里的刀就要刺下去。

就在千钧（jūn）一发之际，宦官的援军赶到了，仇士良得以逃脱。

文宗的软轿被一路抬向宣政门，李训抓住软轿不放，被一个宦官打倒在地。文宗进了宣政门，大门就关上了，里面传来宦官们大呼万岁的声音。李训知道政变已经失败了。

计划失败　宦官猖獗

仇士良指挥禁军数千人报仇，开始了血腥的大屠杀，把皇帝的心腹杀了个一干二净，皇宫之内血流成河。

宰相李训趁乱逃走，没逃多久就被抓获，送入京师。在路上，李训害怕到了京师后，会受到宦官的侮（wǔ）辱，于是说服押送他的官兵把他给杀了，让他们带着他的首级赶往京师。

唐文宗本有机会将宦官一举铲除，可最终还是一败涂地，这次事件史称"甘露之变"。

其实这时唐文宗还有一粒棋子，那就是当时在外地任凤翔节度使的郑注。在甘露之变时，郑注还没有暴露他和唐文宗的关系，然而世上哪有不透风的墙，这件事很快就被人发现了。太监仇士良密令凤翔监军张仲清把他杀掉了。

此后，宦官一直掌握军政大权，气焰更加嚣（xiāo）张。唐文宗也彻底失去了自由，生活起居全部都在宦官的严密监视下，再也不能有所作为。唐文宗变得颓废起来，整日饮酒作乐，三十多岁便郁郁寡欢而亡。

（故事源自《新唐书》《资治通鉴》）

黄巢起义　朱温篡唐

宦官和奸臣乱政，百姓纷纷造反，曾经盛极一时的唐朝即将走向灭亡……

黄巢起义　建立大齐

在唐朝末期，朝局不稳，老百姓生活困苦，连饭也吃不上，全国各地都爆发了起义。

各路起义军会合在一起，推举出了一个共同的领袖，这个人姓黄名巢，号称冲天大将军。黄巢带领起义军南征北伐，势不可挡，攻下一个又一个城镇，起义军的队伍越来越壮大。

880年，黄巢率领大军攻下长安。几天之后，黄巢在长安大明宫称帝，国号大齐。

黄巢家中世代为盐商，颇有资产，他本人粗通笔墨，善于骑射。黄巢攻破长安时，手底下有几十万大军。他本该把这几十万大军分配一下，比如在东西南北各个城池，分别安排几万人驻守，在小城池也安排几千人驻守，然后手里再握着十万大军，安安稳稳地入驻长安。可是他没有这么做，几十万大军浩浩荡荡进了长安城，而周边的城池缺乏防守。

这就给了唐僖（xī）宗一个好机会，黄巢攻入长安时，唐僖宗及时逃往了四川，趁着长安周围城池守备空虚，唐僖宗调集各路兵马，攻打长安。

朱温叛变　黄巢战败

黄巢手下有一个人叫朱温，他敏锐地发觉黄巢这个人眼界不够，成不了大事，跟着他是没有前途的，于是暗中谋划，背叛了黄巢，向唐朝投降。朱温一投降，就把长安城里的兵力部署暴露给了唐僖宗。唐僖宗大喜过望，立刻封朱温为宣武节度使，命他镇压叛军。除此之外，唐僖宗还给朱温赐了个名字，叫朱全忠。

没过几个月，在朱温和河东节度使李克用的全力攻打下，黄巢军队抵抗不住，只好落荒而逃。再后来，起义军几经辗（zhǎn）转，被打得七零八落，最终黄巢自杀，起义宣告失败。

唐僖宗总算回到了长安城，但是宦官、大臣接连作乱，唐僖宗刚回长安，又被迫逃离，就这么反复地折腾了几次，唐僖宗的身体也垮了。888年，不到三十岁的唐僖宗，就在多年的颠沛（pèi）流离中病重，在长安离开了人世。

建立后梁　唐朝灭亡

朱温自投降唐朝后，一边为唐朝征战，一边注意培养自己的势力。

　　884年，朱温被黄巢大军围攻，形势非常危急，他向李克用求救。李克用奉诏亲自率领大军前去救援，解了朱温之围。事后朱温坚持要大摆宴席，感谢李克用。

　　朱温在宴席上亲自给李克用斟（zhēn）酒，奉上饭食，毕恭毕敬地招待自己的救命恩人。不料李克用趁着醉酒耍脾气，说的话惹怒了朱温。朱温就打算趁李克用酒醉将其除掉。他派士兵围住了李克用休息的驿馆。恰好突降暴雨，李克用得以趁暴雨跳墙逃走。

至此，李克用和朱温二人成了仇人。

唐僖宗病死之后，他的弟弟李晔即位，史称唐昭宗。唐昭宗想要改革，想为唐朝逆天改命，但触动了宦官的利益。900年，唐昭宗被宦官软禁了。

这个消息传到了朱温耳朵里，朱温意识到这是千载难逢的好机会。唐昭宗到底是名正言顺的皇帝，现在这些太监把他软禁起来，就是谋逆。朱温此前一直没机会染指皇位，如今就得到了好借口——清君侧。

朱温秘密联络了当时的宰相崔胤（yìn），表示支持他消灭宦官。崔胤有了朱温做后台，当即发动兵变，把唐昭宗救了出来。但是从此之后，唐昭宗就成了朱温的傀儡。

朱温掌握了天下大权，他想迁都到洛阳去，但是怕大臣们反对。904年，朱温假冒唐昭宗的命令，杀了崔胤，然后坚决请求昭宗迁都洛阳，昭宗无奈之下只得同意。

前往洛阳途中，朱温把昭宗身边的卫兵全都杀了。等到了洛阳，昭宗已经是真正意义上的孤家寡人，没多久就被朱温派人杀死了。唐昭宗死后，朱温立了一个十三岁的孩子做傀儡皇帝，史称唐哀帝。

907年，唐哀帝写下禅位书，把皇位禅让给了朱温。朱温正式称帝，改国号为梁，升汴州为开封府，作为东都，成为后梁太祖。至此，立国二百八十九年、历经二十一任皇帝的唐王朝宣告终结。

唐朝灭亡后，中原地区先后建立了五个政权，为了与以前相同名称的朝代相区别，历史上将这五个政权分别称为后梁、后唐、后晋、后汉和后周，合称为"五代"。与此同时，在南方和巴蜀

614

等地，先后还有几个称帝或者称王的小国，分别是前蜀、吴、闽、吴越、楚、南汉、南平、后蜀、南唐，北方还有一个政权叫北汉，统称"十国"。唐朝灭亡后的几十年，在历史上被称为"五代十国时期"。

（故事源自《新唐书》《新五代史》《资治通鉴》《旧五代史》）

原典再现

　　《全唐诗》中收录了一首黄巢的《不第后赋菊》，这首诗是黄巢科举落第之后所做的。从这首诗中可以看出黄巢是一个有远大志向的人。

不第后赋菊

〔唐〕黄巢

待到秋来九月八，我花开后百花杀。

冲天香阵透长安，满城尽带黄金甲。

大意： 等到秋天九月重阳节前后，菊花盛开，别的花都凋零了。菊花香的气直冲云霄（xiāo），整个长安城里都像是披上了黄金甲。

五代十国

　　唐朝灭亡以后，中原地区出现了后梁、后唐、后晋、后汉、后周等政权，被称为"五代"；南方则出现了前蜀、吴越等小国，与北方的北汉政权统称为"十国"。

后唐庄宗迷戏误国

　　朱温费尽心机夺得江山，建立了后梁，可惜后梁存续的时间并不长，覆灭后梁的是一位励志的开国皇帝，同时也是一个荒唐的糊涂皇帝。他叫李存勖（xù），史称唐庄宗，是朱温的死敌李克用的儿子。

为父报仇　建立后唐

　　李存勖前半生推翻后梁、建立后唐的励志经历，与他父亲临死前留给他的三支箭有很大关系，这三支箭象征着父亲李克用的三个仇敌，也象征着李克用最大的心愿。

　　这三个仇敌一个是朱温，一个是契丹首领耶（yē）律阿保机，另一个是割据在河北一带的燕王刘仁恭。朱温是李克用争夺天下最大的竞争对手，而耶律阿保机和刘仁恭都曾经背弃李克用，投靠他的死敌朱温。因此李克用对这三人恨之入骨。

　　李克用多年来奔波疆场，操劳过度，生了重病，还没来得及亲自向三个死敌复仇，就一病不起。

李克用临死前，将儿子李存勖叫到床前，拿出三支箭，满怀愤恨地对他说："为父这里有三支箭，代表我的三个仇人，我已经无法亲自斩杀仇人，只能将这个重任交给你，只盼你为我报仇雪恨。至于这三个仇人是谁，我想你早已一清二楚，第一个自然是朱温那奸贼，第二个便是刘仁恭这个反复无常的小人，第三个则是契丹那个背信弃义的耶律阿保机。儿啊，你一定要为我报仇，否则我将死不瞑（míng）目啊！"

李存勖两眼通红，泪如泉涌，他接过父亲的箭，哽咽着说："父亲，您放心，儿子一定会为您完成心愿，报仇雪恨！"

李存勖继承了父亲的晋王之位，从此奋发图强，一边从严治军，严格操练手下兵马；一边勤练武艺，苦读兵书，磨炼冲锋陷阵的本领。没过多久，他手下的晋军整体战斗力有了很大提升，而且李存勖带兵打仗时常常身先士卒，所以深受将士们信赖。李克用留给他的三支箭，被他供奉在家庙中，每当要去攻打李克用所说的仇人时，他就将一支箭带在身边，等战事结束才将箭放回原处。

朱温是李存勖最大的仇人，也是首要的攻击对象。但在朱温眼中，这个才20多岁的毛头小子根本不足为惧。

912年，李存勖与朱温的大军在柏乡（在今河北邢台）附近展开了激战，朱温的军队大败，后梁一蹶不振，朱温大病不起。朱温的儿子们非但不致力于抵御外敌，反而为了争夺皇位而互相攻伐，导致后梁朝中一片混乱。李存勖决定暂时放过后梁，先把占据河北的刘仁恭父子解决掉。

不过刘仁恭此时已经被儿子刘守光软禁了，李存勖亲自率领大军讨伐刘守光，很快就把刘仁恭父子二人都变成了自己的俘虏。回到太原后，李存勖处死了刘仁恭，以告慰父亲在天之灵，完成了父亲的三个遗愿之一。

李存勖与朱温、刘仁恭为敌的这几年，北方的耶律阿保机也没闲着，他自立为帝，建立了契丹国，率军南下，攻打李存勖。李存勖大败契丹军，俘虏、斩杀契丹兵将上万人，缴获了无数战

利品。耶律阿保机落荒而逃，退回北方。接下来，李存勖调兵南下，一点一点吞并后梁的土地，没过多久，后梁彻底灭亡了。

李存勖通过十几年的奋斗，打败了父亲李克用的三个仇人，完成了父亲的遗愿，逐步统一了北方。923年，李存勖正式称帝，史称唐庄宗，他延续了父亲复唐灭梁的旗号，所以仍沿用"唐"为国号，后世称之为后唐。

沉迷玩乐　宠幸伶人

李存勖完成父亲遗愿后，或许是失去了奋斗的目标，或许是已经满足于现状，他开始沉溺于玩乐，穷奢极欲。

李存勖年轻时是个才子，而且从小爱好音乐、戏曲，还能够填词作曲。他在宫里养了许多伶人，专门为他唱戏，供他取乐。他自己也经常同伶人一起唱戏，还给自己取了个"李天下"的艺名。

有一次，李存勖与伶人玩闹时，叫了两声"李天下"，没想到其中一个伶人突然走上前，抬手就打了李存勖一个耳光。李存勖顿时傻了眼，其他人吓得大气都不敢出，打他的伶人却笑嘻嘻地说："理天下的只有天子一人，你却叫了两声，那另一声是在叫谁呢？"其他人这才知道他是在开玩笑。唐庄宗非但没有恼怒，还赏赐了这个伶人。

这个与李存勖开玩笑的伶人叫敬新磨，是李存勖最喜欢的伶人之一。曾经有一次他得罪了李存勖，李存勖要杀他，他却急忙说："陛下，您不能杀我呀，我与您是一体的，杀了我不吉祥啊！"李存勖听得一头雾水，敬新磨解释说："陛下您的年号是同光，天下人都称您为同光帝，同与铜发音相同，若是杀了敬新磨，铜久不打磨，岂不是就不够光亮了吗?"李存勖听得有趣，便原谅了他。

李存勖很喜欢打猎。有一次，在他外出打猎时，马蹄踩踏了农民的田地，而他毫不在意，仍旧肆意纵马追赶猎物。

随侍李存勖的一众官员中，有一人正好是当地的县令，他眼看着马蹄毁坏的庄稼越来越多，十分心痛，终于忍不住劝说李存勖道："陛下，您为了一时的玩乐，纵容大臣、士兵们践踏庄稼，毁了百姓的粮食，百姓就只能饿肚子了啊！您是天子，是百姓的父母，怎能做这样的事呢?"李存勖被一个小小的县令指责，很不开心，这时敬新磨站了出来，指责县令说："你难道不知道陛下喜欢打猎吗？怎么能放纵农民种田，以此给朝廷缴纳赋税呢？为什么不让百姓饿着肚子，把土地空出来，打造成猎场，让陛下纵情驰骋（chěng）呢?"原来敬新磨不忍心县令被杀，但他知道皇帝在愤怒中听不进道理，所以故意说反话。李存勖听得很解气，等到冷静下来后也意识到了自己的错误，所以饶过了这个县令。

皇帝爱唱戏、宠信伶人，算不得什么大事，历朝历代的皇帝中，喜欢听戏的也大有人在。但李存勖偏偏要一意孤行地让伶人入朝为官、管理朝政，使得伶人变成了朝中一股很强大的势力，这就引起了朝中大臣的不满。伶人唱戏的本事是一流的，可他们从未接触过国家大事，哪里有处理政务、制定国策的能力呢?

众叛亲离被杀

渐渐地，满朝文武都起了异心，不愿意再为荒唐的皇帝李存勖卖命，反而去拥戴李克用的养子——大将李嗣（sì）源。李嗣源在各地将领的支持下，将李存勖拉下了皇位，自立为帝。李存勖被杀死了。

李存勖在军事上天资过人，在晋梁争霸中逆转局势，夺取天下；可在政治上却昏招频出，搞得众叛亲离，怨声四起。古人说："生于忧患，死于安乐。"李存勖在忧患中成就大业，却在安乐时丢了江山，可悲可叹。

（故事源自《新五代史》《旧五代史》）

原典再现

庄宗既好俳（pái）优，又知音，能度曲，至今汾（fén）、晋之俗，往往能歌其声，谓之"御制"者皆是也。其小字亚子，当时人或谓之亚次。又别为优名以自目，曰李天下。自其为王，至于为天子，常身与俳优杂戏于庭，伶人由此用事，遂至于亡。

——《新五代史·伶官传》

大意：唐庄宗既喜欢伶人，又精通音乐，能够作曲。直到现在，汾州、晋州一带的民歌里，还常常能听到他谱写的曲子，人们把这类曲子叫作"御制"。他的小名叫亚子，当时有人称他为亚次。他另外给自己取了个艺名，叫李天下。从他封王一直到成为皇帝，都常亲自和伶人在庭院里表演，伶人因此得以掌握权力，最终导致了灭亡。

千古遗臭儿皇帝

唐朝灭亡后，中原王朝频繁更迭，后梁之后是后唐，后唐之后则是后晋。后晋的开国皇帝石敬瑭（táng），留下了一个遗臭万年的名号——儿皇帝。

背叛后唐

石敬瑭年轻时便沉着冷静，爱读兵书。后唐时，石敬瑭投身行伍，立下不少战功，深受唐庄宗李存勖的赏识。李克用的养子李嗣源也很器重他，还把女儿嫁给了他。

李嗣源登上皇位时已经六十岁，临死时将皇位传给了儿子李从厚。

李从厚的皇位并不稳固，那些手握兵权的节度使令他十分忌惮。其中李嗣源的养子李从珂（kē），就是最令李从厚忌惮的一个。李从厚想从他手中收回兵权，没想到弄巧成拙（zhuō），反而促使李从珂起兵造反。李从厚被逼无奈，只好向手握兵权的姐夫石敬瑭求救。

石敬瑭审时度（duó）势，发现保护李从厚根本得不到半点儿好处，反而会自取灭亡。于是，石敬瑭将半路遇到的正在逃亡的小舅子李从厚囚禁了起来，自己投奔了李从珂。李从珂当上了皇帝。

李从珂这人从小就心狠手辣，在战场上杀人如麻，对石敬瑭也没什么感情。

石敬瑭太了解李从珂的性格了，他明白李从珂不会因为他抓了李从厚就厚待他，反而会忌惮他手里的兵权，会想方设法地把他从河东封地上赶走。

石敬瑭想试探皇帝是否怀疑他，就多次上书说自己身体不好，不想继续带兵打仗了，请求调到其他藩镇，谋一个闲差。石敬瑭已经想好了，如果李从珂不答应他的请求，就说明李从珂还没怀疑他；如果李从珂答应了，那就说明李从珂早就起了疑心。

后来李从珂果然同意了石敬瑭的请求。在属下的建议下，石敬瑭决定不接受调任诏书，直接起兵谋反，并上书指责李从珂：区区一个养子，怎么能继承祖宗的江山？石敬瑭要求他把皇位传给李嗣源的亲生儿子。

李从珂得到消息气得满脸通红，他当场下令罢免石敬瑭的官职，并调动大军讨伐反贼。

求助契丹　割燕云十六州

面对李从珂的讨伐，石敬瑭一边抵抗，一边写信向契丹的耶律德光求助。耶律阿保机死后，他的儿子耶律德光继位，史称辽

太宗。耶律德光比耶律阿保机更加有野心，他一直想率军南下，建立由契丹人统治的王朝。石敬瑭在信里承诺，只要耶律德光帮他打败后唐，让他成为中原皇帝，他就把燕云十六州割让给契丹作为回报。同时石敬瑭愿意尊耶律德光为父。

燕云十六州是以幽州（今北京）和云州（今山西大同）为中心的十六个州，包括现在的北京、天津和河北北部、山西北部的大片土地，有着不可取代的战略意义，是中原王朝北方的屏障，多年来肩负着抵御北方游牧民族侵袭的重任。

耶律德光一直愁着没有机会南下入侵中原，接到石敬瑭的求助信真是大喜过望。他立刻率领五万精兵从雁门关南下，与石敬瑭内外夹击，大败后唐军队。当耶律德光耀武扬威地来到石敬瑭这里时，石敬瑭恭恭敬敬地出门迎接，跪地磕头："父亲，请受孩儿一拜。"其余人见到石敬瑭这般卑躬（gōng）屈膝的模样，无不露出鄙（bǐ）夷之色，石敬瑭却浑然不觉。三十多岁的耶律德光平白无故多出一个四十多岁的大儿子，真是心花怒放，不由得哈哈大笑。

好"儿子"

之后的几天里，石敬瑭始终无微不至地侍奉着耶律德光，将他当成自己的父亲一样。耶律德光见到了他的诚意，终于说道："我见你品貌、气度不凡，确实是成为中原皇帝的最佳人选，我决定立你为皇帝。"

石敬瑭对耶律德光感激万分，果然如一开始承诺的那样，将燕云十六州献给了契丹，并借助契丹的兵马彻底灭掉后唐，正式建立了后晋，石敬瑭史称后晋高祖。此后石敬瑭每年都按时向契丹敬献三十万匹丝绸。在呈递给耶律德光的书信里，石敬瑭总是自称"儿皇帝"，称呼耶律德光为"父皇帝"。千古遗臭的"儿皇帝"石敬瑭之名，就从此流传下去，"儿皇帝"一词也成了认贼作父、卖国求荣的代名词。

有了"契丹父皇"的保驾护航，石敬瑭一共在皇位上坐了七年。契丹对后晋的勒索敲诈有增无减，后晋朝中越来越多人对于石敬瑭不要脸的行径感到愤怒。再加上石敬瑭晚年又犯了宠信宦官的大忌，导致朝纲混乱，最后石敬瑭在忧愤屈辱中抑郁而终，终年五十一岁。

石敬瑭死后，他的侄子石重贵继位。石重贵比石敬瑭有骨气，他不肯向契丹称臣，可惜他身边没有能当大用的人才。耶律德光一怒之下派大军攻打后晋，石重贵迫不得已选择了投降，被抓到了契丹。耶律德光大军长驱直入，一口气攻破开封，他也不想在中原立什么"儿皇帝"了，干脆自己称帝，史称辽太宗，国号大辽。

不过耶律德光称帝后，纵容手下兵将抢掠中原百姓，导致中原百姓奋起反抗。没过多久，耶律德光被迫带着契丹大军退回北方，最后病逝在河北。

契丹撤离中原时，河东节度使刘知远顺应民心，站出来收拾残局，建立了后汉。但刘知远在位不到一年就死了，后汉动荡不安。后汉大将军郭威篡位，建立了后周，中原暂时稳定下来。

（故事源自《新五代史》《旧五代史》《资治通鉴》）

宋朝

　　宋太祖赵匡胤通过相对和平的方式发动政变，夺取军权，建立宋朝。宋朝是一个经济兴盛、文化繁荣的时代，但军事上受困于强大外敌。北宋与辽、西夏并立，南宋则与金对峙，战争中涌现出岳飞、辛弃疾等英雄人物。与此同时宋朝内部的政治积弊逐渐显现，但由于守旧势力强大，范仲淹和王安石等人的改革都未成功。

陈桥兵变　黄袍加身

混乱的五代十国时期终于即将结束，中原很快就要迎来新的王朝——宋朝了。宋太祖赵匡胤是如何建立大宋的呢？

文武双全　护卫后周

宋朝的建立，要从一个传奇人物赵匡胤说起。

赵匡胤自幼胸怀大志，二十三岁时就被后汉大将军郭威看中，成为他的手下。

赵匡胤熟稔（rěn）兵法韬略，也会收拢人心，每每征战必会身先士卒。将士们见此情景，士气高涨，纷纷催动胯（kuà）下快马，手持兵刃往前冲杀。如此一来，这支军队攻无不克，战无不胜。

951年，大将军郭威自立为帝，国号为周，史称后周。

不过郭威是个短命的皇帝，没几年就病死了。郭威的亲生儿子早些年都被害死了，他的义子柴荣继承了皇位，史称周世宗。赵匡胤逐渐掌握了后周禁军殿前司的最高指挥权，深得周世宗的信任。

可惜周世宗柴荣也是个短命皇帝，他死后，他的儿子——年仅七岁的柴宗训即位，史称周恭帝。一个七岁的孩子根本没法掌握管理国家的实权。

赵匡胤心里却有点不舒服，为了打下后周的江山，他立下了汗马功劳。如今周世宗去世，七岁的小皇帝能保住江山吗？

领兵出战　屯兵陈桥驿

周恭帝即位没多久，北汉和契丹勾结，联手来侵犯后周领土。如果不派遣军队前去应敌，定然天下不宁，周恭帝的皇位也做不稳。

周世宗的托孤大臣宰相范质派赵匡胤前去平乱。赵匡胤领命出了都城开封，兵行四十里，驻扎在陈桥驿。

赵匡胤军队里有个会占卜和观星相的军师，军师夜观天象后说："昨晚紫微星忽暗忽明，是皇位要易主的征兆。遥看东方，天上出现了两个太阳。俗话讲，天无二日、国无二主，两个太阳意味着皇上皇位不稳。"

这个消息在军中蔓延，有人提出："我看咱们的大将军赵匡胤就适合当咱新皇帝。"

"赵将军好啊，英勇善战，定能带领咱们一统天下、荡平敌寇。"

"是啊，赵将军当皇帝是众望所归。"

连手握大权的几位将军都说："当今圣上年幼，没有分辨忠奸的能力，很容易受奸臣蒙蔽。万一朝中的文臣在他耳边说咱们武将的坏话，小皇帝信以为真，那可怎么办？"

有一个叫赵匡义的军官说："你们看士兵群情激愤，都想推举赵将军。赵将军与咱们是生死之交，倘若他当了皇帝，咱们何愁不能加官进爵？"

赵匡义可是赵匡胤的亲弟弟。将军们一听就明白了，这一切肯定是他们提前设计好的。

黄袍加身　　建立大宋

赵匡胤这一夜装作醉酒熟睡，没参与讨论，实际上心情激动，就等着第二天早上这件大事。

第二天一早，赵匡义进入军帐"叫醒"赵匡胤。赵匡胤来到庭院中，看到将士们手持兵刃站在庭院中。

众将士齐声说："军中无主，我们愿拥立您做天子！"

赵匡胤还来不及回应，就有人拿来了黄袍，披在赵匡胤的身上，其余人统统跪了下来，口中高呼"万岁"，然后搀扶着赵匡胤上了马。

赵匡胤骑在马背上，手里握着缰绳，对众将士说："我有几条命令，你们能够遵从吗？"

众将士都恭敬地说道："我们都愿意听从。"

赵匡胤说道："我向来以臣子之礼侍奉陛下和太后，你们不可以惊扰冒犯他们；朝中大臣都是我的同僚，不可以欺凌他们；朝廷府库和士族百姓之家，不能侵犯掠夺；听从命令者可以得到赏赐，违抗命令者将受到严惩。"

众人都表示谨遵命令。

于是赵匡胤率领大军浩浩荡荡返回开封。他先回到了自己原来的衙（yá）署。这时他的手下带着宰相等几位大臣来到衙署，赵匡胤一见这几人，还没等他们说话呢，就先哭着诉说自己是怎么被将士们逼着当了天子："我被逼无奈做出这等大逆不道之事，你们说，这可如何是好啊！"

这时赵匡胤身后走出一员大将，手按宝剑厉声喝道："我们这些人无主已久，今天必须得拥立一位能够主事的人来做天子！"

大臣们一听，面面相觑，事已至此，他们还有什么可说的呢？于是排成一行，向赵匡胤跪拜行礼。

赵匡胤顺势进入皇宫，让小皇帝退了位，后周至此覆灭。赵匡胤没有杀柴宗训，将他封为郑王，还给了他一块封地，让他得以安度余生。赵匡胤正式成为了皇帝，改国号为宋，赵匡胤就是宋朝太祖。

（故事源自《宋史》）

宋太祖杯酒释兵权

宋太祖赵匡胤坐上皇位后，为了巩固政权，要解除开国大将们手中的兵权，他会怎么做呢？

收兵权势在必行

赵匡胤登基之后，各地还设有节度使。因为赵匡胤这皇位来得名不正而言不顺，有的节度使对此很是不服，宋朝建立不久，就有两个节度使起兵造反。赵匡胤也不客气，率领大军平叛，镇压了造反的节度使。

但是他还不能彻底放心，只要节度使存在，只要他们手里还有兵权，以后就不可避免地还会出现叛乱。

赵匡胤有一个坚定的原则——天下的军队，哪怕是一兵一卒，都得牢牢掌握在他自己手里。

赵匡胤手下有一位大臣叫赵普，他几次三番劝说赵匡胤："陛下，如今天下太平，让这些将军掌握兵权不合适，万一他们有了二心，天下将会不宁。收回兵权这件事，必须快刀斩乱麻。"

赵匡胤点点头："你说的对，朕也是这么想。不过这些兵权都掌握在众位将军手中，这些人当年与我一同打天下。现在如果为了收取兵权，把他们都杀了，我实在是下不了手。"

赵匡胤想出了个好主意。

这天下我怕管不了

961年的一天，赵匡胤退朝后留石守信等将领一起饮酒。

宴会期间，众人推杯换盏（zhǎn），气氛（fēn）极其热烈。酒过三巡，菜过五味，赵匡胤突然站起身，手中拿着一杯美酒，长长地叹了口气。

有人问："陛下，您为何叹气？"

"众位爱卿，我这皇上做得难呐。"只见赵匡胤晃动杯中美酒，仰起头一饮而尽，缓缓说道，"如果没有你们我也当不了皇帝，但是众位爱卿有所不知，我每天都要操心天下政务，十分疲累，还不如你们过得舒服。"

大家一听，赶紧问道："为什么会这样呢？"

赵匡胤道："朕害怕有人拥兵自重，想要自己当皇帝。"

"什么？！"所有人都呆住了。

这时候众将军心里的想法都大同小异：拥兵自重？那不就是说我们吗？陛下说这番话，那是在敲打我们了。

众将军想明白了其中的关键，赶紧跪在地上，给赵匡胤磕头，连声说："万岁，万岁！我们可真没有这想法！"

赵匡胤快步走到他们身边，身子一弯，两手把大家搀扶起来。

他的眼眶里隐隐泛着泪光，颤声说道："爱卿们，朕何尝不知你们是真心实意追随朕。但是所谓画龙画虎难画骨，知人知面不知心。朕信任你们，可是你们手下还有副官，还有各路小将，他们能像你们一般，如此忠诚于朕吗？有朝一日，如果他们贪图富贵，也逼着你们，重现陈桥兵变、黄袍加身的情景，那可如何是好？"

我们不要兵权了

将军们听到这话，纷纷跪在地上磕头，求赵匡胤给他们留一条活路。

赵匡胤轻声说道："人生苦短，不如多积攒钱财土地，留给子孙后代，与儿女共享天伦之乐。你们以后就去享受生活吧。"

众将军心领神会，纷纷拜谢。

赵匡胤恢复了满面笑容，举起酒杯跟诸位将军推杯换盏，又嬉笑起来。众位将军虽然表面上说说笑笑，继续喝酒吃肉，实则背后都沁（qìn）出了冷汗。第二天，大将们皆称病，请求解除兵权。宋太祖答应了他们的请求，让他担任俸禄优厚的闲职，给他们许多赏赐。

就这样，赵匡胤凭几杯美酒，就解决了将军们手揽（lǎn）兵权的问题，这就是著名的杯酒释兵权。从此之后，赵匡胤把天下的军事力量统一起来，为宋朝的稳定打下了基础……

（故事源自《宋史》《续资治通鉴长编》）

宋辽之争　杨业受害

　　宋太祖赵匡胤去世后，他的弟弟赵匡义继位，史称宋太宗。宋太宗继承哥哥的遗愿，统一了南方诸国，接下来，他又北上灭掉北汉，招降了一员闻名后世的大将，然后彻底结束了五代十国的割据局面……

令辽国闻风丧胆的"杨无敌"

　　五代十国时期，十国中唯一一个在北方建立的政权就是北汉。北汉土地贫瘠（jí）、经济不发达，夹在大宋和辽国中间苟（gǒu）延残喘，最后还是迫于形势投降了宋朝。北汉朝中有一员大将，叫杨业，他素来英勇善战、性格刚直，名气极大，连宋太宗赵光义都听说过他的大名。杨业随着北汉一起归降了宋朝，成为大宋的一员名将，留下了许多千古流传的故事。

　　如今宋朝已经基本统一了全国，拥有了大片富庶的土地，辽国隔三差五派出军队来骚扰大宋边境，大宋边关百姓的生活总是不得安宁。

宋太宗其实也想找辽国的麻烦，当初"儿皇帝"石敬瑭把燕云十六州献给了辽国，导致宋朝北方边境门户大开。面对辽国几次三番的骚扰，宋太宗起用了大将杨业，让他去镇守雁门关。雁门关位于山西忻州雁门山中，是长城上的重要关隘，以"险"著称。杨业对当地的地形和辽国的情况比较熟悉。

辽国派出十万大军进犯雁门关，但驻守雁门关的宋军将士仅有区区几千人。如果宋军出击，肯定敌不过辽军的千军万马，如果宋军固守，又势必被辽军困死在城中。杨业思虑再三，决定将大部分兵马留在城内坚守城池，他自己率领一小队骑兵绕到辽军后方，趁着辽军耀武扬威的时候，狠狠出击。最后杨业不仅杀得辽军落花流水，还杀死了辽国的驸马，活捉了辽国的大将，重挫（cuò）辽国的锐气。经此一役，杨业在辽军中声威大震，辽国人见到写着"杨"字的大旗，就望风而逃，根本不敢硬碰硬。

伐辽失败　杨业被俘

几年后，辽国的幼主辽圣宗继位，朝政大权都落到萧太后手中。宋朝认为国主交接必会产生动荡，这正是夺回燕云十六州的大好时机。于是宋太宗派出三路兵马进攻辽国，这三路分别从不同路线向幽州进发，最后会形成对幽州三面合围的局面。

在这次北伐中，杨业是其中一路军的副将，主将为忠武军节度使潘美。潘美是宋朝的开国名将，一生战功显赫，深受朝廷重用。潘美镇守北方边境多年，杨业驻守雁门关时就归潘美管辖。

刚开始北伐比较顺利，然而宋朝东路大军被辽军切断了粮道，

陷入不利局面。东路大军撤退的时候,辽国又乘胜追击,导致宋军主力死伤无数。三路大军合围幽州的计划也落空了。在辽军的穷追猛打下,宋军只好一路护着沿途的百姓撤退,退到了陈家谷口附近。

面对辽国大军,宋军众将领聚在一起,商量对策。杨业对潘美提议道:"辽军气势正盛,我们不应该跟他们硬碰硬。如今朝廷的命令是让我们护送百姓回到关内,所以最好是绕过辽军,让百姓优先撤离,只安排一些弓箭手留下伏击辽军,再让一队骑兵在后方接应,如此可保万无一失。"

但一旁的监军王侁(shēn)却不同意:"我们手下有几万精兵,何须如此胆怯(qiè),助长契丹人的威风?依我看,根本不用绕道,只要沿着大路直奔雁门关就是了,我倒要看看,契丹人敢把我们怎么样?"王侁也是名门之后,身上颇有几分战功,但他性格刚愎(bì)自用,对于杨业的威名很不服,听到杨业说出示弱的话,就想挤对(jǐ duì)杨业来展示自己的能力。

听王侁说出这般狂妄自大的话,杨业心中焦急,连忙阻止说:"如果与契丹人正面交锋,不但我们会大败,百姓更是要遭殃(yāng)啊!"

见杨业坚持要避开辽军锋芒,王侁冷哼一声,阴阳怪气道:"杨将军,您素来有'杨无敌'的赫赫威名,何曾惧怕过契丹人?今天您坚持不肯应战,莫非是有了别的想法?"

主将潘美左右为难,最终选择默不作声,算是默许了王侁的说法。杨业怒火中烧,大声说道:"杨某从来不是贪生怕死之徒。我只是不愿意随我出生入死的将士们白白牺牲,更不愿雁门关内外生灵涂炭。好，既然你一意孤行，那便打吧，我来做前锋便是!"

出兵前，杨业流着泪对主将潘美说:"此次出击，我军必败无疑。我是一员降将，本就应该死，却得到了皇上的信任和重用。我不是不想出击，而是想等待更好的时机，来建立一点功业报效圣恩。如今你们怪我躲避敌人，那么就让我先死吧。"

杨业令各路兵马在陈家谷口隐蔽起来，等他率领的兵马败退时，会将辽军引诱至此，到时候步兵和弓箭手从两侧杀出，说不定能将契丹人杀个措手不及。

杨业"杨无敌"的名号十分响亮，辽国向来很忌惮他的军事才能，这次听说杨业作为前锋领兵迎战，发誓一定要将他生擒活捉以振军威。辽军大将耶律斜轸(zhěn)是辽国有名的勇士，被封为南院大王，他战到中途假装战败逃走，暗中却早已让其他将领设下了埋伏。

杨业见四面八方都是辽军埋伏的兵马，当即边战边退，只希望能够将辽军引到陈家谷口。杨业从中午战至傍晚，终于退回陈家谷口时却发现四面静悄悄的，之前埋伏下的步兵、弓箭手全都不翼而飞。

原来，在杨业出兵几小时后，王侁在陈家谷口不见杨业回来，还以为杨业早就击退了辽军。王侁没有带兵打仗的本事，争权夺利倒是个老手，他生怕杨业在前线立下了大功，而他和潘美守在战线后方，分不到半点功劳。于是王侁撤掉陈家谷口的伏兵，追到前线去争功，因此杨业提前埋伏好的宋军都离开了陈家谷口。

杨业猜出了前因后果，气得眼冒金星，可大敌在身后紧追不舍，他只好调转兵马与辽军血战。虽然敌我悬殊，杨业仍然手刃数百辽军，他也身负十余处重伤，身边的士兵所剩无几。杨业的儿子杨延玉和军中七十多岁的老将王贵也壮烈牺牲。杨业孤军奋战，直到他的战马受重伤跪倒在地，辽军才生擒了摔下马的杨业。

英勇殉国

辽国人不忍心杀他，希望他归降辽国。可杨业长叹一声，说道："我深受陛下厚恩，只想保家卫国来回报陛下，谁料竟然被奸人所害，令众将士身死沙场，我还有什么脸面苟（gǒu）活于世！"杨业死意已决，最终绝食三天而亡。

杨业英勇殉国的事迹令契丹人为之动容。后来辽国在密云古北口修建了杨无敌庙，用来祭奠（jì diàn）杨业。

宋太宗听说了杨业殉国的缘由，不仅惋惜，而且震怒，他追赠杨业为太尉、大同军节度使，赐他的家人布帛一千匹、粮食一千石。至于主将潘美则被降职三级，监军王侁被流放。

虽然杨业身死殉国，但杨业的子孙继承了他的衣钵（bō），个个都成了保家卫国的大宋名将。后世在民间广为流传的杨家将和杨门女将的故事，就是根据杨业及其后人的经历衍生而来的。

（故事源自《宋史》《辽史》）

虽胜犹耻的澶渊之盟

chán

宋太祖和宋太宗时期，宋朝的军事实力还可以与辽国一较高下。但辽国在萧太后的统治下越来越强大。宋朝却走上了崇文抑武的道路。宋太宗去世后，宋朝和辽国之间发生了一件"虽胜尤耻"的事件，那就是澶渊之盟。

辽国二十万大军攻宋

宋朝的新皇帝赵恒登基，史称宋真宗。赵恒性格比较软弱，当边关再起刀兵的时候，他的第一反应不是派出军队以牙还牙，而是闭起门来。

除了性格上的原因，还有一个原因是辽国的战马比宋朝的战马强悍得多，速度也快得多，所以辽国可以利用弓箭解决掉追兵，这样宋朝的骑兵就会损失惨重。所以宋真宗干脆决定转攻为守。

1004年，辽国萧太后和辽圣宗亲自率领二十万大军南下。

辽国大军行进速度非常快，没过多久就到达了澶州，也就是现在的河南濮（pú）阳一带，这里离京城开封非常近，一天左右就能直抵开封，如果开封城丢了，宋王朝也将面临覆灭。

辽军压境的消息传到皇宫中，宋真宗急得火烧眉毛，赶紧召集群臣讨论御敌的方案。这时朝中大臣的意见出现了分歧，一种观点是要击退敌人，但存在失败的可能；另一种观点是护送皇帝迁都，抛弃开封城。

主张迁都逃跑的人，一个是副丞相王钦若，一个是大臣陈尧叟（sǒu）。王钦若是江南人，主张迁都到金陵，也就是今江苏南京；陈尧叟是四川人，主张迁到四川成都。

二人的家族在家乡势力根深蒂（dì）固，经济、军事力量积攒（zǎn）了很多年，人脉关系也经营了多年，一旦迁都，他们就是最大的受益人。

宋真宗性格本就相对懦（nuò）弱，再加上群臣的劝说，自然就有些动摇。

寇准督促宋真宗亲自率兵迎战

但宋真宗还是有一点顾虑，万一迁都过程中出现了叛乱，到时候别说他这个皇帝的性命难保，父辈留下的江山也将拱手让人。

于是宋真宗问刚刚上任的宰相寇准："爱卿，如今大宋到了生死存亡之际，朕只能仰仗你了。依你之见，朕应该迁都金陵，还是迁都成都？或是应该坚守此地？"

寇准看看皇上，微微一笑，故意当着王钦若和陈尧叟的面，大声问道："微臣想问陛（bì）下，何人提出了迁都的主意？还请陛下务必回答，因为出这种主意的人，一定是乱臣贼子，理应处斩。"

旁边的王钦若和陈尧叟听得浑身冒冷汗，倘若皇帝听信了寇准的话，那他俩就要人头落地了。

不过大敌当前，寇准不急着处置两人，而是向宋真宗分析当前形势。寇准说道："虽然辽国的二十万大军已经兵临城下，但是陛下您只需镇守此地，士气就不会散。只要士气不散，挡住辽军十日后，辽军自然会败，因为他们的粮草不够。"说完，寇准跪在地上："陛下，臣有一妙计，不仅城池不会丢，还可以击退辽军。"

宋真宗忙说道："爱卿快快请起，有何妙计，快快说来。"

寇准回答说："陛下，如今去别处调兵遣将都需要时间，所以我们唯一能依靠的，就是开封城的城墙以及士兵的士气。士气低落则不战自败，士气高涨（zhǎng）则万夫莫开。臣请陛下亲临阵前督战，一定能提振士气。到时候别说辽国区区二十万人马，就算是百万雄兵，咱们也一定能将之击退。"

宋真宗心里还有点犹豫，但是架不住寇准诚恳地劝说，只好亲自率领士兵前往澶州。可是这一行人刚出了京城，还没到黄河南岸，宋真宗就害怕了，他抓着寇准说："爱卿，咱们别去了，一旦战败，朕在前线连逃跑的机会都没有，这不是送死吗？咱们还是迁都吧。"

寇准摆摆手，说："陛下，如今敌人已经逼近，您去也得去，不去也得去了。"

宋真宗一听，浑身哆嗦，但事已至此，他不得不继续赶路。到了黄河岸边，看着滔滔河水，宋真宗又害怕了，又想撤退，最后还是在寇准的劝解下，才哆哆嗦嗦地上了船。

宋军重挫辽军

皇帝亲率的军队终于到达了澶州。士兵们看到皇帝亲临，士气大振。在宋真宗的鼓舞下，澶州守军多次击退辽军的进攻，还把辽国领军的大将杀了，重挫辽军的锐气。辽国二十万大军，在澶州纠缠数日，粮草所剩不多，只能减少士兵的粮食供应。一时间军营里谣言四起，人心惶惶，士气大跌。辽军将领见形势不好，便写了一封议和书。议和书的大意是说，我们二十万大军想攻下澶州轻而易举，但是念在上天有好生之德，我们不愿意祸乱延续，不如你们派个使臣来谈判，只要条件合适，我们就可以退兵。

寇准收到议和书，心中大定，他这步险棋算是走对了，辽军已经支撑不住了，否则他们不会轻易议和。但寇准不同意议和，他主张趁机收复幽州和蓟（jì）州。

战胜国却没得到一点好处

寇准虽然计划得挺好，但架不住宋真宗不听话。重要关头，宋真宗又害怕了，而且这时还有奸人诬陷寇准，说他一口咬定要收回幽、蓟之地，是盼着辽国取消议和，双方继续征战。面对谗言，寇准无奈，只好同意和辽国议和。

宋真宗赶紧派出一个叫曹利用的大臣去议和，并且叮嘱他，一定要带上礼物，对辽国使者客客气气的，如果辽国要求赔偿，咱们每年最多给他们一百万两银子，这是底线，再多就出不起了。

曹利用点头称是，回答说："陛下，您放心吧，臣一定与辽国使臣好好商量。"

曹利用要出发的时候，寇准把他叫到了屋里，对他说："虽然陛下说每年不能超过一百万两，但是我要求你，就算答应给辽国赔偿，每年也不能超过三十万两。多出一两，你就等着回来被砍头吧。"

在曹利用的斡（wò）旋下，双方达成了协议。宋朝和辽国结为兄弟国，两国皇帝也结成兄弟，辽圣宗是弟弟，宋真宗是哥哥，宋朝每年要给辽国绢二十万匹，白银十万两。这份盟约是在澶州签订的，澶州又被称为澶渊，所以历史上把这个盟约称为澶渊之盟。

（故事源自《宋史》《续资治通鉴》）

原典再现

面对辽国的大军侵犯，寇准劝说宋真宗出征，大大提升了宋军的士气。

是冬，契丹果大入。急书一夕凡五至，准不发，饮笑自如。明日，同列以闻，帝大骇（hài），以问准。准曰："陛下欲了此，不过五日尔。"因请帝幸澶州。

——《宋史·列传第四十·寇准传》

大意： 这一年冬天，契丹果然大规模入侵。告急文书一夜之间送来五封，寇准不打开文书，依旧饮酒谈笑，神色自如。第二天，同僚把这件事报告给皇帝，皇帝大为惊骇，连忙询问寇准。寇准说："陛下想要了结此事，不过五天时间罢了。"于是请求皇帝亲自前往澶州。

宋夏好水川之战

宋朝与辽国签订了澶渊之盟，两国之间延续几十年的战争暂时结束，宋朝迎来了难得的发展时机。但是，在周围虎视眈眈（dān）的敌人，不是只有辽国而已……

李元昊（hào）建立西夏

在宋朝跟辽国打仗的时候，周边的其他小国也在暗暗图谋如何趁乱获取利益。其中，西北边境一个叫党项族的部族，在宋辽对峙（zhì）的时候，党项以夏州为根据地，遵循着同时依附宋辽两国的原则，首领先后接受辽国和宋国封爵，慢慢发展部落的势力。

直到一个叫李元昊的人出现，打破了党项的现状。他是当时的首领李德明的儿子，从小学习汉文，阅读汉人的书籍，还跟父亲李德明上战场，学习如何排兵布阵。青年时期的李元昊，已经是个文采斐（fěi）然而且精通武艺的人才。因为读了很多书，了解了汉族的历史，他开始发觉，党项族接受宋朝皇帝的分封、赏赐并非好事。

李元昊找到父亲，对他说："父亲，如今咱们接受封赏，只是图一时之快，却没能看到更长远的利益。在没有受封之前，咱们统领一国百姓，咱们也是一国之王。如今虽然有了官职和俸（fèng）禄，还有宋朝廷每年的赏赐，可是，这些钱财和官职对我们的部落并没有多大的意义。我们应该自立门户，有朝一日推翻宋朝，由咱们来做皇帝！"

李德明赶紧把儿子的嘴捂住了："孩子，你别乱说，我们的族人三十年来锦衣玉食，这都是宋朝的恩惠，万万不能辜（gū）负这份恩情。"

李德明去世后，李元昊继承了爵位，等到党项族的军事、经济实力发展到一定程度，他毅然决然地摆脱了宋朝的控制。自立门户的党项族仿照中原王朝的制度设立了文武百官，改革国家行政机构，整顿军队。1038年，李元昊正式称帝，国号大夏，史称西夏。

三川口西夏大败宋军

李元昊正式称帝的第二年，公然要求宋朝承认西夏国的存在，承认李元昊的帝位，引来宋朝皇帝宋仁宗的强烈不满。宋仁宗不仅不承认李元昊是西夏皇帝，还下令除去李元昊西平王的爵位，中断宋朝与西夏的贸易往来，甚至在边境张榜悬赏捉拿李元昊。

宋朝的做法令李元昊恼怒不已，当即率大军进攻宋朝。

1040年，李元昊率领西夏兵马攻打延州，也就是如今的陕西延安。驻守延州的宋朝将领范雍（yōng）认为延州防御设施不足，兵马又少，面对西夏大军十分不利，便向朝廷请求增加兵马、加固防御工事，但没有得到批准。于是宋军只好据守在城中，不敢与西夏军正面交锋。

范雍是一个文弱书生。如今延州的宋军面对西夏军，那就是典型的"秀才遇上兵"。

李元昊可是身经百战的大将军了，他看范雍坚守城池，就派人四处散播谣言。说西夏大军只是表面光鲜，实际上兵不强、马不壮，说西夏军的士兵都不听将领的话，根本无法齐心协力作战。总之将西夏军说得一无是处，宋军不费吹灰之力就能取胜。

范雍没什么作战经验，也不知道战场上的尔虞（yú）我诈，很快就轻信了谣言，以为敌方很弱，甚至放松了延州的守备。

这时李元昊再次向范雍示弱，他派了个使者向范雍求和。范雍不仅进一步放松了警惕，还给李元昊送了不少赏赐。

实际上，李元昊已经偷偷调兵遣将，趁范雍不注意，命潜伏的几万大军展开了猛烈的攻势。范雍直到城门都快被敌人攻破了，才意识到自己上了当，这时延州守兵只剩下几百人，根本不是西夏军的对手，范雍只能手忙脚乱地向邻近的城池求援。

附近城池的将领带兵马赶来支援，却在延州西北部的三川口遭遇西夏大军突袭。宋军苦战三天，且战且退，最终还是惨败。唯一值得庆幸的是，这支援军的牺牲暂时保住了延州城，因为当西夏军队重整兵马，准备再次攻打延州时，天气突变，大雪纷飞，寒风凛冽（liè）。突如其来的寒冷让没有提前准备御寒衣服的西夏将士士气低迷、军心涣散，李元昊不得不下令退兵。

好水川宋军大败

三川口之战宋军惨败，守城不利的范雍被调职。在宋朝名臣韩琦（qí）的举荐下，范仲淹被任命为延州知州，和韩琦一起到西北边境抵抗西夏的侵略。

不过韩琦和范仲淹针对西夏的理念有些分歧，韩琦认为应该主动出击，将西夏打得不敢再犯；范仲淹认为宋军在西夏军面前占弱势，应该加强防守，消磨西夏军的意志和粮草。

延州是宋朝西北边境的军事要塞（sài），李元昊对延州势在必得。范仲淹在延州日夜练兵，紧急加固城墙，把延州变得铜墙铁壁一般。

李元昊见延州难攻，便果断改变进军路线，留下一小队兵马假装攻打延州，暗中却令大部队前去渭州，也就是如今的甘肃一带。李元昊还故技重施，在大部队抵达前，派人去向渭州守将求和。

渭州守将正是韩琦，收到李元昊的求和信，韩琦一眼就识破了对方的花招，因此再三叮嘱手下的兵将："这个李元昊诡计多端，无故派人来降，一定没安好心。我看他攻打延州是假，偷袭渭州是真，诸位将军请务必严加防守，决不能大意轻敌，中了敌人的奸计！"

事实证明，韩琦所料不错，西夏大军行进速度极快，没几天就逼近了渭州。韩琦是个善于用兵的人，他命令大将任福率军主动出击。

韩琦十分谨慎，虽然任福也是一员出色的大将，但他还是在任福出发前，特意叮嘱说："李元昊是个诡计百出的人，你此去务必小心，先率大军悄悄行进，绕到西夏军的后方，然后才能伺（sì）机出击。若实力不足以与之交锋，那就不要贸然行动，先在地势险要处设下埋伏，切断敌人的退路。"韩琦还是有些不放心，又补充道："如果你违抗了命令，即使这一战有功，也必将依照军规定罪处死。"

任福一一应下韩琦的叮嘱，然后领兵出了城。奇怪的是，任福一路上好几次遇到小股西夏军，而且这些西夏军都是兵马既少、战斗力又差，一交战立刻便逃跑。任福猜到这可能是对方的疲兵之计，想到韩琦的嘱咐，又慎重起来，不管西夏军的引诱，一心一意朝着目的地前进。

任福率领的宋军抵达了好水川边的六盘山下，只要出了好水川，很快就能到达目的地。任福一直紧绷的心终于稍稍放松了一点。这时宋军发现几只大箱子，任福命人前去打开箱子，刹那间成群的鸽子飞了出来，哪知道就在这时，从六盘山中突然杀出无数西夏步兵。任福大吃一惊，连忙勒（lè）令宋军列开阵势，准备迎敌。然而宋军刚刚拿起兵器与西夏步兵交战，就见到好水川边又摆开一队披戴着厚重铁甲的西夏骑兵。

原来，李元昊攻打渭州也是个障眼法，其实西夏的主力部队早就埋伏在了六盘山。而箱子中的鸽子可以帮助西夏定位宋军位置。韩琦的计策正在李元昊的意料之中，任福大军的一举一动都不出李元昊所料。

宋军深陷西夏军的重重包围中，只能拼死一战，两军从上午打到中午。在激战中，宋军死伤一万多人，任福也身负重伤。兵

败已成定局，任福大喝（hè）一声："我乃宋朝大将，中了李元昊奸计，导致大军惨败，唯有以死报国了！"最终任福战死。

好水川一战，宋军几乎全军覆没。韩琦听闻噩耗，立刻下令退兵。战败的消息传回朝中，朝野上下惊呼："一战不如一战，西夏军如此恐怖！"

宋夏议和

韩琦经过好水川之战后，转变了观念，开始认同范仲淹注重防守的主张。两个人密切配合，不断增强边防，终于逐渐扭转局势，屡次重挫西夏军。

实际上，连年征战也给西夏带来了不少负面影响。西夏与宋朝决裂后，宋不再每年赐给西夏各种财物，同时切断了与西夏的贸易往来，严重影响了西夏的经济发展，西夏国内粮食、布匹以及其他生活日用品稀缺，物价不断上涨。西夏百姓流离失所，这些受灾的百姓要么起义造反，要么逃离西夏，投奔宋朝。人口的减少造成西夏军队损失的兵力得不到补充，已经难以再对宋朝发动战争了。

最终西夏和宋朝议和，西夏向宋朝称臣，每年送给西夏大量财物，同时恢复了两国的贸易往来。

（故事源自《宋史》《续资治通鉴》）

范仲淹与庆历新政

宋夏议和后，范仲淹被调离边关，回到了朝中任职，因为宋仁宗希望由他来主持一场新政……

宋仁宗任用范仲淹改革

宋朝在经历与辽国、西夏的多年纷争后，损失了大量兵力和财富，终于换回了暂时的安宁。此时宋仁宗意识到，宋朝存在着各种各样的问题：朝中官僚队伍庞大，办事效率低；"赏赐"给辽国和西夏的财物太多，导致国库越发空虚；官员贪污腐败屡禁不止，还有沉重的赋税徭（yáo）役压迫，百姓生活十分困苦；辽夏都虎视眈眈地盯着宋，边境的和平仅仅是暂时的安宁。

为此，宋仁宗令范仲淹、韩琦同时执政，正式拉开了改革的序幕。

范仲淹以寒门学子的身份通过科举考试进入仕（shì）途，至今为官二十余年，对朝堂上的种种弊（bì）端看得非常透彻，所以他心中其实早就勾画出了改革的设想。范仲淹将自己心中斟酌（zhēn zhuó）多年的改革方案写成了奏折，呈给宋仁宗。

宋仁宗展开奏折一看，范仲淹洋洋洒洒写了十条改革的主张，分别归纳为：明黜陟（chù zhì，明黜陟即对官吏的升降制度做出严格的考核）、抑侥（jiǎo）幸（限制侥幸做官或升的方式）、精贡举（精选人才）、择官长（选拔合格地方官员）、均公田（平均分配地方官员的土地）、厚农桑（重视农桑）、修武备（整治军备）、覃（tán）恩信（落实朝廷的各种恩惠政策）、重命令（认真对待朝廷命令）、减徭役。总结下来大约分为三个方面：整顿吏治、富国强兵和厉行法治。

宋仁宗细细读来，脸上渐渐露出喜色，越读越觉得范仲淹的提议都很有道理。

因此宋仁宗很快颁布诏令，在全国范围内推行范仲淹提出的改革措施。由于当时宋仁宗使用的年号是庆历，这场轰轰烈烈的改革就被称为"庆历新政"。

剔除多余的官员

改革吏治是革新的重点。因为当时宋朝的官员非常多，官职名目冗（rǒng）杂。所谓"冗"，也就是多余。宋朝的皇帝对臣子普遍存在戒备之心，一个官职要任命三个人来负责，让他们互相配合、互相监督。用一个简单的数据来对比，唐朝一届进士往往取三四十人，宋朝一届进士居然要取四五百人；唐太宗时期将中央官员削减到六百多人，宋仁宗时期的中央官员竟然多达一万七千多人，宋朝领土面积大约只相当于唐朝的一半，哪里需要一万多人来管理呢？

宋朝不仅录取的官员多，权贵子弟凭借家族荫（yìn）庇获得官位的人也异乎寻常地多，甚至有刚出生的还包在襁褓（qiǎng bǎo）里的小婴儿，就已经被封了官职，领取着朝廷发的俸禄。这些问题最终都会成为老百姓的负担，让老百姓的生活越来越苦。

范仲淹把那些没什么本事的、靠着家族荫庇得到官位的人去掉了，每年科举只选择其中最拔尖的人才。

关于官员考核这一项，范仲淹还专门任命了一批人，负责到各地考察官员、判定官员的政绩，然后汇报给朝廷，这些人叫"按察使"。按察使的选拔也是非常严格的，范仲淹将符合条件的官员名字写在一张名单上，然后反复地查验、考核，发现有贪赃枉法或者其他过错的候选者，就公正无私地划掉这个人的名字。

被范仲淹划掉名字的人越来越多，其他大臣用开玩笑的口气劝说道："范公，您的大笔一划不费什么事，但是要害一大家子人难过得哭鼻子了！"

范仲淹却面不改色，一脸严肃地回答："倘若这一家子人不哭，那就要换天下的百姓悲伤痛哭了！"

就这样，范仲淹的庆历新政轰轰烈烈地施行，一大批碌碌无为的官员被淘汰，政治逐渐清明。范仲淹也提出了一些直接改善百姓生活的建议，比如鼓励生产、减轻徭役。一个国家要想对外强势，强大的军事实力也是必不可少的，所以范仲淹还提出了整顿军备的主张，希望能够增强国防力量。

改革失败了

新政措施真正实施之后，毫无疑问地损害了无数权贵的利益。被罢免的官员丢了金饭碗，哪能善罢甘休？就连广大读书人都不喜欢范仲淹的新政，因为科举录取的人数变少了，想靠着科举出人头地就变得更难了！

反对新政的顽固派日复一日地在仁宗面前搬弄是非，诽谤（fěi bàng）范仲淹，说他交结朋党、滥用职权。

交结朋党可是个大罪名，当皇帝的素来不喜欢臣子拉帮结派。但宋仁宗还是信任范仲淹的，他愿意给范仲淹一个解释和澄清的机会。没想到范仲淹没能把握住机会，而且他的战友、改革派中的另一位重要人物欧阳修还做了件大事。为了驳斥保守派的攻击，他写了一篇——《朋党论》。文中大意就是说，朋党之论自古就有，但是君子因为理想而结为朋党，小人因为利益而结为朋党，朋党不一定是坏事，皇帝需要慧眼识珠，认清朋党究竟是君子党还是小人党。

欧阳修的这篇文章虽然说得很有道理，但也相当于承认了范仲淹他们这些改革派确实是交结朋党了。朋党在古代始终是个敏感的话题，文章中的几分道理不足以说服皇帝放下心中的芥蒂（jiè dì）。

总而言之，庆历新政在激烈的反对声中举步维艰，范仲淹等人交结朋党的罪名又被坐实。最终范仲淹、韩琦、欧阳修等支持新政的官员相继被贬出朝中，各项改革措施陆续被废止，为期一年的庆历新政以失败告终。

（故事源自《宋史》）

王安石变法除旧弊

宋仁宗年间，范仲淹推行庆历新政，最后以失败告终。二十多年后的宋神宗年间，一场新的变法革新运动正在酝（yùn）酿中……

宋神宗任用王安石变法

宋真宗执政时期，宋朝就有了"拿钱买命"的传统。遇到敌人就议和，用钱财物资来换取和平。朝廷的钱是从税赋上来的，税赋又需要从老百姓身上来。老百姓辛辛苦苦种地，如果哪年天公不作美，降下洪涝（lào）或者旱灾等灾祸，田地里颗粒无收，老百姓连命都不一定能保住。宋神宗执政的时候，老百姓就生活得非常凄（qī）惨，即便没有天灾，粮食丰产，老百姓也吃不饱，因为需要留下钱来交税。

长此以往，宋朝境内产生了新的隐患，农民越来越穷，为了生存，他们开始纷纷起义。令人气愤的是，官府镇压起义后，却不懂得自省，不仅没有提高百姓的待遇，反而一味斩杀造反的人，以此警示其他的百姓——谁敢造反，谁也会落得这样惨死的下场。久而久之，民怨更深。

1067年，20岁的宋神宗即位。宋神宗眼见大宋江山日渐衰败，心中悲痛不已，决心让大宋重振雄风，要让天下百姓吃饱穿暖。为了实现这个理想，宋神宗首先要做的，就是任用能臣，王安石恰好凭借自己的才能得到了宋神宗的重视。

宋神宗召见王安石，与王安石促膝长谈。王安石将国家的问题以及解决的方案一股脑儿说了出来。宋神宗连连称赞，当即决定重用王安石，任命王安石为参知政事，全权负责改革变法的事宜。王安石做地方官的时候就脚踏实地地为百姓做实事，他推行的变法措施，比如青苗法、兴修水利工程等，大都曾经在地方上试行过。

青苗法

王安石首先推行了青苗法，用来解决老百姓吃不上饭的问题。青苗法简单来说，就是拿官仓的粮食借给百姓。谁想要粮食，官府就把粮食借给谁，日后再连本带利还给官府。

青苗法既能救济百姓，又能给朝廷创收。这项官方借贷粮食的政策一出，老百姓纷纷支持，民怨平息了不少。官府不仅没损失粮食，还增加了收益。王安石的改革方案，令朝堂上的许多人刮目相看，认为他治理朝政很有手段。

免劳役法

第二个要推行的是免役法。宋朝的百姓都要服劳役，但服劳役的地点是不固定的，有的人家在山东，却要到山西去服劳役；有的人生在山西，却要到江南服劳役；还有的人本来在四川，可服劳役要去北京修城墙，老百姓苦不堪言。所谓免役法，也叫募（mù）役法，就是本来该去服劳役的人，只要缴（jiǎo）纳一些银钱，就可以免去劳役。地位较高的官员、有钱的地主也要服劳役。朝廷收了银钱，可以花钱雇佣（gù yōng）愿意做这些工作的百姓去干活儿。服劳役的制度自从秦朝开始就存在了，到宋朝已经有上千年了，想要废除是很难的。王安石用一个新制度来摒（bìng）弃旧制度的缺点，既从劳役中解放了老百姓，又保证朝廷不遭受损失。

农田水利法

第三个变革政策是农田水利法——官府鼓励各地兴修水利。兴修水利、修建堤坝能减少洪涝灾害，尤其是黄河下游地区，每到雨季，下游经常有决堤的危险。水利工程的另一个重要作用是抗旱，修建水库可以储备水源，一旦遇到大旱，就可以用水库里的水来灌溉庄稼，保证农民的收成。

方田均税法

第四个重要的法令叫方田均税法。土地兼并是导致中华大地上几千年来农民起义频发、征战不休的重要原因。有钱人不断收购土地，甚至强买强卖，最后全国土地都集中在地主豪绅（shēn）、世家门阀手中。老百姓想种地，只能给富人打工，还要受到他们的盘剥（bō），最后依旧吃不饱饭。方田均税法的核心是先清查丈量土地并编写成册，之后按照土地的面积和土质的好坏来交税，谁占有的土地多，谁的土质好，谁交的税款就多。

对此，老百姓拍手称赞，但地主们却视王安石如眼中钉、肉中刺，对他恨之入骨。

变法最终失败

变法伤害了地主豪绅、世家门阀等权贵的利益，遭到了他们的强烈反对，他们在宋神宗面前污蔑（miè）王安石，在民间也编各种诗歌、故事来辱骂王安石，贬（biǎn）低他的名声。

在宋神宗执政的第七年，全国发生了非常严重的自然灾害，百姓颗粒无收，只能向官府借粮食。

这时，有些大地主、大官僚画了一幅图，叫《流民图》，图上是百姓颠沛（pèi）流离的凄惨样子。有官员将这幅图呈给宋神宗说："陛下，王安石在您的支持下变法，如今天下百姓的现状竟然是这样，您还支持他吗？"

宋神宗举棋不定，后来借着灾害的名头，对王安石说："爱卿，依朕之见，你不妨先休息休息，暂时卸下重任，等风头过了以后，你再复出如何？"

王安石明白宋神宗顶不住朝堂上的压力了，心想与其被别人赶走，还不如自己主动走。

等到王安石再次出山，推行变法改革的时候，很多事情都变了。上次变法遭到很多人的反对，不仅没能让老百姓获得多少利益，反而让老百姓颠沛流离，变成了《流民图》上的流民；老百姓受到奸人鼓惑，觉得王安石不是好人，民间有许多辱骂王安石的声音；再加上王安石的儿子不幸去世，王安石悲痛欲绝。

种种原因叠加，王安石很快又辞官回到江宁。等到宋神宗去世，新的皇帝登基，王安石的变法政策全部被废除，变法彻底以失败告终。

（故事源自《宋史》）

原典再现

再调知鄞（yín）县，起堤堰（yàn），决陂（bēi）塘，为水陆之利；贷（dài）谷与民，出息以偿，俾（bǐ）新陈相易，邑（yì）人便之。

——《宋史·列传第八十六·王安石传》

大意：后来王安石调任鄞县知县，他主持修筑堤堰，疏浚（jùn）陂塘，使水陆交通变得方便；他把官谷借给百姓，要求百姓秋收后加息偿还，使官仓中的陈谷换成新粮，县里的百姓也能得到便利。

女真建金　北宋灭亡

宋朝对内要面对变法失败的波折，对外要面对周边环伺（sì）的强敌，其中女真族崛（jué）起，以极快的速度灭掉了辽和北宋。

完颜阿骨打建立金国

女真族生活在宋辽的东北方向，这里的百姓以捕鱼和打猎为生。女真族赖以为生的土地都在辽国的掌控下，按照双方的约定，女真族须服从辽国的命令，年年纳贡，岁岁称臣。

后来，女真族出现了一位杰出的首领，叫完颜阿骨打。在完颜阿骨打的带领下，女真族在经济、军事等方面都获得了长足发展，积累了与辽国抗争的实力。

1114年，完颜阿骨打率领女真人攻打辽国。辽国的皇帝很生气，区区女真族竟然妄图侵犯辽国，当即派出十万大军，要一举剿（jiǎo）灭女真部落。万万没想到，辽国的十万大军竟然战败了，女真族精锐总共不过三千七百人而已。

1115年，完颜阿骨打称帝，国号大金。他登基后要做的第一件大事，就是出兵直捣（dǎo）辽国的黄龙府。黄龙府是兵家必争之地，谁得了它，谁就占据了战争的主动权。

辽国被打败了

辽国皇帝听说金国又派兵来犯，又派出二十万大军出征。

这次完颜阿骨打在黄龙府采用了围点打援的战术，派大军围困黄龙府，切断黄龙府的供给，却不将黄龙府攻下。只要有辽国援军赶到，金兵就集中力量攻打援军，一步步蚕食援军的力量，这就叫作围点打援。在损失了大量兵卒（zú）之后，辽军拼尽全力，终于突出重围逃走了，当然，黄龙府也失守了。

听说黄龙府失守，辽国皇帝又派出十万大军。此时金国的短处也显露出来了——建国时间太短，国家由于太贫穷，金国军队没钱装备武器、战甲，也没办法招募更多士兵。

完颜阿骨打亲自登上誓（shì）师台，当着所有将士的面，发表慷（kāng）慨激昂的演讲来振奋士气。金辽两国大军刚一接触，金军就陷入了苦战。然而，还没僵持几天，辽国大军突然撤退了，一夜之间，十万大军撤得干干净净。

原来，辽国内部发生了内乱。有人试图趁乱造反，夺取皇位。

完颜阿骨打抓住时机，亲自率领大军杀向辽军。辽国十万大军，原本个个士气高涨，但现在他们突然退兵，士气低迷，见金军浩浩荡荡地追过来，吓得乱了阵型。

完颜阿骨打趁乱将辽国大军打散，然后分别击溃。辽国皇帝本想带着大军回都城镇守，却被金军杀得丢盔弃甲、落败而逃。战后清点时，辽国大军只剩下了几千人。此后金辽两国又数次交锋，曾纵横北地两百余年的辽国一蹶（jué）不振，日渐衰败。

后来，金国皇帝完颜阿骨打生病去世，他的弟弟完颜晟（shèng）即位，史称金太宗。

只想逃跑的皇帝

对于宋王朝来说，旧敌辽国退出了历史舞台，金国成为宋朝新的强敌。1125年，金国大军分东西两路南下攻打北宋，东路由完颜宗望率领，大军自平州攻打燕山府（今北京西南），西路由完颜宗翰率大军直扑山西太原。

东路大军势如破竹，直接攻破了燕京府，然后继续向南，直逼宋的京城。宋徽宗本就性格懦弱，见到金兵凶悍，吓得连皇帝都不想做了，干脆退位让贤，将皇位让给太子赵桓（huán）。赵桓登基为帝，史称宋钦宗。宋钦宗也是个懦弱的皇帝，面对强敌压境，第一个念头就是赶紧逃。

宋钦宗一边策划逃跑，一边召集文武百官商量御敌。这时朝中有位叫李纲的忠臣站了出来："陛下，臣愿意率大军抵御金军。"

宋钦宗很高兴："好，我大宋还是有忠臣良将在。爱卿切记，一定要将金军挡住，就算挡不住，也要多坚守一些时日。"金军越晚攻破京城，他就能越安全地离开京城。

李纲赶紧劝说："陛下，如果您离开京城，军中肯定士气低落，难以坚守。所以陛下您千万不能离开呀，只有您镇守国都，咱们才能保住天下。"

宋钦宗一心想走，但是走不了，只好留了下来。

说来也巧，金国大军打到京城时，已经人困马乏、粮草不济。宋都城守备十分森严，若没有几十万大军持续攻打几个月，根本攻不下。就算金军想切断城外向城内的粮草供给，城里的存粮也足够全城官兵和百姓生活两三年，所以围困京城根本没用。

宋金议和

金军的统军将领完颜宗望派使者求见宋钦宗，希望跟宋朝议和，宋给金国一些好处，金国就退兵。对宋钦宗来说，以前年年给辽国送财物，如今给金国送财物，也不过是换个对象罢了，没什么区别。

宋金双方的使者见了面，商量议和的条件。完颜宗望狮子大开口，不仅要钱，还要更重要的东西——城池，包括城池里的土地和百姓。完颜宗望想要三座城：太原、中山和河间。这三处都是兵家必争之地。

金国使者本来没打算当场谈成，做好了跟宋使者讨价还价的准备。可是宋钦宗二话不说，干脆利落地答应了金国的要求。

金军劳师袭远，孤军深入宋的领土，没有后续援军，宋军却在自己的领土上，援军随时能够集结。不久，宋军各地派来支援的兵马都赶到了，将金军的军营围了起来。议和条约对宋朝太不公平，援军打算夜袭金军营地，将金兵一举歼灭，并撕毁议和条约。

但偷袭金军大营没有成功，金国人因宋军偷袭金军，不肯善罢甘休，他们派人质问宋钦宗，谴责宋言而无信。为了安抚金国使者，宋钦宗罢免了李纲，金国人看到宋朝堂上最强硬的主战派

李纲被罢免，也不再追究宋军夜袭金军的事情。

宋钦宗昏庸糊涂，可是全城百姓和守城兵将眼睛雪亮，他们纷纷请愿，希望李纲官复原职，一时间朝野震荡。宋钦宗眼见群情激奋，只好让李纲官复原职。

李纲复职之后，立刻整顿兵马，重新安排京城的布防，一副要跟金军再次开战的架势。金军只得撤军回国。

北宋灭亡

李纲担心金国再犯，经常向宋钦宗建言献策，要宋钦宗开源节流，省下银钱来招兵买马、添置兵器，加强宋军战斗力。

宋钦宗很不高兴，一气之下又贬了李纲的官。可怜李纲一代忠臣良将，最后却因遭到排挤而不得不跑到了南方。

没过多久，金国趁机再次集结大军，大举入侵宋朝，依旧直奔国都。宋朝各地连忙派出援军保卫京城，但是朝中的投降派一心求和，根本不想和金兵交战，只想通过割地、赔款来换取和平，于是命令各地援军停止前进，回到原地驻守。

1127年，金军攻破京城，他们在城内搜刮数日，掳（lǔ）走宋徽宗和宋钦宗及其妃子、皇子以及其他宗室贵族数千人，北宋王朝就此覆灭。这个事件发生在靖康年间，又被称为靖康之变。

（故事源自《金史》《宋史》《续资治通鉴》）

岳飞怒发冲冠抗金

　　北宋灭亡后，宋高宗赵构在南京应天（今河南商丘）即位，建立了南宋。南宋时期，金军依旧时常南下侵扰中原地区，特别是完颜宗弼（bì）。完颜宗弼又叫金兀术（wù zhú），他手里有王牌军，让宋军吃过很多苦。直到1140年，岳飞的岳家军让完颜宗弼吃尽了苦头。

撼山易　撼岳家军难

　　南宋初年，金军继续南进，宋高宗赵构感到十分害怕，一心只想着逃跑，根本不想抵挡金军，甚至写了一封投降信，说："自古面临危亡的国君，要么逃跑，要么坚守，现在我已然没有任何地方可以逃了，请放我一条活路吧。我只求一小片土地立足，并承诺绝不会北伐，绝不派兵骚（sāo）扰金国。"

　　不过在南宋初期的乱世中，出现了一位大英雄——岳飞。

　　岳飞出生在河南汤阴的一户普通农家，从小学习武艺，而且天赋极佳，练就了一身高强的武艺。后来，岳飞得到抗金老将宗泽的赏识，因为有勇有谋且多次立下战功，很快被提升为将领。北宋灭亡后宋高宗继位，岳飞曾上书请求领兵收复中原，却被革除军职，赶出了军营。岳飞没有因此放弃收复失地的宏愿，于是他北上奔赴抗金前线，再次投身军营中。

岳飞的赫赫威名与他麾（huī）下一支著名的军队密不可分，这支队伍纪律严明，战斗力很强，而且从来不袭扰老百姓，被老百姓亲切地称为岳家军。岳家军勤于练兵，作战勇敢，金军非常害怕岳飞和岳家军。

金军中还流传着一句话，叫"撼山易，撼岳家军难"，撼动高山尚且容易，但要撼动岳家军实在是太难了。

一天内十二道金牌撤军

1140年，金国调集兵力，以完颜宗弼为首，以三千铁浮图为前锋，攻打宋军。铁浮图跟普通的骑兵不同，这些骑兵身着重甲，

如同一个个轻型坦克一般。在铁浮图左右，还有行军速度非常快、机动能力非常强的拐子马骑兵护卫在旁，为其助阵。这队前锋一路南下，攻无不克、战无不胜。

在危难之际，岳飞调兵遣将，他让将士们在长杆上绑一把军斧，来对付拐子马，士兵们用这长斧砍马腿。用钩镰（lián）枪和麻札（zhā）刀对付铁浮图，把金兵杀得鬼哭狼嚎（háo），节节败退。岳飞乘胜追击，势如破竹，一举歼（jiān）灭金军主力。铁浮图和拐子马是金军最精锐的力量，可是跟岳飞的岳家军一战，竟然不堪一击。

乘着这股胜利的东风，南宋军队在各处战场上都传出了好消息，南宋大军连连获胜，一鼓作气收复了大量失地。岳家军更是一直打到离汴（biàn）梁（北宋东京，今河南开封）只有四十五里的地方，让退守在汴梁的完颜宗弼陷入了绝境。只要诛杀了完颜宗弼和他手下的金军，金国就失去了战斗力最强的军队，南宋收复整个北方指日可待。

就在这即将大获全胜的时刻，朝中突然传来一道命令，让岳飞立刻退兵。

这是为什么？原来宋高宗和秦桧是议和派，一心想通过议和来维持现状，而且他们担心岳飞势力太大难以控制。所以宋高宗接连发出十二道金牌，命令他带军队撤退。岳飞悲愤不已，明明马上就能剿（jiǎo）灭金军主力了，皇帝却让他现在立刻撤军。但皇命难违，岳飞无奈地带着岳家军班师回朝，他对皇帝和朝廷很失望，请求解除军职，归隐田园，但是皇帝不答应。

没过几个月，完颜宗弼又领兵南下，岳飞当时感染了风寒，但还是带病出征，金军听说岳飞又领兵到前线来了，吓得落荒而逃。然而这一次抗击金军，却成了岳飞与金军的最后一次战斗。

金国知道自己已经没有余力彻底覆灭南宋，所以打算和南宋议和。秦桧害怕岳飞活着会阻碍议和，多次派人诬（wū）陷岳飞，还把岳飞父子抓进了大牢里，想逼迫他承认罪行。

岳飞被关押两个月，秦桧始终没能找到岳飞有罪的证据。

与岳飞一同抗金的将领韩世忠听说岳飞被抓，十分气愤，他质问秦桧："你说说岳飞犯了什么罪？"

秦桧挠（náo）了挠脑袋，回答说："什么罪？什么罪……这，这，莫须有罪！"

"莫须有"就是"也许有"的意思，但更深层的含义，其实就是不需要有。

韩世忠一听到"莫须有"三个字，气得吹胡子瞪眼睛："莫须有，莫须有，何以服天下？"

最终，仅凭莫须有的罪名，岳飞被定了罪，很快被当众斩杀，年仅三十九岁。

（故事源自《宋史》）

辛弃疾生擒张安国

南宋时期，虽然金人占据了北方的大片土地，但在金朝统治下的汉人却希望南宋政权能够让国家恢复统一，辛弃疾就是这样一位怀揣（chuāi）着南宋恢复中原梦想的大英雄。

二十岁投靠耿^{gěng}京起义

辛弃疾是南宋著名的豪放派词人，同时也是一名出色的抗金将领。他出生的时候，北方已沦（lún）陷于金人的铁蹄之下，无数汉人饱受金人压迫之苦。年幼的辛弃疾看到了家国的破碎和百姓的苦难，心中埋下了一颗痛恨金国的种子。他从小刻苦学习文化知识，专心练习诸般武艺，年纪轻轻就文武双全，更有一身豪侠（xiá）之气。

辛弃疾二十岁的时候，终于等到了一个反抗金人的机会。那时金人大举南侵，妄（wàng）图一口气吞并南宋，为了向前线供应粮草物资，金人加倍剥削（xuē）统治下的汉人。汉人不堪压榨，纷纷揭竿（gān）起义，辛弃疾也在济南组织了一支两千多人的抗金队伍，正式举起了抗金的大旗。

在山东地区的起义军中，耿京率领的队伍最为强大，辛弃疾也带领部下投入耿京麾下。虽然辛弃疾才刚刚二十岁，但他已经是个小有名气的文人了，耿京便让辛弃疾主管文书。没过多久，河北、山东一带组成了一支足足有二十五万人马的抗金队伍，在金国各地挑起战火。

但是北方始终是在金人统治下，汉人的能力有限，孤军奋战终究难成气候。辛弃疾代表耿京去联络南宋朝廷，希望能得到朝廷的支持，接受南宋的任命，与南宋里应外合打击金国。

辛弃疾成功拿到了南宋的任命书，可是留在北方的耿京却出了大事。耿京军中一个叫张安国的将领竟然背叛了耿京，将耿京残忍杀害，甚至还诱骗一部分义军跟着他投靠了金人。

生擒叛贼张安国

辛弃疾从南宋回来的路上听说耿京被人杀害，心中悲怒交加，当即联络了附近城池的守将，打算夜袭金营，擒拿张安国。

当天晚上，辛弃疾与勇士们骑着快马、带着刀剑，在夜色掩映下直奔金人营地。到金营附近，众人轻轻下了马，把马拴（shuān）在树上，悄无声息地摸进金人营寨（zhài）。

只见金营里灯火通明，叛贼张安国醉眼迷蒙，正和几个金人划（huá）拳喝酒，好不快活。辛弃疾气得眼睛通红，手提宝剑闯入营中。张安国看到明晃晃的剑，吓得酒醒了大半，魂魄（pò）

都差点吓丢了。但他看了一眼两旁持刀斧守卫的士兵，又觉得有了底气，壮着胆子大喝一声："来人，把刺客都给我拿下！"

辛弃疾哪能给张安国嚣（xiāo）张的机会，他大步上前，跃上桌子，踢翻了张安国面前的美酒佳肴（yáo），只见寒光一闪，一把宝剑就架在了张安国的脖子上。张安国早已软成一摊烂泥，缩在椅子上一动都不敢动。

辛弃疾将张安国五花大绑，带着他撤出金营。这时金营中的金兵察觉了异常，匆忙赶来御敌。霎（shà）时间，营地里四面八方传出刀剑声、马鸣声。辛弃疾眉头一皱，当机立断下令："点火！"借着风势，张安国的营帐立刻燃起熊熊大火。

"不好，失火了！""快救火！"金兵乱作一团，自顾不暇（xiá）。

辛弃疾正要趁机撤退，突然想起张安国投敌时带到金营的将士，除了他的亲兵，还有被他哄骗来的义军将士，他必须带着这些人一起逃离金营。辛弃疾勒（lè）住胯下战马，大声喊道："兄弟们，我是辛弃疾，叛徒张安国已经被我擒住了！不愿意为金国卖命的，请随我冲出去吧！"

话音刚落，辛弃疾双腿用力一夹马肚子，战马如同离弦的箭，窜入金兵中。辛弃疾左劈（pī）右砍，砍得金兵发出阵阵哀嚎（háo），在他身后还有五十名骑着快马的骑兵勇士，跟他一起砍杀金人。那些被张安国骗到金营的人，先是听到了辛弃疾的话，现在又见到辛弃疾这般神勇，当即聚集起来，跟在骑兵队后面，一并杀出了金营。

金兵在后紧追不舍，辛弃疾见金兵追来，不慌不忙，微微拉住缰绳，让马儿放慢了脚步。金兵以为辛弃疾奔波了大半宿（xiǔ），

跑不动了，惊喜地叫唤着："别杀他，抓活的！"

辛弃疾冷哼一声，取下弓箭，调转马头，将弓拉得如满月一般，瞄（miáo）准金兵里跑在最前面的骑兵，拉着弦的手一松，羽箭应声飞出，将追兵射下了战马。辛弃疾的射术十分精准，他说下一个目标是谁，对方连逃跑的机会都没有。接连损失几名前锋，金兵惊慌失措，掉转马头，仓皇而逃，生怕被辛弃疾的箭追上。

耿京被杀，原来的起义军早已溃散，辛弃疾干脆带着重新聚集起来的队伍和叛徒张安国渡过淮河，回到南宋的领土。最终，张安国被押送到建康府（今江苏南京），由南宋朝廷审讯定罪后，斩首示众。

（故事源自《宋史》）

原典再现

《宋史·辛弃疾传》详细记载了辛弃疾生擒张安国的壮举。

乃约统制王世隆及忠义人马全福等径趋金营，安国方与金将酣（hān）饮，即众中缚（fù）之以归，金将追之不及。献俘（fú）行在，斩安国于市。

——《宋史·列传第一百六十·辛弃疾传》

大意：于是，辛弃疾邀请统制王世隆以及忠义之士马全福等人，直奔金兵营地。张安国正和金国将领尽情饮酒，辛弃疾一行人就冲进人群，将张安国绑起来，带着他逃离金营。金国将领追赶不及。辛弃疾把张安国押送到皇帝的行宫，在街市上将张安国斩首。

元朝

　　宋和辽、西夏、金时期，多个民族政权对峙。元的建立结束了这一局面，使中国出现了空前统一。生活在北方草原的蒙古族是如何崛起建立元朝的？又是怎样实现全国统一的？

一代天骄　成吉思汗

金国灭了辽国，又灭了北宋，一时风头无两，但终究逃不过覆灭的命运，而灭亡金国的，就是大名鼎鼎（dǐng）的一代天骄成吉思汗所建立的大蒙古国。

超初，蒙古族只是草原上一个个互不统属的部落，其中乞颜部是实力最强盛的部落，是整个蒙古的核心。与乞颜部争锋的还有塔塔尔部、克烈部、乃蛮部、蔑（miè）儿乞部、汪古部等。

蒙古族是游牧民族，他们靠四处游走放牧维持生活，但草原上肥美的草场数量有限，哪个部落能够占领肥美的草场，哪个部落的牛羊就能长得更肥壮，也就能卖更多的银钱。有了银钱，部落的生活水平和战斗力都会显著提升。所以肥美的草场是游牧民族各部落的必争之地。为了争夺草场，几大部落争执不断，连年战乱。

结盟很重要

1162年，蒙古乞颜部的首领也速该的妻子生下了一个男孩，这个男孩叫铁木真，也就是日后大名鼎鼎的成吉思汗。

铁木真的名字是怎么来的呢？他刚出生的时候，乞颜部恰好俘虏（fú lǔ）了一名敌对部落的勇士。这位勇士的名字叫铁木真兀格，他武勇善战，勇猛非常。也速该就给自己刚刚出生的儿子取名为铁木真。

后来也速该被塔塔尔部的人杀害，乞颜部群龙无首，大量族人为了自保，纷纷投奔其他部落。铁木真一家孤儿寡（guǎ）母度过了一段艰难的日子。成年后，铁木真像其他人一样娶妻生子，可是他的妻子却被蔑儿乞部落抢走了。以乞颜部的实力，根本不能报仇雪恨，铁木真需要寻找同盟，借盟友之力，共同抗敌。他联合克烈部的首领王汗和曾经的结盟兄弟札木合，打败了蔑儿乞部落，不仅夺回了家人，还收获了不少财物，一雪前耻。

在这次短暂的合作后，铁木真和札木合认识到了结盟的好处。如果单独一个部落镇守一片肥美的牧场，很容易被强大的敌人击溃；如果各个部落联合在一起，共同拥有并守护一块广袤（mào）的、肥美的牧场，这样哪怕遇到强敌来犯，也能共同联手抵抗。于是，他与札木合约定一起在草原上生活。

但是，在共同生活的这段时间里，铁木真和札木合在政治观念上出现了冲突。铁木真心怀天下，他想把所有的蒙古部落都统一起来。这就需要有能力的帮手，于是铁木真提拔了一些平民出身但是有勇有谋的人做将领。

但这引起了札木合的不满：贵族是贵族，平民是平民，我们是贵族出身，部落中的官职自然也应该由贵族担当，怎么能随便提拔平民呢？铁木真和札木合因此产生了隔阂（hé），最终两个人决裂了。

四处征战　壮大部落

此后，铁木真的部落与其他部落之间征战不休。草原上的战争很有趣，有时己方的军队原有三千人，经过一场战斗后，却变成了四千人，人数不减反增。大家都是蒙古人，不必赶尽杀绝，只要斩杀领头的几个贵族即可，剩下的都是平民，可以直接纳入己方的队伍。所以铁木真的部队越打越壮大，兵将越来越多。原先的乞颜部贵族也向铁木真靠拢，大家共同推举铁木真为大汗。

再后来，草原上强大的塔塔尔部要起兵反抗金国，铁木真得知消息后，打着"为父亲报仇"的旗号，发兵攻打塔塔尔部落。塔塔尔部大败，部落被摧毁，部民四下奔逃。通过这一战铁木真奠（diàn）定了在草原上的威名，因为助力征讨叛部有功，还被金国封为部落官。

随着铁木真势力的日益壮大，一些敌对部落跟他的矛盾越来越大。1201年，其他部落组成联军，在札木合的带领下攻打铁木真。铁木真率领大军击溃了札木合的部落。第二年又歼灭了塔塔尔余部，至此，铁木真统一了东部蒙古。

位于蒙古西部的王汗看出铁木真野心极大：这些年来，他击败了一个又一个部落，占领了一片又一片草原，看来铁木真不彻底统一蒙古是不会罢休的。

此前，铁木真一直追随王汗东征西伐，巧妙利用克烈部的力量壮大自己的队伍，清除了不少敌对部落。铁木真为了巩固跟王汗的关系，想为儿子求娶王汗的女儿，王汗的孙子也想求娶铁木真的女儿，但是这两门亲事最终都没成功。这件事在双方心里都埋下了一根刺。

为了避免部落被铁木真兼并，王汗打算骗铁木真来部落会面，表面上说是要跟铁木真商量儿孙们的婚事，实则是要刺杀铁木真。但是暗杀计划走漏了消息，这令铁木真十分心寒。眼见密谋败露，王汗率领大军，对铁木真的部落发动突然袭击，铁木真慌忙应战，但因兵力薄弱而被打败。后来铁木真再度进攻王汗，王汗中计被袭，落荒而逃，途中被杀死。

铁木真威风凯旋，原属于王汗统领的克烈部也尽数被铁木真吞并，奠定了统一蒙古的基业。此后数年，铁木真先后吞并其他蒙古部落。

成吉思汗统一蒙古

1206年，蒙古所有部落首领推举铁木真为成吉思汗，尊他为蒙古的大汗。

成吉思汗把互相残杀的蒙古各部统一起来，使蒙古族在历史上留下了浓墨重彩的一笔，成吉思汗是蒙古族的民族英雄，被称为一代天骄。成吉思汗建立了第一个蒙古政权——蒙古国，并开创了军政合一的新制度——千户制。他把蒙古牧民编成十户、百户、千户，任命首领为十户长、百户长、千户长，让首领去管理平民。千户之上，统为万户，万户归军事统帅管理。

　　1211年，成吉思汗率领大军讨伐金国，对金国造成重创。而后又向西征讨，占领了中亚的大片领土。1227年，成吉思汗患上了重病，病危时，他对最信任的臣子说："金国已经衰败，但实力仍然不可小觑（qù），我们可以暂时与宋朝结盟，向宋朝借路直捣大梁，彻底消灭金国。"

　　后来蒙古人果然用成吉思汗留下的计策歼灭了金国，让金国退出了历史舞台。

（故事源自《元史》《新元史》）

原典再现

　　成吉思汗在临终时，精准地分析了蒙古同金国、宋朝的关系，为蒙古国此后的发展指明了方向。

　　金精兵在潼（tóng）关，南据连山，北限大河，难以遽（jù）破。若假道于宋，宋、金世仇，必能许我，则下兵唐、邓，直捣（dǎo）大梁。金急，必征兵潼关。然以数万之众，千里赴援，人马疲弊（bì），虽至弗（fú）能战，破之必矣。

——《元史·本纪第一·太祖本纪》

　　大意：金朝的精锐部队在潼关，南边依傍连绵的山脉，北边凭靠黄河的险阻，很难迅速攻破。如果向宋朝借道，宋和金是世代仇敌，宋朝一定能答应我们，那么就可以出兵唐州、邓州，直接攻打大梁。金朝危急，必定从潼关调兵。但数万兵力，跋（bá）涉千里去支援，人马疲惫（bèi）不堪，即使赶到也无力作战，我们一定能打败他们。

南宋覆灭　元朝一统

对于南宋来说，强敌金国虽然被蒙古灭了，但南宋并没有就此脱离危机，因为大蒙古国的下一个目标便是南宋……

南宋末年，帝王昏庸，政治腐败，像岳飞这样的忠臣良将，都被谋害，可见南宋距离灭亡不远了。南宋有很多奸臣，比如谋害岳飞的秦桧、独揽大权的贾似道。

贾似道的地位有多高呢？他被当时皇帝宋度宗称为"师臣"，被朝臣称为"周公"。周公不是官职，而是指"周公吐哺"的周公姬旦，周公姬旦兢兢（jīng）业业辅佐（zuǒ）君王，是公认的忠臣。贾似道是个大奸臣，却希望别人称他为忠臣。别人管他叫周公，他心里就特别高兴，好像这样就能向天下人证明他是个忠臣。

贾似道打败仗

贾似道的发家史也很传奇，少年时期的贾似道不学无术，德行操守都很差，但是他长大后却借由父亲的荫庇（yìnbì）获得了官职。再加上贾似道的姐姐深受皇帝宋理宗喜爱，贾似道借着东风青云直上。宋理宗驾崩后，宋度宗继位，贾似道的权势越发膨胀（zhàng）。这样的奸臣当道，朝廷又怎能打得过元朝呢？

1271年，成吉思汗的孙子忽必烈将国号改为"大元"。1273年，元朝大军攻克襄阳，渡汉水、过长江，直指南宋都城临安（今浙江杭州）。朝臣都向贾似道问计："周公，蒙古大军直袭京师，咱们退无可退，该如何是好？"

按照朝臣的意思，是让贾似道亲自带兵出征元军，但是贾似道害怕得很，哪敢上前线呢？正好这时候元军的一员悍将去世，贾似道欣喜若狂，觉得这是吉兆，说明老天爷都在帮他，于是亲率大军讨伐元军。贾似道带领的宋军与元朝大军在安徽一带相遇，准备展开决战。

虽然元军强大，但宋军占据了地利和人和，也不是没有胜算。宋朝官军在自己的领土上作战，熟悉当地地形和民情，在地理上占据优势，这是地利；至于人和，城池中的百姓都支持宋军，谁也不愿意让蒙古兵占领自己的土地，不愿意落入异族人的统治，宋军能得到老百姓最大程度上的支持。

在这种占尽优势的条件下，贾似道的心思却没有放在与元军作战上。他根本不想打仗，只想着如何在这场战争中保全性命。一开始，他试图通过称臣纳币来与元军议和，但被拒绝了。

在两军对峙（zhì）的时候，贾似道为了自身安全使劲往后撤，战场上的将军们一看他往后撤，都很生气：谁不知道贾似道只是个"假周公"，实际上是个自私自利、不顾国家安危的小人。眼见贾似道往后撤，将军们都知道了他的态度——一旦战事吃紧，贾似道肯定无法坚守。

像贾似道这种玩弄权力的奸臣，根本不在乎前方战士的死活，如果发现宋军没有胜算，他很可能立刻向蒙古人投降。到时候军队里冲得最猛、杀敌最多、意志力最顽强的人，就会成为元人的眼中钉、肉中刺，也许还会被朝廷当成替罪羊，交给元人泄愤。

想通了这一点，上至将军，下至士兵，人人畏战，不敢奋勇争先。战争还没开始，南宋将士的士气就一泻千里，这怎么可能打得赢？两军刚一交锋，宋军就大败。正如大家预测的那样，贾似道立刻逃到了扬州，并上书请求皇帝迁都。

贾似道一跑，宋军大范围溃败，元军趁此机会攻城略地，一路南下。南宋兵败如山倒，溃败的士兵和附近的老百姓四散奔逃。群臣不断上奏请求诛杀贾似道，最终迫于朝臣的压力，贾似道被贬。在押解的路上被杀。

独松关失守　国都临安危矣

公元1275年，元朝大军向独松关进军，独松关是临安城外的一处重要屏障。只要攻下独松关，就能直取国都临安。独松关易守难攻，两侧都是高山，只有中间一条路，是兵家奇险之地。

独松关的守城将领是宋将张濡（rú），他是将门虎子，军事素养、战略眼光、身体素质、武术功底都过于常人。独松关虽然易守难攻，但也是有限度的，需要有充足的粮草、足够的兵马、结实的甲胄（zhòu）、锋利的兵器和弓弩，才能守住。

如今，粮草不济，兵马不足，兵器甲胄也没有，就靠着张濡和他手下的人，很难守住独松关。张濡立刻写信向朝廷要援军、粮草、兵器，催促朝廷派人快马加鞭赶来支援。朝廷接到信后，并未耽搁（dān gē），赶紧派人带兵去支援张濡。被派去支援的人也是历史上的著名人物——文天祥。文天祥是著名的文学家，是民族英雄、政治家，也是一位大将军。

元军南侵至长江时，文天祥便散尽家财招兵买马，带着大军赶赴都城勤王护驾。如今独松关有难，张濡请求支援，文天祥又奉命援救独松关，但是援军还没赶到，独松关已经溃败，国都临安危矣。

元军逼近临安，两位爱国将领张世杰和文天祥兵合一处，打算背水一战。这时候宋度宗早已驾崩，继位的宋恭宗还是个五六岁的孩童，朝中虽然没有了奸臣贾似道，但新上任的丞相陈宜中却也不愿和蒙古人交战，一心想求和。

1276年，宋恭宗退位投降，元军进入临安城，南宋国都临安被攻破，元军将南宋君臣押到元朝国都大都。为了笼络人心，忽必烈倒也没有加害南宋的皇室子弟。

南宋投降之后，还有两任流亡在外的皇帝，他们都是年幼继位的少年皇帝。第一位是宋端宗，他被元军一路追击，年仅九岁就去世了。第二位是年仅七岁的宋帝赵昺（bǐng），他在大将军张世杰的护送下，带着一些兵马和臣子逃到了一个叫崖山的地方。

元朝大军一路追赵昺，直到崖山。张世杰决定死守到底，集中全部兵马与元军开战，这场战斗持续了二十多天，动用战船两千余艘。最后宋军全军覆没，大臣带着年幼的赵昺投海自尽。

南宋自宋高宗赵构开始，经历了九位皇帝，延续153年，在惨烈的崖山之战后，正式宣告灭亡，这一年是1279年。南宋的残余势力也皆被元朝平定，元朝至此统一了中国。

还有一个人的结局没说到，那就是文天祥。1278年，文天祥率领的军队遭到了元军的突然袭击，文天祥兵败被虏，但元军将

人生自古谁无死？
留取丹心照汗青。

领对他非常尊重，请他写信劝降张世杰。但文天祥誓死不从，还写下了千古名篇《过零丁洋》："辛苦遭逢起一经，干戈寥（liáo）落四周星。山河破碎风飘絮，身世浮沉雨打萍。惶（huáng）恐滩头说惶恐，零丁洋里叹零丁。人生自古谁无死？留取丹心照汗青。"这首诗不仅让元朝将领看到了文天祥视死如归的决心，更让天下人知道了文天祥高尚的气节。

崖山陷落后，文天祥被送到大都，忽必烈不愿意就这么杀掉有才干的文天祥，于是把他囚禁了起来。三年后，文天祥仍不屈服，最终被杀害，年仅四十七岁。

（故事源自《宋史》）

原典再现

文天祥被俘后，元朝派了许多人来劝他归降，但是文天祥始终誓死不从，最终从容就义。据《宋史》记载，在文天祥遗体的衣带中，发现了他的绝笔。

其衣带中有赞曰："孔曰成仁，孟曰取义；惟其义尽，所以仁至。读圣贤书，所学何事，而今而后，庶几无愧！"

——《宋史·列传第一百七十七·文天祥传》

大意：他的衣带中有一篇赞文，说道："孔子说要成就仁德，孟子说要为正义牺牲；只有将道义践行到极致，才能达到仁的境界。我们诵读圣贤的书籍，所学的是什么呢？从今往后，我大概可以问心无愧了！"

红巾军起义乱元朝

元朝虽然疆域辽阔，但持续的时间却不长，还没能兴盛多久，元朝就迎来了战火纷飞的末路……

元朝后期，政治腐败，朝廷欺压平民百姓，大肆（sì）收取苛（kē）捐杂税，税赋沉重，令百姓苦不堪言。

为了逃避朝廷的税赋，老百姓只能选择逃跑。因为一旦在某个地方定居，就要向当地官府缴税并依法服劳役，所以只有背井离乡，才能逃过官府的压榨（zhà）。可是百姓成为流民后的日子同样不好过。在古代，大部分中国人都以耕地为生，流民离开了土地，就意味着坐吃山空，生活极其困苦。运气好的人还能打份零工，勉强糊口。

石人一只眼　挑动黄河天下反

百姓吃不饱饭，生活看不到希望，这时只要有一个领头人站出来反抗，百姓自然就会跟随他起义造反，所以元朝后期，各地农民起义不断。但朝廷仍旧没有反思他们的所作所为。

偏偏在这时，黄河出现了水患危机。在苛捐杂税下勉强存活的老百姓，倘若因为洪水而导致农田颗粒无收，那他们肯定会因为走投无路而起义造反。

然而不幸还是发生了！1344年夏天，大雨一连下了二十多天，黄河河水暴涨，河堤相继决口。沿岸百姓流离失所，朝廷害怕了，当务之急是要赶紧修筑河堤、恢复水道。朝廷立刻花钱雇佣（gù yōng）民工修筑黄河堤坝。但是那些自私自利的官员却认为这是发财的大好机会，反而层层贪污了中央调拨的钱款，最后发到民工手里的钱少之又少。

被雇佣去修筑河堤的百姓，既拿不到多少钱，又要每天拼死拼活地干活，监工根本不把他们当人看，日子过得连牲口都不如。渴了喝不到水，累了也不能休息。在烈日的暴晒下，饥肠辘辘（lù）的百姓却干着最苦的活儿，且丝毫不敢懈怠。一旦有人晕厥（jué），就会被监工拿鞭子抽醒，百姓身上全是一道道血淋淋的鞭痕，悲惨至极。

在这种情况下，修筑河堤的十五万人之间，不知何时开始流传起了一句话，叫作"石人一只眼，挑动黄河天下反"。这句话刚开始流传的时候，大家还没在意。有一天，在挖掘河道的时候，人们挖出来一个硬东西。本来大家还以为是挖到宝物了，本着"见者有份"的原则，大家都积极地一起挖。没过一会儿，这个坚硬的庞然大物就被挖出来了。众人一看，居然是一个石人。而且这个石人长得很奇怪，只有一只眼睛。

大家你看看我，我看看你，不知道谁先开始小声念叨："石人一只眼，挑动黄河天下反。"为什么黄河底下会有这么一个奇怪的东西？莫非，这就是那个传说中的石人？

所有人都低声议论起来：

"这只怕是妖孽（yāo niè）吧？"

"胡说，什么妖孽？这明明就是老天爷的旨意。"

"什么老天爷的旨意？"

"咱们马上就要翻身做主人了！"

"你，你是说……"

"对，造反！"

很快，黄河中挖出石人的消息就传播开来。这条消息如同一颗火星落到一堆干柴上，轰的一声燃起了熊熊烈火。这烈火是用百姓心头的怒火点燃的，他们被官兵欺压已久，如今是他们推翻朝廷的时候了！

红巾军起义　百姓纷纷揭竿而起

1351年，修筑河堤的百姓纷纷拿起锄头、铁锹（qiāo），组成了反抗元朝的起义军。为了统一阵营，方便大家互相辨认，起义军都在头上系了一块红色的头巾，所以这支起义军被叫作红巾军。

最初的红巾军领袖是韩山童和刘福通，他们大肆宣扬"天下当大乱，弥勒佛下生"的言论，就是说天下要大乱了，弥勒佛即将投胎转世了。而且韩山童还自称是宋徽宗的八世孙，是宋朝皇室正统的后裔（yì），中原理应由他掌管，声称起义军推翻元朝是为了光复宋朝。

但是红巾军起义的消息走漏了，韩山童被官兵擒拿诛杀。刘福通则冲出重围，带领起义军攻城略地，一路势如破竹。北方各地人民纷纷揭竿而起，都打着红巾军的旗号反抗元朝的压迫。南方长江流域也出现了几支打着红巾军旗号的队伍，其中一支由徐寿辉和彭莹玉领导。

眼见起义军声势浩大，朝廷派出丞相脱脱的弟弟也先帖木儿率兵平乱。

刘福通手下的红巾军，装备肯定远远比不上正规军，起义军大多数穿着粗布衣，稍微好点的能穿着皮甲，只有少量核心人员才能穿上铁甲，这还是从敌人手里缴获来的；兵器就更少得可怜了，弓弩大多是自己制作的，用来打猎或许还行，用来打仗就有些困难了；起义军的刀，有杀猪刀，有菜刀，有长刀，有短刀，有开刃的刀，也有没开刃的刀，什么样的都有；至于战场上用到的兵法、阵法嘛，起义军里读过书、认识字的人或许都没有几个，又能有几个人懂得排兵布阵呢？

但偏偏就是这样一支甲不坚、兵不利的起义军，士气却无比高涨。因为起义军的成员大多是流离失所、背井离乡的流民，他们早已没有了退路。倘若起义军胜利了，这些人以后就能过上好日子；倘若起义军失败，他们所拥有的、能够失去的，也只有一条命而已，退无可退，那便无所畏惧。

蒙古的战士素来以骁（xiāo）勇善战著称，然而到了元朝末年，元军早已不复当年了。也先帖木儿带着蒙古铁骑浩浩荡荡而来，却接连溃败，也先帖木儿也落荒而逃。

弟弟阵前失利，丞相脱脱第二年亲自率军出征，平定了盘踞（jù）在徐州的起义军，缴获了大量物资。元顺帝很高兴，赏赐了脱脱。

徐州的起义军被平定后，全国各地的起义军都遭到了官兵的疯狂镇压，红巾军攻势暂缓，但很快又养精蓄锐，兵力再度强盛起来。

红巾军起义的第五年，也就是1355年，刘福通找到了韩山童的儿子韩林儿，将他接到安徽亳（bó）州，立他为小明王，建国号为宋。因为当初韩山童自称是宋徽宗的后代，韩林儿是他的儿子，自然也是宋朝后裔了。

1356年，刘福通兵分三路北伐，随后攻占了汴梁。刘福通将都城迁到汴梁，汴梁曾经是北宋的都城。

徐寿辉和彭莹玉率领的红巾军发展如何呢？他俩率领的红巾军在大别山一带活动。1353年，朝廷派兵围剿起义军，彭莹玉在战斗中牺牲了。随后，徐寿辉率领部队夺取了江西、湖南、四川等大片地区，攻占了很多城池，就在胜利在望的时刻，徐寿辉却被他身边的部将杀害了——1360年，徐寿辉的下属陈友谅设计害死了徐寿辉。陈友谅登基为帝，自称汉王，国号为汉。

（故事源自《元史》《明史》）

原典再现

元朝末年的红巾军起义在《元史》有所记载，虽然这场起义最终以失败告终，但它给了元朝沉重的一击，为此后朱元璋等各方势力起兵反元、推翻元朝统治打下了基础。

颍（yǐng）州妖人刘福通为乱，以红巾为号，陷颍州。初，栾（luán）城人韩山童祖父，以白莲会烧香惑众，谪徙（zhé xǐ）广平永年县。至山童，倡言天下大乱，弥勒佛下生，河南及江淮愚民皆翕（xī）然信之。福通与杜遵道、罗文素、盛文郁、王显忠、韩咬儿复鼓妖言，谓山童实宋徽宗八世孙，当为中国主。

——《元史·本纪第四十二·顺帝五》

大意： 颍州人刘福通发动叛乱，以红巾为旗号，攻陷了颍州。当初，栾城人韩山童的祖父，因为用白莲会烧香蛊（gǔ）惑民众，被贬谪到广平的永年县。到了韩山童这一代，他宣扬说天下即将大乱，弥勒佛就要降临人间，河南以及江淮地区的愚昧（mèi）百姓都相信他。刘福通与杜遵道、罗文素、盛文郁、王显忠、韩咬儿进一步宣扬蛊惑人心的言论，说韩山童其实是宋徽宗的八世孙，应当成为中原的君主。

明朝

　　朱元璋灭亡元朝，建立了明朝，逐步统一全国。明初期，统治者进行一系列改革，使明朝经济繁荣，文化昌盛。然而到了明朝中后期，却逐渐走向了衰败，最终被农民起义推翻。

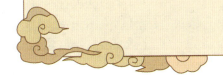

朱元璋崛起于江淮

元末有一位传奇人物，他曾经当过乞丐，后来参加了红巾军，最后推翻了元朝统治，建立了明朝，他就是明太祖朱元璋。

朱元璋出身于贫苦农民家庭，原名朱重八。1344年，朱元璋十七岁，那年他的家乡濠（háo）州连续发生了旱灾、蝗（huáng）灾和瘟疫。朱元璋的父亲、母亲和哥哥在半个月内相继去世。

家中发生这样的变故，朱元璋却连眼泪都流不出来。因为家里早就没有钱了，如今连饭都吃不上，亲人的尸体更是迟迟无法安葬。朱元璋心中暗恨：都是可恶的元朝廷，导致我家破人亡，而且连安葬家人的钱都拿不出来。

没有办法，朱元璋只好在村里挨家挨户地磕头恳求，请邻居们借钱给他，以便安葬亲人。埋葬完亲人后，朱元璋又陷入了另一个困境，他举目无亲，抬头四顾，哪里是他的安身之处呢？家人都没了，那间破败的屋子，还能称之为家吗？接连不断的天灾，使得田地都荒废了，他还怎么去田间耕作？

朱元璋决定离开家乡，天下之大，唯有一个地方，不问出身、不论贫富，只要前去投奔就会受到欢迎，而且还能吃饱饭，这个地方就是寺庙。于是，朱元璋跑到皇觉寺当了和尚。

朱元璋本以为投奔皇觉寺就能找到一个让他吃饱饭的地方，没想到，才在皇觉寺待了一个多月，朱元璋就受不了了，因为皇觉寺的粮食也不多。朱元璋只得跟住持方丈告别，说要外出云游天下。住持大师同意了。他身着破衣烂衫，手中拿着破碗和拐棍，离开了皇觉寺，开始云游四方。

加入起义军　带兵打仗

这一去就是三年。这三年朱元璋结识了不少起义军中的勇士。1352年，郭子兴响应刘福通的起义，在濠州起兵，朱元璋前去投奔，得到了首领郭子兴的赏识。郭子兴任用朱元璋为自己的亲兵，还将养女马氏嫁给朱元璋，马氏就是日后的马皇后。

1353年，朱元璋回到家乡招兵买马，从前相熟的人听说后，都来投奔，很快就招募（mù）了七百多人。但是当时濠州有好几股势力，有的队伍暴横无理，有的队伍实力较弱。朱元璋觉得不能同他们共事，于是他将招募来的民兵托付给其他将领，自己带着好友徐达、汤和等人去攻打定远。

领兵打仗光有勇猛不够，还得靠计谋。在攻打定远途中，原本在附近山头结寨（zhài）的冯国用与冯国胜兄弟，带着山寨里的弟兄们归顺了朱元璋。这两兄弟计谋无双，堪比当年的卧龙凤

雏。朱元璋曾向二人请教夺取天下的计谋，冯国用建议先抢占兵家重镇金陵，然后再缓缓图谋天下，朱元璋欣然采纳。一年之后，朱元璋的军队扩充到了三万余人。

1355年，朱元璋攻下和州，并驻守此地。在这一年中，天下局势发生了变化，朱元璋的岳父郭子兴去世了。刘福通在亳州拥立韩山童的儿子韩林儿为小明王，定国号为宋。小明王下檄（xí）文任命郭子兴的儿子郭天叙为元帅。朱元璋虽然不愿意受制于小明王，但考虑到韩林儿的势力比较强，可以利用其声势，于是就在军中使用小明王的年号。

过了几个月，和州出现饥荒，军中粮草不足。为了解决粮草危机，朱元璋计划从和州渡江，攻下采石和太平（今安徽当涂一带），进而攻占兵家重地集庆（今江苏南京）。

打下采石之后，朱元璋的军队缴获了大量粮食。当时众部将都打算把粮食带回和州，但朱元璋却不同意。他认为大军好不容易渡过长江，不应该轻易折返。于是朱元璋命人砍断船上的缆（lǎn）绳，让船随着急流漂走，然后对诸将士说："太平距离此地不远，与其返回和州，不如去攻克太平。"朱元璋带领部下乘胜追击，没多久就攻下了太平。

攻下集庆　成为领袖

这年秋天，郭天叙在率军进攻集庆的途中战死，朱元璋顺理成章地收编了郭子兴的军队，极大地扩充了军事实力。第二年春天，朱元璋攻下了兵家重地集庆。

刚进集庆城，朱元璋就召集全城百姓，列举元朝的恶行，并安抚全城百姓："我朱元璋是汉人，我们反抗元朝就是为了让乡亲们过上好日子。请乡亲们放心，我大军入城，绝不拿百姓一针一线，绝不侵扰百姓的生活。"

老百姓观察了好几天，发现朱元璋手下的兵卒果真如同他说的那样，对百姓秋毫无犯，城中彻底安稳了下来。

朱元璋把集庆改为应天府。"应天"，意为顺应天意，代表朱元璋和起义军上应天命。此后几年间，朱元璋以应天府为根据地，逐步向周围扩张。

当时江淮一带还有好几支红巾军，每一支都想扩大地盘、增强实力，彼此攻伐、互相算计。名义上，大家都是红巾军，共同目标都是推翻元朝，但实际上，推翻元朝之后的目标就是登基为帝，各路红巾军的领袖都想自己做皇帝，他们既是战友，也是竞争对手。

朱元璋有不少劲敌，其中对他威胁最大的，要数长江上游的陈友谅。朱元璋和陈友谅，谁能够成为最后的赢家呢？

（故事源自《明史》）

朱元璋大战陈友谅

陈友谅窃取了徐寿辉的胜利果实，朱元璋的势力也越来越大，两人终将面临一场决战……

朱元璋占领了应天府，以此为中心控制了江淮地区，此时他要面对两个强大的对手——西面的陈友谅和东面的张士诚。

安抚民心 消灭陈友谅

应天府的百姓都知道天下不安定，城里人心惶惶，大家都很担心，如果张士诚或陈友谅派大军来攻打应天府，那该怎么办？他们根本没有抵抗的能力，只能成为刀下冤魂。老百姓的心愿也很简单，只求能安居乐业，所以他们都打算先收拾家当离开应天府，等战争打完再决定要不要回来。

朱元璋不希望百姓离开，不希望应天府里的大好局势发生变化，于是他召集文臣武将来讨论，如今强敌环伺，该如何应对才好？民心不稳，必须尽快做出决断，还要行之有效，才能安抚民心。

朱元璋手下的谋臣刘基谨慎地分析了当前形势，认为只需担心西路，不必担忧东路。东路的张士诚贪图金银珠宝、美女佳人，只要满足了他的贪欲，他就不会轻易来攻打应天府。但陈友谅不同，他有着狼子野心，必须先把他消灭，然后再集中力量攻打张士诚。朱元璋十分赞同。

陈友谅出身于湖北仙桃一户渔家，小时候读过几年书，还在县衙（yá）当过小吏。他心机很深，眼见天下动荡不安，就投奔了徐寿辉的起义军，因为屡立战功，渐渐手握大权。但他唯利是图，完全不将君臣之礼和忠义二字放在眼里。1360年，见时机成熟，他杀掉徐寿辉，自立为帝，定国号汉。

那陈友谅手下的人愿意臣服于他吗？当然不愿意。这些人原本与陈友谅一样，都是徐寿辉的部下，与陈友谅平起平坐。现在陈友谅谋杀了首领，还要求大家向他磕头，称他为陛下，凭什么？

陈友谅的皇位来得名不正言不顺，手下的部将纷纷叛变，但他并不在意，继续招兵买马，扩充军队。他深知朱元璋是最大的威胁，两人之间必有一战。而这一战，就是历史上著名的鄱（pó）阳湖大战。

守好南昌城　坐等援军到

1363年初，张士诚的部将攻破安丰，刘福通身死，朱元璋率领大军赶赴安丰，营救小明王韩林儿，将其护送到安徽滁（chú）州，然后才返回应天府。同年夏天，陈友谅率领六十万大军，驾驶着新建造的数百艘楼船，攻打南昌。

南昌守将是朱元璋的侄子朱文正及大将邓愈，朱元璋对此早有安排，他提前吩咐朱文正："只要有大军来袭，你就记住四个字，坚守不出。无论敌人如何引诱，千万不要开城门，更不要派兵应战。一定要守好城池，我会派遣大军前来助你。"

陈友谅亲自督战，让士兵架起云梯，拼死攻城。朱文正指挥守军，一次次把敌军击退，但形势十分危急。六十万大军攻打一个小城池，怎么防得住？朱文正暗中派部将张子明去向朱元璋求援。

张子明见到朱元璋后，向他报告了军情。朱元璋让他转告朱文正，要求南昌再坚守一个月。张子明听完就呆住了：还要再坚持一个月？

张子明请求朱元璋尽快派援兵相救，朱元璋挥了挥手，说："回去吧！你听我的，原话转述给朱文正。一个月后我会亲自率兵去救援。"张子明很无奈，只得匆匆赶回南昌。

此时，南昌已被陈友谅的大军围困，张子明本想趁夜色偷偷溜进城去，但是被攻城的士兵发现，抓了起来。陈友谅的手下发现这是个通风报信的人，连忙将他押到陈友谅面前。

陈友谅将张子明带到城下，让他向城里喊话，劝朱文正投降。朱文正看着部将在城下受辱，心中十分悲伤难过。张子明大声喊道："将军，您务必要在此地坚守，援军一定会来的！您万万不可向奸人投降！"嘶哑的声音直冲云霄，传到了朱文正耳朵里。

陈友谅气坏了，他让张子明来劝降，张子明却给朱文正助威。他当即掏出宝刀，一刀斩杀了张子明，然后立刻安排大军继续攻城。

在陈友谅六十万大军疯狂猛攻的情况下，朱文正和邓愈昼夜坚守南昌，长达八十五天，硬是没让敌人踏入城中半分。这时，南昌终于等到了援军的消息，朱元璋亲率二十万水军到达了江西湖口。陈友谅得到消息，下令解除南昌之围，调集全部兵力，赶赴鄱阳湖消灭朱元璋的主力。

鄱阳湖上的对决

双方兵力相差悬殊，陈友谅有大军六十万、战舰几百艘，朱元璋只有大军二十万，战船也没多少，根本无法与陈友谅的军队相提并论。然而，陈友谅的军队犯下了一个致命的错误，导致原本占据优势的陈军一败涂地。陈友谅的水军采用了铁索连环的计策，就是曹操曾经在赤壁之战中战败的那个计策。

原本陈友谅的几百艘楼船连接在一起，对朱元璋来说非常棘（jí）手，两军连战三天，朱元璋局势危急。但就在这时，刮起了猛烈的东北风，朱元璋大喜，连忙采用了火攻之计。

当天傍晚，朱元璋令部下乘风放火。只见一艘艘小战船随风而去，快到陈友谅的战舰附近时，士兵便点燃船上的稻草。顿时，火焰冲天而起，一艘艘战船如同一艘艘火箭，最终将被铁索牢牢固定在一起的战舰全部点燃，熊熊大火将湖水都映成了红色。兵将们不是被烧死，就是跳湖后被淹死。经过这一战，陈友谅的弟弟陈友仁以及诸多大将全被烧死，陈军元气大伤。

第二天，双方主力再次会战，陈友谅士气受挫，大败而归。

经过一个多月的对峙（zhì），陈友谅被围困在湖中，粮食也

不够吃了，不得不带兵突围逃跑。朱元璋提前布下了天罗地网，当陈友谅率领残军突围时，朱元璋下令让火船将陈军团团围住。

陈友谅的大军已经是闻火色变，见火船攻来，连打都不敢打，只想跳船逃命。在这混乱之中，陈友谅被一支利箭射中了，当场毙命。

这一战让陈友谅的六十万大军全军覆没，侥幸活下来的文臣武将全都投靠了朱元璋。第二年，朱元璋率大军进攻武昌，陈友谅的儿子出城投降，朱元璋彻底吞并了陈友谅的势力。

（故事源自《明史》）

原典再现

《明史》记载，陈友谅生活非常奢侈（shē chǐ），在他死后，有人将他的一张镂（lòu）金床献给朱元璋，令朱元璋十分感慨。

友谅豪侈，尝造镂金床甚工，宫中器物类是。既亡，江西行省以床进。太祖叹曰："此与孟昶（chǎng）七宝溺（nì）器何异！"命有司毁之。

——《明史·列传第十一·陈友谅传》

大意：陈友谅生活奢侈，曾经打造了一张镂金床，工艺十分精巧，宫中的器物大多都如此。他死后，江西行省将镂金床进献给朱元璋。朱元璋感叹说："这与孟昶的七宝溺器有什么区别？"便命人将其销毁。

注：七宝溺器是后蜀皇帝孟昶所用的夜壶，用珍珠、宝玉等七种宝贝装饰，华贵非常。

元朝覆灭　明朝建立

　　朱元璋打败了最大的敌人陈友谅，成为最有实力推翻元朝的一支起义军，元朝覆灭在即，新的朝代即将登上历史舞台。

　　朱元璋彻底击败陈友谅后，集中兵力消灭了张士诚以及其他的起义军首领，将他们占领的城池与手下的兵卒尽数吞并。此时，朱元璋手下拥有了非常强大的军事力量，并且占据了长江中下游最富饶的土地。这片土地源源不断地为他的队伍提供钱财、粮草和兵源，让他具备了推翻元朝、统一全国的实力。

皇帝沉迷玩乐　朝廷内斗不断

　　在朱元璋忙于扩充势力的时候，元顺帝却待在皇宫里，两耳不闻窗外事，一心只愿玩与乐。

　　因为皇帝不理朝政，权力渐渐被臣子掌握，朝廷内外形成了一批军事头目，比如扩廓帖木儿、孛（bó）罗帖木儿、李思齐、张良弼（bì）等。这些大将手握重兵，雄霸一方，不把皇帝放在眼中，为了争夺地盘，扩大势力，经常互相攻伐。

元顺帝曾多次指责这些将军，但收效甚微，各地将军仍是打斗不休，丝毫不顾皇帝的命令。元顺帝见无人听命，干脆听之任之，不再理会。

没过多久，内斗又开始了，太子看不惯皇帝昏庸，想逼迫皇帝把皇位禅让给自己。手握大权的臣子也想胁迫皇帝，从而独揽朝政大权。元顺帝主要依靠并支持两员大将——孛罗帖木儿和张良弼，太子同扩廓帖木儿和李思齐这两员大将结成一派，朝中一度呈现出两个朝廷的局面。这段惨烈的宫廷内斗直到1365年孛罗帖木儿被杀，扩廓帖木儿掌握大权，才宣告结束。但权力争夺还未终止，后来李思齐又联合张良弼等将领，共同对付扩廓帖木儿，在全国各地引发了混战，朝廷政令不能施行，中原百姓的生活更加困窘（jiǒng）。

北伐军攻破通州　大都危在旦夕

元朝内部争斗不休，根本就没人考虑剿灭红巾军这件正事。朱元璋趁机养精蓄锐，不断发展，羽翼渐丰，将整个南方收入掌中。

1367年，朱元璋发布北伐檄（xí）文，指责元顺帝昏庸无能，把百姓逼到了起义造反的地步，上天寓示元朝气数已尽。如今红巾军顺应天意，领导百姓把蒙古逐出中原，拯救天下百姓。

朱元璋任命徐达为征虏大将军，常遇春为副将军，统率二十五万大军攻打元朝。凭借着对元朝形势的深刻了解，朱元璋制定了非常明智的作战计划：先打山东，再打河南，然后占据天险潼关。只要控制住潼关，就能稳住大局。随后直接进攻大都，最后扫荡山西、陕西。

出兵前，朱元璋还特意把两位大将军叫来，三人推杯换盏、推心置腹。酒宴间，朱元璋对两人说："你我虽为君臣，但实为兄弟。你们千万要记得，不可伤及无辜百姓。咱们如今所图的，是统一全国，推翻元朝的暴政，所以必须得到百姓的支持。不拿百姓一针一线，还要主动帮助百姓，谁欺负了百姓，咱们就得帮百姓打败谁。"

徐达和常遇春点头称是，"您就放心吧，我兄弟二人只会成事，不会坏事"。

按照朱元璋的计划，大军很快攻下了山东、河南，元朝的军队不是投降就是逃跑，根本挡不住北伐军的脚步。

1368年正月，朱元璋在应天府登基，正式称帝，建立了明王朝，并将应天府作为都城。后来，他又将应天府改称为南京。

半年后，北伐军逼近元朝都城大都（今北京）。元朝许多兵将都跟随将军散布在各地，来不及赶回大都营救。这年夏天，各路明军在山东德州集结，兵分两路，水路并进，攻向大都。很快他们便攻下了元朝首都大都的最后一道门户——通州。通州失守，大都危在旦夕。

顺帝火速逃跑　明军攻占大都

元顺帝原本只想安安稳稳过完自己这一生，后世子孙能不能保住江山，他也管不到了。但如今大军将至，江山恐怕真的要断送在他手中了，这是他计划之外的事情。迫于无奈，元顺帝只得召集文武大臣想办法。

众大臣你看看我，我看看你，不知道说什么好，但皇帝在龙椅上看着，他们也不能一言不发。可是能说什么呢？要说赶紧弃城逃跑肯定不行，当年宋朝的皇帝和大臣就是因为遇到危险就逃跑，才被千夫所指、万民所骂。但是如果不说逃跑，说留下来送死也不行啊！

众大臣都不说话，最后还是旁边的一个老太监站了出来，他说："陛下，咱们得坚守城池，不能退，一退则万劫不复啊！"

元顺帝没有主意，有人说不退，那就不退了，坚守城池吧。可城里缺兵少将，也没有粮草供给，驻守外地的兵将根本不顾皇帝的死活，没人前来营救，光靠城里的士兵和粮草，又能守多久呢？

元顺帝名义上昭告天下：君臣会与大都共存亡，绝不后退半步。实际上，他当晚就趁着夜色，率领后宫嫔妃、太子、文武大臣共一百多人逃出了大都，逃向北方的茫茫草原。

几天之后，明军攻占大都，朱元璋将大都改名为北平，意为"北方平定"，蒙古族建立的元朝在中原的统治结束了。明朝夺得了长城以内地区的统治权，丢失了四百多年的燕云十六州也被收复了。

明太祖朱元璋出身平民却登上帝位，还开创了明初三大盛世之一的"洪武之治"，堪称传奇皇帝。

（故事源自《元史》《明史》）

分封诸王　朱棣篡位

朱元璋登上了皇帝的宝座，明朝统治了长城以内地区。但没过多久，朝廷内部就发生了帝位之争。一场叔叔和侄子之间的皇位之争即将开启……

元朝灭亡后，还有一些残余势力逃到了北方。为此，明朝需要派出大将军镇守边境，防备元朝的侵扰。

但是该派谁去边关呢？派手下那些大将去可以吗？不可以，虽然打天下的时候，朱元璋对他们信任有加；但到了守江山的时候，朱元璋就不肯让以前立下汗马功劳的大将军镇守边关了。因为他害怕手下的将军拥兵自重，担心他们在边关培植自己的势力，有朝一日会造反。

朱元璋思来想去，觉得还是朱家人靠谱，自己家族的兄弟、子侄更值得信赖，于是他决定推行分封制。他把一些重要的城池、兵家重地分封给朱姓诸王，让他们负责镇守。明太祖朱元璋一共有二十六个儿子，除了被立为太子的朱标和早逝的第二十六子之外，其余二十四个儿子加上一个侄孙，都被封了王。各位藩王不仅要负责戍卫边疆，朱元璋还赋予他们兴兵讨伐朝中奸臣的权力，也就是"清君侧"的权力：如果明太祖或者明太祖之后的皇帝被权臣控制，各地藩王可带大军前来清君侧，诛杀权臣，以保证朱氏王朝长治久安。

分封制的优点很明显，但缺点同样也很明显。明朝初年，藩王有很大的权力：每年享有万石（dàn）以上粮食的俸禄，可以在藩国建立王府，有权在藩国任免官职。除了不能干涉地方民政，藩王和土皇帝简直没有任何区别。最重要的是，因为朱元璋设置藩王的目的之一是为了镇守边关、捍（hàn）卫中央，所以藩王手中掌握着军权。越是靠近边关的藩王，军事实力越强大，手下兵卒也越多。

在众藩王中，有三个藩王的兵力最强，分别是宁王、燕王和晋王。他们都有丰富的作战经验，而且战功赫赫。三王中，燕王朱棣最受明太祖朱元璋器重。

侄子登上皇位　叔叔们被削藩

1392年，太子朱标因病去世，朱标的儿子朱允炆（wén）以长孙的身份被立为皇太孙。各地藩王对此有些不满，因为朱允炆是他们的侄子，当年他们跟父亲一起打下了偌（ruò）大的江山，等父亲死后，他们这些当儿子的还得辅佐侄子登上皇位。藩王心有不甘，不把年轻的皇太孙放在眼中，经常对朱允炆出言不逊（xùn）。

朱允炆对此一清二楚。有一次，他对陪伴自己读书的黄子澄说:"诸藩王手握重兵,根本不把我放在眼中。我凭什么来抵御他们呢?"

黄子澄和朱允炆年龄相仿,关系很好,他告诉朱允炆如今各地藩王还没到拥兵自重的地步,没有任何一个藩王具有压倒性的优势。等到朱允炆荣登宝座后,兴兵前去讨伐藩王,肯定能一战成功。朱允炆觉得黄子澄分析得很有道理,把心放到了肚子里。

明太祖朱元璋去世后,朱允炆即位,年号建文,史称建文帝。建文帝即位后,各地藩王的不满情绪与日俱增,建文帝当即宣布削藩。他叫来心腹大臣齐泰,与黄子澄共同商议削藩事宜。

齐泰提出,如今应该杀鸡儆(jǐng)猴,先挑最肥的鸡来杀。势力最大的藩王是坐拥几十万大军的燕王朱棣,如果先削燕王的藩位,再把他手里的权力收归中央,其他的小藩王自然不敢再起事端。

黄子澄摇摇头:"不行,柿子还得挑软的捏。陛下刚即位,手下没多少兵卒,朝中也没多少真心支持的大臣,燕王还是陛下的长辈。万一真把他惹恼了,他兴兵来攻打都城,那可就麻烦喽!"

齐泰问道:"那依你的想法,应该怎么办呢?"

黄子澄想了想,说道:"应该先对那些势力范围小、兵力比较弱、封地比较少的藩王下手,把小藩王一一清除,最后再解决燕王朱棣。"

恰好这时有人告发周王的不法行为,建文帝就下令逮捕了周王。严加审讯后,周王的供词把湘王、代王等几个王爷牵扯了出来,于是这几个王爷要么被贬为平民,要么被拘禁,要么畏罪自尽。

在黄子澄的计划里,周王是一个关键人物,他是燕王的同母弟弟，除掉周王就是除掉了燕王的手足。建文帝召燕王来议定周王的罪过，燕王却上书替周王陈诉冤情，希望能够救他。

建文帝看了燕王的上书，心中忧伤，想要停止削藩这件事，但是黄子澄和齐泰极力劝阻，认为事已至此，不可半途而废。与两位大臣商议之后，建文帝派人密切监视燕王的动静，并以守备边关为名，调用燕王手下的兵卒，今天抽调两千，明天抽调三千，慢慢削弱朱棣的军事实力。

装疯卖傻的朱棣打败了小侄子

燕王朱棣预感到皇帝将对他不利，自然不肯坐以待毙（bì），他暗中招募死士，随时准备谋反。权衡利弊之后，朱棣开始装疯卖傻，装作精神病发，整天胡言乱语。有时躺在地上，几天不起来，蓬头垢（gòu）面。夏天，朱棣坐在火盆旁边烤火，一边烤火一边说："冻死我了，冻死我了，谁再给我添点炭？"

朱允炆知道后心软了，想停止削藩，黄子澄、齐泰不同意，他们劝朱允炆要趁热打铁削除燕王的权力。但是被派去逮捕朱棣的人张信曾是朱棣的旧部，他归降了朱棣。

朱棣不用装病了，如今不是他犯上作乱，而是侄子要杀亲叔叔！叔叔兢兢（jīng）业业保卫江山，侄子却受奸臣所惑，暗中派人来谋害叔叔。燕王掌握了人证、物证，他要动用权力，前去清君侧。要清谁呢？自然是黄子澄和齐泰了。

朱棣带着自己精心训练的军队，打着"清君侧，靖国难"的名号，浩浩荡荡杀往南京，历史上把这场内乱叫作靖难之役。

燕王驻守边关，久经沙场，手下的兵将也都身经百战。他起兵后，很快攻下通州、遵化、密云等地。朱允炆虽然兵马数量占据优势，但是当年跟着明太祖打天下的将军们死的死、退的退，新上任的将领根本不是常年征战的燕王的对手。

眼见敌人步步紧逼，朱允炆这边却连连败退。他叹了一口气：还是大意了，对自己和燕王的实力预估不足。

这场内乱持续了三年，燕王的部队胜多败少，但他的军队数量有限，多年来转战各地，渐渐成了强弩（nǔ）之末。眼见朱允炆还稳稳坐在皇位上，朱棣却因持久战而出现了败亡的迹象。就在这时，南京城里有个太监向燕王告密，说南京城兵力空缺，建议燕王直奔南京城，杀掉朱允炆，登基为帝。

　　朱棣当即决定挥军南下，直取南京。燕王的军队所向披靡，建文帝赶紧派人向朱棣求和，愿意割地赔偿，只求燕王退兵。这样的缓兵之计当然骗不过燕王，他亲率大军，渡过长江，包围了南京城。

　　过了几天，守城大将军李景隆打开城门投降，南京城破。

　　1402年，朱棣登上皇位，第二年改年号为永乐，改北平为北京，成为明朝的第三个皇帝——明成祖。

　　　　　　　　　（故事源自《明史》《明史纪事本末》）

宠臣郑和　七下西洋

燕王朱棣谋权篡位，取得了江山，但他心里还有根刺——朱允炆是真的死了，还是逃跑了？有人说，破城之前皇宫里燃起了大火，建文帝跟后妃都已经葬身火海。但朱棣似乎并不太相信。为此，他派郑和七次下西洋，就是为了寻找朱允炆的下落……

朱棣攻入都城南京的时候，发现侄子朱允炆的尸体已经被烧得漆黑。但也因为烧得焦黑，所以无法断定这尸体究竟是不是朱允炆的。朱棣心想：也许当时的大火只是障眼法，朱允炆身边的太监或其他人换上了龙袍，代替朱允炆死了，而朱允炆则趁乱逃出了皇宫。

朱允炆逃到了外国？

朱棣一直担心，万一朱允炆隐姓埋名、积蓄力量，有朝一日举起大旗来讨伐他怎么办？朱棣担忧良久，甚至忧思成疾，最后只好找来心腹大臣，询问办法。

众大臣纷纷建言献策，有人提出发布通缉令，让全天下的人一起帮忙抓捕朱允炆。朱棣一听，气不打一处来，本来他的皇位就有点名不正言不顺，通缉朱允炆，那不等于公开宣传自己谋权篡位吗？到时候通缉令一发，全天下老百姓就都知道朱棣想要害死朱允炆了。他当场就把提议的人赶了出去。

另一个大臣说："陛下，依臣之见，建文帝如果还活着，只怕不会留在咱们大明。如今过了这么久还是杳（yǎo）无音信，想必他已经逃到其他国家了，不妨派人到周边国家打探一番。"

朱棣一想，觉得有道理，可是如果朱允炆真的跑到外国，那该怎么找他呢？总不能满世界搜查吧？

大臣又建议道："不如派一支船队访问周边诸国，一来可以打听建文帝的下落，二来也可以震慑（shè）周边诸国，让他们看到咱们大明的雄厚实力。"

朱棣大喜："好，这个主意太好了！这出海船队的使臣，朕心中已经有人选了。"朱棣选中的人是他身边颇受信任的一个宦官，他就是郑和。

郑和原本姓马，小名三宝，又作三保，云南昆阳人。在朱元璋的军队攻打云南的时候，年仅十二岁的三宝被抓到军中，后来朱元璋觉得他聪明机灵，就把他指派给了燕王朱棣。三宝深得朱棣喜爱，后来还被朱棣赐姓郑。

郑和跟随朱棣走南闯北，见识不凡，也曾经参加过战争，精通兵法，有军事作战才能。当明成祖想找个有头脑而又忠心耿耿（gěng）的心腹去暗中寻找建文帝时，就想到了一直追随他的宦官郑和。明面上，明成祖派郑和出使西洋各国，也就是现在的文莱以西、印度洋沿岸的诸国，暗地里，郑和要探听建文帝的消息。

郑和接受了明成祖的命令，开始做出海的准备。几个月后，大军准备完毕，明成祖一声令下，大军出发，远航西洋。

浩浩荡荡下西洋

1405年，郑和率领船队从苏州刘家河出发，浩浩荡荡地向西洋驶去。这支船队声势浩大，兵卒有两万多人，船208艘，其中有62艘大型宝船，其余为马船、粮船、战船等。船长四十四丈，宽十八丈，是当时世界上数一数二的战船。船上除了士兵、水手外，还有翻译、医生、技术人员。携带的东西也非常多，有丝绸、瓷器、纸张、金银财宝等。

　　船队先到达占城（今越南），然后又去了旧港（今印度尼西亚苏门答腊东部）、锡兰等地……船队每到一个国家，会先去拜访国王，说明他们的身份乃是明朝的使臣，各国国王都亲自出来接待。每到一个国家，每见一个国王，郑和就给他们一些金银珠宝。各国国王得到中国使臣赏赐的金银珠宝，都非常高兴。这些国家还想派使节随郑和的船到中国朝贡。郑和欣然同意，明成祖派他出海，原本也有宣扬大明威名的用意，倘若这些小国愿意对中国岁岁称臣，明皇帝必定也不吝（lìn）赏赐。此外，郑和还用船上的瓷器、丝绸同当地的商人交换其他商品。

两年后，郑和带着浩浩荡荡的船队返回中国，向明成祖报告他的行程和所见所闻。虽然没有打听到建文帝的下落，但是他带回了另一个好消息，那就是有许多小国希望与中国建交，还特意派使臣来访。

明成祖朱棣见郑和的任务完成得很好，十分满意，便继续派郑和下西洋。从1405年至1433年间，郑和先后七次出使西洋，去过印度洋沿岸的30多个国家，最远的一次到达了非洲的东海岸和红海沿岸。

郑和率领这样一支庞大的船队出使异域番邦，在当时实属壮举。古代没有现在这样先进的航海技术，只能靠自身积累的航海经验。郑和下西洋的时候，也没有现在这么详细的海图，只能靠指南针，一边辨别方向航行，一边绘制海图。

路遇劫匪不害怕

郑和下西洋为什么要带这么多人？因为财宝动人心，郑和带着这么多金银珠宝、瓷器丝绸，难免有利欲熏（xūn）心之人截杀船队。在七次下西洋的过程中，郑和多次带兵打仗，击溃图谋不轨的人。

第一次下西洋的时候，郑和途经旧港，消灭了当地的海盗。海盗首领叫陈祖义，常常堵在商船必经的航道上抢劫商人的财物。郑和返回时曾派人招降陈祖义，陈祖义觉得郑和带着这么多船，一定有大批宝物，于是假装接受招安暗中谋划着要抢劫。郑和识破了陈祖义的阴谋，他不慌不忙地命令将士们准备好刀枪。

海盗大军刚把船队围起来，就被明军团团围住。陈祖义被生擒活捉，押送回京城，当街处斩。

第三次下西洋的时候，郑和又遇到了危险，不过这次不是海盗，而是锡兰国国王的诱杀。他见郑和出手阔绰（chuò），不由得动了杀心。锡兰国国王让王子把郑和骗下船，骗到城中，想强行勒索财物，并派军队暗中抢劫船队。郑和在进城的路上察觉情况不对，想返回船上，王子却变了脸，要把郑和抓起来。

虽然王子身边的人多，郑和身边只有两千护卫，但他率领两千护卫击溃了几万大军，一路杀进王宫，俘虏了国王和王妃。国王和王妃吓坏了，他们只是谋财，没想到连命都要搭上了。郑和押着国王、王妃返回中国，交给明成祖处理。明成祖赦（shè）免了国王和王妃的罪过，释放他们回国。经过这件事，周边邦国对中国越发敬畏，各国纷纷派使者来朝见。

第四次下西洋时，船队经过苏门答腊，又遇到了劫匪。这次的劫匪也不是普通的海盗，而是一个想要谋杀国君、自立为王的王子。这个王子恼恨郑和把赏赐给了国王，没给自己，就打算拦截郑和的船队，狠狠地宰上一笔。结果王子率领的士兵丢盔弃甲、落败而逃，王子也被生擒活捉了。

郑和七次下西洋，加强了中国与周边各国的联系，与众多国家建立了友谊，同时促进了世界各国的经济文化交流，是世界航海史上光辉的一页。

（故事源自《明史》）

土木堡战败　于谦守北京

在维持一段时期的兴盛后，明朝不可避免地开始衰落。在明朝由盛转衰的过程中，经历了一场影响明朝国运的战役——土木堡之战。在这场战役中，明朝的精锐部队损失殆（dài）尽……

明英宗朱祁（qí）镇继位后，宦官专权，太监王振深受宠幸，他恃宠而骄，为所欲为。与此同时，明朝边关也有隐患。北面有个势力非常强的蒙古部落，叫作瓦剌（là）。瓦剌部落首领也先对明朝的疆土虎视眈眈（dān），妄图吞并中原。

土木堡之变　明英宗被俘

1449年，也先亲自率领大军攻打大同，进犯明朝。战败消息传来，朝野震动，议论纷纷。明英宗也非常气愤，决定御驾亲征，重振大明天威。

　　大臣们劝皇帝三思而后行，但明英宗一点儿都没听进去，任命宦官王振为统帅，率领五十万大军，御驾亲征，北伐瓦剌。

　　行军路上，恰逢天降大雨，道路泥泞（nìng）不堪，行军速度非常慢。群臣屡次劝说皇帝，不要冒险前进了，赶紧让大军停下来吧，但是明英宗一概不听。大军到了大同，这时，镇守大同的太监悄悄告诉王振："明军在大同不敌瓦剌大军，继续前行将招致惨败。"王振终于害怕了，他跟明英宗一合计，不如赶紧撤。

　　王振最初想从紫荆关（今河北易县西北）退兵，这样他可以带皇帝去他的老家蔚（yù）州（今河北蔚县）转一圈，但怕糟蹋了自家的庄稼，于是改道宣府。一路折腾，终于来到了土木堡，军队准备在此停留休整。其他将士都提议去怀来，怀来防御设施较完备，且距离土木堡只有二十里路。但是王振不同意，于是大军驻扎在土木堡。瓦剌的大队人马穷追不舍，很快追到土木堡，把明军团团包围。

　　第二天一早，朱祁镇发现自己已经陷入重重包围之中。土木堡地势较高，且没有水和粮食，唯一的办法是护着皇帝突围出去。然而明军被瓦剌大军围困了三天三夜，无数兵卒死去，却始终未能突围成功。

　　瓦剌改变战术，用起攻心计，他们让人用汉语大喊："卸掉盔甲，放下武器，投降者不杀！"对明朝士兵来说，继续护着皇帝，要么被杀死，要么被渴死、饿死，向瓦剌投降，或许真的能够活命。明军里陆续开始有人脱下盔甲，放下武器，向下奔跑。

　　瓦剌军有没有遵守承诺呢？没有。身无寸甲、手无寸兵的明朝大军，被瓦剌军当成了活靶子，在漫天的羽箭中，一个个都被

射成了"刺猬"。明军兵败如山倒，兵将四处奔逃。在这混乱的关头，太监王振被杀，明英宗也变成了瓦剌军的俘虏。

新帝登基　于谦守住了北京城

消息传回朝中，朝堂上一片慌乱。皇帝虽然被抓走了，但还没死，那就不能改立新帝，然而国不可一日无君，总得有人来主持大局。皇太后做主，立明英宗的长子朱见深为太子。但朱见深才两岁，根本不能亲自理政，所以由明英宗的弟弟朱祁钰（yù）辅政。

朝政有人处理了，现在该讨论如何应对瓦剌大军了。这时又有人提出了老办法——南迁，既然打不过瓦剌，那就赶紧逃跑吧，北方的领土不要了，咱们南迁吧。

就在大臣们议论时，有一位文臣站了出来，大声呵道："谁再敢提议南迁之事，就应该拉出去杀头。都城乃天下之根本，在这种情况下南迁，会使得人心惶惶，令大明王朝不战而亡。难道，你们忘记宋朝南迁的教训了吗？"

此人就是历史上赫赫有名的于谦。

于谦是浙江杭州人，从小酷爱读书，懂得很多治国安邦之策。于谦为人刚直，从不依附权贵。他最敬佩的人，就是被元朝皇帝囚禁在牢中很多年，写出了《过零丁洋》和《正气歌》的文天祥。

于谦当即提出由他亲自带兵守卫北京城。众大臣和监国的朱祁钰欣然应允。朱祁钰将于谦升任为兵部尚书，让他掌管天下兵马，担负保卫北京城的重任。

这时，明英宗被瓦剌抓走已经有一段时间了，为了避免太子幼小造成国内人心不稳，众大臣干脆拥立朱祁钰为皇帝。朱祁钰就是明代宗，明英宗则被尊为太上皇。

明代宗如今最看重的事情，就是如何将北京城守住。为了迎击瓦剌军，于谦需要做好充足的准备，兵器、粮草必不可少，扩充兵马也是重中之重。在代宗的支持下，于谦做好了准备，一场轰轰烈烈的北京保卫战即将拉开序幕。

当年十月，瓦剌大军挟持太上皇南下，兵临北京城。于谦召集手下部将，对他们说："诸位，我于谦虽然是兵部尚书，受陛下信任，但我毕竟是文臣出身，不及各位武将经验丰富。究竟如何守卫北京城，还需要各位与我共同商议。"

部将纷纷建言献策，其中有一名叫石亨的大将军说："尚书大人，如今咱们已经筹备了大量粮草和兵器，也调配了大量的军队镇守北京。依我之见，咱们应该紧闭城门。如有敌军攻城，则派守城兵将以利刃攻之。只要能够坚守，定可让劳师袭远的瓦剌大军不战自退。"

于谦摇了摇头，回答："不行，如果敌军没有俘虏太上皇，你的主意就是个好主意。但如今太上皇在敌人手中，而且瓦剌还特意将太上皇带到了阵前，很明显是为了利用太上皇来羞辱大明，动摇军心。如今咱们必须熄（xī）灭敌人的嚣（xiāo）张气焰。守城固然重要，但反击也必不可少。"

于谦分派各个将领驻守城门，他也亲自带领一队兵将，正面对抗敌军主帅。在大军出征前，于谦对所有将领和士兵放了狠话，凡将领不顾士兵带头先退者，斩将领；凡士兵不听指挥先退者，后队斩前队！

众将士齐声呐喊，士气大振，立誓要与瓦剌军队决一死战。最终，瓦剌大军大败，兵退十里。也先见出师不利，于是心生一计，派使者跟明朝议和。将被俘虏的明英宗作为条件，要求明朝用相应的土地和财物来交换。

没想到于谦直接把使臣赶走了。他早已猜透也先的心思：瓦剌狼子野心，怎么会真心来交换？这不过是他们拖延时间的权宜之计罢了。等瓦剌的粮草、兵源都补齐之日，就是瓦剌大军反攻北京之时。于谦对瓦剌放出狠话："大明不议和！"

瓦剌见计谋不成，只能带兵撤退。于谦抓住战机，派大军追击，一连打了几场胜仗。这时瓦剌人也明白于谦的底气在哪了——新皇帝已经登基，于谦深受新皇器重，是新皇的心腹，他怎么会期盼太上皇回去重新当皇帝呢？

瓦剌首领叹了口气，罢了，撤军吧。北京保卫战获得了胜利。但瓦剌人却给明朝送上了一颗炸弹——明英宗。把明英宗留在瓦剌，对瓦剌没有任何用处，还要白吃瓦剌的粮食，不如把他送回来搅乱朝堂。

明英宗朱祁镇回来后，并没能重新执政，因为他已经是太上皇了，但他无时无刻不在盼望着夺回皇位。1457年，代宗朱祁钰生病，卧床不起，石亨趁机发动了政变，辅佐明英宗复辟。明英宗复辟后不久，明代宗就去世了。明英宗以谋反的罪名处死了于谦。可怜这位死守北京的爱国将领于谦，去世时才五十九岁。

（故事源自《明史》《明实录》）

杨继盛冒死劾严嵩

hé sōng

1521 年，明世宗继位为帝，年号嘉靖。明世宗执政早期积极整顿朝中弊病，采取了一系列改革措施，留下了"嘉靖新政"的美誉，但后期他迷信道教、宠信奸臣严嵩。以致荒废了朝政，明朝又陷入了内忧外患的境地。为了重振朝纲，直言敢谏的杨继盛勇斗权势滔天的严嵩……

严嵩是明世宗时期的内阁首辅，地位相当于丞相，他被《明史》列为明代六大奸臣之一。但朝堂上有权臣、奸臣，也有耿直的忠臣，总有那么几位忠勇之人，比如杨继盛、徐阶，他们敢于挑战严嵩的权势。

严嵩自幼聪颖，而且勤奋好学，十九岁中举，二十五岁中进士，是个很优秀的学子。但他的仕途并不顺利，四十多岁仍然没能在朝中掀起一点儿水花。直到快六十岁时，明世宗痴迷道教、追求长生不老，严嵩才找到了加官晋爵的诀（jué）窍——投皇帝之所好。

　　严嵩年轻时就颇有才名，他的书法写得好，文章写得更好。恰好明世宗在进行祈祷拜神的时候要用到青词，严嵩就把青词写得既漂亮又好听，明世宗十分喜欢。所谓青词，是道士上奏天庭或征召神将的符箓（lù），因为用朱笔书写在青藤纸上，所以叫作青词。明世宗以前用的青词大多是道士写的，文笔平平，缺乏内涵。当看到严嵩写的青词时，其他人写的就入不了明世宗的眼了。靠着这份好文采，严嵩备受圣宠，成了明世宗眼前的大红人。

一斗失败被贬

明世宗偏宠严嵩，朝中官僚和地方官员都来讨好严嵩，许多官员都是严嵩的党羽。但也有一些正义之士，不愿与严嵩为伍，比如兵部员外郎杨继盛。

杨继盛七岁时，母亲便去世了，继母对他很不好，叫他去放牛。杨继盛很向往那些在私塾（shú）里读书的孩子，就对他的哥哥说："我也想读书。"哥哥回答道："你还这么小，读什么书？"杨继盛很不服气，反驳哥哥说："年纪小能放牛，怎么就不能读书呢？"哥哥将杨继盛的话转述给父亲听，父亲见杨继盛小小年纪居然颇有志气，就让他一边放牛一边读书。杨继盛既聪明又勤奋，三十二岁时考中进士。

杨继盛和严嵩之间爆发冲突的契机是什么呢？是鞑靼（dá dá）人的一次入侵。

1550年，鞑靼十万大军进攻军事重地大同。大同是明朝北部防线的中心点，有最坚固的城墙，周围还有三个附属的小城池，小城池周围还有一丈多深的护城河。所以大同号称是"金城汤池"，是座非常难攻的城。

大同的守将是谁呢？他叫仇鸾（luán），身份很不一般，是严嵩的党羽之一，还是严嵩的干儿子。仇鸾仗着严嵩的权势狐假虎威惯了，在大同经常横行霸道、鱼肉百姓。眼见大敌当前，仇鸾却一改往日的威风模样，吓得抖如筛糠（shāi kāng）——他是靠着贿赂当上大同总兵的，哪里懂什么兵法战术，哪里会带兵打仗呢？

仇鸾软弱，不敢同敌人交战。城里明明有几万明军守城，却连一支箭都没发，没有一兵一卒出战，坐视鞑靼人烧杀掳（lǔ）掠，抢走大批牲畜和财物。严嵩一党认为鞑靼人图的是财物，只要满足了他们的要求，他们自然就会退兵了。于是，仇鸾主张开市议和。

这个提议遭到了许多正直之士的反对，兵部的杨继盛是最为愤怒的人。他素来正直敢谏，当即写了封奏折给皇帝，痛斥严嵩和仇鸾的无耻行为，强烈反对议和，并慷慨陈词："我大明地域广阔、人口众多，只要能够挑选强将，训练精兵，何愁不能打败鞑靼？"

一开始，明世宗觉得杨继盛说得挺有道理，但架不住严嵩、仇鸾等人的花言巧语，不停地跟他说议和能得到多少好处。于是，明世宗不仅被仇鸾的话蛊（gǔ）惑，没有采纳杨继盛的建议，而且还把杨继盛贬职外放了。

　　杨继盛被贬到一个少数民族聚居地——狄道（今甘肃境内）。这里少数民族与汉人混居，文化落后，许多人大字不识，对外交通不发达，老百姓的生活也很贫穷。杨继盛在狄道兴办学校、疏通河道，让妻子传授纺织技术，想办法提升老百姓的生活水平。有些孩子家里实在太穷，念不起书，杨继盛就把自己和夫人的衣服、首饰、马匹卖掉，送孩子们去学堂念书。狄道的百姓，无论是汉人还是少数民族，都十分爱戴杨继盛，尊称他为"杨父"。

　　杨继盛在狄道造福百姓的时候，仇鸾在朝中的日子却不好过。因为明世宗与鞑靼议和后，鞑靼人还是隔三差五地骚扰明朝边境，明世宗发现仇鸾当初跟他说的议和的好处都是骗他的，明朝几乎就没得到什么好处。可惜还没等明世宗找仇鸾算账，仇鸾就病死了。

　　这时候，明世宗后悔了：当初应该听从杨继盛的建议才对，杨继盛是个有先见之明的人啊！明世宗连忙又把他调了回来。杨继盛被调离狄道时，上千人为他送行，送了他一程又一程，直送到百里之外。

再斗入狱被杀

　　严嵩见杨继盛得到了皇帝的信任，想要拉拢杨继盛，然而杨继盛却非常痛恨严嵩。回到京城没几天，杨继盛就"胆大包天"地对严嵩下手了。他写了一封《请诛贼臣疏》给明世宗，弹劾（hé）严嵩的十大罪状，并且每条罪状都列出了确凿无疑的证据。杨继盛还指出，严嵩的罪状可谓妇孺（rú）皆知，唯有皇帝一人被蒙在鼓里，这全是因为严嵩在朝野上下还有"五奸"——间谍、爪牙、亲戚、奴才、心腹，这些人整天用假话蒙骗皇帝，所以皇帝才无法了解真实情况。

皇帝看到这封奏折，当然很生气。严嵩听说之后，更是满头冷汗，但他冷静地思考了一番，发现杨继盛在奏折的最后写了这么一句话："希望陛下能采纳臣的建议，彻查严嵩的罪状。可以询问裕王、景王的看法，或者询问内阁的诸位大人。"

严嵩大喜，当即去找明世宗诉说自己的冤枉和委屈，还对皇帝说："陛下，这个杨继盛冤枉了臣不要紧，可他对朝廷不忠，对陛下不忠啊！"为什么这么说？因为裕王和景王都是明世宗的儿子，被封为藩王，杨继盛让皇帝去询问裕王和景王的意见，显然是对皇帝不忠。

明世宗听了严嵩的话，勃然大怒，将杨继盛收入监牢，严加审问，逼问他为什么提到两个藩王。杨继盛回答说："朝堂上下，除了两位王爷，谁不惧怕严嵩呢？谁敢不顺着严嵩说话呢？"杨继盛在狱中挨了一百杖，被打得皮开肉绽，但杨继盛丝毫不屈服。

严嵩想联合同党给杨继盛判死刑，但皇帝还不想处死杨继盛，就这样，杨继盛在大牢里足足待了三年，严嵩及其党羽始终没能找出确切的罪证来构陷他。朝中其他不愿与严嵩同流合污的大臣都在谋划着营救杨继盛，严嵩迫于舆（yú）论压力想放了杨继盛。但严嵩的同党却说："杨继盛这个人像块又臭又硬的石头，根本无法拉拢，如果这次放过他，以后肯定会成为大威胁。"

严嵩觉得有道理，恰好这时有几个官员被判了死刑，就等皇帝批示便可以行刑了。严嵩揣（chuǎi）摩圣意，知道皇上肯定会杀掉这几个人，于是便将杨继盛的名字附在这几个人名字的后面，一并呈给明世宗。明世宗在审阅奏章时并未注意到杨继盛的名字，便同意处刑。得到明世宗的允许后，严嵩轻而易举地杀掉了杨继盛。

严嵩的末日到了

后来，严嵩把持朝政很多年，让明世宗感到有些厌烦了。恰好这时，一位善于占卜的道士蓝道行，在占卜后对明世宗说："严嵩罪行滔天，惊动了天上的神明，神明要求务必要尽快除掉严嵩，才能保佑国家昌盛，否则他必将成为陛下您长生路上的阻碍。"明世宗因此而疏远了严嵩。

这些年来，内阁大臣徐阶与严嵩明面上和谐相处，背地里勾心斗角。杨继盛是徐阶很赏识的后辈，却惨死于严嵩之手。之后，徐阶加倍小心，从不正面与严嵩作对。

听说蓝道行揭发了严嵩的罪过，徐阶意识到这是除掉严嵩的良机，立刻安排御史邹应龙弹劾严嵩的儿子严世蕃（fān）。

严嵩为人比较谨慎，罪证不好落实，他的儿子严世蕃却奸猾嚣张。严世蕃借父亲的东风入朝为官、身居高位，最爱以各种各样的手段搜刮钱财，卖官鬻（yù）爵、盘剥百姓，积累了丰厚的家产，富可敌国。据说严世蕃将金银财宝都藏到了地窖（jiào）里。一天，他想起这些财产的积累都是仰仗着父亲严嵩的权势，于是便邀请父亲来地窖里观赏。严嵩看得目瞪口呆，家产的数额远远超出他的想象。这时候，严嵩隐约预感到，只怕是大祸将至。

邹应龙弹劾严世蕃卖官鬻爵，明世宗勒令严嵩辞职，并下令彻查严世蕃，确认罪名属实后，将严世蕃发配充军。然而严世蕃不知悔改、胆大包天，不仅没有乖乖去充军，反而溜回了老家。

御史林润得知消息后，打算向明世宗告发严世蕃。徐阶看到林润弹劾严世蕃的罪状后，觉得不妥，便将罪状改为严世蕃与其党羽密谋投奔倭（wō）寇，图谋不轨，还说他在一片有王气的土地修房子。

明世宗雷霆震怒，将严世蕃抓进大牢，严世蕃及其党羽皆被判斩首示众，严嵩被抄没家产，削官还乡，无家可归。两年后，严嵩在贫病交加中凄惨死去，终年八十七岁。

（故事源自《明史》）

原典再现

史书记载，杨继盛再度被起用后，一年内四次升官，他一心想着该如何报答朝廷的恩情，于是为了国家的昌盛，他决定上书弹劾奸臣。

抵（dǐ）任甫（fǔ）一月，草奏劾嵩，斋三日乃上奏曰："臣孤直罪臣，蒙天地恩，超擢（zhuó）不次。夙（sù）夜祗（zhī）惧，思图报称，盖未有急于请诛贼臣者也。方今外贼惟俺答，内贼惟严嵩，未有内贼不去，而可除外贼者。"

——《明史·列传第九十七·杨继盛传》

大意：到任才一个月，杨继盛就起草奏章弹劾严嵩，斋戒三天后，才上奏说："我是一个孤高正直的有罪之臣，承蒙陛下大恩，被破格提拔。我日夜恭敬惶恐，想报答这份恩情，我想如今大概没有比诛杀奸臣更急迫的事了。当今，外部的敌人只有俺答，内部的敌人只有严嵩，我未曾听说过没有除掉内贼便能除掉外贼的道理。"

清官海瑞　怒斥皇帝

严嵩权倾朝野时，朝野上下为了自保都得让他三分，他的党羽更是到处横行。但是在浙江淳（chún）安却有一个小小的县令，不仅能秉（bǐng）公执法，而且还对严嵩的党羽毫不留情，他就是海瑞。

海瑞很小的时候，父亲就去世了，留下他和母亲相依为命。虽然家境贫寒，但母亲还是含辛茹（rú）苦地将他抚养成人，并送他去读书。母亲对海瑞的要求很严格，不仅要他刻苦读书，还要他做一个正直的人，如果将来能够入朝为官，也要做一个不以权谋私、不谄媚（chǎn mèi）权贵、一心为民、两袖清风、刚正不阿（ē）的好官、清官。

海瑞后来果然步入仕途，出任浙江淳安知县。在海瑞上任前，淳安官员里多的是贪赃枉法之徒，每当审理案件的时候，谁给县令的贿赂（huì lù）多，谁就能赢得官司，因此积压了许多冤假错案和悬而未决的案件。海瑞上任后，将过去遗留的所有案件都翻出来重新审理。短短半年间，海瑞处理了一千多件积案，令无数失去土地、流离失所的百姓重获土地，也大大打击了当地豪横地主的嚣（xiāo）张气焰。老百姓纷纷感慨："淳安有了海瑞，是百姓的福气啊！"

"冒牌"胡公子被抓

为官光有刚正是不够的，海瑞还懂得以智慧取胜。浙江总督胡宗宪是严嵩的党羽之一，他仗着严嵩的权势为非作歹，在浙江鱼肉百姓、敲诈勒索。

胡宗宪的儿子经常仗着父亲的庇（bì）护四处寻欢作乐，每当他路过某地，沿途地方官员都得为他大摆筵（yán）席，隆重迎接。一次，胡公子路过淳安的时候，在县衙的官驿（yì）休息，官驿的驿吏按照海瑞规定的标准为胡公子提供了食宿，与之前大肆铺张的风光场面相比，可以说是非常简陋。胡公子大怒，立刻命令手下将负责接待的驿吏抓起来，倒吊在房梁上，用鞭子狠狠抽打。

海瑞得知驿吏被打，马上带人前往官驿，将胡公子逮捕归案，并义正辞严地对在场众人说："胡总督为官清廉，素来吩咐我们这些下属一切招待要从简，严禁铺张浪费，想必胡总督对自己孩子的教导也很严格。如今这个所谓的胡公子胡吃海喝、作威作福，哪里像是胡总督教出来的公子？此人定是假冒胡公子的身份出来招摇撞骗，须得好好审问清楚！"

于是，胡宗宪的儿子被海瑞抓回了衙门。他仗着自己总督儿子的身份，在大堂上大吼大叫地威胁："我可是总督的儿子，你这狗官要是不赶快放了我，我就摘了你的乌纱帽，让你不得好死！"

海瑞一甩衣袖，指着胡公子，喝道："哪里来的狂徒，胆敢冒充胡总督的儿子。来人啊，给我狠狠地打！"海瑞不仅将胡公子暴打一顿，还从他身上搜出了几千两银子，全部没收充公，最后将胡公子赶出了淳安。

胡公子又愤怒又憋屈，回到杭州就涕泗横流地向父亲告海瑞的状。胡宗宪一听，大为恼火，但他还没来得及处置海瑞，就接

到了海瑞送来的报告。原来，海瑞前脚把胡公子赶走，后脚就命人快马加鞭将事情的经过报送给胡宗宪。说有一个无耻之徒冒充胡总督的公子，到淳安招摇撞骗、混吃混喝，败坏胡总督清誉，而且还吊打官驿驿吏、打砸官驿设施，影响极坏。所以海瑞升堂审讯后，对这个冒牌货进行了相应的处罚。

胡宗宪看到海瑞坚称被打的是冒牌货，虽然他儿子吃了个大亏，但这件事细究起来他们父子两个并不占理。如果承认被海瑞处置的人就是自己的儿子，把这件事情闹大，到时候传扬出去，他们父子不免要被世人议论品行不佳，那可太丢人了。迫于无奈，胡宗宪父子只好吃了这个哑巴亏。

痛骂皇帝　被捕入狱

海瑞教训贪官污吏，因此得罪了不少人。官员们都惧怕他的脾气，导致他的仕途并不顺利。

内阁首辅严嵩倒台后，海瑞才被调到京城做官。虽然朝中没有了严嵩这个奸臣，但明世宗仍然痴迷于修仙问道、炼制长生不

老药，将政务都交给大臣们去处理。大臣们对皇帝的行为也有意见，只是这些敢提意见的人，不是被杀掉就是被关进了大牢。

海瑞在京城待了一年多，就对明世宗的不务正业忍无可忍。这天，海瑞到棺材铺定制了一口棺材，将家人托付给一位值得信赖的朋友，然后给皇帝呈上了一道奏章——《治安疏》。

《治安疏》里面写了不少对皇帝大不敬的言论。海瑞指责明世宗迷信道教、妄想长生、误国殃（yāng）民，认为如今官吏横行、民不聊生都是皇帝的过失。甚至还用明世宗的年号"嘉靖"作讽，所谓"嘉靖"，实则是"家净"，百姓家家户户干干净净，没有钱财可用，没有粮食果腹。在奏章最后，海瑞也提出了一些改革的意见，希望明世宗能够幡（fān）然醒悟，重振明朝国威。

明世宗看后十分愤怒，"啪"的一声将奏章扔在地上，随即命令身边的侍卫去捉拿海瑞。宦官黄锦在一旁说道："听说他上奏章前就知道自己会死，还买了一口棺材。奴仆早就被遣散，家人也被送走了，只有他一个人，等着皇帝派人来抓他。"

明世宗听完后，沉默了半晌，又从地上捡起海瑞的奏章，反反复复地阅读。最后，明世宗感叹道："海瑞可以与比干相比，但朕并不是商纣（zhòu）王。"

明世宗把海瑞关在大牢里，却没有处置他。满朝官员都在猜测海瑞的下场，有人壮着胆子替海瑞求情，却被明世宗令侍卫当堂杖责；也有人主张杀掉海瑞，但首辅徐阶压下了这些人的奏折，没有让明世宗看到。或许明世宗自己也拿不定主意，海瑞上书骂他，他当然生气，但海瑞又是个正直的臣子，是个可用之人，就这么杀掉也很可惜。

没过多久，明世宗病重驾崩了。管理监狱的官员为海瑞准备了一顿好酒好菜。海瑞见到这么丰盛的酒菜，以为自己被判了死刑，这顿饭就是他的最后一顿饭，便尽情吃喝。

那官员见海瑞一言不发，只顾大吃大喝，就知道他是误会了。官员哭笑不得地附在海瑞耳边，轻声对他说："陛下驾崩了，您应该很快就能出狱了。"海瑞下意识地问道："当真?"虽然在呈上《治安疏》的时候，海瑞就已经将生死置之度外，但死里逃生的喜悦还是令他瞬间愣在原地。过了片刻，海瑞才缓过神来，明白官员说的话都是真的。他当即大哭失声，将刚刚吃的东西都吐了出来。

受百姓爱戴的"海青天"

很快，明世宗的儿子朱载垕（hòu）继位，他就是明穆宗。也许是明世宗死前终于幡然醒悟，知道自己追求长生不死终究只是一场空，因此留下遗诏，要朱载垕登基后赦免包括海瑞在内的一群因谏言而获罪的大臣。

海瑞离开了大牢，被任命为应天巡抚，到江南富庶地区当地方官。

他一心想为百姓谋福利，大力兴修水利，抑制土地兼并，想方设法打击地主豪绅，为穷苦百姓夺回土地。百姓都夸他是个为民做主的清官，并叫他"海青天"。徐阶正好就是江南最大的地主之一，海瑞想施政，不可能绕过徐阶。

这时，恰好内阁首辅徐阶退休了，回到家乡江南居住，就住在海瑞的辖区里。徐阶家里的小辈横行乡里，购置了大量田产，连家奴都敢为非作歹，衙门里经常收到控诉徐阶的诉状。海瑞秉公办案，惩治了徐阶的家人，强行将徐家的土地退回给百姓，令徐阶感到很苦恼。

海瑞的正直与清廉值得人们尊敬，他对百姓的爱护也深受百姓爱戴。但他在江南推行政令的手段太凶猛了，当地豪强有苦难言，甚至不少富人被逼得跑去其他地方避难。在海瑞处理土地兼并的过程中，平民里不乏奸诈小人恶意诬告世家贵族，海瑞没能明察秋毫，断案时偏向平民百姓，令不少世家贵族子弟平白蒙受冤屈。再加上海瑞为了节省开支，降低了驿站的经费支出，各地官员路过海瑞辖区时，基本得不到什么应有的接待。时间长了，贵族豪绅、权贵官宦对海瑞的怨言越来越多。他们联手排挤海瑞，弹劾他包庇奸诈刁民、欺压士大夫。于是，海瑞被贬官。平民百姓听说海瑞要离开，都呼号哭泣。后来，海瑞称病退居，没去赴任，回到了老家。

明穆宗驾崩后，主持国事的人是内阁首辅张居正，虽然他知道海瑞既正直也有能力，但他畏惧海瑞那严峻刚直的性格，始终不肯重用他。等到张居正去世后，明神宗朱翊钧（yì jūn）亲政。他久闻海瑞大名，三番两次提拔海瑞。可惜海瑞年事已高，没过多久就病逝了。

海瑞一生清廉，生活清贫，家里不少器物是连贫寒的平民都不愿意用的。海瑞没有儿子，他的丧事是几名官员凑了钱才得以筹办的。百姓听说"海青天"去世了，悲痛不已。出殡（bìn）的那天，全城百姓自发聚集到河边，目送海瑞的灵柩（jiù）随着船回到他的家乡。

（故事源自《明史》）

戚继光抗倭安边疆

抗倭名将戚继光是明朝杰出的军事家，他发明了鸳鸯（yuān yāng）阵，带领戚家军与沿海地区的倭寇进行了多次战斗，最终彻底消灭了倭寇。

戚继光是山东蓬莱人，出生于武将世家。二十五岁时就当上了统帅，负责整个山东沿海的防卫工作。

当时有一批倭国的海盗经常骚扰东南沿海一带，他们抢劫财物、杀人放火，无恶不作。百姓将这些海盗称为倭寇——倭国的贼寇。沿海百姓深受其害，生活苦不堪言。

招募新兵　发明鸳鸯阵

明世宗见戚继光军事才能很强，于是派他去倭患严重的浙江平定倭寇。戚继光到达浙江后，带兵跟倭寇打了好几战都失败了。于是，他开始总结经验教训：先检阅兵卒，发现士兵们不仅没有刻苦训练、习练武艺，随时准备抵御敌军，反而吃喝嫖（piáo）赌、倒卖军饷（xiǎng），整个队伍素质极差、纪律松散、缺乏战斗力，根本没办法上阵杀敌。

戚继光决心要改变军队的现状。他心想：如今的老士兵积习难改，改造他们不仅耗费时间和精力，而且不一定能有好的结果，不如直接招兵买马，另立新军。于是，他向上级请求招募新军。这一提议得到了胡宗宪的同意。

这时沿海的百姓已经吃够了倭寇的苦头，不管种地还是做生意都很艰难，他们宁愿放下农具去当兵。当兵不仅能领口粮和军饷，还能为国争光，要是立下几分战功，还能光宗耀祖。没过多久，戚继光就招募了一支三千多人的军队。

招兵买马之后，戚继光根据南方多山陵沼泽的特点以及倭寇善于埋伏、擅长使用短兵器的作战习惯，研究出了具有针对性的

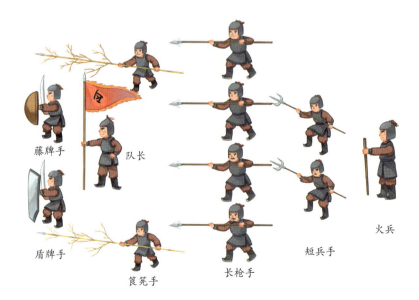

藤牌手 队长 火兵 盾牌手 短兵手 筤筅手 长枪手

阵法——鸳鸯阵，并亲自教导士兵使用长短武器。鸳鸯阵以十二人为作战单位，长短兵器相互结合，可随地形和战斗情况变换阵形，具有很强的战斗力。经过严格的训练，这支新军的战斗力得到了显著的提升，接连打了很多胜仗，还打出了一个威震天下的名号——戚家军。

倭寇在浙江吃了败仗，他们果断换了个目标——福建。福建的守军力量薄弱，他们根本不管百姓的死活，也不舍得舍命抵御倭寇。倭寇在福建沿海一带肆虐，并占领了一座城池——宁德城。

朝廷十分焦急，胡宗宪派戚继光到福建抗倭。

攻下横屿岛　打败倭寇

戚继光接到命令，领兵前往福建。行军路上，戚继光开始思考对策，倭寇是海盗，他们乘船到福建，速度快、用时短。戚继光率领军队赶到福建，要比倭寇慢了许多。倘若大军刚在福建安顿好，倭寇又开船回了浙江，那可怎么办？

只有找到倭寇的巢穴，一举击溃倭寇，不再给倭寇四处流窜作案的机会，才能保住沿海地区的安宁。于是，戚将军派出侦察兵打探消息，探查倭寇的大本营在哪，打算率军直捣倭寇老巢。

侦察兵不负众望，打探出了倭寇的老巢，就在宁德城十里外的横屿（yǔ）岛。岛上不仅藏着他们劫掠来的金银珠宝，还聚集了大量战船。倭寇每次出海抢劫后，战船都需要修缮维护，保养船只的地点就在横屿岛。横屿岛是海盗的聚集地，也是钱财和粮草的聚集地。

为什么倭寇要将横屿岛当作巢穴？因为岛屿四面环水，只有西面靠近陆地。而且，涨潮时一片汪洋；退潮后淤（yū）泥成滩。岛屿周围还有暗礁。采用陆兵攻打，很难涉渡过去；采用水师进攻，大船很容易搁（gē）浅。易守难攻的有利条件，使倭寇能长期在岛上经营。

此外，横屿岛上的地形同样十分复杂，不熟悉地形的人很容易迷路。

戚继光听了汇报后，做出了决定——不入虎穴，焉得虎子。既然横屿岛周围暗礁密布，那他就亲自乘小船察看地形，把暗礁标记下来，绘制成海图；既然岛屿上容易迷路，那他就亲自带领士兵上岛，无论多么奇诡（guǐ）的地形，总会有破解之法。

戚继光趁着夜色探查敌情，将横屿岛的情况摸透，并做好一切战前准备后，他集合部下，召开会议。戚继光说："如今横屿岛上的地形和周围暗礁的分布情况，我都了然于心，现在就看大家敢不敢豁（huō）出性命，跟随我一同攻破倭寇大本营。我需要每个人都带上一捆（kǔn）干草，这是登上横屿岛的关键。横屿岛周围不好停船，所以咱们要趁退潮之时，涉浅滩而行，才能顺利登岛。"

众部将都愣住了：涉浅滩而行？

戚继光摆摆手，继续说："各位不用害怕！我让你们带着干草，就是为了顺利渡过浅滩。"

将士们趁着夜色跟随戚继光前往横屿岛。到了横屿岛对岸，等到潮水退去后，戚继光命令将士们按计划涉滩前进。

戚继光率领大军艰难地渡过了浅滩，登上了横屿岛。在鸳鸯阵和火炮等的配合下，倭寇被打得措手不及。倭寇虽然拼死抵抗，但他们终究不是戚家军的对手，最终以戚家军大获全胜告终，岛上倭寇有的被杀，有的跳海，基本都被消灭了。

后来戚继光率领戚家军逐渐肃清了福建境内的所有倭寇，保卫了海疆安全，也保护了沿海地区的百姓。

明世宗在位期间，戚继光抗击倭寇、抵御外敌，成为抗倭英雄。明世宗去世后，戚继光被调到北方，镇守北部边境。戚继光能够南征北战，充分发挥自己所长，与他强大的"靠山"——内阁首辅张居正离不开关系。正是张居正的赏识和重用，为戚继光提供了广阔的施展才能的空间。张居正病逝后，戚继光也因遭受弹劾而被罢职，很快就病逝了，一代英雄就此陨落。

（故事源自《明史》）

原典再现

戚继光率领的军队能够攻无不克，除了他勤于练兵、提高士兵武艺之外，还有一个重要原因，那就是提升军队的武器装备。

继光乃议立车营。车一辆用四人推挽，战则结方阵，而马步军处其中。又制拒马器，体轻便利，遏（è）寇骑冲突。寇至，火器先发，稍近则步军持拒马器排列而前，间以长枪、筤筅（láng xiǎn）。寇奔，则骑军逐北。

——《明史·列传第一百·戚继光传》

大意：戚继光于是提议设立车营。一辆战车由四个人驾驶，作战时就结成方阵，骑兵和步兵在方阵里面。他又制作了重量轻且使用方便的拒马器，能够阻挡骑兵的冲击。敌寇攻来时，先发射火器，等敌寇稍微靠近，步兵就手持拒马器，排好队列向前推进，队列中穿插长枪、筤筅等兵器。一旦敌寇逃跑，骑兵就乘胜追击。

张居正改革救明朝

大名鼎鼎的内阁首辅张居正究竟是什么样的人呢？他曾经受徐阶的教导，并被重用；他与清官海瑞都大力推行"一条鞭法"，但却始终不肯任用海瑞；他赏识戚继光的才能，与戚继光一文一武，成为一对黄金搭档……

　　张居正从小聪慧过人，有"神童"之名，十六岁考中举人，二十三岁考中进士，进入翰林院学习，接受内阁重臣徐阶的教导。

　　明世宗嘉靖年间，北方有鞑靼人虎视眈眈，西南有饥民暴动和叛军作乱，东南有倭寇连年劫掠，加之朝廷政治腐败，赋税沉重，使得流民四起，国内十分不安定。明世宗去世后，在徐阶的引荐下，张居正成为明穆宗手下的内阁重臣，在朝中有了话语权。他开始纠正明世宗时期留下的种种弊病，为因冤案获罪的官员们平反，终止各种浪费人力、财力的土木工程，将大将戚继光调到北方防卫鞑靼入侵，一系列举措得到了朝野上下的认同。

鞑靼被迫与明和解

1570年，鞑靼首领想要称帝，再次打起了吞并中原的主意，派兵进攻大同。可是张居正却听说，鞑靼首领的孙子居然带着自己的妻子和十几个人来投奔明朝了，而且大同的官员还打算接受对方投降。这是怎么回事，难道是鞑靼人的诈降之计？

张居正连忙命令大同官员王崇古详细禀告鞑靼首领的孙子投降一事，这才得知了其中的缘由。鞑靼首领的孙子名叫把汉那吉，他和祖父闹了矛盾，一气之下离家出走，跑到了中原，说要抛弃鞑靼，投奔明朝。

弄明白前因后果，张居正又好气又好笑。王崇古认为鞑靼人正大举进攻大同，把汉那吉正好可以成为明朝廷与鞑靼谈判的筹码，所以他连忙上书朝廷，汇报此事。张居正极为赞同大同官员的主张，请明穆宗接受把汉那吉归降，并下诏赐予官职，给他封赏；同时叮嘱王崇古务必要妥善安置把汉那吉，不可大意，也不可怠慢。

鞑靼人听说把汉那吉跑到了明朝，生怕明朝会将他杀掉，火急火燎（liǎo）地向明要人。

张居正收到了鞑靼首领索要孙子的信息后，命王崇古派人通报鞑靼："自古以来，中原人若能抓住敌人首领的子孙，并斩其头颅（lú），就能换来赏金和爵位。如今我们并非不能用您孙子的头颅来换取奖赏，只是您爱孙倾慕我大明王朝的仁义才来投奔，我们不忍心杀害他。大明对他以礼相待，给了他许多封赏，他的日子过得很舒服，请您放心。"

鞑靼首领得到孙子还在人世的消息，大喜过望，不过他哪能让孙子留在明朝呢，他想要带孙子回鞑靼。

张居正怎么可能轻易放了把汉那吉，他想到了将领赵全，赵全从明朝叛逃到鞑靼，并利用汉人的知识经验帮鞑靼人改革，如果放任他留在鞑靼，日后必为大患。张居正请对方将叛徒赵全归还给明朝。

一个叛逃来的臣子哪能和亲生的孙子相比，鞑靼首领很快就同意了。到了约定的日子，鞑靼人将赵全等几个明朝叛臣五花大绑，送给了明朝廷；张居正则隆重地将把汉那吉送回鞑靼大营。

当鞑靼首领见到把汉那吉穿着明朝皇帝赏赐的大红丝袍回到鞑靼时，非常感动。双方约定鞑靼从此不再侵犯大同，并开放贸易往来、友好相处。1571年，明穆宗封鞑靼首领为顺义王，在两国边境开设马市。此后的二三十年间，明朝和鞑靼之间都没有再次爆发战争。

北方的危机解除后，张居正就可以集中注意力解决明王朝内部的问题了。

大力改革：实行考成法和一条鞭法

可惜明穆宗是个短命皇帝，在位六年就病逝了，明穆宗的儿子明神宗朱翊（yì）钧继位时年仅十岁，张居正担起了内阁首辅的重任，他一边用心教导年少的皇帝，一边推动政治改革。

为了让明神宗学习治国理政的方法，以史为鉴，励精图治，张居正编写了一部图文结合的历史故事书——《帝鉴图说》，每天给明神宗讲解。这本书写得很有趣，明神宗听得很入迷，不知不觉便学到了很多道理。

张居正悉心教导明神宗，明神宗也非常尊敬张居正，对于朝中大事，他总要征求张居正的意见后再行定夺。张居正身居高位，又得到了皇帝的信任，得以充分施展才华，他制定了一系列富国强兵的政策，在军事、政治、经济等多个方面进行改革。

整顿吏治是治国安民的前提，也是改革能否成功的关键。1573年，张居正颁布了"考成法"，建立了一套完善的官员考核制

度，提高了各级部门的办事效率，而且明确责任，赏罚分明。有些政绩卓越的官员能够因为考成法而得到重用，也有许多尸位素餐或者以权谋私的贪官污吏被揪（jiū）了出来。据统计，在张居正改革的十年间，因考成法而被免职或贬职的官员占到官员总数的三分之一。

由于吏治腐败，明朝的土地兼并现象也非常严重，大量土地被地主占有，而且他们还隐瞒自家所占的田亩数量，偷税漏税；平民百姓实际上没有多少土地却要缴很多税。而且百姓缴的税都进了大户人家的腰包，以至于地主越发富有，国库却日益空虚。针对这种情况，张居正下令重新丈量土地，全国各地的土地都要登记造

册。经过彻查，皇亲国戚、地主豪绅隐瞒土地、偷税漏税的行径都暴露了出来。地主被迫补缴了欠税，大大增加了国库收入。张居正还规定以后都要按照实际拥有的土地来缴税。土地兼并的现象有所缓解，一些被抢走了土地的平民百姓也得以重新拥有土地。

张居正改革的一项重要举措就是推行一条鞭法，整顿赋税制度，扭转财政危机。明朝初年的赋税制度十分繁杂，百姓要分夏秋两季缴纳钱和粮食，此外还要缴纳布帛等，还要服各种徭役，负担很重。一条鞭法把各种赋税、徭役都整合到一起，合并征收银两，按百姓所占的田亩数量来计算应缴纳的数额，既简化了征收的手续，使各地官员难以在征税的时候偷奸耍滑、中饱私囊，也减轻了百姓的负担，老百姓的日子慢慢好了起来。

经过丈量土地和推行一条鞭法，国库渐渐充实，百姓的生活更有保障，而且各地官吏徇私舞弊的行为也减少了。

张居正改革强化了中央集权，使原本已经十分腐败的明王朝有所好转，经济状况有了改善，国库储备的钱财、粮食渐渐富足，国防军事实力大大增强，因而被称为"万历中兴"。

谣言四起终被害

虽然张居正改革的根本目的是为了巩固明王朝的统治，不会故意地去损害地主豪强的利益。但实际上，整顿吏治使大量官员丢了金饭碗，一条鞭法的执行使地主的土地减少了，这些豪绅贵胄（zhòu）的利益不可避免地受到了损伤。朝野上下有一大批人强烈反对新政，对张居正恨得咬牙切齿。

恰好这时，张居正的父亲去世了。按照封建礼法，张居正应该去官守孝三年。但他认为忠孝不能两全，如果他离开朝堂，各项改革措施势必会遭到重重阻挠，加上明神宗和拥护新政的官员一再挽留，张居正就让儿子代替自己去奔丧。那些憎恨张居正的人利用此事大做文章，抨击张居正不孝，德行有亏，不是忠臣良相。他们不仅上书弹劾张居正，还在大街小巷传播流言蜚（fēi）语污蔑中伤他。但明神宗极力为张居正撑腰，还下令："若再有人反对张先生留任，或者再上书弹劾张先生，不问事由，一律处死。"有了皇帝的威慑，那些上蹿下跳攻击张居正的人才老实下来。

1582年，张居正积劳成疾，因病去世，明神宗开始亲自执政。曾经那些因为新政而憎恨张居正的人，在他生前没能动摇他的地位，在他死后却大肆宣称张居正专权独断，威胁皇权。明神宗受张居正言教多年，内心压抑，便趁机剥夺了张居正的爵位，还抄了张居正的家。

张居正生前施行的种种改革措施也被废止，张居正提拔、任用的官员都被贬职或者罢官。张居正改革措施大多被废除，刚刚有些起色的明王朝再度走向衰败。

（故事源自《明史》）

努尔哈赤大败明军

在风雨飘摇的明王朝的末年，北方有一个少数民族部落崛起，那就是女真族。女真的首领努尔哈赤建立了后金，而后图谋中原，给了腐朽的明王朝一个沉重的打击。

明朝末年，政治日益腐败，北方的少数民族女真族的首领努尔哈赤统一了女真族各个部落。1616年，努尔哈赤建立了金国，自立为汗。为了同完颜阿骨打建立的金朝区分，一般将努尔哈赤建立的金国称为后金。

在后金崛起的同时，明朝却日渐衰弱，努尔哈赤生出了吞并明朝的野心。1618年，努尔哈赤准备了两万精兵，要攻打明朝。虽然军队人数不多，但个个都是勇猛无敌、弓马娴（xián）熟的勇士。出征前，努尔哈赤宣读了讨明檄文，里面写着后金与明朝之间的七大仇恨。

努尔哈赤攻占抚顺

努尔哈赤带领精兵杀向明边境，很快就攻占了抚顺城。抚顺守城将领李永芳，几乎没怎么抵抗就开城门投降，带领部下归顺了金兵。消息传到朝中，明神宗气恼不已，立刻任命兵部左侍郎杨镐（gǎo）为辽东经略，派他调集军队、筹措军饷，攻打努尔哈赤。

后金攻势猛烈，杨镐将各路援军集结起来，准备商议如何讨伐努尔哈赤。军中有四个率军的总兵，分别是马林、杜松、李如柏、刘𳔹（tīng）。杜松和刘𳔹都是有名的猛将，身先士卒，武艺超群。马林贪生怕死，怯（qiè）懦胆小；李如柏为人谨慎小心，生怕得罪别人，惹出事端。

出征前，杨镐叫来四位总兵商讨作战策略，可大家都说不出个所以然，杨镐只好指定李如柏来发言。

李如柏说道："禀将军，依我之见，应让十万大军兵合一处，沿大路直扑抚顺，然后再攻后金都城。原因有二：一来现在已经进入冬季，天气严寒，大路比小路好走得多，大军出征，兵贵神速，自然应该选择大路；二则如果金军提前埋伏，计划偷袭，咱们大军集合在一起，进退有度，方能防范。"

杨镐摇摇头，说道："李将军这个方案甚好。不过后金军队不仅人数远远少于我们，而且他们的士兵不过是些乌合之众，咱们的将士个个久经沙场，不必如此谨慎。如果后金士兵四处奔逃，咱们的大军恐怕不能将其一网打尽。应兵分四路，四位将军各率一路，从不同方向分别出兵，定可全歼后金军。"

计策已定，大军该出征了。马林自开原进攻北路；李如柏自鸦鹘（hú）关出兵进攻南路；杜松自抚顺进攻西路；刘綎自宽甸出兵，辅以朝鲜兵的援助，攻击后方。1619年，四路兵马号称四十七万大军，出发围剿金军。同时，杨镐令四军兵马于农历三月初二联合进攻后金都城赫图阿拉。

努尔哈赤早就料到明军会大举进攻，但他不能肯定明军会采取什么战略。如果明军兵合一处，对后金来说会很麻烦，因为努尔哈赤手下兵卒少。但如果明军兵分几路，那就给了努尔哈赤可乘之机，他可以逐个击破，然后集中兵力将杨镐率领的明军消灭。

很快，侦察兵传回消息，明军兵分四路前来攻打。努尔哈赤大喜："这真是天助我也！"于是他采取"凭尔几路来，我只一路去"逐个击破的作战计划，将兵力集中于都城附近，准备迎战。

萨尔浒（hǔ）之战　明军大败

在四路大军之中，杜松率领的军队前进得最快，很快就进入了萨尔浒（今辽宁抚顺大伙房水库附近）。杜松打算抢在其他三路军之前，给自己争个头功，但努尔哈赤早已设下了埋伏，就等着明军来自投罗网呢。

杜松命两万大军驻守萨尔浒，另外亲率一万人马攻打铁背山上界藩城西面的吉林崖。界藩城守卫空虚，只要能拿下吉林崖和界藩城，就能长驱直入，直捣后金老巢赫图阿拉。

但是杜松太过轻敌，在杜松分兵攻打吉林崖的时候，努尔哈赤亲率大军倾巢而出，直攻驻守萨尔浒的明军。明军来不及防备，很快主力军被击败。总兵杜松于混乱中被杀，攻打吉林崖的一万

人马也溃败而逃。

努尔哈赤趁势带兵北上，一直打到尚间崖，遇到了马林率领的军队。后金军主动迎上去，经过一阵激烈的交锋，努尔哈赤击败了马林的军队。马林见形势不好，弃军而逃。努尔哈赤接连获胜，十分高兴，下令班师回营。

另一边，城中五百后金守城兵将听说明军东路统领刘綎带兵赶到，前去应战，但是明军人多势众，令后金军损兵折将。刘綎率军继续深入，到达阿布达里岗（赫图阿拉南）。刘綎想在此布阵歼灭后金军，孰料后金军同样在此布下了埋伏，两路后金军将明军夹在中间，发起了猛烈进攻。明军遭受突袭，刘綎率手下殊死奋战，但还是以惨败告终，刘綎阵亡，军中将士死伤殆（dài）尽。

三路大军接连惨败，坐镇沈阳的杨镐异常震惊，立刻命令南路总兵李如柏撤军，然而李如柏大军行动缓慢，又被敌军哨探（侦察敌方情报、动向的人）发现。哨探在山上鸣锣发出进击的信号，使得李如柏大军误以为后金主力发起进攻，惊慌逃跑，自相践踏，死伤一千余人。

就这样，努尔哈赤仅仅用了五天时间，就打了一场漂亮的歼灭战，明军大将战死了三百余人，士兵阵亡四万五千人，这就是著名的萨尔浒之战。萨尔浒之战后，后金实力更加强大，明朝走向了灭亡……

（故事源自《明史》《清史稿》）

良将袁崇焕被陷害

huàn

萨尔浒之战大败后，明朝对边疆各族的政策由进攻转为防守，不敢再出兵讨伐边境，但这也无法阻止后金进入中原的脚步……

1626年，努尔哈赤发兵攻打明朝关外的军事重镇——宁远。宁远与抚顺一样，都是边关重地，不同的是，抚顺守将李永芳没有骨气，开城门向后金投降；镇守宁远的统帅袁崇焕是真正的忠臣良将，他智勇双全，力抗后金。

宁锦大捷　大将袁崇焕却辞官了

努尔哈赤率领几万人马浩浩荡荡地包围了宁远，袁崇焕用自己的鲜血写成文书，以忠义激励将士们奋勇杀敌、保卫城池。后金军几次发动猛烈进攻，都被袁崇焕率领的将士击退。

努尔哈赤攻打宁远失败后，没过多久就去世了，他的儿子皇太极继位为汗。1627年，皇太极发兵攻打宁远、锦州一带。锦州的防御工事刚被袁崇焕加固过，城墙格外高，防守也十分严，锦州守军得知皇太极率军前来攻打，当即退入锦州城，严防死守，不给皇太极破城的机会。

皇太极发现锦州防御完善，无懈可击，几番攻打之后，没占到一点儿便宜，于是又转头攻打宁远。袁崇焕亲自上城墙督战，将大炮对准金兵猛烈轰击，将士们即便身受重伤，仍然奋勇厮杀，后金军队损失惨重。皇太极率大军从宁远撤退，又增派兵力攻打锦州，仍旧攻不下，士兵死伤累累。皇太极知道攻城无望，只好撤退。

这次战役，以明王朝的胜利宣告结束，史称"宁锦大捷"。消息传回京师，百姓一片欢腾，明熹（xī）宗龙颜大悦，要重赏宁远地区的守城官兵。

但有个宦官对此非常不满，他是中国历史上有名的宦官——魏忠贤。

在宁锦之战中，因宁远局势同样危急，袁崇焕不能随意调动宁远守军援救锦州，否则后金军必会趁宁远防守空虚而攻打宁远。宁锦大捷后，魏忠贤就借题发挥，针对袁崇焕未发兵援救锦州一事弹劾他。

加上袁崇焕曾主张与后金议和，皇帝越想越气，袁崇焕只好辞官回乡。

再度被重用　守住了北京城

明熹宗驾崩后，他的弟弟朱由检即位，年号崇祯（zhēn），人

们常称他为崇祯皇帝。崇祯皇帝勤于政事，刚登基就抄了魏忠贤的家，不仅罢免了魏忠贤的官职，还将他贬斥出京，充军发配。

魏忠贤倒台后，崇祯皇帝清查曾经被魏忠贤打压的忠臣良将，重新起用袁崇焕将军。崇祯皇帝对袁崇焕好言安抚，表明自己对他的信任，并将辽东的军队仍然交给袁崇焕管理，河北、山东一

带的军务也一概交由袁崇焕打理。袁崇焕感激涕零，跪谢皇恩。

　　1629年，皇太极再次亲征，打算一雪前耻。明朝的宁远、锦州防守严密，由袁崇焕坐镇，皇太极避其锋芒，率领十万大军绕道河北，直奔北京。袁崇焕收到消息后，当即调兵遣将赶赴北京支援。袁崇焕在皇太极之前赶到了北京，击退了后金军，保卫了京师的安全。

　　袁崇焕又一次立下大功，按理说该好好封赏。但实际上，朝野上下谣言再起，都说皇太极能够轻而易举地绕过边疆封锁，直接攻打都城，是因为袁崇焕暗地里给后金留了一条路，是他故意把后金军放进关内的。

　　这样的谎言可信度较低。但是当年努尔哈赤去世之后，袁崇

焕曾极力主张与后金议和，并与皇太极书信往来，商定议和事宜。袁崇焕提议和，为的是争取一段休战时间，用来建设辽东地区的防御工事。但京城里的人对边关的军情不怎么了解，听到谣言，就又想起了袁崇焕曾经想与后金议和的往事，这谣言就不知不觉传播开来。朝中奸臣也借机攻讦（jié）袁崇焕，说皇太极进攻北京，正是袁崇焕联合后金演的一出戏。等二人联手攻克明王朝，明朝江山就都归袁崇焕了。

每天都有人在崇祯皇帝耳边说袁崇焕的坏话。时间一长，这些话就在崇祯皇帝心中埋下了怀疑的种子。

被皇太极陷害　袁崇焕冤死

说来也巧，后金攻打北京时，正好宫里有两个宦官出城，被后金人抓住了。皇太极看着这两个宦官，心生一计——崇祯皇帝是个疑心很重的人，只要利用这两个宦官设下反间计，让崇祯皇帝对袁崇焕生疑，就可以借崇祯皇帝之手除掉袁崇焕。

皇太极囚禁了这两个宦官，夜里故意安排两个副将在帐外大声说话。

"你可知道，袁崇焕大将军已与大汗定下盟约，只要携手灭掉明朝，就能共坐天下。"

"这事谁人不知，谁人不晓？明朝覆灭在即。"

这两个副官说说笑笑地从关押宦官的帐前走过，两个宦官听得一清二楚，心中十分愤怒。得知了这般机密大事，他俩一心想要将消息传给皇帝。没过多久，趁着守卫松懈的机会，他们果真逃了出去，逃回了北京。

后金军队训练有素，能让两个宦官逃出去？当然是皇太极提前安排好的计策，故意放宦官逃回去报信。

两个宦官逃回京师后，将他们听到的秘密禀告崇祯皇帝，说袁崇焕是个奸臣，暗中勾结皇太极，打算和皇太极一起瓜分大明。崇祯皇帝一听，怒火中烧，当即下令："来人，宣袁崇焕入宫。"

袁崇焕入宫后，崇祯皇帝当场罢免了他的官职，夺回了他的兵权，然后将他关进大牢。1630年，一代名将袁崇焕被凌迟处死，他没有死在战场上，反而死在了自己人的手中，当真是可悲。

此时最高兴的人莫过于皇太极，反间计生效，攻打明朝最大的障碍已经剔除。1636年，皇太极在盛京（今沈阳）登基为帝，定国号为清，他已经做好了彻底覆灭明朝的准备。

而错杀袁崇焕的糊涂皇帝崇祯，就是明王朝的最后一位皇帝。不过还没等皇太极率领清军攻破明军，崇祯皇帝就被人逼到了穷途末路，不得不上吊自缢（yì）。逼死崇祯皇帝的并非清人，而是农民起义军领袖——闯王李自成。

（故事源自《明史》《清史稿》）

闯王李自成灭明朝

李自成在位时间非常短，只有短短四十二天。他是如何登上皇位的，又是如何丢掉皇位的呢？

明朝末年的崇祯皇帝，虽然中了皇太极的反间计，杀掉了袁崇焕，但他并不是个耽于享乐、纵情声色的昏君，而是真心想要把国家治理好。

然而，即便崇祯皇帝勤于政务，一心想匡（kuāng）扶明朝江山，也无法阻止颓（tuí）败之势。此时的明朝内忧外患积重难返，关外的后金对明朝虎视眈眈，关内的土地全被皇亲国戚、大地主、世家门阀把持，老百姓的生活苦不堪言。从而导致阶级矛盾日渐加深，百姓被逼无奈，走上了起义造反的道路。

1628年，陕西发生旱灾，粮食颗粒无收，老百姓吃不上饭，只能等死。按理说朝廷应该开仓放粮，赈（zhèn）济灾民，安抚民心。但各地地方官员非但没有开仓放粮，反而变本加厉征收苛捐杂税。丰年时，各地官员靠贪污腐败能收获一大笔银钱；到了灾年，老百姓没钱了，贪污的官员却依旧逼着老百姓凑钱缴税。

官逼民反，民不得不反。全国各地陆续出现了大大小小的农民起义队伍，其中有一支队伍声势最为浩大，那就是李自成领导的起义军。

闯王李自成均田免粮得民心

李自成是陕西榆林米脂县人，他从小给地主放羊，在地主家做了很多年工。长大后，他去银川驿站当了一名驿卒。后来，李自成因为还不起地主的债，被严刑拷（kǎo）打。

在伙伴的帮助下，李自成得以获救。没多久，李自成凭着一身好武艺加入了起义军。1633年，他投奔了舅舅高迎祥，因为高迎祥自称"闯王"，所以李自成被称为"闯将"。后来高迎祥战败身死，他的手下都跟了李自成，并推举李自成为新一任"闯王"。

这时，河南也受了灾，灾荒也很严重。河南自古以来人口众多，这样一个人口大省遭灾，受苦受难的老百姓数不胜数，他们被天灾人祸逼上绝路，纷纷加入了起义军。

李自成率领起义大军进入河南，听从军师的建议，提出了一个口号，叫"均田免粮"。以前，土地都被集中在地主、皇亲国戚、高官显贵、世家门阀手里，皇帝顾及这些人的权势，不敢动他们的利益。闯王李自成却不怕他们，只要是被李自成占领的城池，无论城里的土地原来归谁所有，现在都归李自成。李自成把土地平均分配给老百姓，让大家都有地可种。

老百姓被权贵们欺压了许多年，对闯王这个好政策有些不敢相信。为了回应老百姓的质疑，李自成亲自解释"均田免粮"的含义。均田是将田地分给百姓，免粮就是免除税赋。

闯军每打倒一个大地主，都能得到不少土地，少则几百亩，多则上千顷。李自成将这些土地分给百姓，还不收赋税，从此家家户户都能吃饱穿暖。老百姓发自真心地拥护闯王，闯军因此吸纳了越来越多的兵将。

有了老百姓的支持，李自成率领的起义军战无不胜，攻无不克，只用了二年时间，就占领了全国很多地方。闯王李自成步步为营，一路打到西安。西安被闯王的军队团团围困，城中的士兵、百姓干脆开城投降，加入了起义军。

1644年，李自成在西安称帝，建立大顺政权，年号"永昌"。此后，他以西安为根据地，继续攻城略地，将沿途明军尽数消灭，直打到北京城下。

开城门迎闯王进京

北京城外驻守的明军多数也是贫苦百姓出身，听说在李自成手下能分到田地，还能免除赋税，纷纷背叛了明王朝。

崇祯皇帝听说李自成打到了北京城外，城外的守军都投降了，李自成即刻便要攻入皇宫，形势万分危急。崇祯皇帝想召集文武百官商议对策，却发现有的被杀、有的投降、有的逃跑，只剩下崇祯皇帝一个光杆司令了。绝望之下，崇祯皇帝决意自杀，他爬上煤山（今景山），自缢而死。

崇祯死后，再也没人能阻止闯王李自成的大军。李自成迅速进入北京城，老百姓兴高采烈、夹道欢迎，家家燃放鞭炮爆竹，

迎接闯王进城。

闯王取得胜利前，军中纪律非常严明，李自成严令众人，不能取百姓一针一线，闯军是要解救天下百姓于水火的军队。但是，进城后，李自成的心态变了，跟随李自成的将军、士兵们的心态也变了。李自成不再严格约束纪律，军纪也松懈了。

城里的平民百姓没有多少财产，士兵们从老百姓身上抢不到什么好东西。城里的富户、从前的官员，才是闯军的主要抢劫的目标。照常理，这些官员没有帮崇祯抵御闯军，相当于间接帮闯王夺取了天下。闯王应该安抚他们，甚至任用他们入新朝为官才是。如今这些人不但没得到好处，甚至还要遭受抢劫，他们当然很生气，恨不得立刻推翻闯王。

没过多久，镇守山海关的大将军吴三桂，与清军联手，消灭了闯王李自成的闯军。李自成一败涂地，仓皇逃离北京，退兵途中遭到袭击而战死。那吴三桂为什么一定要打败李自成，甚至不惜引清兵入关呢？

（故事源自《明史》《清史稿》）

清朝

清朝统一全国后，统一多民族国家得到巩固和发展，为安定边疆，清朝统治者收复台湾、平定噶尔丹、驱逐沙俄、扫清漠北。然而清晚期，清朝君臣故步自封，鸦片战争之后，多次遭到外国列强入侵，最终灭亡。

吴三桂投降迎清兵

镇守山海关的吴三桂引清兵入关，推翻了闯王李自成建立的大顺政权……

吴三桂自幼习武，少年时就骁（xiāo）勇善战，神勇之名天下流传。

有一次，吴三桂的父亲吴襄率五百精兵去前方打探消息，不幸遇到了后金军队的合围。明军人数较少，五百骑兵即将全军覆没。吴三桂得知父亲危在旦夕，立刻跑到舅舅祖大寿帐中，请求祖大寿发兵救援吴襄。

祖大寿很为难，他手下的一兵一卒都是皇帝的，无缘无故自作主张地调动兵马，容易招来猜忌。祖大寿说："孩子，你父亲遇到危险，我自应鼎力相助。但守卫边关是重任，万一我将军队调离后，有人前来偷袭，这该如何是好？"

吴三桂很伤心，他身为儿子，不能明知父亲危在旦夕却置之不理。眼看求援无望，吴三桂立即召集几十名家丁，杀入重围，还没等后金兵反应过来，他就将父亲救走了。

所有人都惊叹于吴三桂的身手，更惊叹于他的勇气。一个十几岁的孩子，带着府中家丁，怎么敢深入后金大军的包围圈！人们争相传颂，说吴三桂是个小英雄。

1630年，吴三桂开始随父亲和舅舅出征，屡立战功。后来，他一路升至宁远团练总兵。

父亲的劝降信

李自成进入北京城后，勒令明朝权贵交出从百姓身上搜刮来的赃款，用于充当起义军的军饷。可是那些权贵能接受背叛明朝，能接受向闯王投降，却绝对不能容许别人侵害自己的利益。拒绝交钱的权贵都被李自成抓了起来，吴三桂的父亲吴襄也被抓了起来，他不仅家产被抄没，还被关起来严刑拷打。

有人发现牢里关着吴襄将军，知道他是吴三桂的父亲，连忙向闯王李自成汇报："陛下，出大事了！士兵们抄家的时候，错把吴襄抓进了牢里，还遭到了拷打。他可是山海关总兵吴三桂的父亲啊！"

李自成恍然大悟："来人，传朕旨意，写一封密折送给吴三桂，说朕久闻吴将军勇冠三军，欲招揽贤臣于朝中任职，望吴将军亲来皇城，与朕相谈。"

李自成写给吴三桂的这封信刚刚写好，正要派人快马加鞭送过去，就被朝中的大臣拦下了。

大臣说道："陛下，如果让吴三桂主动投降，对他的名声有损，恐怕他不会答应。但如果是他的父亲让他投降，迫于孝道，他不得不从，不就不会损害他的名声了吗？"

"爱卿所言甚是！"李自成找来被关在大牢里的吴襄，令吴襄写信给吴三桂，劝吴三桂向大顺投降。吴三桂接到父亲的信后，果然同意了归顺李自成。

怒发冲冠为红颜

吴三桂率军打算前往京师投降，却得知父亲被闯军的刘宗敏

关起来了，爱妾陈圆圆也被他抢走了。吴三桂怒气冲天，放弃了归顺闯王的念头。

吴三桂有心与李自成决一死战，但他很清楚自己的实力不足以与闯军为敌。山海关有大批兵马，却没有充足的粮草和军备，一旦与闯军僵持不下，过不了几天就会惨败。

这时，他想起了东北部的女真族。女真族在皇太极的带领下，于1636年正式在盛京定都，改国号为清，并将女真族改为满洲。他们一直想挺进中原，却遭到了吴三桂的抵御。

事已至此，吴三桂索性派人带着一封书信，出山海关去找清军。信里说：我吴三桂愿意迎接清军入山海关，协助清军占领中原，条件是清军要帮我击溃闯王李自成。

当时清朝的皇帝是福临，年号为顺治。因年幼，由叔叔们辅政。摄政王多尔衮立即同意了吴三桂的条件，亲自率领十几万精兵，日夜不休地赶往山海关。吴三桂果然如约打开城门，让清军不费一兵一卒进入了山海关。吴三桂与清军联手，大败李自成。后来吴三桂被封为平西王，做了清朝的臣子。

1644年当真是多事之秋。1644年，李自成攻入北京，崇祯皇帝自杀；1644年，吴三桂引清兵入关，将李自成逐出北京；1644年，清朝的顺治皇帝迁都北京，正式开始了清王朝对中国两百余年的统治；1644年，崇祯的堂兄弟朱由崧（sōng）逃到南京，建立了南明政权。

（故事源自《明史》《清史稿》《吴三桂纪略》）

郑成功收复台湾岛

东南沿海一带出现了一支强大的起义大军，将抗清斗争再一次推上了高潮，这支军队就是由郑成功领导的海上反清队伍。郑成功还达成了一项重要的功绩——收复宝岛台湾。

台湾自古以来就是中国的领土。明朝末年，朝廷正面临农民起义和清军入关的威胁，荷兰人趁机在台湾修建城堡。1624年，台湾被荷兰人侵占。荷兰人在台湾惨无人道地掠夺，让老百姓的生活陷入水深火热中。

拒降清军　攻占台湾

郑成功，福建南安人，他的父亲叫郑芝龙。当清军攻到福建时，老百姓大多都逃走了，郑芝龙却没有跑，他降了清军。

郑成功不同意父亲投降，他百般哀求，苦苦劝说，但郑芝龙还是不为所动。无奈之下，郑成功只能带着一些将士离开。

清军占领福建省后，郑成功组织福建、广东的百姓集结在南澳岛，建立起义大军，开始了抗清斗争。1658年，郑成功与抗清将领张煌（huáng）言联合，率领十七万水陆大军直奔南京，但是起义军行进途中，遇到了飓（jù）风，损失惨重，不得不退守厦门。第二年，郑成功再次率军北伐，会同张煌言的部队顺利进入长江，并取得了好几场胜仗。然而，意外遭到清军突袭后，郑成功大败，不得已退回厦门。可惜厦门面积不大，容易被敌人包围，一旦粮草和水源断绝，郑成功的兵马就成了一支孤军，只能坐以待毙（bì）。

好在郑成功找到了厦门附近更适合屯（tún）驻军队的地方——台湾岛。郑成功打算从荷兰殖民者手中收复台湾岛，将台湾作为反抗清军的根据地。

从地图上看，台湾岛的面积不算大，但是岛上山脉密布。倘若清军攻到台湾岛，郑成功的兵马只要钻进山林，就能让清军束手无策。清军擅长骑马作战，这些草原上的战士大多不识水性，清军也没有充足的战船和水军。总而言之，远在台湾海峡另一侧的台湾岛，是一个相对安全的据点，清军难以攻打，郑成功的大军却进可攻、退可守。

公元1661年4月，郑成功统兵两万五千余人，乘战船三百五十余艘，由金门出发，途经澎湖列岛，进军台湾。郑军计划在台南的鹿耳门登陆。鹿耳门十分险要，外围有几十里的浅沙滩。荷兰人认为鹿耳门根本无法行船，于是没有重点设防。

郑成功带领兵将摸黑抵达鹿耳门水道。当时，正赶上大潮，水位猛涨，原本难以通行的航道借着涨潮可以顺利通过。两万五千士兵所乘的大小船只得以畅通无阻。郑军顺利登上了台湾岛。

郑成功的大军成功登陆后，士气高涨，他们立刻向荷兰人发起了猛攻。没过多久，郑成功率军烧毁了荷兰的战船，切断了敌军之间的联系，荷兰侵略者龟缩在城堡内。

金钱也诱惑不了赤诚之心

防守了一段时间后，荷兰军队支持不住了，派出使者与郑成功谈判。郑成功和手下副将一起见了荷兰使臣。使臣脸上堆满笑

容，连声说："郑将军，这实在是一场误会，我们只是借住在此地罢了。这次咱们也算是不打不相识，这是缘分啊。"

然后使臣拿出事先准备好的钱，恭恭敬敬地摊在桌子上，笑眯眯地说："贵军攻打我们耽误了不少时间和精力，我们用金钱作为补偿。只要咱们双方和解，日后我们继续借住此地，您退回原来的地方，咱们互不干扰。"

荷兰殖民者以为郑成功是为了谋取利益才攻打台湾，但他们想错了。郑成功回复道："台湾本来就是我们的领土，你们要是赖着不走，就把你们轰走！"

荷兰使者见计谋失败，灰溜溜地走了。第二天，荷兰殖民者纠集大军反扑，带着火炮、火枪攻打郑军。郑成功的大军接连打退殖民者的进攻，然而城堡却久攻不下。这时，有人献计：城里的水都是从城外高地流下来的，只要切断水源，就能攻下来。果然，切断水源后没过几天，荷兰人就出城投降了。

经过大半年的交战，荷兰殖民者举旗投降，残余的殖民者狼狈（bèi）逃离台湾。至此，被荷兰殖民者侵占了三十多年的台湾岛，回到了中国的怀抱。

郑成功收复台湾后，为了发展农业，实行了屯田制，让将士一边耕地，一边训练，大大增加了粮食储备。郑成功还为台湾带去了先进的生产技术和生产工具，提高了百姓耕种的效率。

在郑成功的治理下，台湾的治安越来越好，百姓的生活也越来越好。然而，没过多久，郑成功病逝了，他的子孙继续治理台湾长达二十多年。直到1683年，康熙帝派水军攻入台湾，郑成功的孙子郑克塽（shuǎng）向清投降。1684年，台湾正式纳入清王朝的版图。

（故事源自《清史稿》）

康熙帝隐忍除鳌拜

　　尽管清朝初年有许多起义军打着反清复明的旗号反抗清朝统治，但这些起义军并没能阻止清朝统一全国的脚步。摄政王多尔衮东征西战，统一全国；顺治帝亲政后加强皇权，缓和民族矛盾，使清王朝的统治渐渐稳定。不过顺治帝去世得早，他的儿子玄烨（yè）才八岁便登基为帝，他就是赫赫有名的康熙帝。幼主即位，往往难以避免权臣把持朝政的状况，为了对抗权臣专政，年少的康熙帝要智斗鳌拜……

　　清圣祖爱新觉罗·玄烨，年号康熙，后人多称之为康熙帝。他奠定了清朝兴盛的根基，开启了"康乾盛世"。

　　1661年，康熙帝继位，年仅八岁，身边有四位辅政大臣，其中一人的权势力压其他三人，朝政几乎都被他一手把持，他就是历史上赫赫有名的权臣——鳌拜。

鳌拜独揽大权　试图架空皇帝

鳌拜年纪大、资历老，朝野上下都是他的党羽。从康熙继位开始，鳌拜就在康熙面前耀武扬威，这种情况一直持续到康熙十四岁。1667年，康熙已满十四岁，按照先例，可以正式亲政，但鳌拜仍然独揽大权、结党营私，丝毫没有收敛（liǎn）。

康熙想夺回朝廷大权。然而，鳌拜党羽众多，行动稍有不妥，必将酿成大祸。于是，康熙不动声色地打探朝中的消息，收集鳌拜的罪证。

鳌拜目中无人惯了，罪证着实不少，比如滥用私刑、胡乱杀人。有人偷了鳌拜的马，鳌拜不仅杀死了偷马的人，还把马夫也给杀了，因为马夫没把马看好；地方官员按理说该由皇帝来任命，但那些觊觎（jìyú）官位的人，却都去找鳌拜说情，鳌拜想让谁当官，谁就能当官，连皇帝都不能反对……鳌拜的罪行越查越多，康熙越看越生气。先皇顺治帝对鳌拜信任有加，才会在临终时任命鳌拜为辅政大臣，没想到鳌拜利欲熏心，居然变成了这种人。

但是鳌拜号称"满洲第一勇士"，战功赫赫，而且他的党羽遍布朝廷内外，如果轻举妄动，不免打草惊蛇。如何才能避开鳌拜的耳目，除掉鳌拜呢？康熙帝想出了个好办法。

训练摔跤手　引"狼"入埋伏

有一天，康熙对身边的太监说："朕最近迷上了一种运动，喜欢极了。"

小太监问："陛下，您说的是什么运动？"

康熙说："是满人的传统运动之一——摔跤。朕想找人陪朕练习摔跤，他们必须有高明的摔跤技巧，才有资格作为朕的对手。"

小太监转头就把这件事禀告给鳌拜："大人，皇上说要找擅长摔跤的人来当陪练。"鳌拜想了想，以为皇帝年幼贪玩，不以为意。他倒乐得让小皇帝沉迷摔跤，无心处理朝政。

殊不知，这是康熙的计策，他找人练摔跤有两个目的：一个目的是培植心腹，将来帮他擒拿鳌拜；另一个目的是迷惑鳌拜，让鳌拜误以为他年少贪玩，降低鳌拜的戒心。

一天，鳌拜突然派人去宫里请假，说他生病了，无法上朝。鳌拜年事渐高，想试探康熙的态度，看看小皇帝亲政之后，会不会产生除掉自己的想法。

康熙对鳌拜的试探了然于胸，他亲自去鳌拜府上探望。康熙坐在鳌拜床边嘘（xū）寒问暖，嘴里说着："爱卿，您可得快快好起来，大清可以没有皇帝，不能没有爱卿。您不在朝中掌管大局，

朕真是一天都不得安宁。您要快快好起来，继续助朕守护大清江山。"

按照礼节，皇帝亲自来探望臣子，鳌拜应该赶紧起身，下跪行礼。但鳌拜却躺在床上，并没有行礼。这时，站在皇帝身边的侍卫发现了一些异常——鳌拜晃动脑袋的时候，枕头下隐隐露出了一抹寒芒。侍卫顿时警惕起来，他来不及多想，赶紧上前一步，嗖（sōu）的一下掏出了那把匕首。

所有人都愣住了，康熙帝却镇定自若，把侍卫手里的匕首接过来，上下打量了半天，才说："爱卿这件兵器锋利无比，当真是宝贝。刀不离身是咱们满洲人的传统，爱卿把匕首放在枕头下，可见是一直忠于家国啊！"见康熙没有生气，鳌拜这才放下心来。

捆绑鳌拜　掌握大权

过了几天，鳌拜声称病愈（yù），可以继续处理政务了。康熙帝传令说有要事与鳌拜相商，请他入宫面谈。到了皇宫里，鳌拜感觉有些异样，宫里的人似乎格外少，无论侍卫、太监还是宫女，都少了很多。

鳌拜快步走进大殿，昂首挺胸、四处打量。只见康熙穿着一身龙袍走出来，身后跟着两名侍卫。康熙走到大殿正中，指着鳌拜喝道："鳌拜，跪下！"鳌拜心里很不满，但这是君臣礼仪，他不得不跪了下来。

康熙厉声呵斥："鳌拜啊鳌拜，你这个乱臣贼子！自朕即位后，你把持天下朝政，架空朕的权力，结党营私，一手遮天，你该当何罪？"

　　鳌拜恍然大悟，皇帝这是要除掉他啊！他眉头紧锁，站起身来，手指着康熙骂道："你个昏君，我为大清立下汗马功劳，你怎么可以诛杀功臣？"

　　眼见鳌拜愤怒至极，康熙一拍桌子，摔跤手从四面八方涌出来，将鳌拜团团围住，压倒在地。有人拿来绳子，将鳌拜结结实实地捆了起来，还扒了他的一身官服，摘了他头上的官帽。鳌拜这才知道害怕，跪地连声求饶。

　　康熙为了除掉鳌拜，谋划许久，如今计谋成功，怎么会放过鳌拜呢？康熙把鳌拜押入大牢，听候审问。随后召集群臣，宣布鳌拜被捕，令群臣列举鳌拜的罪证。

鳌拜早些年作威作福，在朝中得罪了很多人。如今听说鳌拜被捕，众人你一言我一语地细数鳌拜的滔天罪行，最后竟然列出了三十多条大罪。这些罪名，只凭其中一条都足以砍头，何况三十多条。

康熙并没有判鳌拜死刑，鳌拜毕竟是功臣，诛杀功臣会遭人非议，而是判他终身监禁，抄了他的家，将鳌拜的心腹、党羽尽数诛杀。至此，清王朝的最高权力归于康熙帝之手，此时的康熙帝，才十六岁。

（故事源自《清史稿》）

原典再现

康熙擒鳌拜时还是个少年天子，这是康熙亲政后做的第一件大事，稳固了康熙的统治，彰显了他卓越的政治才能。

上久悉鳌拜专横乱政，特虑其多力难制，乃选侍卫、拜唐阿年少有力者为扑击之戏。是日，鳌拜入见，即令侍卫等掊（pǒu）而絷（zhí）之。

——《清史稿·本纪第六·圣祖本纪一》

大意：康熙帝深知鳌拜独断专行、蛮横无理，扰乱国家政务，只是担心他力大无穷，难以制服，于是挑选了一批年轻且强壮有力的侍卫和拜唐阿（满语音译，闲人），让他们做摔跤、搏击之类的游戏。这天，鳌拜进宫觐（jìn）见，康熙当即命令侍卫将鳌拜摔倒并捆绑起来。

灭吴三桂　平定三藩

康熙除掉鳌拜，终于可以亲自打理朝政了。但仍然有人试图挑战康熙帝的权威，妄图推翻康熙的统治，他就是当年引清兵入关的吴三桂……

吴三桂引清兵入山海关，与清兵合力打败闯王李自成，帮助清军顺利占领中原大地。他手握几十万大军，地位显赫，被封为平西王，镇守云南。

清朝初年，除了平西王吴三桂之外，还有镇守广东的平南王尚可喜、镇守福建的靖（jìng）南王耿（gěng）仲明，三人合称三藩。这三个藩王都是对清朝统一立下大功的汉人降将。但是到了康熙年间，三藩已经成了清朝的心腹大患。

"假"奏折　真撤藩

三藩都有自己的兵马和封地，他们在封地享有极大的权力，

吴三桂

尚可喜

封地

耿精忠

封地

封地

相当于封地里的土皇帝。在藩王的领地内，官职任免等事务都由藩王做主，收缴的钱粮虽然理论上要交给中央，但实际上大部分都被藩王扣下了。藩王封地内的百姓，往往不知忠于朝廷，只知忠于藩王。藩王的权势日益强盛，威胁到了中央的统治和国家的统一。

康熙帝心思细腻、聪慧异常，他敏锐地意识到藩王问题的重要性，时时刻刻惦记着解决藩王拥兵自重、无视中央的问题。由于耿仲明去世得早，康熙帝除三藩，除的是吴三桂、尚可喜，以及耿仲明的孙子耿精忠。

1671年，耿仲明的儿子——靖南王耿继茂去世了，其子耿精忠继承王位。过了两年，平南王尚可喜以年事已高为由，向康熙递上一道奏折，请求归老辽东，让儿子尚之信继承王位，继续镇守广东。

康熙批准了尚可喜的请求，但又没有完全批准。尚可喜劳苦功高，确实到了享受天伦之乐的年纪，所以准许他告老还乡。但对于让他的儿子尚之信留守广东一事，康熙说还要再考虑考虑。

很快，康熙不同意尚之信留守广东的消息就传到了其他两位藩王的耳朵里。他们对此十分不满，当初封王的时候明明说王位是可以世袭的，如今皇帝要反悔，莫非是打算削藩？

吴三桂和耿精忠各自递上一道奏折，请皇帝撤销藩王的爵位，试探皇帝的态度。

康熙装作不明白他们的意思，回复道："不瞒两位爱卿，其实朝中早有许多大臣建议削藩，但两位爱卿劳苦功高，朕始终于心不忍。如今两位爱卿同时请求削藩，朕若是回绝，只怕折损了两位爱卿的颜面。朕只好勉为其难地答应了。"康熙将计就计,顺势撤藩。

吴三桂心里燃起滔天怒火,干脆率兵在云南造反,打算推翻清王朝。不过造反得有个理由,吴三桂想得到老百姓的支持,所以打起了"反清复明"的旗号。

吴三桂声称要"反清复明",要夺回大明江山,老百姓都很疑惑:吴三桂就是当初引清兵入关的罪魁(kuí)祸首,他亲手消灭了闯王李自成,亲手将大明江山交给清军,如今怎么好意思说要"反清复明"呢?

1673年,吴三桂率领大军浩浩荡荡反抗清廷,沿途得到当地权贵门阀的支持。他自称天下都招讨兵马大元帅,兵分两路进攻湖南,进而攻占四川。第二年,耿精忠响应吴三桂,在福建起兵,向浙江、江西发起进攻。1676年,尚之信也在广东起兵响应,进军广西。

三藩联合反清,叛乱范围扩大到云南、贵州、福建、广东、湖南、四川、陕西、广西、浙江、江西等省,清朝廷上下震动不安。

朝中的意见分为两种,一些人说要力拒叛军,朝廷的正义之师怎能害怕一群造反的乱匪?另一些人说藩王占领的领地比朝廷占领的土地面积还大,藩王的人马又多,钱粮富足,不如跟藩王求和。

康熙帝笑了笑:"乱臣贼子,不足惧尔。"面对三藩之乱,康熙早就料到会有一场恶战。他并非全无准备,当即派遣八旗军队全力讨伐吴三桂。

康熙帝深知清朝大军无法与三藩联军为敌,必须先分化敌人,然后逐个击破。吴三桂最先起兵造反，说明他造反之心最坚定，对削藩的意见最大，所以吴三桂是不可能被拉拢的。另外两人不如吴三桂坚定，特别是尚之信，他迟了三年才反，显然是见吴三桂势力越来越强，才打算来分一杯羹（gēng）。朝廷的突破口，首先是尚之信，其次是耿精忠。

平定三藩之乱

康熙派使者带着金银珠宝、绫罗绸缎和皇帝的亲笔信，去见尚之信和耿精忠。信中说之所以削藩，是为了日后提拔他们到中央任职。

康熙一边安抚尚之信和耿精忠，一边紧锣密鼓地攻打吴三桂。必须要让尚之信和耿精忠看到吴三桂想推翻清朝有多么困难，才能动摇二人的意志。倘若吴三桂势如破竹，眨眼就要覆灭清朝了，那尚之信和耿精忠还怎么可能跟朝廷谈判呢？只有前线不停损兵折将，耿精忠和尚之信才会觉得皇帝给出的条件具有诱惑力。

在康熙的软硬兼施下，耿精忠和尚之信先后投降。吴三桂听到消息之后，心都凉了半截。耿精忠和尚之信投降，意味着三藩联军瓦解，造反的兵马少了一半，占领的土地也少了一半，清兵反而多了一倍兵力。

六十七岁高龄的吴三桂在战场上越来越力不从心。可要让他就这样放弃，他又不甘心。攻不下清的城池，但至少还能守住自己手里的城池，何不干脆就地称帝呢？

1678年，吴三桂在湖南衡州称帝，举行了盛大的登基仪式，定国号为周，年号为昭武，并册封孙子吴世璠（fán）为皇太孙。

吴三桂用高官厚禄激励手下兵将，封众大将为元帅、将军，鼓励他们积极对抗清兵，只要统一了天下，每个人都能得到重赏。

但此时的吴三桂已经是强弩（nǔ）之末，大军在前线连连败退，兵败如山倒。前线战败的消息让吴三桂一病不起。在当了五个多月皇帝之后，吴三桂在衡州病死，他的孙子吴世璠继承皇位。

1681年，康熙派兵攻破昆明，吴世璠畏罪自杀，历时八年之久的三藩之乱宣告结束。

康熙平定了三藩之乱，那天下就太平了吗？并没有，康熙帝平定三藩之后，又去收复台湾，收复台湾后，又与北方邻国沙俄开战……

（故事源自《清史稿》）

驱沙俄　亲征噶尔丹

明朝末年，北方邻国沙皇俄国的君主见明朝动荡不安，趁机派兵大举进犯黑龙江地区。沙皇俄国的侵略军大肆抢掠财物、杀人放火，这种侵略行径一直延续到清朝初年。清初，沙皇利用清廷平定内乱的时机，侵占了中国的领土尼布楚和雅克萨等地，还在那里修建城堡，欺压百姓。不仅如此，沙皇还支持蒙古准噶尔部的首领噶尔丹进犯北京。

雅克萨大战扩国土

在康熙帝平定三藩期间，北方沙俄的一个逃犯带着八十四名匪徒流窜到清东北边境的雅克萨，在当地建造堡垒（lěi），四处掠夺。他们不但抢劫财物，还杀人放火、强抢妇女。一时间，东北边境人心惶惶（huáng），老百姓对沙俄来的匪徒恨之入骨。

与清边关的老百姓相反，强盗的日子过得非常滋润。他们把从清朝抢来的财宝进献给沙皇，还对沙皇说："陛下，这中原大地果真遍地都是黄金啊！我们才来这里没多久，就得到了这么多财富。"

沙皇立即起了贪念，不仅赦免了这个逃犯和其他匪徒，还给他们加官晋爵，让他们在清边关好好发展，为日后沙俄侵略清打下根基。

康熙平定三藩后，眼见东北边境形势日益严峻，决定亲自督战，一边派将军彭春、郎坦等人借打猎之名在边境侦察地形和敌情，另一边命令当地官员建筑堡垒，积蓄兵马和粮草，修理船只，开辟驿站，随时做好讨伐敌人的准备。

待做好了各项准备工作后，康熙派人送信给占据雅克萨的沙俄首领，勒令他退出雅克萨。沙俄人当然不听康熙的命令，不但没有退出雅克萨，反而率兵继续在瑷珲（ài huī）抢劫，意图对抗清军。沙俄侵犯中国、袭扰百姓，挑起两国争端，康熙帝先礼后兵，决意攻打雅克萨。他迅速派兵将沙俄人打退，并将沙俄侵略军建立的据点焚毁，使雅克萨成为一座孤城。

　　为了彻底消灭沙俄侵略者，1685年初，康熙任命彭春为大将军，令他率三千兵马围攻雅克萨。沙俄军队经过几年部署，已经将堡垒修得十分牢固，要攻下雅克萨并非易事。彭春观察地形后，命士兵在城北隐秘处放置火炮，在城南筑起土山。他先让士兵站在土山上，向城里发射弩箭。守城的沙俄军见清军放箭，以为清军从城南发起进攻，于是调兵遣将去守卫城南。

　　沙俄军还不知道，他们已经中了彭春的疑兵之计。到了夜里，一队清军悄悄来到城北，架起大炮，趁夜深人静时发炮轰击。几炮之后，北门就被攻破，城内燃起熊熊大火，清军和沙俄军在城墙外展开厮杀。

　　天刚蒙蒙亮时，城中的大火刚刚被扑灭，沙俄大军却突然惊慌失措起来。原来，他们发现城墙下不知何时堆满了柴草，清兵手持火把，站在柴草边严阵以待，似乎立刻要将火把扔到柴草上。大火刚被扑灭，倘（tǎng）若再次起火，城内肯定没有足够的水源来灭火。到时城墙下的火蔓（màn）延开来，整座城都会变成一片焦土。

沙俄军的首领得知消息后十分惊慌，举起白旗向清军投降。康熙下令放过投降的沙俄士兵，条件是这些人必须离开中国国土，回到沙俄，日后不可再来中国为非作歹。沙俄大军撤走后，清军拆除了沙俄在雅克萨城内修建的军事设施，推倒了高大的堡垒城墙。彭春还带士兵为百姓修建房屋，重新分配田地，让百姓得以安家。见大局已定，康熙命令大军回朝。

然而，沙俄人却贼心不死，听说清军撤走，又溜回了雅克萨，还修建了更加坚固的城堡。消息传到北京，康熙大怒，他再次派大军出征雅克萨，清军毫不留情，将沙俄军队尽数歼灭。

沙俄政府连忙派遣使者到北京请求谈判。康熙下令停止攻城，接受沙俄的谈判请求。

1689年，索额图等大臣代表清朝与沙俄谈判，双方签订了《尼布楚条约》。条约重新划分中俄两国边界，确定黑龙江和乌苏里江流域的广大地区都属于清朝。此后沙俄与中国建立了贸易关系，两国边境地区稳定了一段时间。

御驾亲征　诛噶尔丹

1690年，蒙古准噶尔部的首领噶尔丹在沙俄支持下，召集两万兵马，进攻北京。康熙帝一方面警告怂恿（sǒng yǒng）噶尔丹的沙俄，一方面命令理藩院尚书阿喇尼率军备战。然而，阿喇尼"违命轻战"，以至清军大败。噶尔丹一战得胜，越发轻视清军，大肆进军乌珠穆沁（qìn）。康熙皇帝大怒，决定御驾亲征，讨伐噶尔丹。

康熙令裕亲王福全为抚远大将军，率左路军，兵出古北口；

命和硕恭亲王常宁为安北大将军，率右路军，兵出喜峰口；又命一批有能力的内务大臣在军中担任职务。待兵马准备就绪，大军出征，讨伐噶尔丹。恭亲王常宁率领的军队首先同噶尔丹交手，因为没有探清噶尔丹的底细，导致常宁战败。康熙帝急令左右两路军会师，集中兵力合击噶尔丹。

噶尔丹屯兵于乌兰布通，让上万只骆驼卧在地上，驼背上摆着箱子，还盖着湿毡（zhān），构成一座骆驼城。士兵则躲在骆驼城内，依托箱垛（duò）射箭放枪。进可攻，退可守。

但是噶尔丹军队的冷兵器，在清军的火枪、火炮面前不堪一击。在火炮的猛烈轰击下，噶尔丹军队战败，死伤惨重。

噶尔丹见形势不妙，派使者前去求和，暗中则赶紧率军撤退。最后噶尔丹带领残部退回了漠北。

这次战败并没有熄灭噶尔丹的野心，他继续招兵买马，等待时机卷土重来。康熙帝却不愿意再与噶尔丹开战，耗费大量人力、物力、财力去讨伐边境的偏僻之地，他派使臣前去向噶尔丹宣旨，说皇帝决定邀请噶尔丹到朝中任职，并许以高官厚禄，希望招降噶尔丹。但噶尔丹决心一战，绝不议和。1696年，康熙帝再次亲征，率领东西中三路大军夹攻噶尔丹。

当康熙帝率领的大军出现在噶尔丹面前时，噶尔丹心中错愕（è）不已，他明白自己不是康熙的对手，只能率领残军仓皇而逃。康熙乘胜追击，与乱军展开激战，噶尔丹的军队被打得丢盔弃甲，狼狈（bèi）逃窜。

但噶尔丹着实幸运，再次逃出生天，保住了一条命。可是，他心中对康熙和清政府的恨意更深了。两次战败，噶尔丹仍然不思悔改，依旧积蓄实力，妄图有朝一日反攻。

1697年，康熙帝第三次亲征噶尔丹。此时噶尔丹已经众叛亲离，仅有的残军被康熙彻底击溃，噶尔丹走投无路，服毒自尽。

康熙帝用了八年的时间，平定了噶尔丹与蒙古准噶尔部的叛乱，维护了领土的统一。平定三藩、收复台湾、驱逐沙俄、扫清漠北，康熙帝为中国的领土完整和多民族统一打下了坚实的基础。

(故事源自《清史稿》《亲征平定朔漠方略》)

原典再现

《尼布楚条约》明确了中俄边界，捍卫了中国的领土主权，也为东北边境带来长期和平，促进了中俄贸易和文化交流。

二十八年冬十二月，与俄定黑龙江界，立约七条。……乃归中国雅克萨、尼布楚二城。定市于喀尔喀东部之库伦。立石于黑龙江两岸，刊泐（lè）会议条款，用满、汉、拉提诺、蒙古、俄罗斯五体文字。是为尼布楚条约。自后贸易之使每岁间岁一至，未尝稍违节制。

——《清史稿·志一百二十八·邦交一》

大意：康熙二十八年冬季十二月，清朝与俄国确定了黑龙江边界，订立七条条约。……于是，将雅克萨、尼布楚两座城归还中国。双方确定在喀尔喀东部的库伦开市。在黑龙江两岸立下石碑，用满文、汉文、拉丁文、蒙古文、俄文五种文字刊刻协定条款。这就是《尼布楚条约》。自此之后，负责贸易的使者每年或者隔年就会来一次，从来没有违背过条约的规定。

十全老人 乾隆皇帝

努尔哈赤统一女真族、建立后金，皇太极开创清王朝，康熙帝南征北战，使清朝版图空前辽阔，而乾隆，则将康乾盛世推上了顶峰。

经过康熙和雍正两位皇帝的恢复和发展，社会日益稳定，经济快速发展，人口增长，疆域辽阔。随后继位的乾隆皇帝励精图治，治国张弛有度。三代帝王共创了清朝的鼎盛时期，史称"康乾盛世"。

不过，在康乾盛世期间，也并非没有不好的事情。乾隆继位后，一方面下令减免税赋，赦免罪犯；另一方面打击朝中结党营私的大臣，大兴文字狱。打击结党营私的大臣无可厚非，大兴文字狱却让很多文人遭了殃（yāng）。

大兴文字狱

为了加强中央集权，进行思想和文化的控制，清朝统治者采用了文字狱。

当然了，文字狱不是清朝才出现的，只是在清朝尤其是乾隆年间最为严重。文字狱本质上是从知识分子的文章中摘取字句，用断章取义、牵强附会的方式攀诬（wū）陷害，罗织罪名。

1783年，有人写了一首词，叫作《糊涂词》，其中有一句是这么写的："天糊涂，地糊涂，帝王帅相，无非糊涂。"乔廷英看了这首词，就向朝廷告发，说作者是乱臣贼子，骂皇帝和朝中大臣都糊涂。但是乔廷英也写过一句诗，"千秋臣子心，一朝日月天"。一个"日"和一个"月"加起来，那不就是个"明"字吗？所以乔廷英被指控有"反清复明"的想法，同样是乱臣贼子。最后两个人都没有好下场，而且祸及全家，家人不是被处死，就是被发配为奴。

大兴文字狱后，国家表面上日益安定，再也没有人想造反，天下一片平和。乾隆皇帝很高兴，他认为自己成就非凡，不再一心打理朝政，开始游山玩水，享受生活。乾隆中年之后，大兴土木，挥霍无度，大官僚、大地主、大商人竞相效仿，政治也不再清明，贪污腐败之风盛行。

六下江南　极尽奢华

从1751年至1784年，乾隆曾经六次下江南巡游。为了讨好皇帝，为了谋取升官晋爵的机会，每当皇帝出巡，当地官员都会举行盛大的欢迎仪式。而欢迎仪式所用的这些金钱大都是官员搜刮民脂民膏所得，一次欢迎仪式花去几十万两白银，十分铺张浪费。

乾隆每次下江南，都有豪船开道，他的龙舟以及大大小小的随行船只有一千多艘。乾隆的龙舟大、吃水量也大，到了水浅的河道就会搁（gē）浅。在雨水丰沛（pèi）的季节，河道里水比较深，龙舟能够通过，但若是很久不下雨，水位下降，龙舟就没办法通过那些水浅的河道了。龙舟搁浅，就得靠人力来拉纤（qiàn）——在岸上拉着纤绳使船前进，这需要动用大量的劳力。

乾隆皇帝每次到扬州巡游的时候，官员都花费好多财物来接驾，极尽奢靡（mí）之风。

当地的盐商听说乾隆皇帝要来扬州，筹钱建造了一座奢华的行宫来讨好皇帝。乾隆果然很高兴，重重赏赐了盐商。

除了游山玩水，乾隆还有很多爱好，其中开销最大的，莫过于庆寿大典。在皇太后六十大寿的时候，乾隆下令北京城里，从西华门到西直门外高梁桥，十里长街都要张灯结彩。每隔数十步搭个戏台，请戏班子唱戏，鼓乐喧天，与民同乐。大臣们也依次献上寿礼，以表达对皇太后的敬意。群臣敬献礼物实际上是一场斗富宴，官员们互相攀比谁送的礼物更贵重、更别致。有资料记载，这场寿宴花费了几百万两白银（有的称一千万两）。而后面皇太后的七十大寿、八十大寿花费更多，奢华到极致。

乾隆皇帝的生活这般奢靡，朝中的有识之士忍不住劝谏："陛下，您每次下江南，都会给江南百姓带来极大的痛苦。各地官员花费的巨额银钱本可以投入到改善百姓生活上，如今却全用来接驾了。"

乾隆皇帝根本听不进去,他身为天子,亲临江南是江南百姓的荣耀,怎么会给他们带来不幸呢?乾隆很不高兴,命人将这些"胡言乱语"的大臣赶出去,革职查办,永不录用。

国泰贪污　和珅包庇（bì）

乾隆昏庸无道,手下的人自然纷纷效仿,官僚们的贪污腐败达到了惊人的程度。

乾隆年间有一个著名的大贪官,叫作和珅。和珅有个心腹叫国泰,出任山东巡抚。1782年,国泰挪用巨额公款,被御史钱沣(fēng)发现了。钱沣写了一道奏折呈给乾隆皇帝,告发国泰贪污国库白银。

乾隆听说有人偷国家的钱,命令钱沣、刘墉(yōng)与和珅

一起去调查。钱沣知道国泰是和珅的心腹。派和珅去查自己的心腹，那还能查出什么罪证来？和珅肯定会包庇国泰。

钱沣坚持严查，刘墉也是一位正直的大臣，他同钱沣一起调查处理。经过核查，他们掌握了国泰贪污的证据，发现他在任期间，国库亏空达二百万两白银！

乾隆皇帝下令将国泰处以死刑，和珅却没有受到牵连。乾隆帝在他八十二岁的时候，撰（zhuàn）写了《十全记》，记述自己一生的"十全武功"，并自称"十全老人"。所谓"十全武功"就是他一生中为维护国家统一而进行的十次战争。然而这十次战争也给百姓带来了巨大的生命财产损失。"十全武功"只不过是乾隆帝的自吹自擂（léi）罢了。

（故事源自《清史稿》《清代文字狱档》）

和珅跌倒　嘉庆吃饱

乾隆年间有两个很有名的大臣，和珅和纪晓岚（lán）。二人通过影视作品《铁齿铜牙纪晓岚》而被大家熟知，从此贪官和珅与清官纪晓岚的形象深入人心……

和珅出身满洲正红旗，是八旗子弟，姓钮祜禄（niǔ hù lù）氏。因为才思敏捷、办事乖巧、长相俊朗而被乾隆赏识。

和珅仕途顺畅，晋升的速度就如同坐了火箭一般，只用了四年多的时间，他就从小侍卫变成了总管内务府的大臣。他深知自己身居高位，肯定会被许多人盯上。所以他上位后致力于结交党羽，跟所有人搞好关系。很快，朝中官员大多都被他的情商折服，与他交好。皇帝越来越信任看重和珅，把最钟爱的固伦和孝公主许配给他的儿子丰绅殷德。这样一来，和珅和乾隆皇帝之间不仅有君臣之谊，更有儿女亲家之亲。和珅身居一人之下，万人之上，在朝堂中俨（yǎn）然是乾隆皇帝的代言人。

朝中每天大事小情那么多，有好事也有坏事。坏事都被和珅给过滤掉了，不让乾隆知道。遇到好事，和珅就主动汇报给乾隆帝。乾隆帝听完很高兴，觉得在他的治理下，天下太平，他是个造福百姓的明君。实际上他根本不知道百姓的疾苦。

结党营私　贪污至极

虽然和珅非常受宠，朝中上下官员大多是他的党羽，但也总有一些忠直之士，不肯与和珅同流合污，看不惯和珅那奸佞（nìng）小人的做派。这些人写了一封又一封奏折，弹劾和珅及其党羽。可是这些奏折都被和珅拦截下来，没能送到乾隆皇帝手中。

有些大臣原本不是和珅的党羽，但犯了一些错误，被人写在奏折里弹劾。和珅就把这些奏折也扣下来，然后拿着奏折去找被弹劾的官员，笑眯眯地说："大人，您怎么这么不小心，竟然被人抓住了把柄。我浏览奏折时，发现了这些弹劾您的折子，冒着极大的风险，帮您拦下来了。"这些犯了错的官员受了和珅的保护，又被和珅拿捏（niē），最终都成了和珅的同党。

就这样，和珅在朝中的地位越来越稳固，他的私欲也日益膨胀，常常利用职务之便结党营私，敛（liǎn）聚钱财，并利用贿赂、迫害、恐吓、暴力等各种方式笼络各方势力。

贪官和珅多有钱呢？

和珅开设有七十五间当铺，还有大小银号三百多间，并且跟英国的东印度公司、广州十三行都有商业来往，是富可敌国的贪官之王。和珅这么有钱，自然有人会盯上他的钱袋子，这个人不是别人，正是乾隆皇帝的儿子——嘉庆皇帝。

　　1796年，乾隆禅位于十五皇子颙琰（yóng yǎn）——嘉庆皇帝，自己当起了太上皇。乾隆也许是不知道和珅的所作所为，也许是因为太宠爱和珅，所以对他的所作所为睁一只眼闭一只眼。但乾隆皇帝能忍，嘉庆皇帝却忍不了，和珅贪污的钱，都是国家的钱。乾隆皇帝活着的时候一直包庇和珅，等到太上皇乾隆帝驾崩，嘉庆立刻命令和珅与户部尚书福长安看守殡（bìn）殿，并禁止任何人出入。而朝中大臣则写了一堆弹劾和珅的奏折，呈递到嘉庆帝手中。

嘉庆皇帝宣布了和珅的二十条罪状，下令逮捕和珅入狱，并抄了他的家。经查抄，和珅家中财产，价值约八亿两白银，玉器珍宝、西洋奇器，数不胜数。和珅家产被充公，国库瞬间充盈，所以民间有句谚语，叫作"和珅跌倒，嘉庆吃饱"。

（故事源自《清史稿》）

原典再现

和珅因为能力出众而得乾隆信重，然而权势和金钱腐蚀人心，令和珅迷失自我，大肆敛财、结党营私，成了朝中的毒瘤（liú），实在是贪腐误国。

和珅柄政久，善伺（sì）高宗意，因以弄窃作威福，不附己者，伺隙激上怒陷之；纳贿者则为周旋，或故缓其事，以俟（sì）上怒之霁（jì）。大僚恃（shì）为奥援，剥削其下以供所欲。盐政、河工素利薮（sǒu），以征求无厌日益敝。川、楚匪乱，因激变而起，将帅多倚（yǐ）和珅，糜（mí）饷（xiǎng）奢侈，久无功。

——《清史稿·列传第一百零六·和珅传》

大意：和珅掌握权力已久，他善于揣摩乾隆皇帝的心意，借此玩弄权术、窃取权力、作威作福。对于不依附自己的人，他就寻找机会激怒皇帝来陷害他们；对于向他行贿的人，和珅就从中周旋，有时还故意延缓处理，等待皇帝怒气消散。朝中的官员把他当作靠山，剥削下属来满足和珅的欲望。盐政和河工等部门向来容易谋取利益，却因为和珅无休止的索取而日渐败坏。川楚地区的匪乱，是因为民众反抗压迫而导致的，军队的将帅大多依附于和珅，浪费军饷，生活奢侈，导致长期剿匪却毫无功绩。

林则徐虎门销烟

清朝中期以后，朝廷贪污腐败现象愈发严重，经济发展滞（zhì）后。而西方国家却在飞速发展，以英国为首的资本主义国家已基本完成了工业革命，生产了大量商品急需售卖。中国，成了西方的潜在市场。但清政府的闭关锁国政策成了西方进入中国的"绊（bàn）脚石"，于是，英国开始向中国售卖容易让人上瘾（yǐn）的鸦片。林则徐虎门销烟就是在这样的背景下发生的。

从前，外国人和中国人做买卖向来是外国大量进口中国的瓷器、茶叶、丝绸，但中国人却很少买外国的商品。有一种商品的出现，逆转了中国和外国的贸易关系。但这种商品却不是好东西，它不仅伤害人的健康，让人精神不振，还会让人上瘾，只要沾上了就很难戒掉。这种商品就是鸦片，俗称大烟。

鸦片刚刚输入中国时，大家还没有意识到鸦片的危害。向中国输送鸦片的主要是英国商人，他们把鸦片卖到中国，换走大量白银。但是吸食鸦片就像一个无底洞，让"瘾君子们"倾尽家产，直到家破人亡。这种情况在进出口贸易最频繁的地方——广州最为严重。

道光皇帝发现不仅老百姓深受鸦片之苦，朝中的官员也在吸食鸦片，想下令禁烟。但如果禁烟，势必会得罪英国人。当时清朝国力已经不再强盛，万一引发中英两国争端，只怕难以收场。

道光皇帝难以抉（jué）择，无法下定决心，但朝中有一位大臣坚决支持禁烟，他就是林则徐。林则徐深知吸食鸦片有百害而无一利，必须将这些东西永远逐出中华大地。在林则徐的劝说下，道光皇帝下定决心禁烟，并将这一重任交付给林则徐。

查处官员、烟商手中的鸦片

1839年，林则徐到达广州，他开始悄悄地摸鸦片交易的底细。他在广州有两个好朋友，一个是两广总督邓廷桢（zhēn），另一个是水师提督关天培。林则徐第一时间去拜访两位旧友，与二人密谋禁烟的计划。

在两位友人的帮助下，林则徐查出了二十几个贩卖鸦片的贪官。没错，真正贩卖鸦片的不是平民百姓，而是官员，若没有官员在背后撑腰，鸦片交易怎么能做得这般大？

一天早上，广州的文武官员都被召集到广场上，众人还不明白发生了什么事，突然有人大喝一声："钦差大臣到！"

众官员都慌了神，他们抬头一看，来了一个剑眉虎目、两眼放光的人，他站在广场正中冷冷说道："我林则徐奉陛下之令，前来广州严查贩卖鸦片一事，凡参与贩烟之人，无论官民，一律严加惩处，绝不姑息！"

听到这句话，有些官员的脸上变了颜色，内心的惊慌失措都写在了脸上。

林则徐不打算赶尽杀绝，这样执行起来难度太大，所以他说："诸位大人，念在初犯，可以从轻论处。现在，凡参与贩烟的人，只要主动出列，将赃款和赃物尽数上缴，即可免去罪责。如果死不承认，或者拒不交出赃物赃款，那就休怪本官无情！"

林则徐的一番话软硬兼施，却没有得到回应。众官员你看看我，我看看你，心中惊疑不定。林则徐虽然贵为钦差，有先斩后奏之权，可是他刚来广州，在当地没什么势力，怎么能知道谁参与了贩卖鸦片呢？众人都以为林则徐故布疑阵，设计诈他们，因而默契地保持了沉默。

见无人自首，林则徐从袖子里掏出一张纸，轻轻展开，纸上写的就是那二十多个贩烟官员的名单。他缓缓念出名单上的名字，一一道明每人贩卖了多少鸦片、剩余的鸦片囤（tún）积在何处、共收到多少赃款。一时间，广场上乱作一团，参与贩烟的官员，仓皇逃窜，可惜为时已晚。林则徐早就派人守住广场，关天培带着一群士兵冲上去，把二十几个贪官全都抓了起来。

与义律周旋　查处英国商人手中的烟

处理完贪官，林则徐该跟英国人算账了。本着先礼后兵的原则，林则徐命人去英国商人住的商馆，要求他们交出全部鸦片，然后就可以安然离开，但从此再也不允许踏上中国国土。

　　英国商人的头目义律是个非常狡猾的家伙，林则徐多次派人来催缴鸦片，他都拒不交出。这天晚上，义律同手下的人商量如何对付林则徐。他们手中的鸦片数额庞大，肯定不情愿交给林则徐，否则将损失惨重。英国军队的军舰就停在珠江港口，义律打算寻求军队的援助，让军队帮忙把毒品运走。

　　义律派人跑到江边去求助，没想到被十几个手持火把的官兵追了上来。原来他们商量计策的时候，被店里的店小二听见了。店小二是个爱国人士，他非常痛恨贩卖鸦片的行为，当即向林则

徐告密，林则徐派出官兵来追捕。

　　义律手下的人见官兵马上就要追上他，心一横，跑到岸边纵身一跃，跳到了水里。可是他不会游泳，差点被淹死。最后还是岸上的官兵将他打捞上来，这才保住了一条小命。

　　林则徐义正辞严地训斥了他，让他回去转告义律："我们早就盯紧了你们的行动，早早上交鸦片，尚可保住体面。若执意不交，触犯中国法律，别怪我们不客气。到那时，不仅鸦片、银钱会被查抄，连你们的小命也难保。"

　　义律看到浑身湿漉漉（lù）的手下垂头丧气地回来，又气又恨，但还是舍不得上交鸦片，上交了鸦片就等于失去一切。后来，林则徐派大军把商馆围了起来，并下令让商馆里的中国人离开。

　　林则徐断绝了商馆里的水和粮食供应，不许任何人进出。义

律不得不让英国商人交出鸦片。清点之后，鸦片总共有两万多箱。林则徐立刻宣布将鸦片全部销毁，命令官员昭（zhāo）告全城，让老百姓都来观看销烟大典。

虎门销烟引发战争

1839年6月3日，林则徐率领广州文武官员来到虎门海滩销烟，广州城里无数百姓前来观看这壮观的场面。关天培派人在海边挖了两个巨大的销烟池，命士兵将两万多箱鸦片倒进池中，几十名身强力壮的兵卒将一袋袋生石灰倒进销烟池。生石灰同鸦片混合，与引进来的盐水形成化学反应。顷刻间，销烟池冒出热气，黑烟升腾而起，所有鸦片都被焚毁。

人们欢呼雀跃，大声高呼："林大人英明！"中国人都为彻底消灭了鸦片而兴奋不已。

然而，销烟触动了很多人的利益，林则徐接连遭到指责、诬陷、打压。后来道光帝把鸦片战争广州战败的责任归罪于林则徐，于是林则徐被革职查办，被判流放。

虎门销烟在一定程度上遏（è）制了鸦片在中国的泛滥，唤醒了广大中国人民的爱国意识，也让老百姓认清了英国人向中国人贩卖鸦片的真正用意。但是，虎门销烟并没能真正挽救清王朝的没落，也没能真正击败西方国家，还给英国人留下了光明正大侵略中国的借口……

（故事源自《清史稿》）

第一次鸦片战争

虎门销烟后，在中国人眼中林则徐是民族英雄，英国人却对他恨之入骨。因为英国商人曾经靠售卖鸦片在中国获得了巨大的经济利益，而林则徐的虎门销烟断送了英国人的财路。虎门销烟后，英国人以此为借口，发动了第一次鸦片战争。英国调来大量军舰和士兵，大肆侵占中国的土地。

1840年6月，英国政府任命义律的堂哥懿（yì）律为总司令，率领一支强大的舰队到达中国海面。英军封锁了广州、厦门等处的海口。1841年初，英军发起虎门之战，清军虽英勇抵抗，但不敌英军，虎门炮台失守，广东水师提督关天培在激战中身受重伤，壮烈牺牲。战败后，中英双方签订了《广州和约》。随后，英军一路北上。很快攻陷了厦门、镇海、宁波。英军经过处，烧杀抢掠，无恶不作，给沿海百姓造成了难以计数的伤亡。1842年，英军在上海发起了吴淞（sōng）之战。

老将陈化成守卫吴淞口

面对英军舰队的侵略，镇守吴淞口的两江总督府内喧声震天，大臣们议论纷纷，讨论应该应战还是议和。因为清朝实行闭关锁国的政策，武器装备都比较落后，比不上西方工业文明制造的洋枪洋炮。两江总督牛鉴目睹了英国人的强兵利刃之后，心生忌惮，认为敌人恐怕不好抵挡。还有一部分官员，面对敌人没有半点斗志，他们不思考如何打败敌人，只想着敌人来了怎么逃跑。

当然，也有人不愿苟（gǒu）且偷生，年近七旬（xún）高龄的江南提督陈化成义正辞严地说："我在海上作战四十多年，出生入死。如今见到敌人却不迎击，是怕他们吗？我虽然老迈，但只要还有一口气，我绝不向洋人低头，我要与他们死战到底！"

吴淞口乃兵家要地，如果英军突破了吴淞口，江南会尽数沦陷；反之，只要守住吴淞口，等待援军到来，或许能把劳师袭远的英军逼退，毕竟英国人不熟悉地形。

陈化成登上炮台，亲自指挥，江面上炮声阵阵。陈化成向远处望去，只见无数英军船只向炮台猛扑过来，船只上反射着的光芒，是一门门擦得锃（zèng）光瓦亮的火炮。

"准备迎敌！"陈化成命令所有士兵都做好准备，将火炮瞄（miáo）准远处的英军战舰。待英军战舰越来越近，陈化成一声令下："开炮！"无数枚炮弹从火炮中迸（bèng）发而出。

在这炮弹纷飞时，英军阵地发生了骚（sāo）乱。因为英国人一直战无不胜，万万没料到吴淞口这位老将军竟然能挡住英军前进的脚步。一下子打乱了英军的作战部署。

其实英军前期之所以势如破竹，还要归因于清朝部分官员的昏庸（yōng）无能。清军的兵马疏于训练，面对英军，他们根本不想抵抗，只想弃城逃跑。陈化成这一战，歼灭敌军无数，将英军打得四散溃逃。英国舰队连忙仓皇撤退。

牛鉴来捣乱　吴淞口失守

两江总督牛鉴听闻老将领陈化成打退了英军，信心大振，立刻吹嘘起来："不愧是我大清的军队！在我的英明领导下，战争取得了如此胜利！咱们快快前去支援！"

但是牛鉴不是武将出身，也没什么领兵打仗的经验，他到前线督战，却不骑马，而是要坐轿子。英军吃了大亏，本来都要逃跑了，突然看到战场上出现一顶慢慢悠悠的轿子，英军的炮口瞄准了这顶轿子，炮弹直直朝着牛鉴飞了过来。

牛鉴吓得仓皇逃窜，一边跑一边喊："不好了，要命了，快跑啊！"

本来清军刚打了胜仗，只要稳扎稳打地防备英军反击就好。可是牛鉴这么一捣乱，清军大乱，士兵纷纷跟着撤退逃跑。顷刻间，清军兵败如山倒，官兵四散奔逃。

眼见阵型被打破，士气陷入低迷，陈化成怒气冲冲地走到阵前，抽出宝刀，大喝一声："谁敢逃？都给我站住！弟兄们，天下百姓都指望着咱们，炮台要是丢了，拿什么保卫家国？今天就是死，也得死在炮台上！"一声怒喝震慑（shè）人心，逃窜的清兵冷静下来，齐齐看向陈化成。

陈化成拖着年迈的身体来到一座炮台前，将大炮瞄准英军战舰，点燃了火线。还指挥部下开枪射击英军。然而，终是寡（guǎ）

不敌众，在英军的猛烈进攻下，陈化成中弹身亡，一代民族英雄壮烈牺牲。

陈化成死后，他的部下被老英雄的英勇所感染，人人咬牙切齿、血灌瞳（tóng）仁。他们呼喊："为老将军报仇！"一声声怒吼，一声声呐喊，清兵心中翻涌着无尽怒火，他们抄起手边的兵器，朝英军冲杀过去。杀到最后，所有将士都英勇牺牲了。

吴淞口终究还是失守了。

英军烧杀抢掠，一直攻到南京城下。昏庸的道光皇帝赶紧派人去和谈。1842年8月29日，清廷代表与英国代表在停泊于南京下关江面的英军军舰"康华丽"号上，签署了丧权辱国的条约，这就是中国近代史上第一个不平等条约——《南京条约》。《南京条约》共十三条，其中包括：中国把香港岛割让给英国，赔偿英国各种损失两千一百万银元，还要求中国开放沿海的广州、福州、厦门、宁波、上海5个港口等。

第一次鸦片战争以英国人的胜利宣告结束，从此，中国的社会性质发生了根本性的变化，中国由一个独立的国家开始沦为半殖民地半封建国家。

（故事源自《清史稿》）

太平天国　动清撼外

在清王朝的压迫和西方列强的欺凌下，民间穷苦百姓对清廷失去了信心，他们自发组织了太平天国运动，为的是"天下一家，共享太平"。

1851年，广西桂平县金田村发动起义，定国号"太平天国"，起义军称为"太平军"，首领洪秀全被称为"天王"。

同年秋天，太平军派两万兵马攻克永安（今广西梧州蒙山）。虽然只是个小县城，但太平军从此有了根据地。天王洪秀全在永安分封诸王，杨秀清为东王，萧朝贵为西王，冯云山为南王，韦昌辉为北王，石达开为翼王。洪秀全还规定了官制、礼制、军制及各项纪律，约束太平天国的军民，并推行自创的历法"太平天历"。

实力大增　定都天京

清朝末年起义军并起，清政府对广西这伙起义军并未放在心上。清军包围了永安县，但是不愿意损兵折将去清剿（jiǎo）起义军，只想包围对方，等对方投降。太平军刚组建没多久，成员大都是平民百姓出身，没有武器，也没受过正规的军事化训练，没有能力与正规军作战。

清军和太平军僵持了几个月，太平军找到机会突围而出，从广西跑到了湖南。洪秀全和众将领商议如何扩充军事实力，避免再次被清军围困。

太平军其实与从前的很多农民起义一样，都用了一些迷信的手法。天王洪秀全自称是上帝的次子、耶稣（yē sū）的弟弟，吸收部分基督教的教义，创立了"拜上帝教"。他宣称太平军受到上帝庇佑，刀枪不入。老百姓深信不疑，争相加入太平军，消息一传十、十传百，报名参军的人日以千计，太平军实力大增。太平军一路北上，在益阳、岳州一带缴（jiǎo）获大量船只和火炮。太平军凭借这些战船建立了水军，枪炮等各种火器一应俱全。

如今军队人数大增，武器装备也很充足，要想继续提升战斗力，就得在实战中千锤百炼。洪秀全率水陆大军东征，先后攻克武昌和南京。1853年，洪秀全将南京改名为天京，并定都天京。为了巩固根据地，太平军又占领了天京周围的城市。

颁布新规　开疆扩土

攻下附近的城池，消除了根据地周围的潜在危机后，洪秀全颁布了"天朝田亩制度"，废除封建的土地所有制。

太平天国还颁布了另一条在当时看来很新奇的规定，那就是男女平等。在中国古代，女性的地位低下，太平天国的新规让女

性的地位得到了提升。

太平天国致力于反抗清政府，清政府那些不合民心的决策，太平天国都要加以反对。比如太平天国不承认《南京条约》这个不平等条约，反对英国人继续贩卖鸦片，更反对英国人侵略中国的领土。

太平天国的举措令老百姓欣喜若狂，与其拥护清政府，让清政府做英国侵略者的帮凶，眼睁睁看着英国侵略者剥削中国老百姓，还不如支持太平天国，推翻清政府，抗击侵略者。

1853年，太平军开始北伐与西征。三年后，上至武汉，下至镇江，太平天国控制的区域连成了一片，军事实力达到全盛。

爆发内乱　起义失败

但是很可惜，太平天国没能一鼓作气推翻清朝，这场轰轰烈烈的农民起义运动，同古代许多次失败的农民起义一样，溃败于内乱。

1856年，天京事变发生，太平天国领导集团分裂了。东王杨秀清被暗杀，手下的五千多名亲信被杀害。与此同时，太平天国还要面临更严峻的挑战——第二次鸦片战争后，清政府与侵略者沆瀣（hàng xiè）一气，共同清剿太平天国。

为了摆脱困境，洪秀全提拔了一批新将领，重新组建了领导核心团队，相继取得了几场战争的胜利。但是，太平天国的军队与清政府和侵略者的联合军队相比，实力相差太过悬殊。没过多久，洪秀全病逝，清军攻破天京，太平天国运动宣告失败。

（故事源自《清史稿》）

慈禧太后　垂帘听政

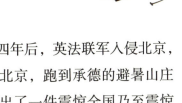

　　在清朝历史上，有一位赫赫有名的女性，她是晚清时期重要的政治人物——慈禧太后。

　　1856年，第二次鸦片战争爆发，四年后，英法联军入侵北京，在这个关键时刻，咸丰皇帝却离开了北京，跑到承德的避暑山庄避难去了。英法联军侵占北京后，做出了一件震惊全国乃至震惊世界的恶行——火烧圆明园。圆明园是清朝斥巨资打造的皇家园林，园中奇珍异宝数不胜数。

载淳登基　慈禧想夺权

　　咸丰皇帝得知圆明园被毁，晕了过去，就此染上重病。这段时间，中国又签署了一系列不平等条约，其中的条件之苛（kē）刻，令无数国人恨之入骨。咸丰皇帝知道自己的身体撑不了多久，赶紧召来八位心腹大臣，任命他们为顾命八大臣，让他们专心辅佐年仅六岁的太子载淳处理朝政。

1861年，咸丰皇帝驾崩后，载淳登基为帝，咸丰帝的皇后被尊为慈安皇太后，载淳的生母懿贵妃被尊为慈禧皇太后。

儿子当了皇帝后，慈禧太后便打算代替皇帝处理政务，顾命八大臣自然不会同意。慈禧太后将顾命八大臣视为眼中钉、肉中刺，琢磨着除掉他们，为儿子掌握大权扫清障碍。名义上是为小皇帝扫清障碍，实则是她自己贪恋权力。

为了制造机会，慈禧太后跟恭亲王奕䜣（yì xīn）勾结在一起。奕䜣是咸丰的异母弟弟，他对咸丰皇帝没将自己列为顾命八大臣之一耿耿于怀。慈禧太后来信后，恭亲王立刻赶到承德与慈禧商量计策。两人密谋了很久，终于想出了对付顾命八大臣的办法。

八大臣被抓　慈禧掌控朝政

一天，御史写了一封奏折给八位顾命大臣，说皇帝年幼，无法料理国家大事，理应由两位太后垂帘听政，主理政务。八位顾命大臣十分恼怒，要将御史革职问罪。慈禧太后却颁布了一道懿旨，让八位大臣立刻去见她，有事好好商量，怎么能随便处斩御史呢？

八位顾命大臣到了宫中，见到了两位太后和小皇帝，没说几句话，双方就爆发了激烈的争吵。慈禧坚持要求将权力交给两位太后，由她们二人掌管天下大事，八大臣当然拒不同意。

双方越吵越凶，把六岁的小皇帝吓哭了。小皇帝一哭，慈禧太后也哭了，嚷嚷着说权臣合伙欺负他们孤儿寡母。慈禧太后一哭，慈安太后不高兴了，哪里有臣子对主子不敬、反驳主子命令

的道理？慈安太后怒喝一声："都给我出去！"

听慈安太后这么说，八位大臣只好退了出去。

这次争辩不了了之，八大臣决定等回了北京再议。然而他们不知道，北京已经变了天。恭亲王奕䜣从承德匆匆回到北京，为的是提前掌握北京城里的兵权。

不久，咸丰皇帝的灵柩（jiù）要从避暑山庄运回北京去。

慈禧随灵柩走了一天，就对八大臣之一的肃顺说："肃顺，先皇最是信重你，就由你陪着先皇返京吧。皇帝年幼，同哀家和慈安太后以及其他七位大臣同行。我们从小路走，这样走得快，可以先回北京准备着。到时候，让文武百官都出城迎接先皇。你看这样如何？"

肃顺想了想，这件事情无关夺权，不妨依着慈禧，省得她一言不合，又要哭哭啼啼。肃顺当即回答："谨遵太后懿旨。"

慈禧太后带着七位顾命大臣，与皇帝和慈安太后走小路回北京。到北京时已经是晚上，慈禧让大家各自回家休整，第二天召集文武百官来给小皇帝请安。

第二天一早，文武百官进宫给皇帝请安。大臣们磕完头，恭亲王奕䜣站出来，双手高举着用皇帝的名义拟好的圣旨，令侍卫逮捕顾命大臣。群臣大惑不解，早已埋伏在宫中的兵卒（zú）却已经提着刀剑，将大殿上的七位顾命大臣抓了起来。

七位大臣被关进牢房，奕䜣又派人去捉拿肃顺。肃顺一行人走得慢，很快就被奕䜣的大军包围。至此，顾命八大臣都被关进大牢，要么被杀，要么被撤职。

除掉了顾命八大臣，慈禧一步登天，掌握了国家大权，宣布由自己和慈安太后垂帘听政。慈禧将载淳的年号由"祺（qí）祥"改为"同治"，意思是自己跟慈安一起治国理政。载淳也被后世人称为同治皇帝。

名义上，两位太后共同垂帘听政、治理国家，实际上，天下权力都被慈禧一人把持在手里。慈禧太后掌权早期，朝中重用了曾国藩、李鸿章、左宗棠等一批能臣，他们镇压了太平天国运动，使清王朝进入了一段平稳的时期，史称"同治中兴"。

（故事源自《清史稿》）

原典再现

十一月乙酉朔（shuò），上奉两太后御养心殿，垂帘听政。谕曰："垂帘非所乐为，惟以时事多艰，王大臣等不能无所禀（bǐng）承，是以姑允所请。俟（sì）皇帝典学有成，即行归政。"自是，日召议政王、军机大臣同入对。内外章奏，两太后览讫（qì），王大臣拟旨，翌（yì）日进呈。阅定，两太后以文宗赐同道堂小玺（xǐ）钤（qián）识，仍以上旨颁示。

——《清史稿·列传第一·后妃·孝钦显皇后传》

大意： 咸丰十一年十一月初一，同治皇帝请两宫太后到养心殿垂帘听政。太后说："我们并非乐意垂帘听政，只是因为时事艰难，王公大臣等处理事务不能没有人做主，所以暂且答应了这个请求。等皇帝学有所成，我们立即归还政权。"从此，太后每天召见议政王、军机大臣入宫议事。朝廷内外的奏章，两宫太后阅览之后，王公大臣拟定旨意，第二天进呈。太后审阅后，用咸丰帝赐的同道堂小玺盖章，仍然以上谕的形式颁布。

左宗棠收复新疆

左宗棠是"晚清中兴四大名臣"之一，是晚清时期的政治家、军事家、民族英雄，他不仅才能卓越，而且人品端正，为捍（hàn）卫祖国山河做出了巨大贡献。

新疆在古代被称为西域，从张骞（qiān）出使西域开始，中原王朝就与西域建立了密切的联系。自汉朝起，朝廷就通过设立行政军事长官对西域进行管辖，所以西域一直是中国不可分割的一部分。

清朝，康熙、雍正、乾隆三帝耗时近七十年，平定了西北地区的准噶尔叛乱，打击了对西北地区虎视眈眈的沙俄，有力地维护了国家统一。叛乱平定后，乾隆皇帝将这片失而复得的西域领土命名为"新疆"，取"故土新归"之意。新疆面积广阔，以天山为界，可以划分为南疆和北疆。

同治年间，太平天国运动的余波在西北地区造成的动乱还未消除，浩罕汗国的将领阿古柏便大举出兵侵犯新疆南部。后来，阿古柏建立了洪福汗国，自立为汗。随后，他又侵入北疆，侵占了乌鲁木齐和吐鲁番等地。阿古柏侵占新疆期间，烧杀抢掠，无恶不作，给新疆百姓带来了深重的灾难。1871年，厚颜无耻的沙俄打着替清廷讨伐阿古柏的旗号，公然出兵侵占了北疆的伊犁（lí）。有人长途跋（bá）涉从新疆前往北京，只为向清廷说明情况，期盼朝廷尽快解救新疆。

先解西北边疆之患还是力保东南海疆之安

但就在清政府要出兵新疆的时候，东南沿海地区又不太平了——日本屡次尝试侵略台湾，严重威胁了东南海疆的安全。清政府的国库较为空虚，无法同时负担东南海疆和西北边疆的两份军备消耗。如果边疆和海疆只能二选其一，该如何选择呢？

以李鸿章为代表的一部分大臣主张放弃西北边疆，全力保住东南海疆的安全。他们的理由是："新疆距离内地太远，交通也不方便，出兵远征劳民伤财，收复新疆得不偿失。不如干脆放弃新疆，把用在西北边塞的军费都用来强化海防。江南素来是富饶之地，各国列强虎视眈眈，日本与我们隔海相望，恐怕对江南一带觊觎（jì yú）已久。没有海军，我们拿什么抵御外敌？"

刚上任的陕甘总督左宗棠十分恼火，他反驳道："新疆自古以来就是我们的领土，怎么能轻易放弃？何况新疆是西北的门户，一旦失守，不但甘肃、陕西将直面敌人的威胁，蒙古也会不得安宁。你以为我们的敌人是阿古柏吗？不，我们真正的敌人是沙俄！若撤掉西北边防，沙俄便可长驱直入，到时候连北京都将十分危险！当今之计，应该全力保住西北，击溃阿古柏，收复新疆，阻止沙俄的阴谋！"

1875年，清廷任命左宗棠为钦差大臣，令他统领新疆军务，收复新疆。

此时，左宗棠已经年过六旬，而且还体弱多病，但为了维护国家统一，为了解救受苦的百姓，他毅然担负起收复新疆的重任，带领大军西征。

制定战略　收复新疆

阿古柏的势力集中在南疆，沙俄占领的地盘是北疆的伊犁。考虑到北疆地广土沃，适合军队筹备物资以长期驻守，左宗棠决定先拿下除伊犁之外的北疆地区，然后再南下攻打阿古柏。

清朝国库空虚，军费有限，西北交通又不方便，后续补充粮草和兵源都不容易，这一战必须速战速决。在出关攻打新疆之前，左宗棠花了一年多的时间筹措军饷，屯（tún）积粮草，整顿军队，修造枪炮，等一切准备就绪后，才兵分三路进入新疆。

因为准备充分，清军的行动非常顺利，左宗棠率军收复了乌鲁木齐一带后，迅速平定了北疆，然后将北疆作为根据地，做好了征讨南疆的准备。

这时西方列强又来作梗（gěng），硬要劝说清朝保留阿古柏的政权，将其当作中国的藩属国。清廷将决定权交给左宗棠，左宗棠据理力争："我大清军队在新疆势如破竹，阿古柏早就是强弩之末，统一新疆指日可待，为何要妥协？为何要让步？"

左宗棠的强势为他争取到了继续收复新疆的机会，这一战阿古柏很快兵败身亡，清军一举扫除了阿古柏的余部，收复了南疆各地。仅仅用了一年多的时间，左宗棠便顺利收复了除伊犁之外的全部新疆领土，这样的战绩令朝野上下振奋不已。

但西北还有沙俄与伊犁的问题尚未解决，沙俄一味装傻充愣，不肯正面回应伊犁问题。左宗棠决心先礼后兵，争取以外交手段夺回伊犁，若外交失败，那就诉诸武力。

清政府派外交官员崇厚出使沙俄，在沙俄的软硬兼施、威逼利诱下，崇厚被迫与沙俄签订了《里瓦几亚条约》。这份条约的内容对清朝极其不利，相当于以割让大片领土和大量赔款为代价，交换回伊犁一座孤城。因为伊犁西境、南境仍然被沙俄占有，这就使得伊犁处于北、西、南三面受敌的境地。

消息传回国内，朝野上下无不震怒，左宗棠为收复新疆呕心沥血，听到这个消息气得火冒三丈。他先是狠狠地批判了崇厚出卖国家的卑劣行为，然后一针见血地指出："《里瓦几亚条约》的签订没有经过陛下的批准，我们大清可以推翻这个不平等条约。"

朝野上下的反对声音越来越大，清政府最终推翻了《里瓦几亚条约》，将不称职的外交大臣崇厚治罪，并重新派遣了名臣曾国藩的儿子曾纪泽去跟沙俄谈判。

有了上次谈判的经验，左宗棠对沙俄的无耻有了深刻认知，他整备军队，做好了与沙俄兵戎相见的准备。当曾纪泽艰苦地同沙俄唇枪舌剑时，左宗棠以69岁高龄再次率军西征。这次他带着为自己准备的棺材率大军直逼伊犁，摆出一副同沙俄决一死战的架势。

左宗棠的大军就是曾纪泽谈判的底气，经过半年多的交涉，曾纪泽代表清政府与沙俄签订了《中俄伊犁条约》。虽然这仍然是

个不平等条约，虽然清政府依旧要付出大片土地和大量赔款，但这份条约减少了清政府的损失，还从沙俄手中夺回了伊犁大部分地区。

在中国近代史上，慈禧太后与清朝廷签订了许多不平等条约，甚至不曾讨价还价就接受了那些屈辱的条件。唯独面对新疆一事，清政府展现出了非同寻常的坚定，在左宗棠和清政府的努力下，新疆回到了祖国的怀抱。

后来，清廷听从左宗棠的奏请改变了新疆的行政制度，在新疆设立了省，由巡抚统管全疆军政事务。

（故事源自《清史稿》《清史列传》）

原典再现

左宗棠是晚清杰出的民族英雄，与曾国藩、张之洞、李鸿章并称为"晚清中兴四大名臣"，威望极高。

国家承平久，武备弛（chí）不振，而海外诸国争言富强，虽中国屡平大难，彼犹私议以为脆弱也。及宗棠平帕夏，外国乃稍稍传说之。其初入京师，内城有教堂高楼，俯瞰（kàn）宫殿，民间欢言左侯至，楼即毁矣，为示谕晓，乃止。其威望在人如此。

——《清史稿·列传第一百九十九·左宗棠传》

大意：国家太平已久，军备松弛不振，海外各国争强斗胜，即便中国屡次平定战乱，他们私下里仍然认为中国衰弱。直到左宗棠平定阿古柏，外国才渐渐传播这件大事。左宗棠刚到京师时，内城有座教堂的高楼，可以俯瞰宫殿，民间都传说左侯来了，这座楼就要被毁掉，左宗棠为此发布告示说明，流言才平息。他的威望在民众心中竟到了这般程度。

中日甲午海战

依照边防与海防二者并重的方案，左宗棠征战西北的同时，李鸿章也在积极筹备海上军事力量。强化海防的工作更加费时费钱，李鸿章耗费十余年的时间，终于培养出了中国第一支近代化海军舰队——北洋水师，号称亚洲第一舰队，然而这支舰队的结局却非常惨烈……

1894年，朝鲜国内爆发了东学党起义，朝鲜政府军打不过起义大军，于是向清政府求援。清政府应朝鲜的请求，派出两千名士兵乘军舰前往朝鲜。这一队军舰中有一艘运兵船，叫作高升号，船上乘坐着清军的陆军。另外还有两艘负责护卫运兵船的军舰，分别是济远号和广乙号。

当船队到达朝鲜西南海岸时，十多艘日本军舰突然出现在海面上。清军立刻警惕起来。

中日军舰丰岛激战　慈禧却在忙着过寿

没过多久，日本不宣而战。一枚枚炮弹从天而降，砸在朝鲜丰岛海面上。其中有几发炮弹正好落在清朝军舰广乙号和济远号上。

济远号上的最高长官叫方伯谦，他见炮弹从天而降，吓得立刻下令掉转船头，想要逃跑。

船上的官兵纷纷劝说："大人，如今敌人与我们咫（zhǐ）尺之遥，现在撤退，只会更加危险。更何况两军交战，咱们不战而退，那高升号上的弟兄怎么办？"

方伯谦根本不听，但船上的官兵比方伯谦有骨气，他们齐心协力，瞄准日本的战舰。这时，清兵注意到日军舰队最中间有一艘格外高大的战舰，舰上的装饰也与其他战舰不同，看起来格外威风。这艘战舰想必是指挥舰，日军的将领就在这艘舰船上。

擒贼先擒王，击沉指挥舰，能重挫日军士气。众官兵将战舰上的大炮对准敌方指挥舰，连续开了几炮，刹那间，敌军舰船上火光冲天。广乙号上的士兵也纷纷开炮，多次击中日舰。激战中，广乙号船舵（duò）被击毁，伤亡惨重，实在难以支撑，先行撤退。方伯谦也想逃跑，他逼迫士兵们操纵济远号撤退。

高升号彻底失去了保护，很快被日本军舰包围。日本军舰接连发射了三轮火炮，几十枚火炮在海上炸裂，发出巨大的响声。面对敌人的威胁，高升号上的士兵依旧岿（kuī）然不动。炮击结束后，所有的清兵拿出火枪，朝日本军舰射击。

虽然枪声震天，但火枪对抗军舰，无异于以卵击石。一发炮弹击中了高升号，高升号开始漏水，船体开始慢慢地倾斜。日军依旧守在高升号周围，等待高升号上的官兵投降。可没有一个人投降，没有一个人求饶，所有官兵都随着高升号一起沉入了海底，壮烈牺牲了。

因为这场海战发生在朝鲜丰岛附近，所以被称为丰岛海战；日军偷袭高升号，导致高升号沉没，因而又称为高升号事件。

而这时的北京城里却张灯结彩，人人喜上眉梢。因为恰逢西太后慈禧的六十大寿，不仅宫中忙碌，整个北京城都在为贺寿而忙碌。以前，皇室做寿都要去圆明园，现在圆明园被英法联军烧了，办不了寿宴。西太后慈禧思来想去，想到一个地方——颐和园。

但是颐和园的面积太小了，慈禧太后坚决要求扩建颐和园。但官员的脸却皱成了苦瓜，小心翼翼地说："太后，如今朝中还有好多急需用钱的地方，首要的是增强军队，增强国防实力。得购买先进的武器装备，加紧扩建海军，还得更新舰船、火炮等装备，这些都得花不少钱啊！"

慈禧太后想了想，然后说扩建海军、增强国防这件事可以缓一缓。

最终，慈禧太后挪用了扩建海军和更新装备的钱，用来扩建颐和园。颐和园修好后，慈禧很高兴，她看着新园林不住地点头夸赞，沾沾自喜，觉得这笔钱花得真是值。

这时，大臣李鸿章跑来对慈禧说："太后，北洋水师和日本人打起来了！官兵死伤无数，船也遭到了毁坏。"

慈禧太后一听，急坏了："什么，跟日本人打起来了？我这生日还怎么过？"

李鸿章听了直叹气，他说的是国家大事，慈禧太后心里却只惦（diàn）记过生日。

黄海大战　邓世昌壮烈牺牲

1894年8月1日，清政府向日本宣战，日本也在同一天向清政府宣战。9月17日，北洋水师提督丁汝昌带领护送完运兵船的北洋水师舰队从朝鲜返回中国。在回国的路上，丁汝昌发现有十二艘军舰远远地等着他们。

北洋水师顿时全军戒备。丁汝昌令北洋水师将舰船停在原地，谨防有诈，然而对面的舰船却加速朝丁汝昌带领的舰队驶去。

对方的舰船越来越近，丁汝昌看清了对面十二艘军舰上是日本人。

"敌袭！"

一声声"敌袭！"在舰队中传开，所有军舰立刻做好迎敌的准备。

"传我号令，全员戒备，迎敌！"

随着丁汝昌的一声怒吼，所有士兵做好了战斗准备。提督一声令下，立刻火炮齐鸣。一枚枚炮弹射向日本军舰，海面上战火四起。丁汝昌指挥战舰定远号冲在最前方，奋勇杀敌，悍（hàn）不畏死。

定远号吸引了敌人的火力，在敌舰的集中轰击下，没过多久，年久失修的定远号被日本大炮击毁多处，丁汝昌也身受重伤，已经无力指挥，定远号管带（舰长）刘步蟾（chán）立刻代替丁汝昌指挥。

致远号在邓世昌的带领下与日军殊死搏斗，炮弹一发接一发轰击出去。然而，在日舰的围攻下，致远号多处受伤，全舰燃起大火。

致远号已到了弹尽粮绝之际，可吉野号就在不远处，如今该逃还是该战？若逃，尚有一线生机；若战，则是必死无疑。

邓世昌召集舰上所有官兵，"兄弟们，现在是生死关头，咱们没有炮弹，可生死仇敌吉野号就在前方。众兄弟若有想离去的，尽管逃，我不会计较逃兵之罪。若有不怕死的兄弟，请随我冲锋，我要撞沉吉野号！"

所有官兵都没有退缩，他们只听邓世昌的命令。

　　伴随着一声声怒吼，致远号开足马力，朝吉野号猛地撞过去。日军集中火力，用火炮轰击致远号，但致远号航行的速度丝毫不减，反而越来越快。

　　远远看去，致远号就像一条火龙，向吉野号猛扑过去。吉野号上的日军吓得丢盔弃甲，他们大喊大叫，想弃船逃跑。

　　就在这千钧一发之时，一枚鱼雷射向致远号。致远号顿时碎裂，冲天的火光将致远号吞没，致远号慢慢沉向水中。

　　"为邓世昌报仇！"

　　"为致远号兄弟报仇！"

致远号的沉没点燃了所有将士心头的怒火，每一艘军舰都与敌人展开激战。战场上硝烟弥漫，清军将士奋勇当先，争先杀敌。直到日暮时分，战斗才渐渐停止。这次海战发生在黄海，被称为黄海海战。

黄海海战令北洋水师损失惨重，邓世昌等多位将领壮烈殉（xùn）国。日本舰船虽然也遭受重创，但无一只舰船被击沉。尽管北洋水师主力尚在，但致远号等舰船的沉没，极大削弱了北洋水师的战斗力，此后北洋水师退回旅顺、威海，秉持"避战保船"的原则，不再出战，令日本海军掌握了黄海的控制权。

最终，中日海战以日本胜利、清廷北洋水师全军覆没告终。因为1894年是农历甲午年，所以这场战争被称为中日甲午战争。

1895年，李鸿章奉清廷的命令去日本马关议和，签署了中国近代史上又一份丧权辱国的条约——《马关条约》。条约规定，中国赔偿日本军费两亿两白银，割让辽东半岛、台湾岛及其附属各岛屿、澎湖列岛给日本，还要增开沙市、重庆、苏州、杭州为商埠（bù）等。《马关条约》令中国民众尤其是台湾岛的民众愤懑（mèn）不已，百姓开始拿起武器，主动抗击日本侵略者。

（故事源自《清史稿》）

公车上书　百日维新

《马关条约》签订后，许多读书人意识到改革变法的重要性，他们接触和学习西方资本主义的政治制度和文化，希望能从政治制度上改变清王朝落后的现状……

中日甲午战争失败后，一群有着爱国情怀和进步思想的有志之士，联名上书光绪帝，反对清政府签订丧权辱国的《马关条约》。这一事件被称为公车上书，它标志着维新派登上了历史舞台，也是中国群众政治运动的开端。

康有为愤懑上书被拒

公车上书的主人公，首先要说康有为。康有为是广东南海人，从小接受了非常严格的封建教育。长大了以后，有一次他前往香港游玩，使他大开眼界。在香港，康有为接触到了西方资本主义的相关知识，从中发现了资本主义的优点。康有为意识到，限制中国的发展与进步的真正因素，并不是西方列强，而是传承已久的封建制度。要想拯（zhěng）救中国，必须从政治制度上改天换地。

所谓的改天换地，并不是说要推翻清政府，而是应改变清朝的律法和制度，进而改变政治体制。只有这样，才能让大清朝起死回生，才能拯救受苦受难的中国百姓。

1895年，康有为正在北京参加科举考试，忽然听说北洋水师战败，清政府与日本签订了《马关条约》。康有为愤懑异常，召集当时同在北京考试的举人到都察院门口示威，反对签订《马关条约》，并起草万言书，要求光绪皇帝变法维新。这次上书被称为公车上书。"公车"是服务于去京城考试的举人的皇家公车，也用来代指举人进京考试。

那么轰轰烈烈的公车上书有没有成功呢？没有。不久后，康有为与他的学生梁启超组织强学会，创办《万国公报》（后改名为《中外纪闻》），积极宣传变法的思想。

一传十，十传百，支持变法的人如雨后春笋般蓬勃而出，越来越多。这些主张通过变法挽救清朝的人，被称为维新派。

在这些支持者中，有位著名的人物，叫作谭（tán）嗣（sì）同。谭嗣同是维新派的核心人物之一，他是湖南人，年轻时游历过大江南北，曾见过祖国的大好河山，也目睹过老百姓在帝国主义侵略下遭受的苦难。中日甲午战争后，全国上下一片哀鸣，谭嗣同更加确信，唯有变法才能救中国。

光绪皇帝是怎么想的呢？朝野上下没有任何一个人，比光绪皇帝更加期盼变法。虽然光绪贵为皇帝，但实际上权力都被西太后慈禧把持。从光绪四岁即位开始，慈禧一直垂帘听政，直到光

绪亲政，慈禧仍然独揽大权不放手。光绪就像一个傀儡（kuǐ lěi），他迫切希望夺回朝政大权，却又害怕慈禧的百般阻挠。

支持变法的大臣翁同龢（hé）明白光绪皇帝的想法，他对皇帝说："陛下，如今西方列强占我国土，辱我国民，国将不国，您欲做亡国奴吗?""亡国奴"三个字深深刺痛了光绪皇帝的心，即便是再懦弱的皇帝，也不会希望成为亡国奴。

变法只持续了103天

1898年，光绪皇帝在颐和园召见了康有为，封其为总理衙（yá）门章京，命他主持变法事宜。光绪皇帝根据维新派的建议颁布新法令，其中包括学习西方先进技术，发展工商业；改革律例里陈旧落后的条款，允许官员和百姓向皇帝上书提建议；废除八股考试制度，在北京设立京师大学堂，在全国设立中小学堂。

1898年在干支纪年法中是戊戌年，所以历史上将这次变法称为戊戌变法。可惜，自1898年6月11日，光绪帝颁布了《明定国是诏》，标志变法正式开始，至同年9月21日，慈禧发动戊戌政变，维新变法以失败告终为止，整个变法过程仅仅持续了103天。变法失败后，慈禧囚禁了光绪皇帝，康有为、梁启超逃到日本，开始逃亡生活，以谭嗣同为首的"戊戌六君子"皆被杀害。

因为维新变法共持续103天，史书中也称之为百日维新。尽管最终变法失败，但百日维新是中国历史上一次非常重要的政治改革，也是一次思想启蒙运动，它对中国人民思想文化的解放和中国社会的进步起到了重要的作用。

（故事源自《清史稿》）

义和团大刀灭洋贼

百日维新失败后，虎视眈眈的西方列强加快了侵略中国的脚步，中华儿女为了保家卫国，掀起了"扶清灭洋"的义和团运动……

清政府甘愿卑躬屈膝做奴才，不反抗西方人的侵略，老百姓却忍不了；清廷可以不把万里河山与天下苍生放在心上，老百姓却不这么想。

1897年，德国在山东的侵略行为引发了山东人民的强烈反感。不久，山东便爆发了轰轰烈烈的义和拳运动。后来，义和拳改名为义和团，口号也由"反清复明"改为"扶清灭洋"。

扶清灭洋却屡遭清军镇压

义和团中流传着一首歌谣："还我江山还我权，刀山火海爷敢钻，哪怕皇上服了外，不杀洋人誓不完。"由这首歌谣和义和团的口号就能看出，义和团的主要目的在于驱逐外来侵略者，保家卫国。

既然义和团想扶助清朝摆脱懦弱挨打的困境，清政府就算不大力支持，至少也不该反对打压。但实际上，清政府厌恶义和团更甚于厌恶侵略者，朝廷屡次调兵遣将清剿义和团。

义和团的主要参与者是农民、手工业者等，武器装备也不正规，很多平民百姓举着锄（chú）头、镰（lián）刀、铁锨（xiān）之类的农具就上了战场。朝廷的正规军手持洋枪火炮、刀枪剑戟（jǐ），身披甲胄（zhòu），义和团如何能打得过？

清军跟侵略者打屡战屡败，跟民间起义军打倒是屡战屡胜。清军每次清剿义和团时，都会进行血腥（xīng）的屠杀，这种恶行更是激起了民愤，使得山东各地百姓都举起了义和团的大旗。一时间，义和团成员非但没有减少，反而十倍百倍地增加。

原来的山东巡抚被撤了职，新上任的山东巡抚更加心狠手辣，他发布命令：只要官兵见到义和团的成员，无论对方有没有犯罪，无论对方是男女老少，一概杀无赦（shè）；凡是杀了义和团成员的士兵，都能领到奖励。

仅仅一年时间，义和团的成员就被杀了两千多人，这更加激起了民众的不满，全山东的百姓都将官兵恨之入骨。

1899年10月，山东平原县义和团遭到镇压，当地的首领李长水向周围各地义和团首领求援，最终由朱红灯率领的义和团成员，打败了平原知县蒋楷率领的官兵。这一事件后来被称作平原起义，从此以后，义和团在各地公开活动，轰轰烈烈地发展壮大起来。

1900年初，直隶成为义和团的活动中心，这时义和团的人数

已经达到十万人。1900年夏天，义和团基本遍布了山东、直隶全省以及河南省的一部分，势力越发壮大，清政府已经无法轻易剿灭义和团。

八国联军侵华

迫于压力，清政府只能承认义和团的合法地位，义和团得以光明正大地在北京、天津一带活动。义和团成员从来没有忘记他们"扶清灭洋"的口号，不过义和团有些过度排外，他们见到洋人就杀，见到洋人的建筑就破坏。这种行为大大损害了侵略者的利益，于是英国、俄国、日本、美国、法国、德国、意大利、奥匈帝国共同出兵，组成八国联军，镇压义和团。

1900年6月10日，八国联军由天津出发，向北京进军，沿途烧杀抢掠、无恶不作。到廊坊火车站时，八国联军遇到了义和团的迎头痛击。三百多名义和团勇士杀向八国联军，破坏了从廊坊到北京的火车铁道，让八国联军无法通过铁路迅速抵达北京。

这一仗将八国联军打得措手不及，提前计划好的行军路线被破坏了，他们只好改为乘船前往北京。

八国联军绕路而行时，又遇到了义和团的埋伏。虽然洋人拿着火枪火炮，义和团成员只有锋利的大刀，但义和团的勇士奋不顾身斩杀洋贼，杀死侵略者五十多人，逼得侵略者退回了天津。

再后来，义和团总结出了与洋人战斗的经验，采取小队作战的模式，几乎可以说是百战百胜。

1900年8月，八国联军入侵北京，慈禧太后仓皇失措，带着仆从和金银细软逃往西安。义和团独木难支，在多方围剿下，彻底溃败。

1901年9月7日，清政府与英、俄、日、美、法、德、意、奥及西班牙、比利时、荷兰共十一国，在北京签订了丧权辱国的《辛丑条约》。《辛丑条约》的签订进一步加强了侵略者对中国的控制和掠夺，清政府彻底沦为帝国主义统治中国的工具，标志着中国完全沦为半殖民地半封建国家。

义和团运动的高潮时期不过短短三个月而已，但它激发了广大中国人民心中朴素的爱国思想，表达了对外国侵略者的痛恨。

（故事源自《清史稿》《拳匪纪略》等）

原典再现

以平定义和团为借口，八国联军发动侵华战争，肆意践踏中国国土。

二十六年，义和拳事起，载漪等信其术，言于太后，谓为义民，纵令入京师，击杀德意志使者克林德及日本使馆书记，围使馆。德意志、奥大利亚、比利时、日斯巴尼亚、美利坚、法兰西、英吉利、义大利、日本、和兰、俄罗斯十国之师来侵。七月，逼京师。

——《清史稿·列传第一·后妃·孝钦显皇后传》

大意： 光绪二十六年，义和团运动兴起。载漪等人迷信义和团的法术，向慈禧太后进言，说义和团是正义之师，于是慈禧太后放任义和团进入北京。义和团击杀了德国驻华公使克林德以及日本使馆书记官，包围了外国驻华使馆。德国、奥大利亚（应为奥地利）、比利时、日斯巴尼亚（西班牙的旧称）、美国、法国、英国、意大利、日本、荷兰、俄罗斯等国组成联军，以此事为借口侵犯中国。七月，联军逼近北京。

武昌起义　清朝灭亡

在中国近现代史上，有懦弱无能的政要官员，也有一心救国的仁人志士，这些仁人志士为中国带来了希望和曙（shǔ）光。清末历史上有一位名垂青史的伟人——孙中山，他建立了中国同盟会，是中国新革命的先驱。

孙中山先生被称为中国民主革命的伟大先驱，也是中华民国和中国国民党的缔（dì）造者，三民主义的倡导者，他举起了彻底的反帝反封建的旗帜。

什么是彻底的反帝反封建？义和团的纲领是扶持清朝、反抗侵略者，并不是要推翻清朝；百日维新也是想在清朝原有的制度上进行改革。本质上来说，此前的种种挽救国家的方案，都是在延续清朝的生命，而不是彻底推翻封建制度。经历了一次又一次失败后，孙中山意识到，必须反抗侵略者、反抗帝国主义，也必须反抗清朝、推翻封建制度。

立志救国　开展革命宣传活动

1866年，孙中山出生于广东香山（今中山）的一个偏僻的小山村——翠亨村。少年时期，他接受传统私塾教育。后来，他先后在檀香山、香港读书。

1885年，中国本来有机会战胜法国，取得最后的胜利，但懦弱的清政府却与法国签订了妥协退让的《中法新约》。堂堂中华作为战胜国，却接受了战败国的威胁、强迫，签订了不平等的条约。这个消息令孙中山痛心不已，他深刻地认识到，这一份份不平等条约是压在中国人民身上的沉重枷锁（jiā suǒ），而签署这些条约、帮助侵略者剥削国人的，正是腐朽的清王朝。为此，孙中山发表了许多对清政府不满的言论。

1894年，孙中山写下《上李鸿章书》，托人呈给李鸿章，要求清政府变法自强，学习西方政治制度，发展资本主义。可这封信却如石沉大海，没有得到半点回应。

孙中山坚信他的判断不会错，唯有用革命的手段推翻清政府的反动统治，国家才会有前途，民族才会有希望。他决定掀起革命的浪潮，推动国家走上富强之路。

1894年末，孙中山到达美国的檀香山，联合二十多位进步华侨（qiáo），组成了中国第一个民主革命团体——兴中会。孙中山在广州、香港联络会党，准备在广州进行武装起义。然而消息被泄露，起义失败了。

孙中山被清政府通缉（jī），只能逃到国外，他先逃往日本，后又逃往英国。在英国伦敦，他曾遭到清政府驻英使馆官员的绑架，并被软禁，最后在他的老师的帮助下，才得以脱困。

出来后，孙中山继续开展革命宣传活动。在孙中山的宣传下，一大批知识分子走上了革命的道路。中国留学生在日本创办了许多宣传革命的刊物，国内也出版了不少宣传革命的书籍，促进了进步知识分子之间的联系和革命团体的建立。

1905年，孙中山从欧洲来到日本，同黄兴、宋教仁等有识之士商议组织革命政党的问题。

同年8月20日，孙中山和各革命团体代表在日本东京开会，正式成立了中国同盟会。大家推举孙中山为总理，并确定以孙中山提出的"驱除鞑虏，恢复中华，创立民国，平均地权"为政治纲领。

同盟会成立不久，便创办了同盟会机关报《民报》。孙中山在《民报》发刊词中阐（chǎn）释了同盟会的十六字纲领，将其概括

为"民族、民权、民生"三大主义。

此后，孙中山为了推翻清政府领导了多次武装起义，但由于力量薄弱，都未能成功。1911年，广州黄花岗起义失败后，同盟会成员跑到湖北武汉发展革命力量。

武昌起义　唤醒中国民众

武汉是中国华中地区的政治、经济、交通、军事重镇，也是外国侵略者入侵的重要核心城市。自鸦片战争后，武汉经常遭受劫掠，民不聊生。

很多革命党人先后在武汉成立了日知会、群治学社、振武学社等革命组织。为了防止清政府镇压和破坏，1911年，革命党人把振武学社改为文学社，以研究文学的名义从事革命活动。

武昌还有一个革命团体，是共进会湖北分会，由孙武等人创建。文学社和共进会两个革命团体在湖北新军中积极发展革命力量，宣传革命工作。

1911年9月，共进会和文学社建立了起义的领导机构，安排了起义的领导者，制定好各项计划，准备发动起义。

没想到，在起义工作准备的过程中，意外发生了。

10月9日，孙武等人在汉口俄租界配炸药时，不小心引发大爆炸，引来了巡逻的士兵。士兵不仅缴获了有关起义的文件、旗帜等，还抓住了起义军的成员。在严刑逼供下，起义军成员交代了起义的具体信息。

情急之下，总指挥部下达部署，新军将于当天晚上发动起义，以炮声为号。但由于武昌城市戒备森严，革命党人无法取得联系。新军的士兵们只能等待。

10日晚上，夜幕刚刚降临，一个叫陶启胜的排长来巡逻，与士兵发生了冲突。眼见事情越闹越大，新军将领熊秉坤（bǐngkūn）果断掏出腰间的手枪，一枪打死陶启胜，打响了武昌起义的第一枪。

熊秉坤对所有士兵喊道："同志们，革命的时刻到了，向军械库进军!"

"冲!"所有士兵齐声呐喊，取出枪支弹药，冲向军械库，缴获步枪数万支、大炮数十门、子弹数十万发。

晚上10点30分，起义军分三路进攻总督署和第八镇司令部，并用十余门大炮炮轰总督署。天色昏暗，根本看不清目标方向，士兵们又没有操作大炮的经验，所以火炮最初并没有发挥出应有的威力。

晚上12点后，起义军再次发起进攻，并在总督署附近放火。没过多久，起义军攻入总督署。到了黎明时分，武昌城已被革命党人完全掌控。

10月11日晚，与武昌一江之隔的汉阳新军响应武昌起义，迅速占领汉阳铁厂和汉阳兵工厂。与此同时，汉口新军也举起了起义的大旗。就这样，武汉三镇起义均大获成功。因为武昌起义发生在1911年，是农历辛亥年，所以这次革命被称为辛亥革命。

武昌起义的胜利掀起了全国革命的风暴，此后响应武昌起义的有湖南起义、陕西起义、江西蔡公时起义、山西阎（yán）锡（xī）山起义、云南蔡锷（è）起义。上海、浙江、江苏、安徽、广西、福建、广东等全国十五个省、市都掀起了起义，接连宣布脱离清政府独立。

面对大好的革命形势，革命党人迫切要求建立一个全国统一的民主共和国，与奄奄（yǎn）一息的清政府对抗。1911年12月，孙中山回到上海，被推举为中华民国临时大总统。

1912年元旦，中华民国临时政府正式成立，孙中山在南京宣誓就职。同年2月12日，宣统皇帝——清朝最后一任皇帝溥（pǔ）仪——颁布退位诏书，清朝灭亡，中国两千多年来的封建制度正式结束。

（故事源自《清史稿》《中华民国史》）